Latinoamérica

PRESENTE Y PASADO

Arturo A. Fox
Dickinson College

Prentice Hall
Upper Saddle River, New Jersey 07458

Library of Congress Cataloging–in–Publication Data

Fox, Arturo A.
    Latinoamérica : presente y pasado / Arturo Fox.
        p.   cm.
    Spanish and English.
    Includes bibliographical references and index.
    ISBN 0-13-016940-4
    1. Latin America — Civilization.   I. Title.
F1408.3.F69   1997
980 — DC21   97-32055
                                                                                CIP

A Rositina

Editor-in-Chief: *Rosemary Bradley*
Development Editor: *Glenn A. Wilson*
Assistant Editor: *Heather Finstuen*
Senior Marketing Manager: *Christopher Johnson*
Executive Managing Editor: *Ann Marie McCarthy*
Cover and Interior Design: *Ximena Piedra Tamvakopoulos*
Manufacturing Buyer: *Tricia Kenny*

*This book was set in 101/2/13 New Baskerville by Wanda España (Wee Design Group)
and was printed and bound by RR Donnelley & Sons Company. The cover was printed
by Phoenix Color Corp.*

©1998 by Prentice-Hall, Inc.
Upper Saddle River, New Jersey 07458

Printed in the United States of America
10 9 8 7 6 5 4 3 2

ISBN: 0-13-016940-4

Prentice-Hall International (UK) Limited, *London*
Prentice-Hall of Australia Pty. Limited, *Sydney*
Prentice-Hall Canada Inc., *Toronto*
Prentice-Hall Hispanoamericana, S.A., *Mexico*
Prentice-Hall of India Private Limited, *New Delhi*
Prentice-Hall of Japan, Inc., *Tokyo*
Pearson Education Asia Pte. Ltd., *Singapore*
Editora Prentice-Hall do Brasil, Ltda., *Rio de Janeiro*

Contenido

Prefacio

Latinoamérica: presente y pasado grew slowly out of my classroom experience, often guided by students' reactions and comments about its material and its language level. The instructor, I believe, will find in *Latinoamérica* a reliable source that may be used as the core textbook for Spanish courses that emphasize Latin American culture. It is suitable, in both language and contents, for the fourth or fifth semester of college Spanish and for advanced high school courses.

Latinoamérica: presente y pasado offers an overview of Latin America's development from pre-Columbian times to the present. It is written in straightforward, accessible Spanish that depends heavily on cognates without compromising the natural flow of a native speaker's discourse. The text has the quality of a narrative in which the historic and cultural data is offered, not as an end in itself, but as factual support that illustrates the presence of historical and cultural trends and structures. No mere laundry list of dates and names, it still contains all the basic information that the instructor will need in a survey course on Latin American culture and civilization. One of my main concerns has been to provide instructors with a text that makes using ancillary and complementary material a matter of choice rather than of necessity and that offers students an account that is truly pleasurable to read.

Organization

After an introduction (Chapter 1) to 15th-century Europe and Columbus's life and first voyage, the book covers the main pre-Columbian civilizations of the New World (Chapters 2 and 3), Spanish exploration and conquest (Chapter 4), and colonial Spanish America (Chapters 5 and 6). Chapter 7 is devoted to the period of Spanish American independence and to the emergence of the new Spanish American nations. Chapters 8 and 9 undertake an overview of 20th-century Latin America, including its main geographic features, its ethnic components and significant developments in the realms of politics and economics; Chapter 9 also includes a discussion of the Latin American value system, the region's social structures, the role of religion and the changing status of women, with a closing note on the problem of *narcotráfico*. Chapters 10 and 11 deal with the main intellectual, artistic and literary trends of 20th-century Spanish America.

Chapters 1 - 11 form the core of the book. Chapters 12 - 16 give instructors the opportunity to select the specific material to be emphasized beyond the basic core. They include an examination of modern and contemporary developments in three key Latin American countries: Mexico, Argentina and Cuba (Chapters 12 - 14), and two topics of paramount importance: the relations between the United States and Latin America (Chapter 15) and the Hispanics in the United States (Chapter 16). This approach presents a sensible alternative to the overwhelming task of covering all or even the majority of the Latin American countries in a single semester. Instructors may, of course, prefer to concentrate on complementary topics of their own choosing, or to assign the topics included under chapters 12 - 16 in imaginative ways, for example, as individual or small group oral presentations or written reports.

Pedagogy

Each chapter is preceded by a *Cronología* that gives students the basic chronology of the chapter and summary of its contents at a glance. In the text itself, marginal glosses cover vocabulary that may be beyond the range of the student of intermediate Spanish. At the end of each chapter, a number of *Notas* provide additional factual information and terminology. Each chapter also contains a complete set of exercises that test vocabulary comprehension and knowledge of the contents of the lesson; two closing exercises, *Comentarios* and *Opiniones e hipótesis*, challenge students to contribute personal comments and opinions, often raising the controversial implications of the topics discussed in the chapter. At the end of the text, an extensive bibliography is followed by a general Spanish-English vocabulary and an *Indice* of the book's contents.

Acknowledgments

I am deeply indebted to the editorial staff at Prentice Hall: to María F. García, Associate Editor, for her invaluable help and thoughtful guidance, always conducted with grace and good humor, and to Ximena P. Tamvakopoulos for the interior design and classic cover and for supervising the production and manufacturing stages throughout. To my colleague Enrique Martínez Vidal, my gratitude for his able proofreading of the manuscript and for generously putting his photographic collection at my disposal. To Dr. Bélgica Rodríguez, a special word of appreciation for her gracious welcome during her tenure as Directora del Museo de Arte de las América (OAS), and for her kind permission to use the slides of the Museum's collection.

I also wish to thank the following reviewers:

Julián L. Bueno
Southern Illinois University-Edwardsville

Jennifer L. Eich
University of Kentucky

David William Foster
Arizona State University

Abelardo Moncayo-Andrade
Ohio University

Nicolás E. Alvarez
Auburn University

Roberto Valero
Late, The George Washington University

Photo Credits

p. 5 Arturo A. Fox; **p. 6** Arturo A. Fox; **p. 7** Arturo A. Fox; **p. 8** Library of Congress ; **p. 12** Library of Congress; **p. 22** Dumbarton Oaks Research Library & Collection; **p. 24** Arturo A. Fox; **p. 25** Dumbarton Oaks Research Library & Collection; **p. 26** Dumbarton Oaks Research Library & Collection; **p. 27** Angel Hurtado/Art Museum of the Americas; **p. 30** Angel Hurtado/Art Museum of the Americas; **p. 31** Dumbarton Oaks Research Library & Collection; **p. 32** Arturo A. Fox; **p. 40** Library of Congress; **p. 41** Dumbarton Oaks Research Library & Collection; **p. 44** Library of Congress; **p. 45** Dumbarton Oaks Research Library & Collection; **p.48** Dumbarton Oaks Research Library & Collection; **p. 49** Art Museum of the Americas; **p. 58** Library of Congress; **p. 61** Library of Congress; **p. 65** Arturo A. Fox; **p. 77** Library of Congress; **p. 80** Arturo A. Fox; **p. 82** Arturo A. Fox; **p. 84** Art Museum of the Americas; **p. 98** Art Museum of the Americas; **p. 99** Angel Hurtado/Art Museum of the Americas; **p. 99** Angel Hurtado/Art Museum of the Americas; **p. 100** Angel Hurtado/Art Museum of the Americas ; **p. 101** Angel Hurtado/Art Museum of the Americas; **p. 101** Library of Congress; **p. 103** Library of Congress; **p. 115** Columbus Memorial Library; **p. 118** Columbus Memorial Library; **p. 121** Columbus Memorial Library; **p. 124** Angel Hurtado/Art Museum of the Americas; **p. 136** Arturo A. Fox; **p. 138** Arturo A. Fox; **p. 147** Arturo A. Fox; **p. 141** Angel Hurtado/Art Museum of the Americas; **p. 143** Angel Hurtado/Art Museum of the Americas; **p. 136** Angel Hurtado/Art Museum of the Americas; **p. 135** Angel Hurtado/Art Museum of the Americas; **p. 148** Angel Hurtado/Art Museum of the Americas; **p. 146** Angel Hurtado/Art Museum of the Americas; **p. 168** Angel Hurtado/Art Museum of the Americas; **p. 163** Dr. Enrique Martinez Vidal; **p. 171** Daniel Hernandez/AP/Wide World Photos; **p. 187** Columbus Memorial Library; **p. 185** Columbus Memorial Library; **p. 186** Columbus Memorial Library; **p. 191** Library of Congress; **p. 191** Angel Hurtado/Art Museum of the Americas; **p. 197** Columbus Memorial Library; **p. 208** Angel Hurtado/Art Museum of the Americas; **p. 209** Angel Hurtado/Art Museum of the Americas; **p. 210** Arturo A. Fox; **p. 215** Archives Spahr Library; **p. 216** Arturo A. Fox; **p. 232** Library of Congress; **p. 233** Columbus Memorial Library; **p. 235** Columbus Memorial Library; **p. 236** Columbus Memorial Library; **p. 237** Columbus Memorial Library; **p. 240** Library of Congress; **p. 263** Library of Congress; **p. 265** Acme Newspictures, Inc.; **p. 267** Columbus Memorial Library; **p. 268** Angel Hurtado/Art Museum of the Americas; **p. 280, p. 282 , p. 285, p. 288, p. 289, p. 293, p. 294, p. 301, p. 308, p. 305, p. 339, p. 343** Arturo A. Fox.

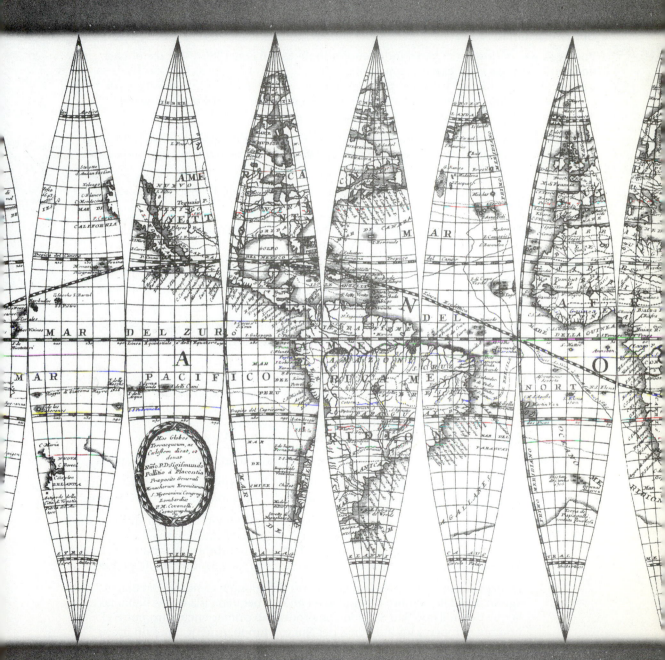

Siglo XV

El Renacimiento florece en las ciudades italianas. La curiosidad del hombre renacentista y los nuevos avances en el arte de la navegación permiten emprender ambiciosas expediciones marítimas.

Portugal, nación joven (se había independizado de España en 1385), se hace el país líder en la navegación y exploración de los mares, bajo los reyes João I y João II, de la Casa de Aviz. Un hijo de João I, el príncipe Enrique el Navegante (1394-1460), es el principal promotor de las expediciones desde el centro de estudios que funda en Sagres, en el extremo suroeste de Portugal.

1415-1487 Los portugueses toman el puerto de Ceuta (1415), bastión musulmán en el norte de Africa, se adentran en el Atlántico, y navegan a lo largo de la costa oeste de Africa.

1488 La expedición de Bartolomeu Díaz llega al Cabo de Buena Esperanza, en el extremo sur de Africa.

1498 Vasco da Gama dobla el Cabo de Buena Esperanza, asciende por el Océano Indico y llega a Calcuta, en la India.

España

1469 El matrimonio de Fernando de Aragón e Isabel de Castilla permite unificar la mayor parte del territorio español.

1485 Después de buscar sin éxito la ayuda del rey de Portugal, el marino genovés Cristóforo Colombo (1451-1506) desembarca en España con su proyecto de llegar al Oriente navegando hacia el oeste.

1485-1492 Tras adoptar el nombre de Cristóbal Colón, se dedica a convencer a Isabel y a Fernando para que apoyen su proyecto. Pero los expertos que aconsejan a los reyes dan informes negativos y la Corona está escasa de dinero, pues prepara la costosa campaña militar para expulsar a los moros del reino de Granada, último bastión musulmán que queda en España.

1492 Granada es conquistada, alcanzándose así la unidad territorial de España.

Isabel y Fernando decretan la expulsión de los judíos que vivían en España, con lo que consiguen la unidad religiosa de la nación bajo la cruz cristiana.

Una vez conquistada Granada, Isabel y Fernando están en mejor disposición para apoyar a Cristóbal Colón; firman con él un contrato, las "Capitulaciones de Santa Fe", en que Colón es nombrado Almirante del Mar Océano y se le conceden los derechos y privilegios que había pedido.

La expedición de Colón parte del puerto de Palos, en el sur de España, el 3 de agosto. El 12 de octubre desembarcan en una pequeña isla de las Bahamas a la que Colón llamó San Salvador. Se produce el primer encuentro entre el hombre europeo y los indígenas del Nuevo Mundo. América ha sido descubierta, aunque Colón persistirá en creer que ha llegado a tierras de Asia.

*L*os marinos que acompañaron a Cristóbal Colón en su primer viaje eran hombres que vivían en una época de transición entre la mentalidad medieval y la moderna. En Italia, el Renacimiento° florecía ya durante el siglo XV, y este importantísimo movimiento de renovación artística e intelectual se fue extendiendo poco a poco por el resto de Europa. Al mismo tiempo, sobrevivían todavía muchas ideas, creencias y supersticiones características de la Edad Media: los hombres que aprendieron a usar con eficiencia los nuevos instrumentos de navegación, como la moderna brújula o el cuadrante°, aún creían, sin embargo, en la existencia de extraños gigantes con pies enormes, de hombres que tenían los ojos en el estómago y habitaban misteriosas regiones del Asia o del Africa. Cuando juzgamos la conducta de los europeos del siglo XV, es bueno recordar con cuánta frecuencia sus mentes tuvieron que debatirse entre la razón y la superstición, entre el mito° y la realidad.

Renaissance

quadrant

myth

El espíritu renacentista

Una cosa importante que hizo el Renacimiento fue poner al ser humano en el centro del universo, como tema central de su interés. Los europeos de la Edad Media habían estado obsesivamente preocupados con las cuestiones religiosas, especialmente con el tema de la vida después de la muerte. Los del Renacimiento, en cambio, se preocuparon más por el destino del hombre aquí en la Tierra. Sintieron el deseo de conocer mejor el mundo que nos rodea, de disfrutar la belleza y los placeres que ofrece. Como resultado, ocurrió en esta época una impresionante revolución artística y un dramático progreso en el conocimiento científico.

El arte del Renacimiento fue fundamentalmente un arte sensual, centrado en el cuerpo humano; al mismo tiempo, no fue un arte de excesos sino de armonía y equilibrio. En esta época, los europeos volvieron a descubrir la belleza del arte clásico de Grecia y Roma, y se dieron a imitarlo. Se pusieron de moda° los grandes temas de la mitología griega, y el ideal de serenidad, simetría y perfectas proporciones de los modelos clásicos; recuérdese, por ejemplo, el maravilloso cuadro "El nacimiento de Venus" de Sandro Botticelli en la Galería Uffizi de Florencia, o el "David", la famosa escultura de Michelangelo Buonarroti, también en Florencia. Al mismo tiempo, sin embargo, los humanistas del Renacimiento no aceptaron que el ser humano sea—como los héroes de la mitología griega—un ser dominado por la voluntad caprichosa° de los dioses o por un destino superior a él; por el contrario, el individuo renacentista es un ser libre, una persona en control de su propio destino. Pico de la Mirándola, el gran humanista italiano del siglo XV, escribió un admirable texto, su *Oración sobre la dignidad del hombre,* en el que Dios le dice al primer hombre, Adán: "las demás criaturas del universo

became fashionable

whimsical will

están limitadas por mis leyes; tú, en cambio, usando el libre albedrío° que he *free will*
puesto en tus manos, deberás decidir por ti mismo los límites de tu ser". Este
es el espíritu, independiente e individualista, que produjo a los grandes des-
cubridores como Cristóbal Colón y el portugués Vasco Da Gama.

Condiciones favorables

Por fortuna, esa nueva mentalidad europea pudo contar, entre otras cosas,
con el notable progreso tecnológico y científico que se produjo también en
esa época. La invención de la imprenta por Gutemberg, por ejemplo, hizo
posible un espectacular aumento en la circulación de las ideas y del conocimiento científico; se diseñaron mapas más exactos y mejores instrumentos
de navegación, se construyeron barcos más ligeros que—como las carabelas° *caravels*
—podían maniobrar fácilmente y navegar contra el viento. En esta época
ocurrió también una notable expansión del comercio, especialmente en el
Mediterráneo, y aparecieron importantes industrias, como la industria textil
en Italia. Las ciudades italianas—Florencia, Venecia, Génova, Milán—fueron el primer gran escenario de un nuevo estilo de vida que luego se extendió a otras partes de Europa, un estilo de vida basado en el poder económico de nuevos sectores medios de la población: comerciantes, empresarios°, *entrepreneurs*
los primeros banqueros. Ahora se hizo posible financiar más ambiciosas
empresas de comercio y de exploración. El otro fenómeno característico de
esta época fue la consolidación de varios estados nacionales en Europa:
Inglaterra, Francia, España, Portugal; en mayor o menor medida, estos nuevos poderes militares actuarían como promotores de las más importantes
expediciones ultramarinas°. *overseas*

El mar y sus misterios

Europa había aprendido a apreciar los objetos de lujo que producía el
Oriente (sedas°, porcelanas, piedras preciosas…), así como las especias° que *silks / spices*
venían también de allí y permitían conservar la carne y darle un sabor agra-
dable (e.g., la pimienta°, el clavo°, la canela°). En el siglo XV, sin embargo, *pepper/clove/cinnamon*
las rutas tradicionales que comunicaban a Europa con el Asia y sus produc-
tos se habían vuelto más difíciles y costosas. Los turcos° y los árabes contro- *Turks*
laban los territorios del Asia y del norte de Africa por donde pasaban esas
rutas, y a veces las bloqueaban o exigían el pago de grandes sumas de dinero para permitir el tránsito de los productos. Los comerciantes europeos
soñaban con encontrar una vía de acceso directo por mar a las legendarias
Islas de las Especias (hoy Indonesia), a Cipango (Japón), a China y a la
India. A los navegantes más atrevidos de esa época el Océano Atlántico les
ofrecía dos posibilidades tentadoras°: navegar directamente hacia el oeste *tempting*

desde Europa, o descender hacia el sur, a lo largo de la costa oeste de Africa, darle la vuelta a° ésta, y ascender por el Océano Indico hasta llegar a la India y demás regiones del Oriente.

go around

Pero, ¿era posible realizar esos viajes? La respuesta no era nada clara. Las personas educadas de entonces sabían que la Tierra es redonda, pero tenían una serie de creencias bastante erróneas sobre nuestro planeta. Según Ptolomeo, el prestigioso geógrafo egipcio del siglo II, el Océano Indico era un mar interior, de modo que no era posible circunnavegar el Africa para llegar a la India. Otra creencia muy común era que la temperatura aumentaba a medida que uno se aproximaba al ecuador°, de manera que las tierras que estaban en las regiones ecuatoriales eran inhabitables por el insoportable calor. Por fortuna, en la Europa del siglo XV empezaron a aparecer voces disidentes que cuestionaron esas teorías en nombre de la razón. Circularon también los textos escritos de viajeros que se habían aventurado en las más remotas regiones del Asia y del Africa sin encontrar los obstáculos que mencionaban los geógrafos. Cristóbal Colón, por ejemplo, tenía en su biblioteca *Los viajes de Marco Polo,* el famoso libro en el que este arriesgado viajero italiano del siglo XIII contaba sus increíbles y excitantes aventuras en la India, China y las regiones más lejanas del Asia. Y también tenía Colón un ejemplar del *Imago Mundi* (1483), el influyente libro del Cardenal Pierre D'Ailly en el que éste declaraba (oponiéndose a Ptolomeo) que Africa era circunnavegable, y que también era posible llegar al Oriente navegando directamente hacia el oeste por el Atlántico. Pero, claro, estas eran teorías e historias de cronistas y viajeros que no eran fáciles de comprobar°. No había garantías. Los marinos que se aventuraron por primera vez en el Atlántico y perdieron de vista la costa de Europa no podían saber con seguridad lo que les esperaba más allá del horizonte.

equator

to verify

Portugal y la imaginación de un príncipe

Portugal fue el primer país europeo que inició la exploración atlántica de manera sistemática. Aunque era un país pequeño (más o menos del tamaño del estado norteamericano de Indiana) y con una reducida población de no más de un millón de habitantes, era también una nación joven y vigorosa, lista para emprender una política de expansión. Había tenido que librar una dura y exitosa batalla contra la poderosa Castilla en 1385 para asegurar su independencia—de lo cual se sentía muy orgullosa—y una nueva dinastía real, la Casa de Aviz, miraba hacia el futuro bajo el dinámico rey João I.

Sagres, Portugal, hoy.

Lisboa se convirtió en el siglo XV en una de las ciudades más importantes y cosmopolitas de Europa, un punto de reunión de comerciantes, marinos, científicos y aventureros provenientes de todo el continente que discutían y se intercambiaban las últimas noticias sobre el mundo de la navegación y el conocimiento geográfico; entre ellos se distinguían sobre todo los italianos—especialmente los de Génova—, que eran expertos hombres del mar. Portugal había sido tradicionalmente una nación de pescadores y en el siglo XV utilizó su experiencia marítima para transformarse—con la ayuda técnica de los capitanes italianos—en el primer poder naval de Europa. El perfeccionamiento, en particular, del velamen° que utilizaba la vela latina° y del mejor barco de la época, la carabela, le aseguraron el papel de líder de la navegación atlántica durante la mayor parte del siglo XV.

sails/lateen sail

La primera aventura marítima importante de los portugueses fue la expedición que en 1415 atacó y ocupó con éxito a Ceuta, el bastión musulmán del norte de Africa, cerca del estrecho de Gibraltar.

Uno de los participantes en la expedición a Ceuta fue el príncipe Enrique, hijo del rey de Portugal, que sólo tenía entonces 21 años y quedó permanentemente fascinado por las perspectivas de la exploración oceánica. De regreso en Portugal, Enrique fundó en Sagres un importante centro de estudios e investigación para promover la navegación. El lugar que escogió para construir este instituto fue simbólico: Sagres es un sitio solitario y poco habitado situado en el extremo sur de Portugal, mirando hacia el Atlántico sur, hacia Africa. Todavía hoy sobrevive la estructura del gran edificio de piedra construido allí por Enrique, y es aún hoy, en el siglo veinte, un lugar solitario, muy apropiado para la concentración mental y el estudio. En Sagres, el príncipe Enrique, reunió a una elite de científicos, cartógrafos y experimentados capitanes de mar, de modo que la institución funcionó al mismo tiempo como centro de estudios sobre la navegación y como práctica escuela de diseño de mapas, instrumentos de navegación y entrenamiento de futuros marinos. La historia ha dado a este príncipe el nombre de "Enrique el Navegante" (aunque en realidad navegó poco) y su papel como promotor e inspirador de la expansión marítima de Portugal fue crucial. Los capitanes de Enrique se adentraron, por una parte, en el océano, navegando hacia el oeste y el suroeste, y ocupando, entre otras, las islas de Madeira y Porto Santo, e incluso las islas Azores, a mil millas de la costa portuguesa. Pero las exploraciones más importantes fueron las que realizaron a lo largo de la costa oeste de Africa.

Cabo de São Vicente, Portugal, cerca de Sagres.

Marfil, esclavos y ... españoles

Para 1434 los barcos portugueses habían sobrepasado el legendario Cabo Bojador, el mítico "punto sin retorno" de la costa africana, y se hizo evidente que el agua hirviente y el calor infernal de la región ecuatorial sólo habían existido en la imaginación europea. Lo que sí existían en la costa africana eran muchas oportunidades comerciales. Los portugueses no trataron de conquistar el interior del Africa, se dedicaron más bien a establecer puestos fortificados en la costa (feitorías), protegidos por soldados, para traficar con la población nativa en productos que generaban considerables ganancias°: *profits* oro, marfil°, pimienta… En 1441 se agregó un infame renglón° más, el tráfico de seres humanos, cuando el primer cargamento de esclavos africanos fue enviado en un barco a Portugal. La muerte de Enrique el Navegante en 1460 no detuvo el impulso explorador de los portugueses y con el ascenso al trono de João II en 1481, la exploración adquirió un nuevo ímpetu. En 1488 la expedición de Bartolomeu Díaz alcanzó el extremo sur de Africa, el Cabo de Buena Esperanza, y diez años más tarde Vasco da Gama, con una expedición de cuatro barcos, alcanzó el Océano Indico° y llegó por fin a Calicut *Indian Ocean* (Calcuta). El sueño europeo de alcanzar el Oriente a través del mar había sido por fin realizado.

profits

ivory/infamous item

Indian Ocean

Como es fácil imaginar, España había visto con preocupación esta expansión de Portugal por el Atlántico, y las relaciones entre los dos países se hicieron cada vez más difíciles. Cuando, además, ocurrió una seria disputa entre España y Portugal sobre la sucesión a la corona de Castilla (de la que salió triunfante la futura Isabel la Católica, en contra de Juana, la esposa del rey portugués), estalló una guerra abierta cuyos resultados demostraron la superioridad de Portugal en el mar. La guerra terminó con el Tratado° de *Treaty* Alcaçovas (1479), en el que España tuvo que reconocer el derecho de Portugal a la posesión de las Azores, las islas de Cabo Verde, las de Madeira y, sobre todo, la costa africana. Todo lo que consiguió España fue el reconocimiento de sus derechos sobre las Islas Canarias, frente a la costa de Africa.

Treaty

España a fines del siglo XV

Esa situación desfavorable para España no iba a durar mucho tiempo, por supuesto: el descubrimiento de América por Cristóbal Colón en 1492 vino a cambiar radicalmente la ecuación en favor de España, que en 1469 había alcanzado

Torre de Belem. Lisboa.
Punto de partida de las expediciones
portuguesas en el siglo XV.

su unificación política con el matrimonio de Fernando de Aragón e Isabel de Castilla. Y si examinamos las características que tenía la sociedad española de esa época, encontraremos que se trataba de una nación que en algunos aspectos estaba preparada para iniciar una empresa imperial, pero, en otros, sufría de varios puntos débiles que, a la larga, iban a traerle serios problemas.

Desde el punto de vista militar, España poseía un ejército de tierra numeroso, bien entrenado y con abundante experiencia de combate adquirida en las guerras contra la ocupación musulmana de la Península. Fernando e Isabel, además, eran reyes muy competentes que consiguieron—sobre todo en Castilla—concentrar en sus manos buena parte del poder político, a expensas del poder de la nobleza. España tuvo así una estructura política centralizada capaz de tomar decisiones. Y si el espíritu religioso declinaba en el resto de Europa, los españoles, en cambio, se hallaban poseídos por una agresividad religiosa y un espíritu misionero poco común en esa época. La reina Isabel, en particular, era una mujer profundamente religiosa que siempre mostró una muy favorable disposición a apoyar expediciones destinadas (al menos en teoría) a convertir infieles a la fe católica. En ese importantísimo año de 1492 España consiguió su unidad territorial con la conquista de Granada y su unidad religiosa con la bastante brutal expulsión de los judíos; por otra parte, era un país que había alcanzado su unidad lingüística al extenderse el uso del castellano como lengua principal de la Península. Igual que Roma había poseído la lengua latina como gran arma cultural de su imperio, España tenía ahora una lengua común para imponer su cultura al otro lado del Atlántico. Precisamente en ese año de 1492, el ilustre profesor de la Universidad de Salamanca Elio Antonio de Nebrija publicó su *Arte de la lengua castellana,* la primera gramática escrita sobre una lengua moderna. Según una anécdota, cuando el profesor Nebrija le regaló a la reina Isabel un ejemplar° de su libro, ella le preguntó: ¿Qué es esto? Y él le respondió: "Un instrumento de imperio, Majestad".

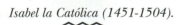

Isabel la Católica (1451-1504).

copy

ready/to undertake

En ciertos aspectos, pues, España se hallaba lista° para emprender° la conquista de un imperio; en otros, en cambio, las condiciones no eran tan favorables. La economía española, por ejemplo, no estaba preparada para emprender una empresa imperial con eficiencia; era una economía predominantemente agrícola, basada en un sistema todavía feudal y con poca producción industrial. Como resultado, cuando estableció sus colonias en América, España no pudo suministrarles° los productos manufacturados necesarios. La Corona española no tuvo más remedio que comprárselos a

supply them with

otros países europeos, de manera que buena parte de las ganancias que producían las colonias americanas no se quedaba en España sino que iba a parar° a los centros más industrializados del norte de Europa.

ended up

Otro problema fue el sistema de valores que se había desarrollado en España durante los largos siglos de lucha contra la ocupación musulmana. Era una sociedad que exaltaba la imagen del caballero cristiano: las actividades militares, el individualismo, el valor personal inyectado de militancia religiosa; en cambio, despreciaba° las tareas domésticas, el trabajo manual, las actividades comerciales; asociaba a la agricultura con los infieles musulmanes, pues éstos habían realizado tradicionalmente las labores agrícolas en España, e identificaba a los judíos con la banca y el comercio. El prejuicio religioso, en otras palabras, creó una psicología contraria a actividades que en otras sociedades se consideraban como trabajo digno y productivo. La América española fue colonizada por europeos renuentes° a ensuciarse las manos°. Esto, inevitablemente, habría de hacer difícil establecer un sistema colonial eficiente. Con todas sus limitaciones, sin embargo, hay que reconocer que España fue el único país importante de Europa que estuvo dispuesto a apoyar el improbable proyecto de Cristóbal Colón.

despised

reluctant
to dirty their hands

Un hombre llamado Colombo

Cristóforo Colombo fue, en efecto, su nombre original y no hay duda de que nació en Génova, probablemente en 1451, lo cual no quiere decir necesariamente que pueda llamársele "italiano", pues Italia no existía como nación en el siglo XV. Génova, Venecia, Milán, etc. eran ciudades-estado autónomas que tenían incluso sus propios dialectos. Como ha observado Samuel Eliot Morison, no es extraño que Colón no haya dejado ningún texto escrito en italiano, pues el genovés era un dialecto que raramente se escribía. Todos los documentos de su mano que se conservan están escritos en un español que muestra influencia de la lengua portuguesa. No sabemos mucho de los primeros años de su vida. Probablemente él y sus dos hermanos, Bartolomé y Diego, ayudaron a su padre en el negocio familiar, un taller de fabricación de paños°, pero, tan pronto tuvo la oportunidad, el joven Cristóforo comenzó a hacer viajes por mar, como aprendiz° de marino. Acumuló así considerable experiencia marítima y parece que también se hizo experto en la confección de mapas y cartas marinas. Pero el momento crucial de su vida ocurrió cuando, teniendo 25 años, el barco en que navegaba naufragó° en el Atlántico, frente a Portugal, y el joven genovés consiguió nadar unas seis millas hasta llegar a la costa de ese país. Durante los próximos nueve años (1476-1485) Colón vivió en territorio portugués, se casó con una aristocrática dama portuguesa, Filipa de Perestrelo, y tuvo de ella un hijo, Diego.

wool-weaving shop
apprentice

was shipwrecked

Fue probablemente en estos años que maduró en su mente la idea de llegar al Oriente navegando hacia el oeste por el Atlántico.

Portugal, recordemos, era el país líder en la exploración marítima y sucedió que el padre de Filipa, la esposa de Colón, había sido un prominente *archives* marino poseedor de un importante archivo° de documentos, mapas, etc., al que Colón tuvo acceso. El navegante genovés mostró una clara parcialidad hacia los libros, mapas y opiniones de expertos que parecían favorecer el tipo de viaje que él tenía en mente. Por ejemplo, le escribió al famoso astrónomo italiano Paolo Toscanelli consultándole sobre su proyecto y, para su *encouraging him* alegría, Toscanelli le contestó dándole ánimo° y enviándole información bastante optimista sobre la distancia entre Europa y el Oriente. La distancia calculada por Toscanelli era más corta que la real y Colón manipuló los cálculos de Toscanelli y otras autoridades, como Ptolomeo, para obtener una *Admiral* distancia aún menor; como resultado, el futuro Almirante° concluyó que la distancia entre Portugal y Japón era más o menos la que hay en realidad entre Portugal y Cuba: un error de casi 8.000 millas. Armado con sus opti- *backing* mistas cálculos, Colón se presentó ante el rey de Portugal para pedir apoyo° económico para su proyecto. João II, sin embargo, estaba demasiado ocupado con los viajes portugueses por la costa de Africa para prestar atención *disheartened* al joven genovés. Desalentado°, Colón decidió probar suerte en el otro país que quizás podría ayudarle: España. Su mujer, doña Filipa, había muerto ya y su hijo Diego era todavía un niño pequeño. En el verano de 1485, padre e hijo llamaron a la puerta del monasterio de La Rábida, un convento franciscano situado cerca de Huelva, en el sur de España. Los monjes del monasterio recibieron muy bien a Colón, accedieron a que el pequeño Diego se quedara con ellos por un tiempo y escucharon con receptiva seriedad los detalles de su proyecto; uno de los monjes, Antonio de Marchena, persona influyente, le dio incluso una carta de presentación para unos de los hombres más importantes de España, el Duque de Medina Sidonia. Los próximos siete años iban a ser el período más difícil y decisivo en la vida de este hombre extraordinario.

reliable portrait No ha quedado un retrato confiable° de Colón, pero tenemos una buena idea de su apariencia física por las descripciones de personas que lo conocieron. Fue un hombre alto, de piel blanca, ojos claros y pelo rubio o rojizo que se volvió blanco cuando era todavía joven. Su apariencia física era sin duda impresionante y carismática, con una dignidad que inspiraba respeto. Obviamente, era un hombre que sabía ser persuasivo y tenía la habilidad de relacionarse con personas importantes. Sólo un año después de haber llegado a España, desconocido y sin dinero, conseguía que la misma reina Isabel lo recibiera en el Alcázar (Palacio) de los Reyes Cristianos, en la ciudad de Córdoba. El salón del trono, donde tuvo lugar la entrevista, puede ser visitado todavía hoy. Pero después de ese exitoso comienzo siguieron muchos momentos de desengaño°. La reina simpatizó desde el primer momento con Colón y con su idea, pero la comisión de expertos que nombró para estudiar el proyecto dio un dictamen negativo; no es que tomaran a Colón por un loco ni mucho menos, sino que estimaron que su plan era impracticable debido a las enormes distancias y dificultades para la navegación que conllevaba°. Estos consejeros° de la reina pensaban, con razón, que la distancia real que separa a Europa del Oriente es mucho mayor que la estimada por Colón. El problema es que les tomó cuatro años decir que no, y mientras tanto Colón tuvo que vivir la agonía de la espera° interminable. La Corona° le había dado una pequeña pensión para vivir, pero fue hombre sin oficio°, a menudo objeto del ridículo y… solitario. Por esos años conoció en Córdoba a una muchacha de la que tuvo un hijo, Fernando; éste, años después, llegaría a ser un hombre educado que escribió la biografía de su padre.

El "no" de la comisión, por otra parte, no fue la última palabra. Isabel y Fernando todavía vacilaron° durante dos años. Un problema era el dinero, que estaba escaso, pues los reyes estaban en medio de la campaña militar contra los moros de Granada. Otro problema era que Colón, como buen visionario, era testarudo° y exigía mucho: quería, entre otras cosas, que los reyes lo nombraran Almirante y gobernador de todas las tierras que descubriese, y que se le diera una décima parte de todas las cosas de valor—oro, plata, especias, etc.—que encontrara. Por fin, en el último momento, cuando ya Colón les había dicho adiós a los reyes, decidido a irse a Francia, un mensajero° de Isabel y Fernando lo alcanzó en el camino para darle la buena noticia: los reyes, finalmente, accedían a su plan. En abril de 1492, en el pueblo de Santa Fe, cerca de Granada, Colón firmó con los reyes el contrato llamado "Las capitulaciones de Santa Fe"; en él, Isabel y Fernando aceptaron todas las demandas del marino genovés. En esa decisión final probablemente influyó decisivamente el consejo de Luis de Santángel, un judío converso que era consejero del rey Fernando. Santángel—uno de los héroes menos conocidos de esta historia—urgió a los reyes a que accedieran a la propuesta° de Colón e incluso ofreció reunir los fondos para financiar la expedición (la leyenda de que la reina vendió sus joyas con este propósito es sólo eso, una leyenda).

El pequeño puerto de Palos, cerca de Huelva y de la frontera con Portugal, fue el lugar escogido para organizar la expedición. Colón obtuvo la ayuda de varias familias prominentes de Palos para conseguir y alistar° los barcos necesarios y para reclutar la tripulación°. Esto último era esencial, pues no era fácil hallar hombres dispuestos a embarcarse en una aventura tan peligrosa; sólo el prestigio y la persuasión de capitanes locales como Martín Alonso y Vicente Yáñez Pinzón lograron convencer al número necesario de marinos. No es cierto, por supuesto, que fuese una tripulación de

disappointment

that went with it/advisers

wait
(the king and queen)
without a job

hesitated

stubborn

messenger

proposal

get ready
crew

delincuentes sacados de la cárcel: la mayoría de los 90 hombres de la expedición eran marinos locales. De los tres pequeños barcos, la Santa María—la nave capitana—era la mayor (unas 120 toneladas y 85 pies de largo); las otras dos naves tenían más o menos la mitad de ese tamaño.

Temprano en la mañana del viernes 3 de agosto de 1492, la pequeña *fleet/set sail* flota° zarpó° del puerto de Palos y se dirigió hacia el sur. Varias reparaciones la obligaron a permanecer en las Islas Canarias durante varias semanas. Pero por fin, el 6 de septiembre, los tres barcos enfilaron directamente hacia el mar abierto, en dirección oeste, a lo largo del paralelo 28. El resto de lo que ocurrió durante el viaje lo sabemos por el *Diario de navegación* que mantuvo Colón. Sabemos así, por ejemplo, que el Almirante decidió engañar a la tripulación sobre la distancia que recorrían cada día, haciéndoles creer que era menos que la distancia real, para que no se alarmaran demasiado. El 7 *discouraged/course* de octubre, desanimados°, hacen una corrección del rumbo° y proceden en dirección sudoeste (de haber seguido directamente hacia el oeste, habrían llegado a la costa de la Florida). El tiempo es favorable: "Los aires—escribió Colón en su *Diario*—son muy dulces como en abril en Sevilla, que es placer estar a ellos: tan olorosos° son". Pero la tripulación había llegado casi al límite *fragrant* *complained* de su resistencia y protestaba: "Aquí la gente ya no lo podía sufrir: quejábase° del largo viaje", anotó Colón el 10 de octubre. No podía saber que estaba a sólo dos días del gran descubrimiento.

Pues el 12 de octubre, a las dos de la mañana, un marinero de la "Pinta", Rodrigo de Triana, dio al fin el esperado grito: "¡Tierra!". Al aclarar el día, vieron que estaban ante una pequeña isla (Watling's Island, una de las Bahamas), que Colón llamó San Salvador y describió como "isla … muy llana y de árboles muy verdes y muchas aguas y una laguna° en *lagoon* medio muy grande, sin ninguna montaña, y toda ella verde, que es placer mirarla". "Luego"—nos dice el Almirante— "vinieron gente desnuda". Un gran número de cuerpos oscuros, en efecto, aparecieron en la playa y contemplaron con temor y curiosidad el espectáculo de la *crew* pequeña flota y sus extraños tripulantes°. Iba a producirse el primer contacto entre los habitantes de dos mundos totalmente diferentes. Y las consecuencias de aquel primer encuentro están sintiéndose aún y no han cesado de producir controversias hasta hoy, quinientos años más tarde.

Cristóbal Colón (1451-1506).

Primera imagen del indígena americano

Colón quiso creer que aquellos primeros hombres y mujeres que encontró en la isla de San Salvador eran habitantes de las fabulosas "Indias". Por eso los llamó "indios" y al parecer, nunca estuvo dispuesto a rectificar su error. Estos habitantes de las islas Bahamas eran en realidad taínos, un pueblo indígena que había venido probablemente de Suramérica y en el siglo XV constituía la población predominante en muchas islas del Caribe, especialmente en las Grandes Antillas, es decir, Cuba, La Española (hoy Haití/República Dominicana), Jamaica y Puerto Rico. Los taínos eran indígenas relativamente pacíficos que vivían de la agricultura, la caza° y la pesca°. En su *Diario de viaje* Colón hizo un retrato idealizado de estos indígenas, de su apariencia física, su carácter y del escenario natural de las islas del Caribe. Según el Almirante, los taínos "estaban todos desnudos … y tenían hermosos y lindos cuerpos y muy buenas caras"; además, eran generosos pues "daban de aquello que tenían de buena voluntad°" y no usaban ni conocían las armas. Igualmente, el paisaje de las Bahamas fue presentado por Colón como el de una región paradisíaca°: "Son estas islas muy verdes y fértiles, y de aires muy dulces…" Con este lenguaje, no muy diferente al que usan hoy las agencias de turismo, Colón intentaba impresionar favorablemente a los reyes de España, Isabel y Fernando, sobre el valor de su descubrimiento. Pedro Henríquez Ureña, el eminente ensayista° dominicano, observó que esas descripciones de Colón fueron el origen de dos ideas que fascinaron y continúan fascinando a la mentalidad occidental: América como tierra de oportunidad y abundancia, y el indígena americano como "noble salvaje", es decir, como ser humano que fue originalmente bueno e inocente antes de ser sometido a la influencia corruptora de la civilización occidental. Siglos después, los escritores románticos de Europa utilizarían ese modelo del hombre natural como el del ser humano ideal. Además de los taínos, otros dos pueblos indígenas, los siboneyes y los caribes, se habían establecido en las islas Antillas. Los siboneyes fueron quizás los habitantes más antiguos de esta región, pero su cultura, bastante primitiva, no pudo resistir el avance de los taínos; para el siglo XV quedaban sólo algunos grupos de ellos, diseminados especialmente por el interior de Cuba. Más conocidos, en cambio, fueron los indígenas que dieron nombre al mar Caribe, sobre todo por su reputación como feroces guerreros y caníbales (el término "caníbal" y su versión inglesa, *cannibal,* provienen de la palabra "caribe"). Probablemente esa reputación de ferocidad ha sido exagerada pero parece cierto que consumían carne humana, al menos con propósitos rituales, y que las expediciones

hunting/fishing

willingly

Paradise-like

essayist

militares eran una de sus actividades favoritas, aunque también se dedicaban a la caza y a la pesca. Llegaron a expulsar a los taínos de las islas situadas en la parte este del mar Caribe y éstos daban muestras de terror cuando se mencionaba el nombre de esos problemáticos vecinos. Al parecer, los caribes eran también aficionados a secuestrar° mujeres taínas para procrear con ellas, ya que no tenían suficiente población femenina.

to kidnap

En todo caso, ni los caribes ni los demás pueblos indígenas que habitaban las islas Antillas poseían una organización militar capaz de oponerse con éxito a la conquista europea, aunque tenían una gran superioridad numérica sobre los españoles. Es posible, por ejemplo, que la población indígena de Cuba en 1492 llegara a las 100.000 personas, y que la de Santo Domingo pasara del medio millón. Pero el noble salvaje descrito por Colón no estaba destinado a sobrevivir. Según varios cronistas de la época, como Las Casas y Oviedo, para 1550 la población nativa se había extinguido casi por completo. En la Española parece que quedaban para entonces sólo unos pocos centenares de indígenas.

Ejercicios y actividades

A. Preguntas sobre la lectura.

1. ¿Dónde y cuándo comenzó el Renacimiento?
2. Los europeos del siglo XV, ¿eran completamente renacentistas? ¿Por qué?
3. Nombre tres cualidades o características que eran muy apreciadas por el arte del Renacimiento.
4. ¿Por qué es lógico que un artista renacentista como Boticelli sintiera atracción hacia el tema El Nacimiento de Venus?
5. Dé dos ejemplos del progreso tecnológico que ocurrió en esa época.
6. ¿Por qué se mencionan aquí a las ciudades italianas?
7. Para llegar al Asia desde Europa, una posibilidad era navegar hacia el sur, por la costa de Africa; la otra era …
8. Muchos expertos del siglo XV tenían ideas erróneas sobre nuestro planeta. Mencione una.
9. ¿Qué fue Sagres? ¿Por qué fue importante?
10. ¿Se dedicaron los portugueses a conquistar el interior de Africa? ¿Qué hicieron?
11. ¿Era España un país bastante industrializado en el siglo XV? Comente.
12. ¿Cuál era la actitud de muchos españoles hacia el trabajo manual?
13. ¿Por qué llamó Colón indios a los habitantes del Caribe?
14. ¿Qué tipo de descripción dio de ellos?
15. ¿Qué le sucedió a la población indígena del Caribe?

B. Sinónimos. Relacione las siguientes palabras con sus sinónimos correspondientes.

1. ___ carabela
2. ___ estado
3. ___ contrato
4. ___ sitio
5. ___ traficar
6. ___ moro
7. ___ corona
8. ___ indio
9. ___ secuestrar
10. ___ paisaje

a. capturar
b. indígena
c. lugar
d. escenario
e. barco
f. comerciar
g. nación
h. musulmán
i. capitulación
j. rey/reina

C. Asociaciones. Complete los espacios en blanco con la forma apropiada de las siguientes palabras.

ejemplar   ensayista   marino   cronista

negocio   feitoría   testarudo

1. Los genoveses eran expertos _____.
2. Los portugueses establecieron _____ en la costa de Africa.
3. Varios _____ del siglo XV contaron sus viajes a países exóticos.
4. Colón tenía en su biblioteca un _____ de la *Geografía* de Ptolomeo.
5. Cuando era niño, Colón trabajó con su padre en el _____ familiar.
6. Colón era bastante _____ en cuanto a las demandas que les hizo a Isabel y a Fernando.
7. Pedro Henríquez Ureña fue un notable _____ dominicano.

D. Definiciones. Relacione las siguientes definiciones con las palabras correspondientes.

1. ___ Instrumento de navegación.	a.	canela
2. ___ Creencia que no está basada en el conocimiento científico.	b.	pescador
	c.	mente
3. ___ Tipo de barco muy utilizado en el siglo XV.	d.	brújula
4. ___ Especia del Oriente.	e.	retrato
5. ___ Persona que vive de los animales del mar.	f.	flota
6. ___ Ocupación de David Rockefeller.	g.	tripulación
7. ___ Grupo de barcos que navegan juntos.	h.	banquero
8. ___ La facultad del ser humano que asociamos con la inteligencia.	i.	carabela
	j.	ecuador
9. ___ Círculo que divide a la Tierra en dos mitades.	k.	mito
10. ___ El grupo de marinos que operan un barco.		
11. ___ Pintura que representa la cara de una persona.		

E. ¿Cierto o falso? Decida si las siguientes afirmaciones son **C** (ciertas) o **F** (falsas). Si son falsas, explique por qué.

	C	**F**
1. Colón pensó que la Tierra era más grande de lo que es en realidad.	___	___
2. Colón decía que la Tierra era redonda y por eso lo tomaron por loco.	___	___
3. La reina Isabel vendió sus joyas para ayudar a Colón.	___	___
4. Luis de Santángel estaba a favor del proyecto de Colón.	___	___
5. Colón tuvo dos hijos, Diego y Fernando.	___	___
6. Colón viajó por España acompañado de su pequeño hijo Diego.	___	___
7. Probablemente el español fue la primera lengua que el Almirante aprendió a escribir.	___	___
8. La primera entrevista entre Colón y la reina Isabel ocurrió en el pueblo de Santa Fe.	___	___
9. La mayoría de los miembros de la tripulación que descubrió América eran delincuentes de varios lugares de España.	___	___
10. Colón engañó a sus hombres sobre la distancia que sus barcos navegaban cada día.	___	___
11. La primera isla que descubrieron era un lugar seco y sin vegetación.	___	___

F. Comentarios. Usando el vocabulario y la información aprendida en esta unidad, haga un comentario sobre los siguientes temas.

1. La idea del Renacimiento sobre el ser humano.
2. El gran interés de los europeos en llegar al Oriente por vía marítima.
3. El miedo justificado que sentían los marinos cuando pensaban en adentrarse en el océano.
4. La personalidad de Cristóbal Colón: sus virtudes y sus defectos.
5. La manera en que Isabel y Fernando trataron a Colón.

G. Opiniones e hipótesis.

1. Póngase usted en el lugar de Isabel o Fernando. Si usted hubiera sido uno de ellos, ¿le habría dicho que sí a Colón? Justifique su respuesta.

2. Usted es un marino del puerto de Palos en 1492. Si Colón se hubiera acercado a usted para pedirle que le acompañara en su viaje, ¿cuál habría sido su respuesta? ¿Por qué?

3. Por fin, usted accedió a acompañar al Almirante y se encuentra en la Santa María. ¿Qué pensamientos vienen a su mente mientras la costa desaparece de su vista? ¿Qué sueños y ambiciones tiene en mente?

4. Póngase en el lugar de uno de los indígenas taínos que vio por primera vez a Colón y a sus hombres. ¿Le parecerían raros esos europeos? ¿Por qué?

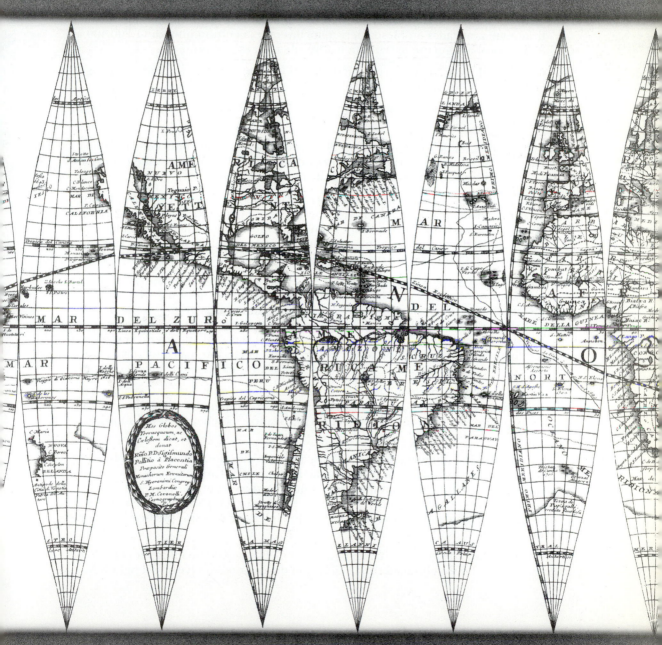

50.000? a. de C. Llegada de los primeros seres humanos a América, probablemente desde el Asia, a través del estrecho de Bering.

1.500 a. de C.- 300 d. de C. Período formativo. Aparición de las primeras culturas relativamente avanzadas en Mesoamérica, incluyendo la cultura olmeca (1.200-400 a. de C.), probablemente la "cultura madre" de toda esta región.

300 - 650/900+ d. de C. Período clásico de Mesoamérica; gran avance cultural, especialmente en dos regiones:

El altiplano de México (300 - 650 d. de C.), dominado por el gran centro urbano de Teotihuacán.

La región maya de Centroamérica (300 - 900 d. de C.), con centro en las tierras bajas de Guatemala y tierras adyacentes de México y Honduras, donde el período clásico termina con un colapso cultural aún no explicado.

Principales logros del período clásico: construcción de grandes centros urbanos; escritura jeroglífica; sofisticado sistema numérico, incluyendo la "cuenta larga"; avanzado calendario; sorprendentes conocimientos astronómicos; refinada arquitectura, arte decorativo, escultura y pintura mural; complejo sistema social y vasto sistema de relaciones comerciales.

650/900+ - 1519 Período posclásico de Mesoamérica; aumento del militarismo. En el altiplano de México, período de inestabilidad tras la destrucción de Teotihuacán en 650. Luego, ascensión de los toltecas, que dominan la región entre el siglo X y el XII, con capital en Tula. El príncipe tolteca Topiltzín (siglo X) adopta el culto y el nombre del pacífico dios mesoamericano Quetzalcóatl, el dios de la serpiente emplumada. Pierde la lucha por el poder contra la facción más militarista de los toltecas y tiene que exilarse, jurando regresar algún día para reclamar su trono.

Aparentemente, Topiltzín-Quetzalcóatl y sus seguidores toltecas se trasladan a la península de Yucatán—año 987 de nuestra era—y allí penetran la cultura maya de la región, inyectándola de elementos mexicanos. Chichén-Itzá será su principal centro urbano.

Desaparece la influencia tolteca en Yucatán hacia el siglo XIII. Otros pueblos menos avanzados, como los itzás, ocupan la región y forman alianzas, como la que tuvo a la ciudad de Mayapán por capital. Luchas intestinas entre estos pueblos traen el colapso cultural de la región en el siglo XV. Cuando los españoles llegan a Yucatán en el siglo XVI, los días de esplendor de estos pueblos han llegado a su fin.

En el altiplano de México, Tula es destruida en el siglo XII y se inicia un período de inestabilidad que culminará con la ascensión de los aztecas, a partir del siglo XIV.

No hay duda de que la población precolombina del Nuevo Mundo era considerable: cincuenta, quizás sesenta millones de habitantes distribuidos por todo el continente. Y es muy probable que la mayoría de ellos, si no todos, vinieran en una serie de emigraciones procedentes del Asia que, hace quizás 50.000 años, atravesaron el actual estrecho de Bering—cubierto de hielo en aquella época—y descendieron poco a poco desde Alaska hasta el extremo sur de Suramérica. Dos regiones, en particular, fueron los escenarios de las más altas culturas que se desarrollaron en el Nuevo Mundo antes de la llegada de los españoles: en primer lugar, el área que los arqueólogos llaman Mesoamérica, en territorios pertenecientes hoy a México y a varias repúblicas de Centroamérica; en segundo lugar, la región de los Andes, en el oeste de Suramérica, donde se hallan las actuales repúblicas de Perú, Bolivia y Ecuador.

Mesoamérica

Este término, acuñado° por el antropólogo Paul Kirchoff en 1943, se refiere a las civilizaciones del período precolombino que existieron en la región donde hoy se encuentran México, Belice, Guatemala, El Salvador y la parte oeste de Honduras. Distingue a esta zona el hecho de que los pueblos indígenas que vivieron en ella antes de la llegada de los españoles poseían un buen número de características culturales en común: desde los métodos de cultivar la tierra hasta el culto a ciertos dioses, como Quetzalcóatl, el dios de la serpiente emplumada°; la escultura, la pintura y la arquitectura adquirieron en esta área un refinamiento y una individualidad inconfundibles, con la pirámide como construcción monumental más típica. Allí se creó también un sistema de escritura jeroglífica que no existió en ninguna otra parte de América; el calendario que desarrollaron era más exacto que el que se usaba en esa época en Europa. En contraste con esto, otros aspectos de la civilización mesoamericana permanecieron a un nivel relativamente primitivo: sus arquitectos, por ejemplo, no llegaron a desarrollar el arco° ni captaron la potencial importancia práctica de la rueda°, aunque la usaban en su calendario.

Es imposible estudiar la cultura de estos pueblos sin sentir que tenían muchas cosas en común con nosotros: su curiosidad científica, su sensibilidad artística, su miedo ante lo desconocido°, su deseo de predecir el futuro y controlar las fuerzas naturales del universo. Incluso su sentido de competencia se expresaba en un deporte, el juego de pelota, algo similar a nuestro baloncesto°. Al mismo tiempo, su concepto de la realidad era bien diferente al nuestro. Los occidentales° concebimos el futuro en un sentido linear y abierto que se extiende infinitamente en el tiempo (de ahí nuestra fe° en la idea del progreso); los mesoamericanos, en cambio, lo concebían como un proceso cíclico, que avanzaba en círculos. Los mayas, por ejemplo, creían

coined

plumed, feathered serpent

arch
wheel

the unknown

basketball
westerners
hence our faith

que el universo había sido ya creado y destruído cuatro veces, y que nos hallamos ahora en su quinto ciclo. Habían incluso calculado, al parecer, una fecha fatal, el 24 de diciembre del año 2011, en la que el presente ciclo llegará a su fin y el universo será inevitablemente destruido de nuevo. Por otra parte, fuerzas misteriosas podían decretar la destrucción del mundo antes del final de cada ciclo, y los pueblos de Mesoamérica se dedicaron con pasión a identificar esas fuerzas, convirtiéndolas en deidades°, y a tratar de aplacarlas° y de predecir los períodos de tiempo en que se hacían más peligrosas. Esta concepción del universo tuvo, sin duda, varias consecuencias negativas para estos pueblos: un sentido de inseguridad, de constante aprensión ante la posibilidad de inminentes catástrofes. Al mismo tiempo, muchos de sus logros° pueden ser asociados con esas nociones sobre la realidad: su pasión por las matemáticas, sus asombrosos cálculos sobre los movimientos cíclicos de la luna y del planeta Venus, su predicción de eclipses, el refinamiento de su calendario. Las primeras culturas relativamente avanzadas aparecieron en Mesoamérica durante el llamado período formativo (circa 1.500 a. de C.—300 d. de C.), y entre ellas la de los olmecas fue la que alcanzó el mayor grado de refinamiento.

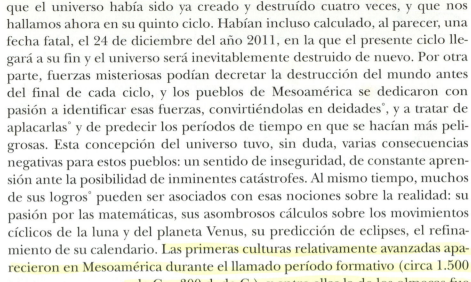

Niño jaguar olmeca.

Los olmecas

En 1862, un viajero encontró en el estado mexicano de Veracruz, cerca de la costa del Golfo de México, una enorme cabeza de piedra que se atribuyó por muchos años a la civilización maya. A partir de l920, sin embargo, empezó a sospecharse que esta cabeza y otras cabezas y objetos hallados en la región eran obra de una cultura independiente y muy antigua. En l938, el norteamericano Matthew Stirling, de la Smithsonian Institution, comenzó una serie de expediciones arqueológicas en el área en cuestión que produjeron resultados espectaculares. Sus excavaciones revelaron la existencia de una alta civilización que floreció varios siglos antes de la de los mayas y que hoy conocemos como la cultura olmeca.

Los olmecas ocuparon un área de unas 7.200 millas cuadradas, situada a lo largo de la costa del golfo de México, en terrenos pantanosos° atravesados por una multitud de ríos. Su principal centro ceremonial, La Venta, se halla en una pequeña isla rodeada de pantanos°, a unas 18 millas de la costa. Las excavaciones realizadas allí dejaron al descubierto una serie de estructuras de barro que se extienden

deities, gods
to placate them

achievements

swampy

swamps

por más de milla y media, dominadas por una monumental pirámide de más de 100 pies de altura. Ignacio Bernal ha calculado la población olmeca en unas 350.000 personas. Stirling realizó su hallazgo° más impresionante en el pueblecito de Tres Zapotes: la famosa Estela C°, un bloque de piedra donde puede leerse, en el sistema numérico mesoamericano, una fecha correspondiente al año 31 a. de C. Cuando empezó a usarse el método del "carbón 14", en los años 50, se comprobó que esta civilización alcanzó su fase más importante en el período 1.200—400 a. de C. Esto ha llevado a muchos expertos a proclamar a la cultura olmeca como la primera alta civilización de Mesoamérica. Algunos la consideran como la "cultura madre" de toda la región, y ciertamente hay indicios° de que su influencia se extendió a muchas otras regiones de esta área cultural. La influencia olmeca es, en efecto, bastante fácil de discernir° debido a la inconfundible° individualidad de su estilo artístico. Aparte de las gigantescas cabezas de piedra, destaca° su obsesión con las figuras de rasgos felinos° esculpidas en piedra o en jade. Algunas de estas esculturas poseen facciones° monstruosas, como en el caso de los famosos "niños jaguares", que eran quizás representaciones míticas de la unión de una mujer con un jaguar. Otras esculturas, en cambio, sí parecen representar a personas reales, y esto plantea uno de los enigmas de la cultura olmeca: ¿cuál era su apariencia física? Las muchas gigantescas cabezas que se han encontrado en la zona olmeca parecen representar un tipo étnico—caras redondas, facciones y labios gruesos—muy diferente al de otras esculturas, como la del famoso "Luchador" que está en el Museo Nacional de Antropología de México; éste, en efecto, parece un elegante tipo asiático de facciones finas, barba y bigote. Quizás nunca lo sabremos, pues la alta humedad de la región ha impedido que se conserve ningún resto humano de esta cultura.

finding

stele

clues

to discern/unmistakable

stands out

feline features

features

El período clásico de Mesoamérica (300 - 650/900 d. de C.)

Las culturas precolombinas de Mesoamérica alcanzaron, sin embargo, su mayor esplendor durante el llamado período clásico, que comenzó hacia el año 300 d. de C., la misma época en que, al otro lado del Atlántico, el emperador Constantino proclamaba al cristianismo como la religión oficial del Imperio Romano. En el sur de México, cerca de la actual ciudad de Oaxaca, se desarrolló el importante centro zapoteca de Monte Albán, en tanto que el valle central de la meseta mexicana fue dominado por el gran centro urbano de Teotihuacán. Más al sur, en las tierras bajas de Guatemala y regiones aledañas° de México y Honduras, la civilización maya alcanzó los logros más impresionantes del período clásico.

adjacent

Teotihuacán

Teotihuacán asombra todavía hoy a los incontables visitantes que viajan desde la capital de México, a unas 25 millas de distancia, para ver sus ruinas. Fue en su día un gran centro urbano de quizás 100.000 habitantes que aparentemente extendió su influencia por vastas regiones de Mesoamérica hasta su destrucción en el siglo VII de nuestra era. Lo que más impresiona es el carácter monumental de su zona central, dominada por la llamada "Avenida de los muertos", de más de dos millas de largo, y por las dos más grandes pirámides, la de la luna y la del sol; esta última, con sus 660 pies de lado y 200 de altura, es una de las mayores estructuras de Mesoamérica.

No sabemos a ciencia cierta quiénes construyeron esta gran ciudad (tenían la "mala costumbre" de quemar° a sus muertos), pero no hay duda de que *to burn* fueron el poder dominante de la meseta central de México durante el período clásico y que poseyeron los adelantos que asociamos con ese período: escritura jeroglífica, el sistema numérico y el calendario mesoamericano. Su arte alcanzó especial distinción en la cerámica policromada y en la pintura mural, y es posible que su arquitectura estableciera patrones que luego fueron imitados en muchas otras partes de Mesoamérica. En la capital de la actual Guatemala, por ejemplo, a más de 600 millas de distancia, se han hallado las ruinas de una ciudad precolombina, Kaminaljuyú, que muestra claras influencias del estilo teotihuacano. Los dos dioses más prominentes en las ruinas de Teotihuacán, Tláloc y Quetzalcóatl, fueron

Teotihuacán, México. Pirámide del sol.

dos de las deidades más universalmente adoradas a lo largo de Mesoamérica. En general, tanto el carácter benigno de sus dioses como el de su gran centro urbano—que aparentemente no tenía murallas defensivas ni fortificaciones militares—nos dan la impresión de una civilización relativamente pacífica, un estado gobernado quizás por una burocracia interesada en la expansión por motivos comerciales más que militares. El final de los teotihuacanos, ocurrido hacia el año 650, fue violento. Es probable que cayeran víctimas de tribus más primitivas y guerreras procedentes del norte de México. En todo caso, su cultura sobrevivió en la memoria colectiva del valle central de México y alcanzó la estatura de una civilización mítica. Sabemos que, ocho siglos después de su caída, Teotihuacán era todavía un centro de peregrinación religiosa visitado por los habitantes de todo el valle, el lugar legendario donde gigantes semidivinos habían construido una vez aquellas estructuras enormes.

Los mayas del período clásico (300 - 900+ d. de C.)

Estos "griegos" de Mesoamérica desarrollaron su civilización en un ambiente poco favorable de densa vegetación tropical, abundantes lluvias e intenso calor. Sus principales centros, como Tikal, Uaxactún, Piedras Negras, florecieron en el actual Departamento del Petén, Guatemala, pero también hubo centros importantes en las zonas vecinas°: Palenque y Bonampak, por ejemplo, se hallan en el estado de Chiapas, México, en tanto que Copán se encuentra ya en territorio de Honduras. Una gran parte de la población maya—que quizás llegó a los tres millones durante el período clásico—era rural o vivía en pequeñas aldeas en torno a° centros ceremoniales. Había, sin embargo, verdaderas ciudades. Tikal, por ejemplo, el mayor centro urbano del período, tenía en su centro una impresionante concentración de cientos de estructuras—plazas, templos, palacios, calzadas°—rodeadas por un área poblada que ocupaba más de 30 millas cuadradas.

neighboring

around, in the vicinity of

roadways

Físicamente, los mayas del clásico, como muchos de sus descendientes actuales, eran individuos de piel oscura, baja estatura y cráneos redondos con la frente típicamente plana°. Esto último era aparentemente un signo de belleza pues

flat forhead

Bajorrelieve, maya clásico.

cuando los niños nacían les ponían la cabeza entre dos tablas amarradas° para aplanársela° aún más. Otro rasgo físico que igualmente apreciaban eran los ojos bizcos°, pues solían colgarles a sus hijos una pequeña bola de cera° frente a los ojos. El típico habitante de la región maya vivía de la agricultura bajo el control de una élite de nobles, funcionarios y sacerdotes, pero buena parte de la población se dedicaba a la práctica de oficios° especializados: comerciantes, artesanos, etc. Parece que los principales centros del período clásico funcionaban como ciudades-estados más o menos autónomas, gobernadas por reyezuelos° que se hacían la guerra entre sí con bastante frecuencia y ferocidad, como sugieren las espléndidas pinturas murales descubiertas en el centro clásico de Bonampak: se ven en ellas escenas bélicas de innegable crueldad, con víctimas a punto de ser sacrificadas o torturadas. Sin duda los sacrificios humanos fueron practicados por los mayas, aunque nunca con la frecuencia y el carácter obsesivo que distinguieron a los aztecas siglos más tarde.

tied down boards

to flatten

cross-eyed

wax ball

trades

kinglets

El sistema numérico maya

bars
Los mayas heredaron—probablemente de los olmecas—el sistema numérico mesoamericano, basado en puntos, con un valor de uno, y en barras°, con un valor de cinco. El número ocho, por ejemplo, se escribía así: **•••**

También poseían un símbolo para el valor cero, que representaban como una concha [⬭]. Estos símbolos, por otra parte, eran colocados en columnas verticales y su valor, dentro de ellas, aumentaba—de abajo hacia arriba—de veinte en veinte. Por ejemplo:

400 (20x20)	•••	= 3 x 400	= 1.200		••	= 7 x 400	= 2.800
20	• •	= 2 x 20	= 40		⬭	= 0 x 20	= 0
1	•• •	= 7 x 1	= 7		•••	= 8 x 1	= 8
			1.247				2.808

to measure
Estas cifras se empleaban sin duda en los cálculos de la vida diaria, pero eran especialmente importantes para medir° el tiempo con propósitos prácticos y astrológicos. Los mayas del período clásico perfeccionaron el calendario mesoamericano hasta un grado asombroso. Se componía, en realidad, de dos calendarios coordinados. El primero era un calendario ritual de 260 días, que constaba de los números 1 al 13 (i.e., *glyphs* • ~ •••), combinados con 20 glifos° que representaban los nombres rituales de los días (13x20=260). El segundo calendario era el del año solar, que constaba de 18 meses de 20 días también identificados con sus propios glifos (18x20=360), y al que se le agregaba un período de 5 días que los mayas consideraban especialmente peligroso. Lo interesante es que combinaban esos dos ciclos para formar una rueda calendárica, de modo que los cuatro componentes de un día dado sólo podían coincidir cada 52 años, que era el "siglo" de los mayas. Para medir períodos de más de 52 años los mayas utilizaban unidades mayores, como el katún (360x20=7.200 días) y el baktún (7.200x20=144.000 días). Este, sistema conocido como "la cuenta larga", les permitía registrar en sus monumentos largos períodos de tiempo contados a partir de una misteriosa fecha inicial: el 11 de agosto del año 3.114 a. de C., que quizás marcaba para ellos el primer día del presente ciclo del universo. Estos conocimientos fueron también aplicados por los mayas a los cálculos astronómicos, en los que alcanzaron una exactitud asombrosa. Calcularon, por

Hombre viejo abrazando a una mujer joven, maya clásico.

ejemplo, que el planeta Venus tiene un período sinódico° de 584 días. Hoy sabemos que la cifra exacta es de 583.92 días.

synodical

El sistema jeroglífico

Los cálculos numéricos y calendáricos de los mayas eran parte de un sistema de escritura jeroglífica tan complicado que hasta ahora sólo ha podido descifrarse una fracción del mismo. No sólo cubrieron sus monumentos y su cerámica con incontables inscripciones sino que usaron "libros". Estos consistían en unas largas tiras de corteza de árbol° que eran dobladas en forma de acordeón; sobre ellas pintaban los mayas sus fascinantes series de misteriosos signos y figuras animales y humanas. Esta tradición fue transmitida por los mayas del período clásico a sus descendientes, de manera que cuando los conquistadores españoles ocuparon la península de Yucatán en el siglo XVI todavía encontraron muchos de estos libros, llamados códices, entre la población indígena local. Desgraciadamente, sin embargo, la mayoría de estos manuscritos fueron destruídos por el paso del tiempo o por el celo religioso de los conquistadores, quienes consideraron que eran "obras del diablo". Un fraile franciscano, en particular, Fray Diego de Landa (más tarde nombrado obispo° de la región) tiene el triste honor de haber sido uno de los mayores destructores de estos códices: en 1562 dió la orden de quemar todos los que se pudiese encontrar, y 27 fueron destruidos. "Los quemamos todos", escribió Landa con satisfacción[1]. No todos, por fortuna. Por lo menos cuatro de los códices escaparon a la destrucción y han sido objeto de considerable y apasionado estudio. El mejor de ellos, el Códice de Dresden, de 78 "páginas", data posiblemente del siglo XII y es de contenido religioso y astronómico.

tree bark strips

appointed bishop

Tikal, Guatemala, gran centro clásico maya.

Tras muchos años de estudio, ha sido posible descifrar los glifos mayas que tienen que ver con el sistema numérico, el calendario y los cálculos astronómicos. Pero buena parte de este complicado sistema de signos permanece sin descifrar, pues se compone de una compleja combinación de signos pictográficos, ideográficos y fonéticos; es decir, algunos signos representan objetos, por ejemplo, el dibujo de un pescado o de una iguana; otros, en cambio, simbolizan ideas: una mano abierta sobre un dibujo° del sol, por ejemplo, significa la dirección "oeste", o, "fin del sol" (Thompson 48); finalmente, no pocos glifos representaban sonidos como parte de un primitivo

drawing

sistema fonético similar al que usamos en inglés en tales acertijos° como

⊙ ⌒⌒⌒ ∪ para expresar la idea de "I see you". El inglés Sir Eric Thompson, el ruso Yuri Knorosov y, más recientemente, la antropóloga norteamericana Linda Schele, se cuentan entre los más distinguidos investigadores que, con considerable esfuerzo, han contribuido al conocimiento de este sistema de escritura. Uno de los descubrimientos más importantes ocurrió en 1959 y se lo debemos a una arqueóloga de la Carnegie Institution, Tatiana Proskouriakoff. Hasta entonces se había pensado que los jeroglíficos mayas se referían principalmente a temas calendáricos, astronómicos y religiosos. Proskouriakoff descubrió, sin embargo, que los mayas también habían utilizado su escritura para narrar su historia, especialmente las biografías de sus hombres y mujeres ilustres. Su estudio de las inscripciones de dos ciudades mayas del período clásico, Piedras Negras y Yaxchilán, le permitió leer, por ejemplo, la historia de una importante dinastía del siglo VIII, la de los "reyes jaguar". Su punto de partida fue el descubrimiento de que un enigmático signo, el que Eric Thompson llamara humorísticamente el "glifo del dolor de muelas" ("toothache gliph"), aludía a la fecha en que un monarca maya ascendía al poder. Y que otro signo, el de "la rana" ("upended frog gliph") se refería al nacimiento de una persona. Pronto, Proskouriakoff pudo identificar, por ejemplo, al rey "escudo° jaguar", y a su hijo, "pájaro jaguar", que se hizo rey en el año 752. Como ha destacado Linda Schele, ahora podemos pensar en los mayas como individuos de carne y hueso cuya historia personal hemos empezado a conocer.

Con posterioridad a la Conquista, cronistas nativos escribieron libros sobre la historia, cultura y leyendas de los mayas, usando el alfabeto español para transcribir los sonidos de las lenguas indígenas. El *Popol Vuh* (siglo XVI), la "Biblia de los mayas", describe en la lengua quiché de los mayas de Guatemala los orígenes e historia del pueblo quiché. Los Libros de *Chilam Balam* (siglos XVII y XVIII) son crónicas en que se mezclan la historia y los mitos de los mayas de Yucatán. Tales obras contienen muy valiosa información sobre la civilización maya.

El colapso del clásico maya

Quizás el mayor enigma de esta civilización es la abrupta manera en que parece haber desaparecido. De pronto, hacia el año 900 de nuestra era, los mayas dejaron de inscribir fechas en los monumentos de sus principales ciudades de Guatemala y zonas aledañas, y las abandonaron por alguna razón que desconocemos. La causa no pudo haber sido la insuficiencia de su sistema agrícola, pues eran expertos agricultores. ¿Fueron conquistados por otros pueblos indígenas? ¿Fueron víctimas de una epidemia u otro tipo de desastre natural? No se ha encontrado suficiente evidencia que apoye ninguna de estas teorías. Pronto sus templos, plazas y monolitos quedaron cubiertos por la vegetación tropical y cayeron en el olvido. Por fin, en el siglo XIX, dos intrépidos exploradores aficionados, el norteamericano John Lloyd Stephens y el británico Frederick Catherwood, redescubrieron la civilización maya para el mundo moderno. El memorable libro de Stephens, *Incidents of Travel in Central America, Chiapas and Yucatan* (1841), ilustrado con admirables dibujos de las ruinas mayas realizados por Catherwood, hizo sensación en los Estados Unidos y en Europa. Los mayas se pusieron de moda y comenzó una era de exploración y excavaciones arqueológicas que ha continuado hasta el presente.

Otra rama de la civilización maya floreció en la península de Yucatán a fines del período clásico y desarrolló sus propias características, el llamado estilo Puuc. Algunas de las ciudades de estos mayas de Yucatán, como Uxmal, rivalizaron en belleza arquitectónica con los centros clásicos de Guatemala, pero en el siglo X una invasión de los toltecas de México penetró este horizonte cultural maya y le impuso sus características mexicanas.

El período posclásico de Mesoamérica (650/900+ - 1519)

Tras el colapso de Teotihuacán hacia el año 650 de nuestra era y el de los centros mayas de Guatemala y áreas circundantes en el siglo X, se abre en Mesoamérica el período posclásico, que dura hasta la llegada de los conquistadores españoles a México en 1519.

Entramos ahora en una época más militarista e inestable[2]. Los pueblos de la meseta mexicana son afectados por invasiones de tribus menos civilizadas procedentes del norte—conocidas por el nombre genérico de chichimecas—y se producen cambios notables en el perfil cultural de Mesoamérica. Los centros urbanos que aparecen en el posclásico son a menudo ciudades fortificadas cuya escultura y decoración reflejan la importancia que adquirieron en este período las actividades militares: estatuas de guerreros°, bajorrelieves° con escenas bélicas°, representaciones de dioses sanguinarios°. La práctica de sacrificios humanos se intensifica y entre algunos de estos pueblos adquiere un carácter masivo y sistemático; del gobierno de sacerdotes y funcionarios se pasa al gobierno de castas militares. El dios por excelencia del período clásico, el benigno y generoso Quetzalcóatl, tendrá ahora que compartir el panteón mesoamericano con otros dioses más agresivos como Tezcatlipoca, asociado con la noche y la destrucción, y Huitzilopochtli, el sanguinario dios de los aztecas. Al mismo tiempo, sin embargo, el posclásico fue un período de intensa actividad económica y construcción de grandes centros urbanos; la utilización del riego° hizo más eficiente la agricultura y se crearon vastos sistemas de intercambio comercial en toda la región. La invención de la tortilla de maíz, como ha sugerido S.F.

warriors/low relief/warlike
bloodthirsty

irrigation

Cook, proveyó a los ejércitos del posclásico de una nueva forma de alimento compacto y de larga duración que hizo posible emprender campañas militares más ambiciosas.

El principal escenario del posclásico fue la meseta central de México, donde surgió, primero, la civilización de los toltecas (siglos X a XII) y luego la de los aztecas, que fue conquistada por los españoles al mando de Hernán Cortés.

Los enigmáticos toltecas

Tula, México, capital tolteca, período posclásico.

Hay muchas interrogantes sobre la identidad de los toltecas pero puede decirse que crearon el primer "imperio" del período posclásico y que tuvieron a la ciudad de Tula como capital. Fueron, al parecer, un conglomerado de varios pueblos en el que estaban representados tanto los elementos más primitivos y belicosos de ascendencia chichimeca como algunos descendientes de la desaparecida y mucho más avanzada cultura de Teotihuacán. Entre el siglo X y el XII llegaron a dominar una extensa área del norte y del centro de México, y establecieron "colonias" en lugares tan distantes como Guatemala, en el lado del océano Pacífico, y la península de Yucatán, donde, como vimos, se impusieron a los pueblos mayas que allí habitaban.

Las ruinas de Tula, ciudad que llegó a tener 50.000 habitantes en el siglo XII, se hallan en el presente estado mexicano de Hidalgo, a unas 50 millas de la capital de México. Su estructura más notable, la pirámide B, tiene en su cima° cuatro impresionantes columnas de 15 pies de altura que representan belicosos guerreros toltecas, lo que parece confirmar la imagen militarista que tenemos de esta cultura. Sin embargo, los pueblos que les sucedieron en el altiplano mexicano admiraban con reverencia religiosa los logros de esta cultura; consideraban a los toltecas como ilustres señores de una mítica tierra de abundancia y refinamiento donde habían florecido las artes, la artesanía° y la agricultura; siglos más tarde, las tribus del altiplano que gozaban de mayor prestigio eran las que podían proclamarse descendientes de los toltecas. Esa contradictoria imagen—violencia y militarismo de un lado, cultura y refinamiento de otro—refleja probablemente la variedad de componentes disímiles que tuvo el fenómeno tolteca. En las ruinas de Tula, por ejemplo, las figuras militares y la decoración bélica coexisten con representaciones de Quetzalcóatl, representante de los aspectos más benignos y refinados de la cultura clásica de Mesoamérica.

top

crafts

La leyenda de Quetzalcóatl

La estudiosa Laurette Séjourné ha sugerido que Quetzalcóatl, el dios de la serpiente emplumada, simboliza la unión del elemento material, terrestre, representado por la serpiente, y el aspecto celestial, representado por las plumas del quetzal, el reverenciado pájaro mesoamericano; unión que se hace posible con la aparición del ser humano en la Tierra (Vol. I 255). En todo caso, es cierto que este gran dios del período clásico—dios de las artes y de la agricultura—continuó teniendo devotos en el posclásico entre un selecto grupo de líderes toltecas. El más famoso de ellos, el príncipe Topiltzín, hijo del primer gran líder de la nación tolteca, adoptó él mismo el nombre de Quetzalcóatl y se hizo sacerdote del culto a este dios, rodeado por una élite de personas educadas que compartían su creencia. Fue Topiltzín, aparentemente, quien fundó la ciudad de Tula en el año 960 y quiso imponer el culto a Quetzalcóatl entre los toltecas; personalmente, se dedicó a vivir una vida pacífica de constante meditación, abstinencias y castidad°, una vida dedicada a un dios, Quetzalcóatl, que sólo exigía flores y mariposas° como ofrendas°. Naturalmente, esta actitud encontró una violenta oposición entre los elementos chichimecas de la población tolteca, que adoraban al dios Tezcatlipoca y eran partidarios de los sacrificios humanos. Según cuenta una de las leyendas sobre el tema, un día el astuto dios Tezcatlipoca se le apareció al príncipe Topiltzín disfrazado° como un viejo y lo tentó° con un licor alcohólico. El príncipe sucumbió a la tentación y después de embriagarse° rompió su voto° de castidad con una hermosa doncella°.

chastity
butterflies/offerings

disguised
tempted him
after getting drunk/vow
young woman, maiden

Como consecuencia, cayó en desgracia y, acompañado por un grupo de seguidores, abandonó Tula rumbo al exilio. Antes de marcharse, sin embargo, juró regresar algún día para reclamar su reino.

Esta leyenda de Quetzalcóatl tiene una base histórica. Es probablemente la versión mítica de una lucha por el poder que ocurrió realmente en la sociedad tolteca del siglo X; una lucha en que la facción más militarista triunfó decisivamente. Aparentemente, el derrotado Topiltzín y sus seguidores consiguieron llegar a la costa mexicana, navegaron por el golfo de México y desembarcaron por fin en la península

Máscara del dios tolteca Tezcatlipoca.

de Yucatán, en plan de conquistadores. Este grupo tolteca fue presumiblemente el que conquistó a los mayas de Yucatán. La fecha del exilio de Topiltzín-Quetzalcóatl, el año 987 de nuestra era, coincide exactamente con la fecha en que, según las crónicas de los mayas yucatecos, un gran hombre llamado Kukulkán llegó a ellos como conquistador y benefactor. En la lengua maya de Yucatán, Kukulkán quiere decir "serpiente emplumada". Los invasores toltecas ocuparon un antiguo centro maya estratégicamente situado en la parte norte de la península de Yucatán (no lejos de la actual ciudad de Mérida) y lo convirtieron en su capital, hoy conocida como Chichén Itzá. La principal pirámide de este centro urbano, el magnífico "Castillo", estaba dedicada al culto de Kukulkán. La presencia tolteca allí, por otra parte, no fue tan pacífica como sugiere la leyenda del amable príncipe Topiltzín—Quetzalcóatl: el militarismo tolteca ha dejado numerosos signos en la escultura y la arquitectura de la región.

La ocupación tolteca de Yucatán parece haber terminado en el siglo XIII, en circunstancias que no están claras. Chichén Itzá quedó abandonada y otros pueblos vinieron a llenar el vacío de poder, aunque en forma deplorablemente inadecuada. Uno de estos pueblos, los itzás, llegaron a dominar parte de la región yucateca hasta el siglo XV, desde la capital que fundaron, Mayapán, pero este centro monumental no ofrece más que una pobre imitación de la arquitectura de Chichén Itzá. Cuando los conquistadores españoles llegaron a Yucatán en el siglo XVI, encontraron a la población maya viviendo pobremente y diseminada en pequeños centros independientes. Los días de gloria de Uxmal, de Chichén Itzá, eran ya sólo un recuerdo en la memoria colectiva. Entretanto, en el altiplano de México, Tula era también sólo un recuerdo: había sido destruida hacia el año 1150, probablemente por nuevas invasiones de chichimecas. El reino de la serpiente emplumada llegó así a su fin, pero no fue olvidado. Los pueblos que sucedieron a los toltecas, especialmente los aztecas, preservaron en sus códices la leyenda de Quetzalcóatl, incluyendo la fecha ominosa en que el gran príncipe-dios Topiltzín regresaría a México para reclamar su perdido reino tolteca. Por una coincidencia casi increíble, la fecha registrada en la leyenda como el año de su retorno—el año Ce Acatl del calendario azteca—corresponde al año 1519 del calendario cristiano, es decir, el año en que Hernán Cortés y su expedición llegaron a México e iniciaron la conquista del estado azteca.

Chichén Itzá, centro tolteca en Yucatán, México.

Notas

[1]Diego de Landa, el mismo fraile que destruyó tantos manuscritos mayas, escribió hacia 1566 un libro, *Relación de las cosas de Yucatán,* en que ofreció valiosísima información sobre la cultura maya, incluyendo un "alfabeto" de su escritura jeroglífica, el cual Landa había obtenido mediante interrogatorios a indígenas de Yucatán. La publicación del manuscrito en 1864 hizo concebir grandes esperanzas, pero al cabo se hizo obvio que lo que había reconstruido Landa no era un verdadero alfabeto; se pensó que los glifos dibujados por Landa representaban los sonidos correspondientes, no a las letras de nuestro alfabeto, sino a los nombres de esas letras en español. Según Eric Thompson, el nombre de la letra "b", por ejemplo, es "be", y cuando Landa le mencionó este sonido a su informante indígena, éste escribió el símbolo de la palabra maya que significa "camino", y se pronuncia "be" (Thompson *American Antiquity, Vol. 24, 1959, pp. 349-364*). Yuri Knorosov, sin embargo, exploró la posibilidad de que el "alfabeto" de Landa fuese en realidad un imperfecto pero útil sistema de sílabas, y su teoría parece haber recibido confirmación en la interpretación de un número de inscripciones.

[2]Los pueblos del período clásico no fueron exactamente pacíficos, pero el militarismo no fue uno de los signos definidores de su cultura, como ocurrió en el posclásico.

Actividades y ejercicios

A. Preguntas sobre la lectura.

1. ¿De dónde y por dónde creemos que vinieron los primeros habitantes de América?
2. ¿Qué países actuales comprende la región arqueológica que llamamos Mesoamérica? ¿Por qué podemos considerarla como una sola zona cultural precolombina?
3. ¿Qué importante diferencia hay entre la idea del universo que tenían los mayas y la nuestra?
4. Mencione dos o tres características distintivas de la cultura olmeca.
5. ¿En qué dos regiones de Mesoamérica fue especialmente importante el período clásico?
6. ¿Por qué sabemos que Teotihuacán fue una ciudad del clásico y no del posclásico?
7. Comente uno de los logros culturales de los mayas que le parezca particularmente brillante.
8. ¿Cuándo usaban los mayas la "cuenta larga"?
9. Describa un códice maya.
10. ¿Por qué no han quedado muchos códices?
11. ¿Qué características tuvo el período posclásico?
12. ¿Qué fue Tula? ¿Por qué parece ser una ciudad típica del posclásico?

B. Sinónimos. Relacione las siguientes palabras con sus sinónimos.

1. ___ acuñado
2. ___ deidades
3. ___ aplacar
4. ___ cráneo
5. ___ hallazgo
6. ___ rasgos
7. ___ aledañas
8. ___ calzadas
9. ___ signo
10. ___ códice

a. glifo
b. calmar
c. cabeza
d. libro
e. inventado
f. descubrimiento
g. calles
h. facciones
i. vecinas
j. dioses

C. Definiciones. Relacione las siguientes definiciones con las palabras correspondientes.

1. ___ Un terreno bajo abundante en agua.   a. serpiente
2. ___ Bloque de piedra cubierto de inscripciones.   b. oficial
3. ___ Individuo cruel a quien le gusta matar.   c. funcionario
4. ___ Acción de echar agua a un terreno seco.   d. cima
5. ___ Persona que se dedica al culto de un dios o religión.   e. mariposa
6. ___ Burócrata que trabaja para el gobierno.   f. castidad
7. ___ Ocupación que requiere trabajo manual.   g. estela
8. ___ La parte más alta de una estructura.   h. rana
9. ___ Hermoso insecto volador.   i. pantano
10. ___ Abstinencia sexual.   j. sanguinario
11. ___ Animal que los cristianos asocian con la idea del mal.   k. riego
                                           l. sacerdote
                                           m. oficio

D. Asociaciones. Complete los espacios en blanco con la cultura correspondiente.

olmecas   mayas   toltecas

1. _____ Grandes cabezas de piedra
2. _____ El rey "pájaro jaguar"
3. _____ El príncipe Topiltzín
4. _____ Chichén Itza
5. _____ niños jaguares
6. _____ Tikal
7. _____ Mathew Stirling
8. _____ La Venta

E. Haga un comentario sobre los siguientes temas.

1. En el área donde están situadas las principales ruinas olmecas se han descubierto importantes depósitos de petróleo que están bajo explotación. Felizmente, buena parte de los tesoros arqueológicos olmecas han sido trasladados a lugares seguros, pero, en general, ¿qué piensa de la disyuntiva entre la extracción de una riqueza petrolífera necesaria para la economía mexicana y la preservación de los importantes tesoros arqueológicos que allí se encuentran?

2. ¿Qué le parece el comercio de objetos que son encontrados en las excavaciones arqueológicas: cerámica, estatuillas, etc.? ¿Debe estar permitido, en su opinión? ¿Por qué sí o por qué no? ¿Compraría usted uno de esos objetos para exponerlo en su casa?

F. Hipótesis.

1. Usted es el obispo Diego de Landa. Trate de justificar el hecho de que usted ordenó destruir los manuscritos mayas.
2. Usted es un hombre o una mujer maya. Exprese sus reacciones al ver que Landa quema los códices.
3. Usted es John Lloyd Stephens. Exprese sus sentimientos y pensamientos al encontrar las primeras ruinas mayas en medio de la vegetación tropical.
4. Usted es un ciudadano maya y es el 23 de diciembre del año 2011. Explique lo que piensa y lo que siente.

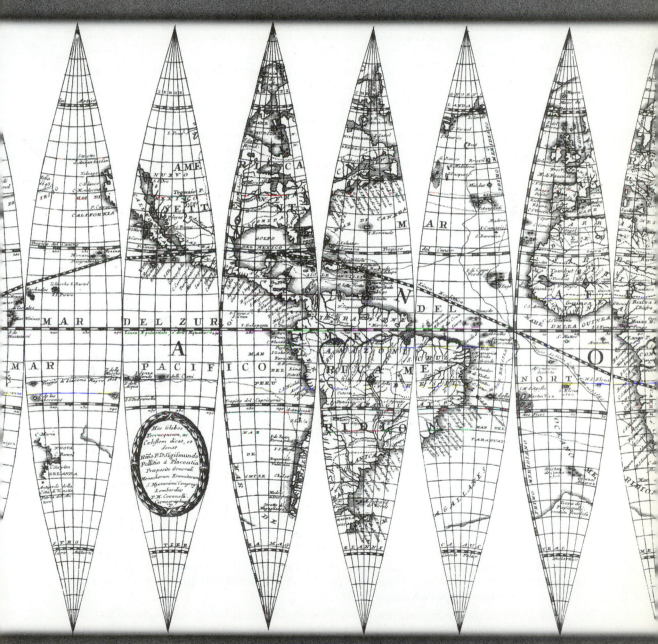

Los aztecas de México

1215   Llegan al valle central de México; son "bárbaros" procedentes del norte que se establecen en las márgenes del lago Tezcoco (hoy ciudad de México) como vecinos indeseables. Son adoradores del sanguinario dios Huitzilopochtli.

1325   Después de muchas vicisitudes, fundan su capital, Tenochtitlán, en el lugar donde, según la leyenda, encuentran un signo profetizado por sus dioses: un águila devorando una serpiente.

1428   Forman una alianza con otros dos estados del valle central, Tezcoco y Tlacopán, y juntos derrotan al otro estado poderoso de la región: Azcapotzalco. Al cabo, los aztecas dominan la alianza y se hacen el estado más respetado y temido del altiplano de México debido a su pericia militar y a su sistemática práctica de sacrificios humanos. Su poder se extiende por todo el centro de México y hacia el sur, hasta la actual Guatemala.

1502   Moctezuma II asciende al trono; con él, la estructura relativamente democrática de los antiguos clanes (calpullis) del estado azteca pierde poder. Moctezuma se convierte en un monarca absoluto que se hace adorar como un dios desde sus palacios de Tenochtitlán.

1519   Hernán Cortés y sus tropas llegan a las puertas de Tenochtitlán el 8 de noviembre. Moctezuma sale a recibirlos con la premonición de que sus días de gloria han llegado a su fin.

Las culturas de los Andes

? - 1460   Gran número de culturas relativamente avanzadas se desarrollan en varias regiones: la de los chibchas, en la actual Colombia; las culturas Chavín, Mochica, Nazca, Tiahuanaco, Huari y Chimú, en el Perú.

1200   Aparecen los incas en el valle del Cuzco, Perú. Leyenda: el dios sol, Inti, envió a sus hijos, los hermanos Manco Capac y Mama Ocllo, para que civilizaran a los pueblos que habitaban la región andina. Fundaron su capital en Cuzco y crearon la dinastía de los incas.

1438-1471   El noveno emperador inca, Pachacuti, emprende una espectacular serie de conquistas que agrandan considerablemente el estado incaico.

1471-1527   El décimo inca, Topa Inca Yupanqui (1471-1493) y su hijo, Huayna Capac (1493-1527), continúan las conquistas y llevan al imperio inca a su máxima extensión: los territorios de las actuales repúblicas del Ecuador, Perú, Bolivia, el oeste de la Argentina y la mitad norte de Chile.

1527-1532   Al morir, Huayna Capac divide el imperio entre sus dos hijos, Huáscar y Atahualpa; éstos se disputan el poder y en la guerra civil que sigue, Huáscar es derrotado por Atahualpa (1532).

1532   16 de noviembre: una expedición española comandada por Francisco Pizarro sorprende a Atahualpa en la ciudad andina de Cajamarca y lo hace prisionero.

$\mathcal{L}$as culturas precolombinas que hemos visto hasta ahora habían declinado o prácticamente desaparecido cuando los españoles emprendieron la conquista de América en el siglo XVI. Ahora, en cambio, vamos a examinar dos civilizaciones, la de los aztecas de México y la de los incas del Perú, que estaban en todo su esplendor en el momento en que los europeos entraron en contacto con ellas. Fueron ellas las que recibieron el impacto más traumático de la conquista española, las que más dramáticamente vieron su modo de vida, religión, gobierno y tradiciones culturales substancialmente modificados, subvertidos o simplemente liquidados por el nuevo orden europeo que se les impuso.

Los señores de Tenochtitlán

En México, la caída de los toltecas en el siglo XII fue seguida por un largo período de confusión e inestabilidad. Nuevos contingentes de primitivos chichimecas, así como algunos refugiados toltecas de la destruida Tula, fueron a establecerse en la parte meridional° del valle central de la meseta, en torno al lago Tezcoco, hoy ocupado por la populosa capital de México. Este sería el principal escenario del próximo capítulo de la historia mexicana, un capítulo extremadamente violento, marcado por constantes guerras entre los habitantes de las pequeñas ciudades-estados que en esa época se fundaron en las márgenes° del lago. *southern*

Es en ese confuso y violento escenario que hace su aparición el pueblo azteca. Al principio fueron sólo un grupo más de chichimecas, de "bárbaros del norte" que llegaron al valle hacia el año 1215. Hablaban nahuatl, y decían venir de un lugar llamado "Aztlán", situado en el noroeste de México. Su número original quizás no pasara de unos pocos miles de personas, pero pronto se hicieron bien conocidos y detestados en todo el lago. En primer lugar, seguían al pie de la letra° las instrucciones que les daba su dios tribal, Huitzilopochtli, quien exigía constantes sacrificios humanos. Además, tenían el hábito de secuestrar a las mujeres de otras tribus, pues parece que su población femenina era insuficiente. No es extraño que los demás estados del lago trataran repetidamente de deshacerse de° estos vecinos tan indeseables, pero los aztecas mostraron una particular habilidad para sobrevivir en las condiciones más difíciles. En una ocasión, por ejemplo, otros dos estados del lago, Colhuacán y Azcapotzalco, se aliaron y los derrotaron decisivamente. Los seguidores de Huitzilopochtli fueron confinados a una de las peores áreas del lago Tezcoco, con la esperanza de que los miles de serpientes que infestaban el lugar mataran a buen número de ellos. Resultó, sin embargo, que las serpientes eran precisamente uno de los platos favoritos de

banks, shores

literally

to get rid of

los aztecas, que se dedicaron con el mayor contento a capturarlas y a comérselas (Bernal, México 91). Por fin, en 1325, lograron fundar un asentamiento permanente, Tenochtitlán, en una pequeña isla pantanosa del lago. Según la leyenda, los aztecas hallaron allí a un águila posada sobre un nopal° devorando a una serpiente, es decir, el signo del lugar donde, según sus profesías, debían establecer su capital (el águila y la serpiente aparecen ahora en la bandera de México).

an eagle perched on a nopal (prickly pear) tree

Durante los próximos cien años los aztecas tuvieron que servir a menudo como mercenarios de otros pueblos más poderosos, pero aprovecharon este período para familiarizarse con la superior cultura de sus señores. En agricultura, por ejemplo, aprendieron a usar el sistema de chinampas, un ingenioso método de rellenar tierras sumergidas o pantanosas para crear nuevos lotes de suelo fértil que necesitaban desesperadamente. También aprendieron a organizar sus tradicionales "clanes" (calpullis) en una estructura centralizada y se apropiaron de muchos de los avances culturales de los pueblos que les precedieron, tales como el calendario, el sistema numérico, y la escritura, aunque ésta no tuvo la complejidad de la escritura maya. Por fin, en 1428, demostraron haber adquirido también el arte de la diplomacia: formaron una alianza con otros dos estados del lago, Tezcoco y Tlacopán, y juntos consiguieron derrotar a sus últimos opresores, los tepanecas de Azcapotzalco. Los aztecas pronto se convirtieron en el poder predominante de todo el valle e iniciaron la expansión militar que los llevó a dominar casi todo el México central, de costa a costa, y a extenderse hacia el sur hasta la frontera de la actual Guatemala.

Sacrificio humano en Tenochtitlán, capital azteca.

Tenochtitlán como centro de un "imperio"

Ya en el siglo XVI los aztecas ejercían control sobre una población de varios millones de personas (los cálculos varían dramáticamente, entre seis y veinte millones). No era, sin embargo un control absoluto. Algunos de los estados que habían conquistado se hallaban bajo su dominación directa, pero muchos otros—los más alejados de la capital—tenían diferentes grados de autonomía. Con frecuencia, en efecto, los aztecas permitían que los líderes de los pueblos que conquistaban permanecieran en el poder si accedían a pagar tributo y a aceptar la autoridad de Tenochtitlán. De esta manera no tenían que mantener un gran ejército de ocupación. El terror que inspiraba la perspectiva de un nuevo ataque azteca era su instrumento de control más persuasivo.

Ese terror estaba más que justificado. El culto a Huitzilopochtli había creado tal demanda de prisioneros que a menudo los aztecas hacían la guerra (las célebres "guerras floridas") con el objetivo principal de capturar a futuras víctimas para los sacrificios. La ascensión al trono de un nuevo rey era a veces celebrada con el sacrificio de miles de personas en el Templo Mayor de Tenochtitlán. Cada víctima era obligada a subir los peldaños° de la gran *steps* pirámide del templo, en cuya cima la esperaban cinco sacerdotes. Cuatro de ellos sujetaban° al prisionero, mientras el quinto sacerdote ejecutaba el *held* sacrificio extrayéndole el corazón con un cuchillo de piedra. Se cree que los sacerdotes conducían esta ceremonia después de consumir substancias alucinatorias.

Repugnante como era esa práctica de los aztecas, es bueno recordar que fue un aspecto aberrante de una cultura que en otros sentidos se mostró capaz de los mayores refinamientos. Cuando Hernán Cortés y sus hombres vieron por primera vez la capital azteca, en noviembre de l519, les costó dar crédito a sus ojos. Tenían ante ellos una vital y próspera ciudad de más de 200.000 habitantes (aproximadamente la población de París en esa época). También les admiró el diseño simétrico y la limpieza de la ciudad, en contraste con el plan caótico y la falta de higiene que caracterizaba a las ciudades europeas del siglo XVI. Tenochtitlán, escribió Hernán Cortés en una de sus cartas, " es tan grande como Sevilla y Córdoba. Son las calles de ella … muy anchas y muy derechas … Tiene … muchas plazas donde hay continuos mercados. Tiene otra plaza tan grande

Diosa azteca Tlazolteotl, dando a luz (in the act of childbirth).

como dos veces la de la ciudad de Salamanca... donde hay cotidianamente arriba de° sesenta mil ánimas (personas) comprando y vendiendo." Construida sobre el lago Tezcoco, conectada con las orillas° del lago por cuatro anchas calzadas, Tenochtitlán tenía un impresionante centro monumental ocupado por varias plazas y unos ochenta edificios de piedra entre los que se destacaban el palacio del emperador y la gran pirámide del Templo Mayor. Alrededor de este centro ceremonial, se hallaban las viviendas de los nobles, y, después de ellas, las viviendas de la gente común, normalmente construidas de adobe°. Muchas de estas viviendas tenían tierras de cultivo gracias al sistema de chinampas que le había reclamado mucha tierra al fondo del lago, de manera que la capital azteca ofrecía el aspecto de una ciudad-jardín con sus bloques de tierras cultivadas separados por canales de agua por donde circulaban las canoas que transportaban las mercancías para los mercados: una verdadera Venecia situada a más de 7.000 pies sobre el nivel del mar Caribe. Más de treinta provincias enviaban tributos a Tenochtitlán.

Los de arriba y los de abajo

Esa sociedad, sorprendentemente bien organizada, no era exactamente igualitaria. En la cima estaban los nobles y los sacerdotes, que disfrutaban de grandes privilegios; el *tatloani*, por ejemplo, era el señor o "rey" de una ciudad o de una parte de ella, en tanto que el título de *huey tatloani*, o "gran señor", se reservaba para una sola persona: el emperador de los aztecas, el señor de Tenochtitlán. Muy por debajo de ellos estaba la gente común, dividida en varias categorías: siervos° y esclavos (a menudo prisioneros de guerra), y, sobre ellos, el ciudadano común, el *macehual*. Aparte de esto, había ciertos plebeyos° que gozaban de trato especial, como los *pochtecas*, una élite de comerciantes que estaban a cargo del movimiento de mercancías a lo largo del imperio y, al parecer, actuaban también como espías° para el gobierno de Tenochtitlán, por lo que eran muy apreciados. En general, sin embargo, la persona común sólo tenía oportunidad de ascender en la escala social si se distinguía en la guerra. Un héroe militar tenía incluso la posibilidad de hacerse miembro de la nobleza menor.

Las desigualdades de la sociedad azteca se notaban especialmente en el campo de la educación. Los hijos de la nobleza asistían a colegios especiales, los *calmecacs*, donde recibían un entrenamiento religioso y militar muy riguroso que los preparaba para ser los futuros líderes. Los niños *macehuales*, en cambio, eran separados de sus padres y enviados a "casas de solteros" donde aprendían, entre otras cosas, el arte de la guerra; cuando se hacían adultos retornaban a su grupo comunitario, a su *calpulli,* en el que pasarían el resto de sus vidas, excepto cuando se les llamaba para servir en la guerra. Si sobrevivían hasta los 52 años—el ciclo del calendario azteca—se les permitía retirarse. La vida diaria del *macehual* en tiempos de paz era dura y monótona; una vida orientada, no hacia los valores individuales, sino hacia los colectivos. El *macehual* que trabajaba en la agricultura, por ejemplo, normalmente poseía una pequeña parcela de tierra° que cultivaba para su familia, pero la mayor parte del tiempo tenía que trabajar para el beneficio de la comunidad a la que pertenecía. Ni siquiera era propietario de su parcela familiar, pues si dejaba de cultivarla durante dos años, podía perderla. Además, los productos de las tierras comunales del *calpulli* o de su trabajo artesanal° no eran sólo para los miembros de la comunidad; buena parte de ellos iban, como tributo, a los miembros de la nobleza. El lado positivo de esta tradición colectivista era que el ciudadano común podía contar con la protección de su grupo y sentirse parte de una familia extensa, pues muchos de los miembros del *calpulli* tenían relaciones de parentesco° y compartían el culto de dioses o antepasados° comunes. El precio de esto, sin embargo, era una vida tremendamente estructurada con poca iniciativa individual y un alto grado de subordinación a la autoridad del grupo o de los nobles.

lot of land

handicraft work

were related
ancestors

La mujer azteca, por su parte, se hallaba en una situación de franca desventaja. Se calcula que la mujer de una familia típica pasaba de cinco a seis horas diarias preparando los alimentos; luego, tenía que dedicarse a hacer la ropa de la familia o a hilar mantas° artísticas para consumo de los nobles. Además, se esperaba que tuviera muchos hijos para compensar el alto nivel de mortalidad que producían las campañas militares. La mujer azteca tenía derecho al divorcio en ciertas circunstancias extremas (por ejemplo, cuando el marido la abandonaba), pero se le exigía que fuera casta y fiel a su esposo, en tanto que se permitía que éste tuviera relaciones extramatrimoniales y que se divorciara de su mujer si ella tenía un temperamento desagradable.

to spin blankets

El emperador Moctezuma II (1502-1520)

A la muerte del rey Ahuizotl en 1502, subió al poder su sobrino Moctezuma II, miembro del linaje real de Tenochtitlán. El nuevo *huey tatloani* iba a transformar el carácter del trono azteca. Los vestigios de democracia que habían sobrevivido en los antiguos clanes o *calpullis* acabaron por desaparecer, el poder de los nobles fue considerablemente limitado, y Moctezuma pronto comenzó a comportarse° como un monarca absoluto. Fue, sin embargo, un déspota ilustrado°, pues mostró muy buenas cualidades como político y

to behave

enlightened despot

diplomático. Antes de ser emperador, por ejemplo, había tenido sólo dos esposas oficiales, pero ahora adquirió varios cientos de ellas, provenientes de todas las regiones de su imperio. De esta manera, los pueblos conquistados por los aztecas podían decir que una de sus princesas era mujer del emperador y esto ayudaba sin duda a dar mayor cohesión al imperio. Algo similar hizo Moctezuma con los nobles: sustituyó a buena parte de ellos por nobles jóvenes de otras tribus del imperio, confiriéndoles todo tipo de honores y riquezas. Estos nuevos aristócratas eran así neutralizados como potenciales enemigos de Tenochtitlán.

Moctezuma II (1466-1520), huey tatloani *(jefe supremo) de la nación azteca.*

luxurious Naturalmente, el estilo de vida del emperador se hizo más suntuoso° y empezó a ser tratado como una divini-

vassals dad. Sus vasallos° no podían mirarlo a

barefoot los ojos y los nobles tenían que acercarse a él descalzos° y vestidos con ropas muy pobres. Según el cronista español Bernal Díaz del Castillo—uno de los soldados de Cortés—cada comida de Moctezuma constaba de treinta platos diferentes y era consumida en medio de un complejo ritual. Para su entretenimiento, el emperador disponía de un zoológico privado de aves y animales raros. Y, según el propio Cortés, el rey azteca tenía incluso un "zoológico" de seres humanos. Al mismo tiempo, parece que era un hombre amable y generoso, que regalaba constantemente todo tipo de objetos personales, incluyendo joyas de oro y piedras preciosas. Podía ser cruel cuando la ocasión lo requería pero trataba de actuar dentro de los límites de las leyes y tradiciones del estado azteca. Todo indica que era muy admirado y reverenciado por sus vasallos, al menos hasta que la llegada de los españoles destruyó en pocos meses su prestigio.

Suramérica antes de Colón

Ninguna alta cultura se desarrolló, durante el período precolombino, en los inmensos territorios de Suramérica que yacen al este de la cordillera de los Andes. En el norte del área andina, en territorios de la actual República de

Colombia, varias culturas indígenas alcanzaron un nivel intermedio de desarrollo, como fue el caso de los chibchas de Cundinamarca, en la zona de la actual ciudad de Bogotá. Los chibchas no construyeron centros urbanos que hayan sobrevivido al paso de los siglos, pero quien quiera tener una idea del extraordinario refinamiento artístico que consiguieron estos pueblos debe visitar el Museo del Oro en Bogotá, donde se exhiben miles de muestras del arte orfebre° de estas culturas: delicadas joyas, figurillas ceremoniales de una maestría que lo deja a uno sin respiración.

samples of goldsmith work

El Perú antes de los incas

El desarrollo cultural del Perú se remonta° a varios miles de años antes de la era cristiana, tanto en la costa del Pacífico como en las alturas de los Andes.

dates back

Jarra precolombina de oro labrado (carved gold), *Perú.*

En el norte de la cordillera andina, la cultura Chavín, que alcanza su apogeo hacia el año 1000 a. de C., produce ya las botellas con asa de estribo° características de la cerámica andina y arquitectura religiosa en piedra ejemplificada por el templo de Chavín de Huantar. Siglos más tarde, en el árido suelo de la costa sur del Perú, la cultura Paracas nos ha dejado maravillosas muestras de su arte textil increíblemente bien conservado gracias a la sequedad° del clima. Durante los primeros siglos de nuestra era se desarrolla un período "clásico" en el que florecen la cerámica más refinada, como la de la cultura Mochica, y los metales preciosos—

stirrup spout

dryness

plata, oro—son trabajados con gran pericia°. Los peruanos de esa época nos han dejado otro impresionante regalo artístico en la costa sur del país: las misteriosas líneas Ica-Nazca, que forman una serie de enormes dibujos trazados en la arena del desierto. Los dibujos representan una serie de animales, que incluyen pájaros, reptiles, ballenas, un mono, una araña°, como parte de un inmenso sistema de líneas que se extienden por varios kilómetros y trazadas con una simetría que—según un astrónomo que las examinó— no podría ser mejorada hoy día. No sabemos con qué propósito fueron

craftsmanship

whales, a monkey, a spider

dibujadas esas figuras, y lo más asombroso es que tienen un tamaño tan grande que sólo pueden ser observadas desde el aire, desde un aeroplano. En otras palabras, los indígenas que las hicieron crearon obras de arte que nunca podrían ver en toda su gloriosa perspectiva.

Por fin, el período 600-1460 d. de C. verá la aparición de una serie de estados más poderosos que construyen importantes centros urbanos y en algunos casos conquistan vastos territorios; tal fue el caso de Tiahuanaco, cerca del lago Titicaca, en Bolivia, y el de Huari, no lejos de la actual ciudad de Ayacucho, Perú. Finalmente, aparece el imperio Chimú, cuya capital, Chan Chan, en la costa norte del Perú—cerca de la presente ciudad de Trujillo—será el mayor centro de poder hasta la aparición de los incas en el escenario andino.

Los hijos del sol

Los llamamos "incas", pero, en realidad, tal era el nombre de los miembros de la familia real que los gobernaba, no el de la gente común. Aparecen hacia el año 1.200 d. de C., en el área del lago Titicaca, hoy Bolivia, un escenario de majestuosa grandeza, a 12.000 pies sobre el nivel del mar. Como los aztecas de México, fueron al principio sólo una tribu sin mayor importancia, pero, como los aztecas, una vez que se hicieron poderosos realizaron convenientes correcciones en la historia de los Andes, presentándose a sí mismos en sus crónicas orales como el pueblo que había traído la civilización a la región de los Andes. Siglos después, uno de sus descendientes, el Inca Garcilaso de la Vega—hijo de una princesa inca y de un conquistador español—escribió un libro excepcional sobre la historia del pueblo de su madre, los *Comentarios reales de los incas* (1609; 1617). Un día, escribe Garcilaso, le pidió a un viejo tío suyo—un inca de sangre real—que le diera noticias sobre el origen de su pueblo, y el tío le contestó: "Sobrino, yo te las diré de muy buena gana, a ti te conviene oirlas y guardarlas en el corazón". Según el tío de Garcilaso, el divino padre de los incas, el dios Sol (Inti) se apiadó° del estado primitivo en que vivían los habitantes del Perú y envió del cielo a la tierra un hijo y una hija de los suyos para que los civilizaran. Estos dos hijos del Sol, Manco Capac y su hermana Mama Ocllo, fueron los fundadores legendarios del imperio inca. Después de depositarlos

Botella con asa de estribo (stirrup-spout globular pot), *cultura mochica, Perú.*

took pity

en el lago Titicaca, el dios les dio una varilla de oro° y les ordenó que en todos los lugares donde se detuviesen para comer y dormir tratasen de hundirla en el suelo°. El lugar donde la varilla se hundiese "con un solo golpe que con ella diesen en tierra, allí quería el Sol... que parasen e hiciesen su asiento y corte". Así lo hicieron Manco Capac y su hermana, y el lugar donde la varilla se hundió de un solo golpe [es decir, un terreno extremadamente fértil] fue el valle del Cuzco, la cuna° del futuro imperio inca.

golden staff

sink it in the ground

the cradle

Las conquistas territoriales de los incas fueron relativamente modestas hasta el año 1438, cuando el emperador Pachacuti—el noveno inca—inició un espectacular período de expansión que culminó bajo el onceno inca, el emperador Huayna Capac (1493-1527). Cuando los conquistadores españoles llegaron al Perú en 1532, los incas controlaban una enorme porción del oeste de Suramérica que, comenzando en la frontera sur de la actual Colombia, se extendía por el Ecuador, Perú, Bolivia, el oeste de Argentina y la mitad norte de Chile, hasta el río Maule: unas 2,.400 millas, de norte a sur, con una población de entre cinco y doce millones de personas, según los diferentes estimados.

La forja de un imperio

Los incas nunca llegaron a inventar la escritura, y su civilización jamás alcanzó el esplendor arquitectónico de las altas culturas de Mesoamérica. Cuzco, su capital, situada a 11.000 pies de altura en un valle de los Andes, fue, sin embargo, una ciudad notable y de una belleza que, desafortunadamente, sólo unos pocos europeos consiguieron ver en toda su gloria. Allí residían el emperador inca y su corte, en espléndidos palacios de piedra, y también allí se hallaba el gran templo del Sol, cuyas piedras, cubiertas con placas de oro, brillaban de una manera deslumbrante° durante el día. Naturalmente, estas placas cautivaron la atención de los conquistadores al llegar a la ciudad, y muy pronto desaparecieron. Pero en las construcciones que han sobrevivido, todavía es posible admirar hoy día la perfección—no igualada en ningún otro lugar de las Américas—con que los incas acoplaban° las enormes piedras de sus edificios mayores. También ha sobrevivido otra estructura monumental, la ciudadela de Machu Picchu, que permaneció escondida durante cuatro siglos gracias a su remota y casi inaccesible ubicación a 2.000 pies de altura, en las montañas andinas que dominan la corriente del río Urubamba. Descubierta en 1911 por el historiador y arqueólogo norteamericano Hiram Bingham, al frente de una expedición patrocinada por la Universidad de Yale, Machu Picchu ha sido objeto de numerosas teorías sobre el uso que le dieron los incas. ¿Fue, como algunos han sostenido, un

glittering

fit together

refugio de los emperadores incas? ¿O tal vez un lugar de retiro para las vírgenes del Sol, dedicadas en cuerpo y alma a la adoración del dios Inti? Lo más probable es que Machu Picchu fuera una fortaleza militar pero su espectacular emplazamiento, entre dos picos situados a la altura de las nubes, invita al ejercicio de la imaginación.

Mas el genio de los incas fue especialmente militar y administrativo. Comprendieron que para crear un imperio era necesario no sólo conquistar territorios sino integrar a su gente dentro una cultura común. Así, a cada nuevo pueblo que conquistaban le imponían su lengua, el quechua, y su religión oficial, el culto al dios Sol, cuyo representante en la tierra era el emperador inca mismo. Además, enviaban a grupos de sus ciudadanos más leales a las nuevas regiones conquistadas para enseñarles a los más recientes vasallos

Espejo de turquesas, pirita y conchas (mirror of turquoise, pyrites & shell), *Tiahuanaco, Perú.*

〜〜〜

del imperio las virtudes del sistema inca. A veces esto exigía la relocalización forzada de comunidades enteras que eran trasladadas en masa a las más lejanas provincias. Como parte de este vasto proyecto imperial, los incas

network construyeron una estupenda red° de comunicaciones que les permitió ejercer un efectivo control sobre sus vastos territorios. Dos caminos paralelos corrían, de norte a sur, a todo lo largo del imperio, uno a través de los Andes, el otro por la costa, con caminos laterales que los conectaban. Cada

provisioning pocas millas, un *tampu,* o estación de abastecimiento°, ofrecía alimentos a los que viajaban por ellos en misiones oficiales (que era la única manera de viajar que permitía el estado inca). Este sistema resultó extremadamente eficiente para el movimiento rápido de las tropas y para la transmisión de información importante a una velocidad increíble. Los incas, en efecto, cre-

runners aron un ingenioso sistema de correos. Cientos de corredores° profesionales, los *chasquis,* estaban a cargo de transmitir mensajes y noticias mediante

relays un eficaz sistema de relevos°: cada *chasqui* corría una corta distancia—poco más de media milla– y le transmitía el mensaje al próximo *chasqui.* De esta manera les era posible recorrer más de 250 millas en un solo día, según comprobó el moderno explorador Víctor W. Von Hagen. La transmisión de mensajes no sólo se realizaba de manera oral; los *chasquis* transportaban también unos manojos de cuerdas con nudos°, los *quipus*, que, por la posición y el color de los nudos, comunicaban información importante a través de un código secreto. Aparentemente, los *quipus* les permitían llevar todo tipo de cuentas y estadísticas económicas y demográficas.

bunches of strings with knots

Vida del ciudadano común

El ciudadano común del imperio inca, el *puric,* existía en una cultura que, como la de los aztecas de México, no hacía hincapié° en los valores indivi-

didn't emphasize

duales sino en los colectivos. Nacía, vivía y moría dentro de su comunidad, el ayllu. Salía de ella sólo cuando el estado lo necesitaba, por ejemplo, para servir en el ejército en tiempos de guerra o para cumplir la obligación de la *mita,* es decir, el deber de trabajar para el imperio un cierto número de días al año en la construcción de obras públicas o en las minas. El resto del tiempo trabajaba en las tierras del *ayllu.* A cada *puric* se le asignaba una pequeña parcela que podía cultivar para beneficio de su familia, pero su obligación más importante era trabajar

Ruinas de Machu Picchu, civilización inca.

las tierras y atender los rebaños° de llamas y alpacas que pertenecían a la comunidad o estaban dedicados al sostenimiento del estado inca y de la religión oficial. Si llegaba a la edad de veinte años sin haber escogido mujer, la comunidad le escogía una y los casamientos del *ayllu* se celebraban una vez al año, en una ceremonia colectiva. Esta casi total falta de libertad era compensada con la protección que ofrecía el sistema al *puric* y a su familia: cuando éste se enfermaba, se hacía viejo o moría, o cuando ocurrían desastres naturales, el estado inca estaba siempre allí para proveer asistencia.

herds

La pirámide imperial

El *ayllu* era la unidad local básica de una impresionante pirámide de poder basada en el sistema decimal. Cada diez *purics* trabajaban y vivían bajo la supervisión de un capataz°; cada diez capataces eran, a su vez, supervisados

overseer

por un jefe, o *curaca,* y la estructura ascendía así hasta el nivel de gobernador de provincia. Las provincias, por su parte, se hallaban agrupadas en cuatro grandes unidades que daban su nombre quechua al imperio: *Tahuatinsuyu,* o "Tierra de las cuatro partes". Los cuatro altos jefes que gobernaban estas unidades residían en Cuzco, la capital, y respondían sólo ante la autoridad suprema del Inca. El poder del Inca no tenía límites. Como encarnación del dios Sol, todas las tierras eran sus tierras, todos los metales preciosos de las minas le pertenecían. En un sistema donde no existía el concepto de dinero, todo el oro y la plata que producía el imperio era dedicado a la fabricación de objetos preciosos destinados al culto del sol y de la luna o al disfrute estético de la familia real. En la residencia real de Cuzco, los españoles encontraron, por ejemplo, jardines enteros en los que cada planta estaba hecha de oro. Y si al ciudadano común sólo se le permitía tener una mujer, el Inca se hallaba rodeado de cientos de concubinas. Tenía, sin embargo, una esposa oficial, la *Coya,* que era su hermana. Esta rara excepción a la prohibición universal del incesto estaba justificada por el deseo de preservar la pureza de sangre de la familia real inca como descendiente de la pareja original, Manco Capac y su hermana Mama Ocllo. Normalmente el emperador inca escogía como sucesor a uno de sus hijos con la Coya.

El culto al sol dominaba la vida del imperio, incluyendo la existencia de una poderosa clase sacerdotal y de numerosos conventos en que mujeres escogidas entre la nobleza, las vírgenes del Sol, vivían en total aislamiento°, dedicadas desde la niñez a adorar a Inti y a tejer las ropas° que vestía el Inca. Sin embargo, los incas también creían en un dios supremo que había creado el universo, incluyendo al Sol, su hijo. Este supremo dios, normalmente conocido como *Viracocha,* era capaz de adquirir forma humana pero, si hemos de creer al Inca Garcilaso, los incas más refinados tenían de él, bajo el nombre de *Pachacamac,* una concepción extremadamente similar a la del Dios cristiano. El propio Garcilaso describió varios aspectos fascinantes de sus actividades literarias: "No les faltaba habilidad a los *amautas* … para componer comedias y tragedias que en días y fiestas solemnes representaban delante de sus reyes y de los señores… Los representantes no eran viles sino Incas y gente noble… ." Los argumentos de estas obras, añade Garcilaso, "eran de hechos militares, de triunfos y victorias…"

El último capítulo

En 1527 el emperador Huayna Capac murió repentinamente sin haber tenido ocasión de nombrar un sucesor al trono, lo cual provocó una aguda crisis. Dos de sus hijos, Huáscar, que residía en el Cuzco, y Atahualpa, comandante de las tropas de Quito, se prepararon para luchar por el poder. En la guerra civil que resultó, Atahualpa salió vencedor pero el imperio, que ya posiblemente se había extendido demasiado, quedó seriamente debilitado. En noviembre de 1532, el victorioso Atahualpa se hallaba acampado a poca distancia de la ciudad de Cajamarca, famosa por sus baños termales, preparándose para hacer su entrada triunfal en Cuzco, cuando recibió aviso° de que un pequeño contingente de hombres blancos se acercaba a la ciudad. La presencia de esos extraños y agresivos seres en la costa del Pacífico era conocida por los incas desde hacía varios años, pero ahora, por primera vez, se atrevían° a ascender a los Andes, al corazón del imperio. Atahualpa, rodeado por varios miles de sus guerreros, decidió recibirlos sin el menor temor, probablemente dominado por la curiosidad. Éste probó ser el error más grande de su vida. El 16 de noviembre de 1532 ocurrió lo impensable: Francisco Pizarro y su pequeño contingente de conquistadores—unos ciento cincuenta hombres en total—prepararon una emboscada° en la plaza central de Cajamarca y, tras sólo media hora de sangriento combate, los españoles lograron capturar al desprevenido° Atahualpa. Los días de gloria del imperio inca habían llegado a su fin.

got news

dared

ambush

off guard

Actividades y ejercicios

A. Preguntas sobre la lectura.

1. ¿Por qué fue importante el lago Tezcoco en este período?
2. Mencione tres características de los aztecas.
3. ¿Qué eran las "guerras floridas"?
4. ¿Dónde fue construida Tenochtitlán? ¿Se parecía a las ciudades europeas de esa época?
5. ¿Por qué alentaba el estado azteca la creación de familias numerosas?
6. ¿Era la sociedad azteca una sociedad igualitaria? Dé un ejemplo.

7. ¿Qué tipo de gobernante fue Moctezuma II?

8. ¿Por qué es famosa la cultura Ica-Nazca?

9. ¿Por qué le interesaba la cultura de los incas al cronista Garcilaso de la Vega?

10. Según el tío de Garcilaso, ¿cómo vivían los indígenas del Perú antes de la llegada de los incas? ¿Era verdad eso?

11. ¿Quiénes fueron Manco Capac y Mama Ocllo?

12. Mencione dos logros importantes de la civilización inca.

13. ¿Qué tipo de religión tenían los incas?

14. ¿Qué problema ocurrió al morir el emperador Huayna Capac en 1527?

B. Asociaciones. Relacione las palabras de las dos columnas.

1. ___ águila		a. clan
2. ___ *nahuatl*		b. sangre
3. ___ *quipu*		c. cultivo
4. ___ *calpulli*		d. dinero
5. ___ *chasqui*		e. lengua
6. ___ *chinampa*		f. mensaje
7. ___ sacrificio		g. corredor
8. ___ tributo		h. espía
9. ___ vasallo		i. pájaro
10. ___ *pochteca*		j. ciudadano

C. Definiciones. Complete las siguientes definiciones con las palabras correspondientes.

amautas	*ayllus*	*calmecacs*	Inti
chibchas	llama	*macehual*	parcela
Tlaloc	Viracocha		

1. _____ Los colegios a los que asistían los hijos de los nobles aztecas.

2. _____ Civilización indígena de Colombia famosa por su maestría en la confección de objetos de oro.

3. _____ Así llamaban al ciudadano común azteca.

4. _____ Lote de terreno dedicado al cultivo.

5. _____ El dios sol de los incas.

6. _____ Uno de los animales más importantes para los indígenas
de los Andes.

7. _____ Así se llamaban las comunidades de los incas.

8. _____ Así llamaban los incas a sus intelectuales.

D. ¿Cierto of falso? Si es falso, explique por qué.

1. Tanto en la cultura azteca como en la inca la comunidad era mucho más
importante que el individuo.

2. Los *aztecas* eran descendientes directos de los admirados *toltecas*.

3. Cuando los incas conquistaban una nueva región permitían que sus nuevos
vasallos continuaran hablando su lengua local y adorando a sus propios dioses.

4. A veces los *aztecas* permitían un cierto grado de autonomía a los pueblos
que conquistaban, siempre que les pagasen tributo.

5. Las mujeres *aztecas* tenían más o menos los mismos derechos que
los hombres.

6. Moctezuma vivía de una manera más bien modesta.

7. El oro y la plata eran utilizados por los incas para acuñar monedas.

E. Opiniones.

1. Solemos referirnos al "imperio azteca" y al "imperio inca", pero, estrictamente hablando, en realidad sólo uno de los dos merece el título de
imperio. ¿Cuál de ellos y por qué?

2. En el texto de esta unidad se ha calificado de "repulsiva" y "aberrante" la
práctica de sacrificios humanos por los aztecas. Hoy día, sin embargo,
algunos piensan que es condescendiente y hasta racista criticar de esa
manera los usos y costumbres de otras culturas basados en criterios occidentales. ¿Qué piensa usted?

3. ¿Encuentra algunas similitudes entre el papel de la mujer en la sociedad
azteca y el que desempeña en las modernas sociedades occidentales?
Comente.

4. Nos parece criticable el hecho de que Moctezuma tuviera en su palacio un "zoológico" de seres humanos anormales. Sin embargo, los reyes europeos tenían bufones y enanos *(dwarfs)* en sus cortes, y aún en la actualidad hay individuos poderosos que se rodean de personas que los entretienen, los adulan y viven de ellos. ¿Conoce usted algunos casos como estos, por ejemplo, en el mundo de los deportes, de las finanzas o del espectáculo? ¿Qué opina de ello?

F. Hipótesis.

1. ¿En qué sentidos sería su vida diferente si, retrocediendo en el tiempo, se viese usted de pronto convertido en un *puric* de un *ayllu* inca?
2. Ud. es un prisionero de los aztecas a punto de ser sacrificado, pero en el último momento le conceden una audiencia con el emperador Moctezuma para tratar de convencerlo de que lo/la deje vivir. ¿Qué argumentos lógicos le expondría usted?

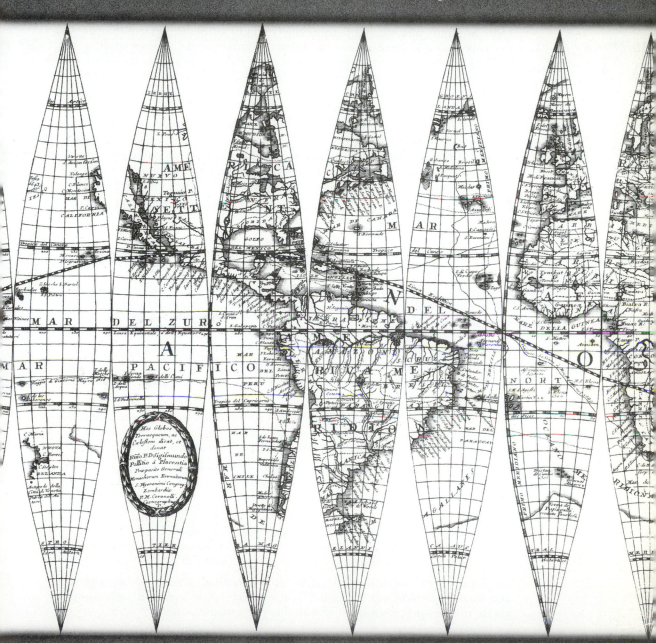

1494   España y Portugal firman el Tratado de Tordesillas, que establece la línea de demarcación entre los territorios españoles y los portugueses.

1493-1519   Colón realiza otros tres viajes de descubrimiento (1493-1504); muere en 1506. Se funda una colonia permanente en la Española (hoy Haití/Santo Domingo), que se hace el primer centro del gobierno colonial español. Colón es nombrado primer gobernador de la colonia, pero fracasa como administrador; su sucesor, Nicolás de Ovando (1502-1509) pone orden con mano dura; es sucedido en 1509 por Diego Colón, hijo del Almirante, que trae el refinamiento europeo a la joven colonia.

Los indígenas son repartidos entre los conquistadores, bajo el sistema de la encomienda, establecido bajo el gobierno de Ovando. Las Leyes de Burgos (1511) tratan de hacer más humano el sistema de la encomienda, pero los encomenderos no las obedecen. La población indígena comienza a disminuir rápidamente y se traen los primeros esclavos de África para sustituirla.

Desde la Española se exploran y conquistan las principales islas del Caribe y se establece la primera colonia en Panamá.

Desde Panamá, Vasco Núñez de Balboa capitanea una expedición que llega a la costa del Océano Pacífico (1513); Juan Ponce de León descubre la Florida (1513).

1519-1521   La expedición de Hernán Cortés realiza la conquista del imperio azteca de México y destruye la capital azteca de Tenochtitlán, sobre cuyas ruinas se construye la actual capital de México. Cortés narra los hechos de su campaña militar en cinco cartas, las *Cartas de Relación*, que dirige al emperador Carlos V. Uno de los soldados de Cortés, Bernal Díaz del Castillo, escribe una valiosa crónica, la *Historia verdadera de la conquista de la Nueva España* (México).

A partir de México y de Panamá, se realiza la conquista de la actual Centroamérica.

1532-1533   En el Perú, la expedición encabezada por Francisco Pizarro hace prisionero al emperador de los incas, Atahualpa, y lo usa como rehén *(hostage)* para emprender la conquista del imperio inca. Cuzco, la capital del imperio, es capturada y los españoles fundan la ciudad de Lima, cerca de la costa del Perú.

1533-1550+ Prosiguen las exploraciones y conquistas. El mito de las riquezas de El Dorado estimula la exploración de la actual Colombia; la expedición de Francisco de Orellana navega el río Amazonas desde el Perú hasta el Atlántico (1541-1542).

En Norteamérica, las expediciones de Francisco Vázquez de Coronado y la de Hernando de Soto exploran vastos territorios de los actuales Estados Unidos (1539-1542), descubriendo el río Mississippi y el Gran Cañón del Colorado.

En el sur de Suramérica—Chile, Argentina, Uruguay—la conquista progresa con lentitud debido a la hostilidad de los indígenas de la región y a la ausencia de metales preciosos que estimulen la presencia española.

ras el sorprendente hallazgo de Cristóbal Colón, Isabel y Fernando estuvieron muy interesados en obtener un título legal que les diera derecho a conquistar y colonizar los nuevos territorios descubiertos y otros que pudieran descubrirse en el futuro. Su principal preocupación eran las ambiciones territoriales de Portugal. Después de una serie de negociaciones, los dos países firmaron el Tratado de Tordesillas en 1494, que estableció una nueva línea de demarcación, situada a 370 leguas (unas 1.100 millas) al oeste de las islas de Cabo Verde, un grupo de islas que se hallan frente a la costa oeste de África. Los territorios situados al oeste de esta línea pertenecerían a España; los situados al este, a Portugal. Al aceptar esta división, España, sin saberlo, concedió a Portugal las tierras del Brasil, que serían descubiertas poco después, en 1500, por una expedición portuguesa. La línea de Tordesillas nunca fue objeto de una comprobación adecuada y provocó muchas disputas territoriales durante los dos siglos siguientes, pero, en ese momento, le dio a España un "justo título" sobre las tierras del Nuevo Mundo.

El período de las islas (1492-1519)

Cristóbal Colón realizó un total de cuatro viajes al Nuevo Mundo entre 1492 y 1504. Durante ellos descubrió las principales islas del mar Caribe, la costa de Venezuela y la costa caribeña de Centroamérica, desde la actual Honduras hasta Panamá. Al mismo tiempo, estableció la primera colonia permanente en suelo americano en la Española, la isla donde hoy se encuentran Haití y la República Dominicana. Pero resultó ser mejor explorador que administrador. Desde el principio tuvo problemas con los colonos° *colonizers* que empezaron a llegar a la Española en busca de rápidas ganancias. Colón quería establecer, como socio de la corona española, un sistema de factorías similares a las *feitorías* establecidas por los portugueses en la costa de África; según este plan, los inmigrantes españoles vendrían a América a trabajar para los reyes de España bajo la supervisión del Almirante. Como es fácil adivinar, los colonos no estuvieron conformes con tal sistema, que les privaba de su libertad para hacer fortuna en las nuevas tierras y disfrutar de una vida independiente. Pronto, Colón tuvo que enfrentar una seria rebelión contra su autoridad y tomar medidas represivas. En la investigación que siguió, el inspector enviado por los reyes arrestó al Almirante y lo devolvió a España en cadenas°. *in chains*

Al llegar a la Península hubo una escena de reconciliación en la que la reina Isabel lloró al ver como habían tratado al gran marino, pero éste nunca volvió a recuperar su poder en el Nuevo Mundo. Habría de morir en

Valladolid, España, en 1506, dos años después de su gran mentora, la reina Isabel. Su funeral atrajo poca atención y hasta hoy no estamos seguros del lugar donde reposan sus restos[1].

Tras la destitución de Colón, los Reyes Católicos impusieron la ley y el orden en la Española y dieron los primeros pasos hacia la creación de un sistema colonial[2]. A partir de ese momento haría falta una licencia real para extraer oro y los reyes percibirían una quinta parte del metal (el llamado "quinto"). Se estableció la primera Audiencia, tribunal que tenía amplias funciones judiciales y administrativas, y un sistema, el de la encomienda, mediante el cual se repartió la población indígena entre los colonos españoles a fin de que trabajaran para ellos. Los colonos, por su parte, se comprometían a mantener económicamente° a los indígenas y a convertirlos a la fe cristiana. Al principio, la explotación más importante fue la del oro que se encontraba en los lechos de los ríos°. Los indígenas, obligados a trabajar interminables horas con pobre alimentación y constantes malos tratos, protagonizaron varias rebeliones que fueron brutalmente aplastadas°. La Corona hizo un intento por mejorar las condiciones de trabajo de la población nativa mediante las Leyes de Burgos (1512), pero los derechos que en ellas se les reconocían a los indígenas fueron ignorados en la práctica. Como consecuencia, la población nativa comenzó a mermar° de manera alarmante, en tanto los depósitos de oro de los ríos empezaban a agotarse°. Gradualmente, la Española se fue haciendo una colonia dedicada más que nada a la agricultura y a la ganadería°. La exitosa introducción del cultivo del azúcar, por otra parte, aumentó la necesidad de mano de obra°, y como los indios eran cada vez más escasos e incapaces de soportar las condiciones de trabajo de las plantaciones de caña°, empezaron a importarse esclavos negros, primero desde España, luego desde Africa.

to support
river beds
crushed
to decrease
began to dwindle
cattle raising
labor, manpower
sugar cane

Vasco Núñez de Balboa (1457-1519), descubridor del Océano Pacífico.

Coincidieron así dos de los más trágicos eventos de la historia de la humanidad: la virtual extinción de la población indígena del Caribe y el comienzo del infame tráfico de esclavos africanos.

A muchos de los colonizadores no les atrajo la idea de convertirse en agricultores y pronto se lanzaron al mar en busca de nuevos horizontes. Durante los años siguientes, quedaron conquistadas las Antillas Mayores, Juan Ponce de León descubrió la Florida (1513) y se inició la conquista de la Tierra Firme°, como llamaban a la costa norte de Suramérica, desde la actual Colombia hasta el istmo de Panamá. Tras varios desastres iniciales, Vasco Núñez de Balboa logró establecer una colonia permanente en Darién, Panamá, y desde allí encabezó la expedición que en septiembre de 1513 avistó el océano Pacífico, el legendario "Mar del Sur" que Colón había soñado en encontrar[3]. A pesar de tales avances, este llamado "período de las islas" fue más bien decepcionante° ya que no se realizaron los espectaculares descubrimientos de fabulosas riquezas que Colón había prometido. Muchos se refirieron al marino genovés como "el Almirante de los mosquitos", una alusión al excesivo optimismo con que Colón había descrito la naturaleza del Caribe, silenciando sus aspectos menos agradables.

La Española dejó de ser la principal colonia española en América a partir de 1519, pero esta primera fase de la colonización fue extremadamente importante. En esos años, no sólo se echaron las bases del sistema colonial español, sino también las del modo de vida que caracterizaría a los colonizadores de la Península, un modo de vida no siempre congruente con la realidad americana. En este sentido fue crucial la llegada a la Española de Diego Colón, el hijo del Almirante, como gobernador de la isla, en 1509. Se había casado con una dama de la aristocracia española, sobrina del poderoso Duque de Alba, y esto probablemente le ayudó a obtener el nombramiento°. Diego llegó a Santo Domingo, la capital de la colonia, con su aristocrática esposa, María de Toledo, y una comitiva de cortesanos° acostumbrados a vivir a la manera de la aristocracia europea y no muy dispuestos a adaptarse a la aún primitiva vida de la colonia. Las damas castellanas tuvieron que arrastrar° sus largas faldas de seda y terciopelo° por calles todavía cubiertas de charcos°. En los próximos años, Diego y su mujer crearon en Santo Domingo una pequeña corte renacentista° que transformó el carácter de la ciudad. Su signo más visible fue el ambicioso programa de construcción de iglesias, conventos y edificios públicos que reprodujeron por primera vez en el Nuevo Mundo los estilos arquitectónicos de España. Para 1514, Diego se había instalado en un palacio construido especialmente para él. Dos años antes había comenzado la construcción de la primera catedral de América, que todavía se conserva. En realidad, se estaba creando un modo de vida bastante artificial, centrado en lo urbano, y que sobrevaloraba los modelos europeos y sus virtudes sobre las cosas nativas.

Spanish Main

disappointing

appointment

courtiers

drag along
silk and velvet/puddles

Renaissance-like court

Cortés y la conquista de México

Ninguna otra empresa de conquista se halla tan bien documentada como la de la Nueva España, nombre que le dieron los españoles a México. Fue descrita con sorprendente maestría por el mismo Cortés en las *Cartas de relación* que dirigió al emperador Carlos V entre 1519 y 1526. Por otra parte, uno de los soldados de Cortés, Bernal Díaz del Castillo, escribió su *Historia verdadera de la conquista de la Nueva España,* que se ha hecho un clásico de la literatura hispanoamericana. Estas crónicas de la conquista reflejan, por supuesto, el punto de vista de los españoles. Sólo en nuestro siglo hemos empezado a prestar atención a la otra mitad de esta historia: la de la tragedia que la conquista significó para la población indígena de México. Varios investigadores mexicanos se han dedicado a recoger testimonios de la conquista que dan la perspectiva indígena sobre el conflicto y nos permiten apreciar mejor el tremendo trauma que sufrió el pueblo azteca. El libro de Miguel León Portilla, *Visión de los vencidos* (1959), es una buena introducción a este tema.

Hernán Cortés tenía sólo 19 años cuando llegó a la Española. Como muchos otros emigrantes al Nuevo Mundo, era natural de Extremadura, una de las regiones más pobres de España. Su familia había tenido medios suficientes para mandarlo a la Universidad de Salamanca pero Cortés, personalidad hiperactiva, abandonó sus estudios al cabo de dos años y decidió probar suerte en el Nuevo Mundo. Las complicaciones de una aventura amorosa demoraron° su viaje a América, pero por fin logró embarcarse y llegó a suelo americano en 1504. Era ya para entonces un robusto joven que, aunque no había terminado sus estudios, era bien versado en latín y poseía un bagaje intelectual° poco común entre los colonos españoles. Le fue bien° en la Española. Obtuvo una encomienda de indios e hizo amigos importantes. Con uno de ellos, Diego Velázquez, participó en la conquista de Cuba, que se llevó a cabo en sólo un año (1511) y , tras recibir una nueva encomienda de indios, su fortuna pareció asegurada. Cuando Velázquez—ahora gobernador de Cuba—lo escogió para capitanear la expedición que se preparaba para la conquista de México, Cortés no vaciló en aceptar, invirtiendo incluso una parte considerable de sus propios fondos en financiar la empresa. A última hora, Velázquez receló° de Cortés y decidió quitarle el mando de la expedición, pero el inquieto extremeño° se hizo a la mar° con una pequeña flota antes de que los hombres de Velázquez pudieran detenerlo. Era el mes de febrero de 1519.

La expedición de Cortés se componía de once pequeños barcos que transportaban unos 600 soldados y marineros, 200 indios de Cuba, 16 caballos, diez cañones y otras piezas de artillería ligera. ¿Cómo pudieron los españoles conquistar el poderoso imperio azteca con fuerzas tan exiguas°? Además de la superioridad militar de los españoles y las cualidades de mando de Cortés, otras circunstancias influyeron en el éxito de los conquistadores.

delayed

stock of knowledge
He did well

became suspicious
from the Extremadura region
set sail

scarce

Hernán Cortés (1485-1547), conquistador de México.

En la isla de Cozumel, por ejemplo, encontraron a un español, Jerónimo de Aguilar—superviviente de una expedición anterior—que había aprendido la lengua maya de los indígenas de la región. Poco después, ya en la costa mexicana, un cacique le regaló a Cortés veinte esclavas, entre las que se hallaba una princesa indígena a quien los españoles dieron el nombre cristiano de Marina; ésta sabía hablar tanto la lengua maya como el *nahuatl*, la lengua de los aztecas, y esto le permitió al capitán español establecer un eficiente puente lingüístico: Cortés le hablaba a Aguilar en español y éste traducía a la lengua maya; Marina, entonces, traducía de la lengua maya al *nahuatl*, y así podían comunicarse con los indígenas mexicanos. Marina, mujer obviamente inteligente y astuta, pronto aprendió también el español y se hizo indispensable para la expedición. Tuvo un hijo de Cortés y, por lo menos en una ocasión, le salvó la vida. Su colaboración con los españoles ha hecho que muchos en México la tachen de traidora° a la causa indígena, mientras otros destacan sus admirables cualidades personales.

accuse her of having betrayed

La expedición española pasó varios meses en la costa de México, tiempo que utilizaron para vencer la resistencia de las tribus locales y establecer un asentamiento permanente, la Villa Rica de la Vera Cruz (Veracruz). Las primeras batallas con los indígenas demostraron que, a pesar de la superioridad numérica de éstos (a veces de 100 a 1), los españoles todavía los aventajaban debido a la superioridad de sus armas y a sus conocimientos de estrategia militar. Los indígenas atacaban sin coordinación, en grupos sólidos que ofrecían blancos° fáciles a las armas españolas. Además, los 16 caballos de la expedición inspiraban terror a los guerreros indios, quienes pensaban que caballo y jinete° eran un solo animal monstruoso.

targets

horserider

En agosto de 1519, la expedición salió de Veracruz en dirección oeste, en un ascenso gradual desde las tierras calientes de la costa hasta las altitudes de la meseta central. En Veracruz, Cortés dejó una guarnición de 150 hombres. Ya tenía suficientes noticias sobre el poder y las riquezas del imperio azteca. Antes de salir, tomó una medida radical: mandó hundir° los barcos de la expedición para que nadie tuviera la tentación de regresar a Cuba. Por otra parte, calculando que su insubordinación contra Velázquez habría llegado ya a oídos de Carlos V, le había escrito una carta al monarca—la primera de las *Cartas de relación*—relatando sus hazañas° hasta aquel punto y pidiéndole un nombramiento como autoridad suprema de los nuevos territorios. Para hacer más convincente su petición, le envió al soberano un cargamento de riquezas, entre las que había una rueda de oro macizo° de 38 libras de peso.

En su camino hacia Tenochtitlán, la capital azteca, la expedición tuvo que librar constantes batallas contra los indígenas, pero Cortés supo usar una cuidadosa mezcla de dureza, crueldad y generosas ofertas de reconciliación y amistad; casi invariablemente, las tribus derrotadas° accedieron a convertirse en aliadas° de Cortés. A ello contribuyó el hecho de que el imperio azteca estaba todavía en proceso de consolidación, y que varios de los pueblos indígenas recientemente conquistados por los guerreros de Moctezuma sentían un marcado resentimiento contra el poder azteca y sus constantes demandas de tributos. Muchos de estos pueblos vieron en los españoles a los aliados que podían librarlos de la tiranía de Tenochtitlán. El caso más importante fue el del pequeño estado de Tlaxcala, que había resistido con éxito los intentos de conquista de los aztecas; sus habitantes le dieron dura batalla a Cortés y a sus hombres pero, una vez vencidos, se convirtieron en los aliados más eficaces de los españoles.

Otro factor puramente fortuito intervino en favor de los conquistadores. Los aztecas, recordemos, creían que el legendario dios-rey de los *toltecas*, Quetzalcóatl, volvería para reclamar su imperio. En la leyenda, además, Quetzalcóatl era representado como un hombre de piel blanca y con barba°. Moctezuma aparentemente pensó, al menos al principio, que era el gran monarca tolteca el que había llegado a la costa de México. Luego, al saber de las acciones a menudo brutales de los españoles, tuvo sus dudas, pero fue impotente para detener el avance de la expedición española. El emperador azteca no tuvo más remedio que° salir a recibir a los conquistadores—400 soldados, seguidos por varios miles de aliados indígenas—cuando éstos llegaron por fin a la entrada de Tenochtitlán el 8 de noviembre de 1519. Moctezuma, con amables palabras, les ofreció su hospitalidad a los españoles, que fueron alojados en un magnífico edificio del centro de la capital azteca. Allí tuvieron la oportunidad de ver algunas muestras del culto al dios Huitzilopochtli: más de cien mil calaveras°, cuidadosamente apiladas°, recordaban la celebración de recientes sacrificios humanos.

Sólo seis días después de su llegada a Tenochtitlán, Cortés, receloso de las intenciones de Moctezuma, decidió nada menos que arrestar al emperador en su propio palacio. Acompañado de cinco de sus mejores oficiales y de Marina como intérprete, Cortés, increíblemente, persuadió a Moctezuma,

exploits

solid gold

defeated
allies

beard

had no choice but

skulls
piled up

con una mezcla de palabras amables y de amenazas°, para que lo acompañara al edificio donde se alojaban los españoles. ¿Se sintió el emperador azteca víctima de un destino inexorable? En cualquier caso, Moctezuma se convertiría en lo adelante en un rehén° de los conquistadores y perdería rápidamente el respeto de sus vasallos. La situación se hizo todavía más tensa cuando Cortés, sintiéndose ahora más seguro, subió al Templo Mayor y echó al suelo las estatuas de Huitzilopochtli y demás dioses que allí estaban, sustituyéndolas por imágenes cristianas.

En mayo de 1520 Cortés tuvo que ausentarse de Tenochtitlán para salir al encuentro de una expedición punitiva enviada por Velázquez que había desembarcado en la costa de México. Cortés la derrotó fácilmente e hizo prisionero al jefe de la expedición, Pánfilo de Narváez. Como resultado, los 800 soldados de Velázquez decidieron unirse a las fuerzas de Cortés y regresar con él a Tenochtitlán. Durante la ausencia del comandante español, sin embargo, su impulsivo oficial, Pedro de Alvarado, había ordenado una masacre de indígenas en el centro de la capital, y el aire de rebelión y de guerra se podía respirar en sus calles. Poco después de que Cortés entrara de regreso en la ciudad, los aztecas iniciaron un feroz ataque. Como Tenochtitlán estaba edificada sobre un lago, a los indígenas les fue fácil cortar las calzadas° que comunicaban la ciudad con la tierra firme. Atrapados en su cuartel general, la situación de los españoles se hizo desesperada. Cuando Moctezuma, a petición de Cortés, trató de hablarles a sus vasallos, éstos le tiraron piedras y lo hirieron°⁴. Combatiendo cuerpo a cuerpo contra miles de indígenas, los españoles iniciaron la difícil retirada°. Por cada indio que mataban, diez nuevos aparecían. Muchos soldados se resistían a abandonar el oro que habían obtenido y el peso del metal los hundía° en las aguas del lago. Por fin, los supervivientes consiguieron llegar a la orilla del lago durante la noche del 30 de junio de 1520. Más de la mitad de los conquistadores había perecido° en la batalla y Cortés, desplomándose° al suelo, exhausto, se echó a llorar° bajo las ramas de un árbol luego conocido en la leyenda como "el árbol de la noche triste".

El comandante español, sin embargo, no admitió la derrota. Sus aliados, los habitantes de Tlaxcala, le ofrecieron refugio y allí pasó los próximos meses, preparando un nuevo ataque contra Tenochtitlán. Esta vez las aguas del lago no servirían para atraparlo: con la ayuda de los *tlaxcaltecas,* sus hombres construyeron 13 pequeños barcos y, pieza a pieza, los transportaron por tierra hasta las orillas del lago Tezcoco. El sitio° de Tenochtitlán duró dos meses y medio. La población azteca de la ciudad había sido diezmada° por una epidemia de viruelas°, enfermedad traída a México por los españoles. Aún así, los aztecas, bajo el mando de su nuevo emperador, el joven Cuauhtémoc, resistieron fieramente, hasta que el ochenta por ciento de la ciudad fue destruida. Finalmente, Cuauhtémoc fue hecho prisionero y la

threats

hostage

causeways

wounded him
retreat

sank them

perished
collapsing/burst into tears

siege
decimated
smallpox

surrender
in custody

siege

endured
half-breed

sacked

ciudad tuvo que rendirse°5. Era el 13 de agosto de 1521. "Y así—le escribió Cortés a Carlos V en otra de sus cartas—preso° este señor [Cuauhtémoc]… cesó la guerra. De… manera que desde el día que se puso cerco° a la ciudad… hasta que se ganó, pasaron setenta y cinco días, en los cuales vuestra majestad verá los trabajos, peligros y desventuras que éstos, sus vasallos, padecieron°…". La versión de estos hechos que dio otro cronista, el mestizo° Fernando de Alva Ixtlilxóchitl, descendiente de la nobleza azteca, es similar en contenido pero refleja la sensibilidad del punto de vista indígena: "Duró el cerco de México… ochenta días…; de los mexicanos murieron más de doscientos cuarenta mil, y entre ellos casi toda la nobleza mexicana, pues que apenas quedaron algunos señores y caballeros… Este día, después de haber saqueado° la ciudad, tomaron los españoles para sí el oro y plata… haciendo grandes fiestas y alegrías. (León Portilla 135-136)6."

Renovado impulso de los conquistadores. La conquista del Perú

El éxito de Cortés en México dió un nuevo ímpetu a la conquista. Cortés mismo descubrió la costa de California mientras varios de sus capitanes avanzaban hacia el sur: Cristóbal de Olid hasta Honduras, Pedro de Alvarado hasta Guatemala, donde impuso el dominio español con su habitual dureza; mientras tanto, el ejecutor° de Balboa, Pedrarias, expandía también la conquista española en Centroamérica desde su base en Panamá.

executioner

Pero la otra gran hazaña del período fue sin duda la conquista del Perú. Su protagonista, Francisco Pizarro, nacido probablemente en 1475, era de Extremadura, como Cortés, pero su niñez fue bien distinta a la de éste. Pizarro fue hijo ilegítimo de un oficial del ejército que no se ocupó de enseñarle siquiera a leer y escribir. Al parecer, se ganaba la vida cuidando un rebaño de puercos° y aprovechó la primera oportunidad que se le presentó de emigrar a las Indias. Fue uno de los soldados que acompañó a Balboa en la expedición que descubrió el océano Pacífico, y desde ese momento la idea de navegar hacia el sur por el Pacífico en busca de nuevos imperios indígenas se convirtió en la obsesión de su vida. En la propia Panamá, Pizarro formó una sociedad con otro conquistador, Diego de Almagro, y con un sacerdote, Hernando de Luque, que puso el dinero para organizar la proyectada expedición.

pigs herd

En el curso de los próximos ocho años (1524-32), Pizarro y Almagro pasaron incontables penalidades° en sus repetidos intentos por establecer el dominio de España sobre el Perú. En junio de 1532 lograron finalmente fundar el primer pueblo permanente en la costa, San Miguel de Piura, que habría de servir de base para penetrar en el interior del país en busca de las

hardships

riquezas del imperio inca. El emperador Atahualpa, como ya hemos visto, acababa de ganar una guerra civil contra su hermano Huáscar y se hallaba por el momento en la ciudad de Cajamarca. Hacia allí se dirigió Pizarro con un pequeño contingente—poco más de cien soldados de infantería, 62 jinetes—y el 15 de noviembre de 1532, en un ataque por sorpresa, logró hacer prisionero a Atahualpa.

Existen obvias similitudes entre las tácticas empleadas por Pizarro y las que antes había usado Cortés en México. Como Cortés, Pizarro tomó como rehén al jefe supremo de sus adversarios, lo que le permitió actuar con bastante impunidad; y también como Cortés, supo aprovechar en su favor las disensiones internas que existían en el imperio, explotando la rivalidad entre las facciones de Huáscar y de Atahualpa. Por otra parte, Cortés fue un hombre de cierta educación y complejidad de carácter, y parece haber tenido sinceras convicciones religiosas, no obstante la frecuente dureza que exhibió en sus actuaciones. Para Pizarro, en cambio, las consideraciones éticas o religiosas no parecen haber tenido un papel particularmente importante. Fue un individuo de casi increíble tenacidad, determinación y coraje personal pero también de pocos escrúpulos a la hora de conseguir lo que quería.

Muerte de Atahualpa (1502-1533), emperador de los incas.

El episodio del rescate° de Atahualpa es ilustrativo del carácter de Pizarro. *ransom* El emperador inca le ofreció que, si lo dejaba en libertad, llenaría de objetos de oro la habitación donde se encontraba, hasta la altura que su mano alcanzara (más de seis pies), y también llenaría otra habitación, dos veces, de objetos de plata. Pizarro aceptó y se firmó el apropiado contrato. Durante los dos meses siguientes, miles de los vasallos del Inca vinieron a Cajamarca para traer el tesoro prometido, hasta que los términos del contrato quedaron cumplidos. Cuando los españoles derritieron° los objetos que llenaban *melted* las habitaciones, se obtuvieron lingotes° que pesaban más de 13.000 libras de *ingots* oro y 26.000 de plata. No obstante, Atahualpa no fue puesto en libertad y poco después fue ejecutado. El emperador inca, por su parte, había hecho asesinar a su hermano Huáscar ante el temor de que éste ayudara a los españoles.

La captura de Cuzco, la capital de los incas, en 1533, y la fundación de Lima como la nueva capital en la costa, dos años después, establecieron el dominio español pero la paz tardó años en llegar[7]. La rivalidad que se desarrolló entre Francisco Pizarro—incluyendo a los cuatro hermanos que éste había traído de España—y su socio Almagro, acabó en una serie de encuentros sangrientos. La facción de los Pizarro salió al cabo vencedora y Almagro fue ejecutado por Hernando Pizarro en Cuzco. Tres años después, sin embargo, un hijo de Almagro consiguió asesinar a Francisco Pizarro en Lima. Las continuas luchas internas entre los conquistadores no terminaron hasta 1549, cuando Gonzalo Pizarro se rindió ante la autoridad de un sacerdote enviado por Carlos V para restablecer el orden en el Perú. En la pequeña ciudad española de Trujillo, Extremadura, cuna° de Francisco Pizarro, se puede ver hoy día una imponente estatua ecuestre del conquistador del Perú y, en una esquina de la plaza central, el edificio del Palacio de Pizarro, no demasiado impresionante en sus dimensiones, y vacío: un elocuente recordatorio° de los pocos beneficios que la conquista produjo a sus protagonistas y a España.

cradle

reminder

La conquista del cono sur

Diego de Almagro había fracasado en sus esfuerzos por conquistar Chile en 1535, pero otro conquistador, Pedro de Valdivia, decidió hacer un nuevo intento. En 1539, Pizarro le dio autorización y Valdivia partió hacia el sur con un contingente de 150 españoles y unos 1.000 indígenas. Durante los 15 años siguientes Valdivia y sus hombres tuvieron que luchar contra la raza indígena más combativa e independiente que encontraron los españoles en América, la de los araucanos. Valdivia consiguió establecer asentamientos permanentes en tierra chilena pero al cabo pagó el reto a los araucanos con su propia vida: fue hecho prisionero y descuartizado° el día del Año Nuevo de 1554. Su sucesor, Garci Hurtado de Mendoza, logró infligirles importantes derrotas a los indígenas e incluso capturó y ejecutó a uno de sus principales líderes, el cacique Caupolicán, pero no consiguió vencer la resistencia araucana. Uno de los soldados de Hurtado de Mendoza, el aristocrático Alonso de Ercilla, inmortalizó la contienda° entre españoles y araucanos en un largo y célebre poema épico de 21.000 versos titulado *La araucana* (1569-90). Ercilla, por una parte, se distinguió luchando contra los indígenas; por otra, adquirió una profunda admiración por la valentía de éstos y su amor a la independencia, hasta el punto de que los héroes de su poema resultan ser no los españoles sino los caciques° indígenas como Lautaro y Caupolicán. La muerte de este último fue un duro golpe para la causa araucana, pero la resistencia de este pueblo a ser subyugado continuó hasta el siglo XIX. Durante todo el período colonial, las tierras al sur del río Bío Bío—patria° de los araucanos—estuvieron siempre expuestas a inesperados ataques indígenas y no pudieron ser desarrolladas. Sólo en el siglo XIX, ya como república independiente, Chile llegó a concertar tratados con los araucanos y se estableció para ellos un sistema similar al de las "reservaciones"

quartered

war

chieftains

fatherland

de los Estados Unidos, que ha sobrevivido hasta el siglo XX. Los araucanos, en otras palabras, nunca capitularon.

La región de Suramérica que recibió menos atención fue la del río de la Plata, hoy correspondiente a Argentina, Uruguay y Paraguay. La hostilidad de los indígenas y la falta de metales preciosos o de leyendas sobre reinos fabulosos hicieron poco atractiva esta área, que fue colonizada tardíamente. Las ciudades más antiguas del oeste de Argentina, como Santiago del Estero, Tucumán y Mendoza, fueron fundadas por colonizadores procedentes de Chile y del Perú a partir de 1553. La colonización desde el Atlántico, en cambio, encontró mayores dificultades. Una poderosa expedición al mando de Pedro de Mendoza fundó Buenos Aires en 1536, pero la hostilidad de los indios pampas la hizo fracasar. Un grupo de los hombres de Mendoza ascendió por el río Paraná y fundó Asunción, Paraguay, en 1537, entre los más amigables indios guaraníes. Buenos Aires sería fundada nuevamente en 1580 pero fue una ciudad de segundo orden durante los dos siglos siguientes.

Mitos que crearon realidades

La imaginación de los conquistadores, como hemos visto, estuvo influida aún por la fascinación medieval con lo fantástico y lo maravilloso. Por eso durante la conquista se crearon buen número de mitos que actuaron como potentes incentivos para la exploración. Uno de los más importantes fue el mito de El Dorado, según el cual en algún lugar del norte de Suramérica existía un rey indígena fabulosamente rico que una vez al año, en una ceremonia religiosa, se cubría el cuerpo de polvo de oro° y echaba un gran número de objetos de oro en el fondo de un lago como ofrenda° a sus dioses. Una de las versiones de la leyenda situaba este lago en el área de la actual Bogotá. Este y otros mitos que prometían considerables riquezas alentaron la organización de numerosas expediciones que abrieron para España vastos territorios del norte de Suramérica, incluyendo los de la actual Colombia[8]. Los miembros de otra de aquellas expediciones, bajo el mando de Francisco de Orellana, navegaron por un inmenso río en el que cruzaron todo el continente, hasta el Atlántico; durante su viaje, los expedicionarios dijeron haber sostenido un encuentro armado con un contingente de mujeres guerreras, y así revivieron el antiguo mito griego de las Amazonas, que daría su nombre al gran río.

Algo similar ocurrió durante la exploración de Norteamérica. El mito de la Fuente de la juventud, recordemos, fue el que impulsó a Juan Ponce de León a organizar la expedición que descubrió la Florida en 1513. Años después, en 1527, Pánfilo de Narváez organizaría otra exploración de la Florida que terminó en desastre pero uno de los supervivientes de esta expedición, Alvar Núñez Cabeza de Vaca, con otros tres compañeros, consiguió sobrevivir

gold dust
offering

witch doctor
covered on foot

entre los indios haciéndose pasar por médico-hechicero°, y en el proceso recorrió a pie° toda la costa del Golfo de México hasta llegar al norte de México, donde lo encontró otra expedición española…¡ocho años después! Cabeza de Vaca contó más tarde esta aventura en un libro, *Naufragios,* que se ha hecho un clásico entre las crónicas de viajes del siglo XVI. Este propio explorador dijo haber oído historias sobre la existencia de las siete ciudades de Cíbola, fabulosamente ricas en oro, en algún lugar del interior de Norteamérica, lo cual motivó la organización de una serie de expediciones que nunca llegaron a encontrar las legendarias ciudades pero exploraron extensas áreas de los actuales Estados Unidos. La de Francisco Vázquez de Coronado, en particular, lanzada desde México en 1540, hizo un enorme recorrido° que incluyó los presentes estados de Nuevo México, Colorado, Arizona, Kansas, Oklahoma y Texas. Fue la primera vez que los ojos europeos contemplaron a los bisontes pastando° en las grandes praderas. Independientemente, Hernando de Soto organizó otra expedición que tras desembarcar en la costa oeste de la Florida, a la altura de lo que actualmente es Fort Myers, ascendió hasta Georgia y luego recorrió Alabama, Mississippi y Tennessee, donde cruzó el río Mississippi. Después de avanzar por Arkansas y Oklahoma, la expedición decidió regresar. De Soto, sin embargo, no consiguió ver el final de la aventura; enfermó de fiebres y murió mientras la expedición andaba por Louisiana y su cuerpo fue arrojado° a las aguas del Mississippi el 21 de mayo de 1542.

Las riquezas legendarias de los actuales Estados Unidos nunca fueron encontradas y España perdió interés en la región, demasiado ocupada en la colonización de México y Perú. En la Florida, el puesto de San Agustín, fundado por Menéndez de Avilés en 1565, languideció° durante muchos años. En el oeste, Santa Fé (Nuevo México), fundada en 1609, fue la frontera norte del imperio español durante el siglo XVII. Sólo a fines de dicho siglo comenzaron a establecerse, de modo más o menos sistemático, puestos fortificados, especialmente en el área del noroeste de México y de California. La llegada a México del famoso padre Kino, de la orden jesuita, en 1679, marcó el comienzo de la fundación de una serie de misiones que sirvieron no sólo a la causa de la Iglesia sino también a la de la corona española. Los frailes de las misiones se aplicaban con extraordinaria dedicación a adoctrinar y educar a los indígenas, pero junto a ellos había casi siempre una guarnición militar, o presidio, bajo cuya protección se establecían nuevas comunidades de colonizadores. Después de la expulsión de los jesuitas de los territorios españoles, en 1767, los padres franciscanos continuaron la obra misionera a lo largo de la costa de California, bajo el efectivo liderazgo de fray Junípero Serra; unas veinte misiones, incluyendo las de San Francisco, San José y Santa Bárbara, fueron fundadas entre 1769 y 1823 (Gibson, Spain in America 189).

sweep

bisons grazing

thrown

languished

Notas

[1] Lo más probable es que las cenizas de Colón se encuentren en la catedral de Santo Domingo. Véanse los detalles que se dan sobre el asunto en Morison, *The Southern Voyages*, 269-271.

[2] Isabel y Fernando enviaron a la Española al honesto pero duro Nicolás de Ovando, que en sus seis años como gobernador (1502-1508) restableció el orden de manera a veces brutal. Los Reyes Católicos, por su parte, se olvidaron del contrato que habían firmado con Colón y asumieron el control directo de los negocios coloniales.

[3] Balboa, uno de los mejores capitanes que produjo la conquista, fue un excelente gobernador de la colonia de Panamá, distinguiéndose sobre todo en sus esfuerzos por establecer buenas relaciones con la población indígena. Fue reemplazado por un hombre que lo odiaba, Pedro Arias de Avila ("Pedrarias") el cual acusó falsamente a Balboa de planear una rebelión, y lo hizo ejecutar en 1514.

[4] Moctezuma murió poco después de este incidente, posiblemente no tanto a consecuencia de la herida que recibió como de la depresión que le produjo la situación humillante en que se hallaba.

[5] Cuauhtémoc fue finalmente ejecutado por Cortés en 1525. Después de la Revolución Mexicana de 1910, el último emperador azteca se convirtió en una figura venerada como el símbolo de la verdadera identidad mexicana que fue violada por la conquista española.

[6] Después de su gran triunfo, Cortés fue honrado por Carlos V y nombrado gobernador y capitán general de la Nueva España. También recibió, entre otras cosas, el título de Marqués del Valle de Oaxaca y una enorme encomienda que incluía 22 pueblos y 23.000 indígenas. El Emperador, sin embargo, recibió repetidas noticias negativas diseminadas por los enemigos del conquistador en México y, además, desconfiaba de la poderosa personalidad e independencia de su vasallo más famoso. En 1528, cuando Cortés viajó a España, Carlos lo recibió con grandes honores pero no le renovó el título de capitán-general. A su regreso a México, Cortés se encontró con una Audiencia que limitaba sus poderes y poco después, en 1535, tuvo que aceptar la autoridad del primer virrey de México, Antonio de Mendoza. Una nueva visita a España en 1540 no consiguió mejores resultados y, antes de que tuviera tiempo de regresar a México, Cortés enfermó y murió en un pueblo cercano a Sevilla en 1547.

[7] Muerto Atahualpa, Pizarro encontró a otros miembros de la familia real de los incas dispuestos a llenar el puesto de emperador; el primero de ellos murió inesperadamente; el segundo, Manco Inca, se cansó de ser sólo un instrumento de los españoles y organizó una rebelión en 1536; después de varios éxitos iniciales, tuvo que retirarse a las montañas donde continuó luchando hasta su muerte en 1545. Un hermano suyo, Túpac Amaru, mantuvo la actitud rebelde de sus predecesores hasta que fue capturado y ejecutado por los españoles en 1572.

[8] Las dos más importantes expediciones que conquistaron la región ocupada por los indios chibchas en la actual Colombia fueron la de Gonzalo Jiménez de Quesada, que en 1538 avanzó hacia el sur desde el mar Caribe, por el río Magdalena, y la de Sebastián de Belalcázar, uno de los conquistadores del Perú, quien ese mismo año partió de Quito, con rumbo norte.

Actividades y ejercicios

A. Preguntas sobre la lectura.

1. La línea de demarcación de Tordesillas resultó ser muy beneficiosa para Portugal. ¿Por qué?
2. ¿Por qué no aceptaron el plan de Colón los colonos de La Española?
3. ¿Qué era la encomienda?
4. ¿Por qué razón se empezaron a importar esclavos de Africa?
5. ¿Cuál fue la principal hazaña de Vasco Núñez de Balboa?
6. ¿Quién fue Marina? ¿Por qué fue ella importante para la expedición de Cortés?
7. ¿Por qué favoreció a Cortés la leyenda de Quetzalcóatl?
8. ¿Qué episodio de la conquista de México evoca el "árbol de la noche triste"?
9. ¿Qué consecuencias tuvo para la ciudad de Tenochtitlán el sitio de las fuerzas de Cortés?
10. ¿Qué contrastes había entre las personalidades de Cortés y de Pizarro?
11. ¿Qué hizo Atahualpa para comprar su libertad? ¿Tuvo éxito?
12. ¿Quiénes son los araucanos? ¿Qué características les distinguieron durante la conquista?
13. ¿Qué característica inusual tiene el punto de vista que adoptó Alonso de Ercilla en su gran poema épico *La araucana*?
14. ¿Por qué fueron importantes mitos como el de El Dorado en la conquista de América?
15. ¿Por qué no intentó España colonizar la mayor parte de los territorios de los actuales Estados Unidos?

B. Sinónimos. Relacione las siguientes palabras con sus sinónimos.

1. alimentación	a. narración
2. crónica	b. establecimiento
3. rehén	c. matar
4. penalidad	d. conseguir
5. fundar	e. cerco
6. lograr	f. tribunal
7. asentamiento	g. comida
8. ejecutar	h. disminuir
9. mermar	i. establecer
10. sitio	j. prisionero
11. audiencia	k. sufrimiento

C. Definiciones. Complete las siguientes definiciones con las palabras correspondientes.

alentar	ganancia	renacer
aplastar	hazaña	repartir
cacique	mantener	traidora
derrotada	población	seda

1. _____ Una acción que demanda mucho valor y coraje.
2. _____ Se dice de una persona que ha perdido una batalla.
3. _____ Beneficio que obtiene una persona de una empresa económica.
4. _____ Distribuir cosas o personas.
5. _____ Darle a una persona las cosas que necesita para vivir.
6. _____ Suprimir brutalmente una rebelión.
7. _____ Así llamamos al conjunto de personas que habitan en un lugar.
8. _____ Material costoso que se usa para hacer ropa.
9. _____ Así se le llama a un jefe indio en América.
10. _____ Se dice de una persona que no es fiel a su país o a su raza.

D. Palabras relacionadas. Modelo:

El hecho	La actividad	El individuo
la exploración	explorar	explorador

1. la conquista   _____   _____
2. el descubrimiento   _____   _____
3. la inmigración   _____   _____
4. la explotación   _____   _____
5. la navegación   _____   _____
6. el gobierno   _____   _____

E. Relaciones. Relacione los nombres de la primera columna con los nombres correspondientes de la segunda.

1. ___ Junípero Serra
2. ___ Nueva España
3. ___ Hernando de Soto
4. ___ Francisco de Orellana
5. ___ La Española
6. ___ Atahualpa
7. ___ Pedro de Valdivia

    a. la Florida
    b. Santo Domingo
    c. el Amazonas
    d. México
    e. el Mississippi
    f. Paraguay
    g. el Orinoco
    h. Perú
    i. California
    j. Chile

F. Opiniones e hipótesis

1. Compare el estilo de vida de los primeros peregrinos que vinieron a Norteamérica desde Inglaterra y el de la corte que estableció Diego Colón en La Española. ¿Qué opina de los contrastes entre uno y otro?
2. Algunos mexicanos de hoy piensan que Marina fue una traidora pues colaboró con los españoles; otros, en cambio, señalan que su vida fue difícil desde su niñez: el padre de Marina murió cuando ella era una niña y su madre volvió a casarse con otro hombre, del que tuvo un hijo; entonces dieron a Marina a unos indígenas para que el nuevo hijo fuera el heredero y la niña pasó así de princesa a esclava, hasta que los indígenas se la dieron a Cortés. En vista de ello, ¿debe criticarse que Marina se convirtiera al cristianismo y se pasara a la causa de los españoles? ¿Qué cree usted?
3. Usted es un cronista indígena que narra la conquista de México. ¿Qué descripción daría de Hernán Cortés?

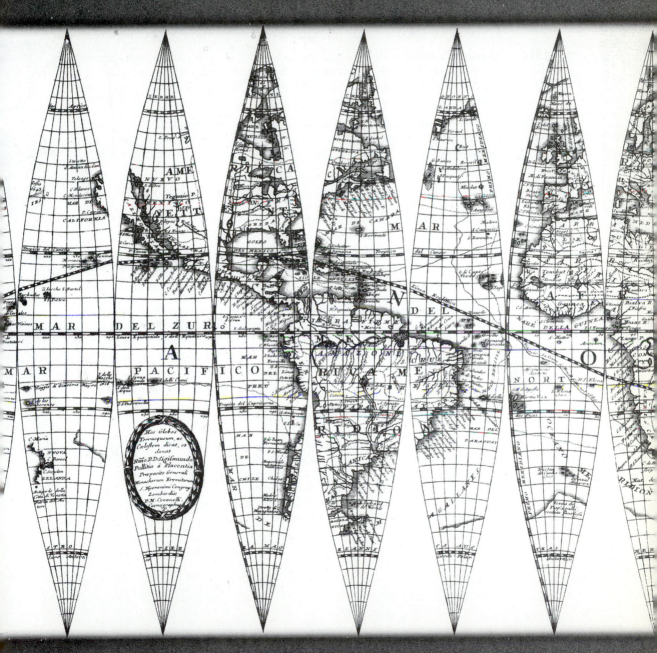

1511-12   Los frailes dominicos de la Española protestan contra el maltrato que reciben los indígenas. El padre Antonio de Montesinos pronuncia su famoso
sermón de protesta contra el sistema de la encomienda. Se promulgan las
Leyes de Burgos que regulan y tratan de hacer más humana la encomienda.

1514   El padre Bartolomé de las Casas inicia su labor de defensa de los indígenas;
su *Brevísima relación de la destrucción de las Indias* da origen a la "leyenda
negra", que presenta una imagen negativa de España y es usada por otros
países europeos como Inglaterra y Holanda, hostiles al poder español.

1518   Ante la dramática disminución de la población indígena, la Corona española comienza a conceder licencias ("asientos") para la importación de
esclavos de Africa. Más de 1,5 millones de ellos son transportados a la
América Española.

1503-1560   España establece su imperio colonial en América, presidido por el Real
Consejo de Indias, máxima autoridad administrativa y judicial, responsable sólo ante el rey. América es dividida en dos virreinatos: el virreinato de
la Nueva España, con capital en la ciudad de México, y el virreinato del
Perú, con capital en Lima.

Se descubren (1545-46) fabulosos depósitos de plata en México
(Zacatecas, Guanajuato) y sobre todo en Potosí, Perú (hoy Bolivia).

Se consolida el monopolio comercial que, desde Sevilla, controla todo el
tráfico de mercancías entre España y el Nuevo Mundo, supervisado por
dos organismos oficiales, la Casa de Contratación de Sevilla y el Consulado
de Sevilla; este último era un gremio *(guild)* de comerciantes sevillanos
autorizados con exclusividad para comerciar con América.

El tráfico se realiza en flotas *(fleets)* oficiales de barcos, que viajan entre
Sevilla y ciertos puertos del Nuevo Mundo (Veracruz, en México,
Cartagena, en la actual Colombia, y Portobelo, en Panamá).

1510-1580   Período de mayor actividad de las órdenes religiosas (dominicos, agusti-
nos, franciscanos) en su labor de adoctrinamiento y aculturación de la
población indígena. Lo mismo hacen los jesuitas a partir de 1570.
Influenciado por el padre Las Casas, Carlos V dicta las Leyes
Nuevas(1552) contra la encomienda, pero tiene que suspenderlas debido
a la fiera resistencia de los encomenderos.

Siglo XVII   Disminuye la importancia de la encomienda de indios y aparecen las grandes haciendas ganaderas y agrícolas. El clero regular (las órdenes religiosas) pierde poder ante el clero secular, la Iglesia representada por los curas de las parroquias *(parish priests)*, obispos, arzobispos, etc. La burocracia colonial se hace lenta e ineficiente.

Siglo XVIII   En España, fin de la dinastía de los Austria y comienzo de la de Borbón. Parcial liberalización del sistema colonial y del monopolio comercial; mayor eficiencia administrativa. Se crean dos nuevos virreinatos: el de Nueva Granada (1717/1739), formado por los territorios de los actuales Ecuador, Venezuela, Colombia y Panamá, y el del Río de la Plata (1777), integrado por las actuales repúblicas de Argentina, Uruguay, Paraguay y Bolivia.

Expulsión de los jesuitas decretada por Carlos III (1767).

spaña consiguió mantener su imperio colonial en América durante
más de trescientos años. El sistema que estableció para gobernar y
controlar las colonias tuvo que ser inventado sobre la marcha en
buena parte pues no existían precedentes exactamente aplicables a esa
nueva realidad que era América. La primera mitad del siglo XVI fue un período de experimentación institucional bastante dinámico. Luego, el sistema
se hizo más rígido y burocrático, y cayó en un estado de rutina autocompla-
ciente cercano a la parálisis. Durante el siglo XVII y parte del XVIII, el principal objetivo de la maquinaria imperial en las colonias parecía ser el per-
petuarse a sí misma, mientras España recibía cada vez menos beneficios de
overseas sus posesiones ultramarinas°. Por otra parte, el poder marítimo español
había entrado en decadencia después de la derrota de la "Armada
Invencible" en 1588[1]. Otros países europeos, como Inglaterra, Francia y
weakness Holanda, percibiendo la debilidad° del gigante hispano, comenzaron a establecer posesiones en Norteamérica, el Caribe y la costa este de Suramérica.
En el siglo XVIII, la casa real reinante en España, la de los Habsburgo, fue
reemplazada por la dinastía francesa de los Borbón, cuyo primer rey, Felipe
V, era nieto de Luis XIV, el "rey sol" de Francia. Los Borbones españoles
representaron el "despotismo ilustrado"[2] al estilo francés, lo que trajo una
mayor eficiencia al sistema colonial, especialmente bajo el reinado de Carlos
III (1759-88). Pero las reformas de los reyes Borbones no fueron suficientes
y llegaron demasiado tarde. En 1810, las colonias empezaron a rebelarse y
para 1825 España había perdido todo su imperio colonial en América, con
excepción de Cuba y Puerto Rico.

Las controversias en torno a la población indígena

Desde los primeros años de la colonización, la explotación que sufrían los
indios bajo el sistema de la encomienda provocó las protestas de los frailes
Dominicans dominicos° que habían llegado a la Española en 1510. Un domingo de
diciembre de 1511, uno de aquellos frailes, Antonio de Montesinos, predicó
un sermón que el historiador Lewis Hanke llamó "[the] first cry on behalf
of human liberty in the New World" (Struggle 17). Con palabras indignadas,
Montesinos le preguntó a su audiencia de colonos qué derecho tenían a
warned explotar a los indígenas de manera tan cruel y les advirtió° que estaban
sin cometiendo un pecado° mortal.

Entre el público que asistió al sermón de Montesinos se hallaba un joven
graduado de la Universidad de Salamanca que, como tantos otros colonos
de la Española, poseía una encomienda de indios. Tres años después, en un
momento de iluminación, aquel joven, Bartolomé de las Casas, para ese
entonces ordenado sacerdote, renunció a su encomienda y decidió dedicar
el resto de su vida a defender la causa de los indígenas. Pasaría a la historia

como el máximo defensor que tuvieron los indios del Nuevo Mundo. Los escritos° de Las Casas, especialmente su *Brevísima relación de la destrucción de las Indias*, presentaron una descarnada° y gráfica descripción de las crueldades que sufrían los indios a manos de los conquistadores y colonos. Las Casas se ganó la admiración de Carlos V y, en parte gracias a su influencia, el monarca español trató de poner fin al sistema de la encomienda en dos ocasiones (1526 y 1552), pero fracasó° en ambos casos. La autoridad imperial se estrelló° contra la muralla° de los intereses creados de los colonos, protegidos abierta o solapadamente° por los funcionarios° coloniales.

writings
harshly realistic

failed
crashed/wall
deceitfully/officials

Aparte de la práctica desaparición de los indígenas de las islas Antillas, se registraron espectaculares descensos de población en las otras áreas donde la conquista española tuvo su mayor impacto, como Perú y especialmente

Grabado de Théodore de Bry (siglo XVI). Conquistadores españoles torturando indígenas.

México, aunque en ambas áreas se produjo luego una recuperación gradual en el número de pobladores nativos que se hizo más notable en el siglo XVIII. Los profesores Borah y Cook han estimado que en 1519, a la llegada de Cortés, la población indígena del México central ascendía a unos 25 millones de personas y que, menos de un siglo después, había descendido a dos millones. Desastres demográficos de tal magnitud y el carácter violento que en general caracterizó a la conquista española originaron la llamada "leyenda negra", que inicialmente se basó en los escritos de denuncia del padre Las Casas[3]. Por supuesto, no es justo acusar a todo un país, en abstracto, de los excesos que cometió una pequeña parte de su población hace 500 años. Por otro lado, es difícil no identificarse con el sufrimiento causado por la debacle que produjo en las culturas indígenas la llegada de los europeos a América.

Las muertes indígenas producidas por las guerras de conquista fueron sólo una de las causas de la despoblación. A ella hay que añadir el efecto devastador que tuvieron sobre los indígenas varias enfermedades traídas por los españoles: epidemias de viruelas, sarampión y tifus°, por ejemplo, mataron a muchos de ellos. Otra causa de la despoblación habría que buscarla, como ha señalado George Kubler (Hanke, History 179-184) en las deplorables condiciones de trabajo asociadas con el sistema de la encomienda y su efecto tanto físico como psicológico. Los indígenas habían visto derrumbarse° sus estructuras políticas, sus líderes, sus dioses y, con ellos, el concepto ceremonial del trabajo que daba sentido a sus vidas diarias. No es de extrañar que muchos de ellos experimentaran° un intenso choque cultural y, a menudo, una falta de deseo de vivir. Los suicidios en masa, los abortos provocados, la abstinencia de las actividades sexuales, el alcoholismo, fueron ocurrencias comunes reportadas por los cronistas de la época y tuvieron sin duda un significativo impacto demográfico.

La maquinaria imperial

Para gobernar el Nuevo Mundo, España estableció una pirámide de poder cuya cúspide° estaba en la Península. El máximo organismo para los asuntos coloniales era el Real Consejo de Indias, compuesto por un grupo de altos funcionarios que aconsejaban al rey de España y actuaban en su nombre; su jurisdicción no tenía límites y siempre viajaban con el monarca para estar en constante contacto con él. En América misma se crearon dos grandes divisiones administrativas durante el siglo XVI, los virreinatos. En el norte, el virreinato de la Nueva España, con capital en la ciudad de México, comprendía todos los territorios situados al norte de Panamá, más las islas Filipinas. En el sur, el virreinato del Perú tuvo a Lima como capital e incluía a toda Suramérica, excepto el Brasil, las Guayanas y la costa de Venezuela; esta última se hallaba subordinada a la audiencia de Santo Domingo. Más tarde, en el siglo XVIII, los reyes Borbones trataron de conseguir mayor eficiencia administrativa y crearon dos nuevos virreinatos en Suramérica, el de Nueva Granada y el del Río de la Plata; el primero, con capital en Bogotá, incluía los territorios de las modernas repúblicas de Ecuador, Venezuela, Colombia y Panamá; el segundo, con sede° en Buenos Aires, comprendía las actuales naciones de Argentina, Uruguay, Paraguay y Bolivia.

Aun con esos cambios—cuatro virreinatos en vez de dos—esas unidades administrativas fueron demasiado grandes para ser gobernadas con eficiencia. Los máximos funcionarios coloniales eran los virreyes pero, aunque disfrutaban de considerable poder, su autoridad no era absoluta; otros funcionarios y organismos administrativos, subordinados a ellos en teoría, actuaban en la práctica con cierta independencia. Tal era el caso de las capitanías

small-pox, measles, typhus

crumble

experienced

top

headquarters

generales que se crearon en Chile, Venezuela, Guatemala y Cuba: los capitanes generales que las gobernaban eran en realidad pequeños virreyes que operaban de manera prácticamente autónoma debido a las grandes distancias que los separaban de las capitales virreinales. Y algo similar sucedía con las 14 audiencias que se crearon durante el período colonial: las funciones de estos tribunales fueron expandidas por la Corona hasta convertirlos en importantes fuentes de autoridad que limitaban el poder de los virreyes y capitanes generales. Hoy se cree que esa complicada estructura de conflictivas jurisdicciones no fue producto de la incompetencia de la Corona, sino más bien del deseo de España de no concentrar demasiada autoridad en ningún funcionario colonial. Los jueces° de las audiencias, por ejemplo, *judges* eran nombrados directamente por el Consejo de Indias y, siendo plebeyos, se lo debían todo a la generosidad de la Corona; su lealtad al rey servía para contrapesar° la autoridad de los virreyes, que eran casi siempre miembros de *to counterbalance* la nobleza o del alto clero°. Este laberinto burocrático se complicó todavía *clergy* más en el siglo XVIII, cuando los Borbones crearon un nuevo sistema de subdivisiones, las intendencias, designadas sobre todo para combatir la corrupción y hacer más eficiente la recaudación de impuestos°; los funcio- *tax collection* narios a cargo de estas subdivisiones, los intendentes, aunque subordinados a los virreyes y a las audiencias, podían comunicarse directamente con el gobierno de Madrid.

  Uno de los aspectos más negativos del sistema colonial español fue la poca importancia que tuvieron en él los gobiernos locales, los cabildos; éstos habían tenido un papel crucial durante la conquista, cuando la América Española era realmente una serie de pueblos que en lo esencial se gobernaban a sí mismos. Pero este germen° de espíritu democrático pronto se per- *trace* dió: desde el siglo XVI la Corona empezó a nombrar directamente a los funcionarios de los gobiernos municipales e incluso a venderles esos puestos a españoles que emigraban al Nuevo Mundo. Esto contrasta con lo que ocurrió en las colonias norteamericanas, donde sí se desarrolló una tradición democrática local.

El monopolio comercial

Desde el punto de vista económico, España miró a sus colonias, sobre todo, como fuentes productoras de metales preciosos y materias primas°. Por eso, *raw materials* como parte de la maquinaria imperial, estableció un sistema monopolista que intentó controlar todo el tráfico de productos y mercancías entre España y América, asegurando que el oro y la plata de las Indias llegasen sin tropiezos° *without difficulties* a la Península. La Casa de Contratación, radicada° en Sevilla, fue el organis- *located* mo encargado de supervisar el monopolio y funcionaba en coordinación con el Consulado de Sevilla, un gremio de comerciantes° sevillanos que eran *merchants' guild* los únicos autorizados para comerciar con el Nuevo Mundo. El transporte de *merchandise* mercancías° se realizaba *fleets* mediante flotas° formadas *merchant ships* por barcos mercantes° escol*escorted by war ships* tados por buques de guerra°. Desde mediados del siglo XVI salían normalmente dos flotas anuales desde Sevilla, el único puerto autorizado para comerciar con América, con destino a los puertos americanos que eran parte de la ruta

Reales Alcázares, Sevilla. Oficinas ocupadas en el siglo XVI por la Casa de Contratación.

they supplied del monopolio: Veracruz, en México, desde donde se abastecía° al virreinato de la Nueva España, y Cartagena y Portobelo, que suplían de mercancías a toda Suramérica. A su regreso, los barcos se reunían en el puerto de La Habana y emprendían juntos el retorno a España. Este sistema de flotas, establecido originalmente para proteger al monopolio de los ataques de corsarios y piratas, sobrevivió hasta el siglo XVIII y fue muy seguro (sólo en 1628 el almirante holandés Piet Hein consiguió apresar una flota y su tesoro), *suffered from* pero adoleció de° considerables defectos. Las flotas no eran capaces de proveer suficientes cantidades de mercancías para abastecer adecuadamente a las colonias y las restrictivas rutas del monopolio hacían el tráfico imposiblemente lento y costoso. Para llegar a la actual Argentina, por ejemplo, las mercancías tenían que viajar por mar y tierra desde Panamá. Una pareja con *trousseau* planes de matrimonio en la región del Plata hacía bien en encargar su ajuar° *in advance* a España con dos o tres años de anticipación°. Uno de los resultados de esa ineficiencia fue la proliferación del contrabando. La pareja de Buenos Aires que pensaba casarse no tenía necesariamente que esperar dos años para adquirir su ajuar pues en las costas del Plata abundaban los barcos ingleses *(ship) holds/linen and laces* o franceses con las bodegas° llenas de linos y encajes° del norte de Europa, ansiosos por hacer negocio a precios muy competitivos.

El oro y la plata de las Indias

Las promesas de América como gran productora de metales preciosos finalmente se cumplieron. A partir de 1545 la plata fue el metal que proveyó los *revenues* mayores ingresos°, con el descubrimiento de importantes depósitos en México (Guanajuato, Zacatecas), y sobre todo en el Perú, donde la mina de Potosí, situada en territorio de la actual Bolivia, pronto se convirtió en la posesión más valiosa de la corona española. Pocos años después, el descubrimiento en Huancavelica, Perú, de una rica mina de mercurio, metal utilizado en el procesamiento de la plata, incrementó substancialmente la productividad de Potosí. La frase que se acuñó entonces, "vale un Potosí", ha sobrevivido hasta el presente en la lengua española. Alrededor de la mina, situada a 16.000 pies de altura en una región inhóspita de los Andes, se formó en pocos años una ciudad que llegó a tener 160.000 habitantes. Lewis Hanke ha hecho una interesante descripción de la turbulenta y licenciosa vida de la ciudad de Potosí, con sus cientos de jugadores° profesionales, casas de prostitución lujosamente decoradas con objetos de Europa y el Oriente y fiestas públicas en las que la bebida era provista por fuentes instaladas en las calles que echaban agua, vino y chicha, la bebida nativa hecha de maíz (Hanke, History 297-304). Este *boom* minero tuvo, por otra parte, un aspecto mucho menos frívolo. Quienes extraían el metal eran los indígenas, algunos trabajando como obreros libres por muy bajos salarios, otros forzados a hacerlo bajo el sistema de cuotas conocido como mita en el Perú y repartimiento en México. En el Perú, donde más se utilizó este método, las comunidades indígenas estaban obligadas a enviar periódicamente a grupos de sus miembros a las minas para que trabajaran por un jornal° mínimo, parte del cual se aplicaba al pago de los tributos que las comunidades indígenas debían a la Corona. Los indios trabajaban en los estrechos túneles desde la salida hasta la puesta del sol, con una hora de descanso al mediodía; los maltratos físicos, que incluían el uso del látigo°, eran frecuentes y en el clima inhóspito del altiplano andino, muchos trabajadores enfermaban y morían. En el invierno, por ejemplo, salían de los túneles al exterior cubiertos de sudor° que a veces se les congelaba° en el cuerpo y les causaba enfriamientos a menudo mortales. P. Chaunu ha estimado que en el período 1503-1660 se exportaron de América a España unas 300 toneladas de oro y 25.000 de plata (Bennassar 133-134).

España, sin embargo, no se benefició a la larga de las riquezas que le llegaron desde América. Buena parte de los metales preciosos que llegaban a la Península iban a parar a las arcas° de los banqueros del norte de Europa. Parte de la plata de México y de Potosí sirvió para financiar las guerras europeas emprendidas por Carlos V y por su hijo Felipe II, a menudo en nombre de la causa católica. Otra parte substancial se iba de España para pagarles a los países europeos los productos manufacturados que la Corona necesitaba para enviar a las Indias. Una empresa colonial, en efecto, sólo puede funcionar adecuadamente cuando la metrópoli produce las mercancías que luego envía a sus colonias. Pero España no era un país industrializado y acabó por caer en un círculo vicioso: con el oro y la plata de América compraba los productos manufacturados que necesitaba mandar a América para recibir nuevos envíos de oro y de plata. Como ha observado C. H. Haring, los comerciantes del Consulado de Sevilla acabaron por convertirse, hasta

gamblers

daily wage

whip

sweat/froze

vaults

cierto punto, en intermediarios de las grandes casas comerciales de Flandes°, Francia, Alemania y otros países europeos: "In 1608 the Council of the Indies informed the [Spanish] king that foreign interests in the fleets sent to the Indies amounted to two-thirds of the gold and silver which the royal armadas brought back to Spain" (294-95).

Los reyes Borbones del siglo XVIII relajaron bastante la rigidez del monopolio. El puerto de Cádiz, más conveniente que el de Sevilla, se hizo el principal centro de la navegación trasatlántica y se permitió que otros puertos españoles comerciaran con las colonias; incluso se autorizó a que éstas comerciaran entre sí. El ineficiente sistema de flotas fue abolido en 1789 y la ya obsoleta Casa de Contratación cerró sus puertas al año siguiente. Estos cambios produjeron un

Vista de Sevilla desde los Reales Alcázares.

dramático aumento en el volumen del comercio entre España y el Nuevo Mundo. Por otra parte, el pragmatismo y la aproximación racional que hicieron posibles esas reformas eran parte de una nueva mentalidad racionalista, la del Iluminismo°, el mismo Iluminismo que ya en esta época, a finales del siglo XVIII, inspiraba a las élites intelectuales de las colonias a buscar su liberación del dominio español.

De la encomienda a la hacienda

Durante el siglo XVI, el grueso de la población indígena trabajó bajo el sistema de la encomienda. En el siglo siguiente, sin embargo, esta institución perdió su importancia. Muchas encomiendas se extinguieron al morir sus dueños o fueron sometidas al fin por la Corona a serias restricciones que disminuyeron su utilidad para los colonos. Al cabo, la posesión de tierras, más bien que de indios, adquirió mayor importancia y prestigio. El resultado fue la formación de las haciendas, esas grandes fincas° que se extendieron por todos los territorios de las colonias, no siempre adquiridas por medios legales. El trabajo agrícola era realizado ahora, bien por trabajadores libres, normalmente indígenas, que vivían cerca de las haciendas, o por trabajadores que venían a vivir dentro de las haciendas con sus familias y establecían una relación permanente con el hacendado. Se creó así en muchos casos una relación especial, tanto económica como emocional, entre el hacendado y los peones que laboraban en su hacienda y a los que se permitía con frecuencia cultivar pequeños lotes de terreno para beneficio de sus familias. Fue básicamente una relación de dependencia en que el patrón (el hacendado) le resolvía los problemas a sus trabajadores, con frecuencia bautizaba° a sus hijos, y esperaba, a cambio, recibir de ellos respeto y lealtad°. Con el tiempo, los hacendados se convirtieron en poderosos caciques[4] locales, pues controlaban la vida política y económica de la población que vivía en sus territorios.

baptized
loyalty

La esclavitud

Como hemos visto, la necesidad de mano de obra para la industria del azúcar en la Española ocasionó la importación de los primeros esclavos al Nuevo Mundo desde principios del siglo XVI, y la demanda de esa mercancía humana aumentó considerablemente en los años siguientes. Durante la mayor parte del período colonial, los reyes de España controlaron el tráfico de esclavos en sus posesiones mediante el sistema del asiento; éste era una licencia o permiso que concedía la Corona para importar de Africa a un cierto número de esclavos. A través de los años compitieron por el asiento holandeses, franceses e ingleses a través de compañías de comerciantes respaldadas° por sus respectivos gobiernos. En total, más de un millón y medio de esclavos llegaron a la América Española, lo que representa una fracción del estimado total para el Nuevo Mundo. Pues el tráfico pronto se extendió al resto del continente, especialmente al Brasil, con el florecimiento de su industria azucarera. En el siglo XVII, Holanda, Francia e Inglaterra establecieron también grandes plantaciones azucareras en las islas del Caribe, lo cual creó un nuevo y considerable mercado para la trata°. El mayor experto en este tema, Philip Curtin, ha calculado que, en total, unos 9,5 millones de esclavos fueron traídos a América. La trata ayudó a hacer posible la revolución industrial del siglo XVIII en Europa. Inglaterra, por ejemplo, exportaba unas 23.000 libras esterlinas de productos de algodón hacia el año 1700, antes de obtener el asiento; para el año 1800, sus exportaciones de productos textiles habían aumentado a 5.500.000 libras (Davidson 63-64).

backed

slave trade

La mayoría de los futuros esclavos eran apresados en Africa por reyezuelos° locales que los vendían a los traficantes europeos. Luego los montaban en barcos especialmente construidos para transportar esclavos. La travesía° del Atlántico podía durar hasta tres meses y en ella moría, como promedio, un 13% de los esclavos. Muchos capitanes tenían diagramas que mostraban la mejor manera de acomodar el cargamento humano de manera que cupiera el mayor número posible de cuerpos[5]. No es de extrañar que, una vez en América, muchos tratasen de escapar. Los colonos de la Española pronto tuvieron que entrenar perros especializados en perseguirlos. Algunos, sin

petty kings

sea crossing

embargo, conseguían escapar y en los bosques fundaban comunidades de negros libres, conocidas como palenques en Hispanoamérica y quilombos en el Brasil.

Entrada a la antigua ciudad de Cartagena, Colombia.

La Iglesia en América

Desde el principio de la colonización existió una intensa rivalidad entre el clero regular, es decir, las órdenes religiosas como las de los franciscanos, dominicos, jesuitas, etc., y el clero secular, integrado por la jerarquía eclesiástica° *church hierarchy* (sacerdotes, obispos, arzobispos). Fue el clero regular el que más se distinguió durante la conquista en el esfuerzo de convertir a los indígenas al cristianismo, educarlos y protegerlos de los abusos que se cometían contra ellos. Según uno de los frailes más distinguidos, Fray Toribio de Benavente, solamente en México los miembros de las órdenes religiosas bautizaron a más de cuatro millones de nativos en los primeros quince años que siguieron a la conquista (Haring 173). En sus esfuerzos por educar a los indios, los frailes aprendieron las lenguas nativas, escribían libros de catecismo bilingües, empleaban diagramas y dibujos (verdaderos *visual aids*) representando las ideas cristianas a través de la escritura pictográfica de las culturas nativas. A veces, nos cuenta el historiador Robert Ricard, echaban perros y gatos en un *oven* horno° para mostrar los sufrimientos del infierno.

Uno de los ensayos más exitosos fue el de las reducciones, establecidas sobre todo por los padres jesuitas. Estas eran comunidades indígenas creadas por los padres en las que los nativos recibían instrucción religiosa y *arts and crafts* aprendían artes y oficios° sujetos a una estricta disciplina. Las reducciones más exitosas florecieron en el área del actual Paraguay durante los siglos XVII y XVIII, con una población indígena que llegó a sobrepasar las 100.000 personas. Entre 1759 y 1767, sin embargo, los jesuitas fueron expulsados del Brasil y de las colonias españolas, pues tanto la corona portuguesa como la *suspicions* española sintieron recelos° del considerable poder e influencia que había alcanzado la Compañía de Jesús en el Nuevo Mundo. Esta fue la sentencia de muerte de las reducciones; al cabo de unos años, éstas fueron sólo un recuerdo: aislados grupos de edificios en ruinas invadidos por la vegetación. Hollywood ha contado una historia de estas comunidades indígenas en la película "The Mission", protagonizada por Robert de Niro.

A la larga, el clero secular acabó por imponerse, pues la jerarquía eclesiástica era, después de todo, una rama° del poder imperial de la Corona y poseía el mayor poder económico ya que estaba a cargo de la recaudacíon de diezmos°. Por otra parte, sólo los sacerdotes, y no los frailes de las órdenes religiosas, quedaron autorizados para administrar los sacramentos y conceder la absolución. El poder económico de la iglesia secular no hizo más que aumentar con los años: se convirtió en el mayor hacendado de las colonias y era casi la única institución colonial con suficiente dinero para prestar°, por lo que se hizo un importante banquero. Parte de esos cuantiosos ingresos se usaba para financiar el alto nivel de vida de los funcionarios eclesiásticos importantes, pero una porción substancial se destinaba a fines más encomiables°. La Iglesia fue, por ejemplo, la gran agencia de servicio social durante el período colonial, manteniendo todo tipo de establecimientos benéficos, desde hospitales y sanatorios hasta asilos de ancianos°. También estaba a cargo de las escuelas parroquiales, que era prácticamente el único sistema de educación primaria, y tenía un papel de primera importancia en el funcionamiento de las universidades. Era, además, el principal patrocinador de las artes coloniales, que tuvieron así un carácter predominantemente religioso.

branch

tithes

to lend

more worthy ends

old people's homes

Notas

[1]La "Armada invencible", compuesta de 137 barcos y 29.000 marineros y soldados españoles, fue enviada por Felipe II contra Inglaterra como culminación de su rivalidad con la reina Isabel I. Fue decisivamente derrotada debido a la superior pericia *(skill)* de los capitanes ingleses y a una tormenta que sorprendió a los españoles en el Canal de la Mancha *(English Channel)*. Menos de la mitad de los barcos españoles pudieron regresar a Lisboa, su punto de partida.

[2]El despotismo ilustrado afirmaba, en la tradición de Luis XIV, los derechos divinos del monarca a ostentar el poder de manera absoluta; al mismo tiempo promovía la adopción de reformas económicas y administrativas progresistas que contribuyeran al bienestar del pueblo.

[3]Los escritos de Las Casas, en particular la *Brevísima relación…*, fueron usados por los adversarios europeos de España, como Inglaterra y los seguidores de William of Orange en los Países Bajos, para presentar una imagen extremadamente negativa de la conquista española. El término fue acuñado por un autor español, Julián Juderías, en su libro *La leyenda negra* (1914). Varios de los más prominentes

hispanistas norteamericanos han estudiado a fondo la cuestión. Algunos de ellos, como Lewis Hanke, han destacado los esfuerzos que hicieron la corona española y las órdenes religiosas por proteger y favorecer a los indígenas; otros, en cambio, como Charles Gibson y Benjamin Keen, han mostrado una actitud más crítica. Para un detallado análisis del tema, véase el artículo de Benjamin Keen "The Black Legend Revisited: Assumptions and Realities", Hispanic American Historical Review, vol. 49, 1969, 703-719.

[4]"Cacique" es una palabra caribe que se generalizó para designar a cualquier jefe indígena; modernamente se la usa para designar, como dice el diccionario de la Academia, a una "persona que en un pueblo o comarca ejerce excesiva influencia en asuntos políticos o administrativos".

[5]Mannix y Cowley han descrito en detalle las condiciones en que los esclavos cruzaban el Atlántico: en un barco típico "cada hombre disponía de un espacio de seis pies de largo por dieciséis pulgadas de ancho (y frecuentemente unos dos pies y siete pulgadas de altura)" (110).

 Actividades y ejercicios

A. Preguntas sobre la lectura.

1. ¿Quién fue Antonio de Montesinos? ¿Qué hizo?
2. ¿A qué causa dedicó su vida Bartolomé de las Casas?
3. ¿Fue Carlos V un entusiasta del sistema de la encomienda? ¿Por qué podemos decir eso?
4. Mencione algunas de las causas que produjeron el gran descenso de la población indígena en el siglo XVI.
5. ¿Cuál era el organismo más poderoso del sistema colonial? ¿Dónde residía?
6. ¿Cree que fue una buena idea dividir a todo el Nuevo Mundo en dos virreinatos? ¿Por qué?
7. ¿Qué eran los cabildos? ¿Eran elegidos democráticamente sus miembros?
8. Mencione dos defectos que tenía el monopolio comercial que estableció España en América.
9. ¿Por qué se hizo famoso Potosí?
10. ¿Se benefició mucho España del oro y de la plata que le llegaron de las Indias? ¿Por qué?
11. ¿Qué eran las haciendas?
12. ¿Qué papel tuvo la corona española en el tráfico de esclavos?
13. ¿A qué tipo de clero, el regular o el secular, pertenece el sacerdote de una parroquia? ¿Y el fraile de una orden religiosa?

B. Relaciones. Relacione las palabras de estas dos columnas.

1. ingresos		a. enfermedades	
2. Habsburgos		b. población	
3. asilos		c. jesuitas	
4. Montesinos		d. dinero	
5. demográfico		e. jueces	
6. reducciones		f. barcos	
7. viruelas		g. sermón	
8. tribunales		h. ancianos	
9. flotas		i. trabajo	
10. obreros		j. dinastía	

C. Definiciones. Indique qué palabras corresponden a las siguientes definiciones.

ajuar	reino
jornal	jornada
sudor	reinado
encaje	peón
lino	sede

1. _____ Período durante el cual gobierna un monarca.
2. _____ Oficina principal de una organización.
3. _____ Ropa que compra la novia cuando va a casarse.
4. _____ Tela cuya confección requiere mucho trabajo manual experto.
5. _____ Cantidad de dinero que gana una persona en un día.
6. _____ Transpiración de la piel a causa del calor.

Ahora dé usted sus propias definiciones de estos términos.

cabildos	colonia	palenque	peón

E. ¿Cierto o falso? Si es falso, indique por qué.

1. Fray Antonio de Montesinos protestó contra el sistema de la encomienda.
2. Los reyes Borbones hicieron efectivas reformas en el sistema colonial.
3. El padre Las Casas fue inicialmente un encomendero.
4. La leyenda negra se refiere a los malos tratos que recibían los esclavos africanos en la América Española.

5. *La Brevísima relación* fue un importante libro escrito por el misionero Fray Toribio de Benavente.
6. La mayoría de los esclavos eran capturados por los traficantes europeos en las costas de Africa.
7. Los barcos construidos para transportar esclavos eran relativamente cómodos.

F. Opiniones e hipótesis.

1. Suponga usted que los conquistadores y colonizadores de las Antillas, México y Perú hubieran sido ingleses en vez de españoles. ¿Cree que el proceso hubiera sido diferente? ¿En qué aspectos?
2. ¿Cree usted que lo que ocurrió en Hispanoamérica con los indígenas prueba que España es un país particularmente cruel? ¿Por qué?
3. Si usted hubiera sido un consejero económico de los reyes de España en el siglo XVI, ¿qué tipo de sistema comercial les habría recomendado implantar en el Nuevo Mundo?
4. Póngase en el lugar de un esclavo que se halla en un barco destinado a América. Exprese algunos de los pensamientos que pasan por su mente.
5. Usted es un indio guaraní que habita en una de las reducciones jesuitas del Paraguay. Uno de los padres le ha dicho que él y los demás padres tienen que marcharse debido a una orden del rey de España. ¿Qué argumentos usaría para tratar de que el rey rescindiera la orden de expulsión de la Compañía de Jesús?

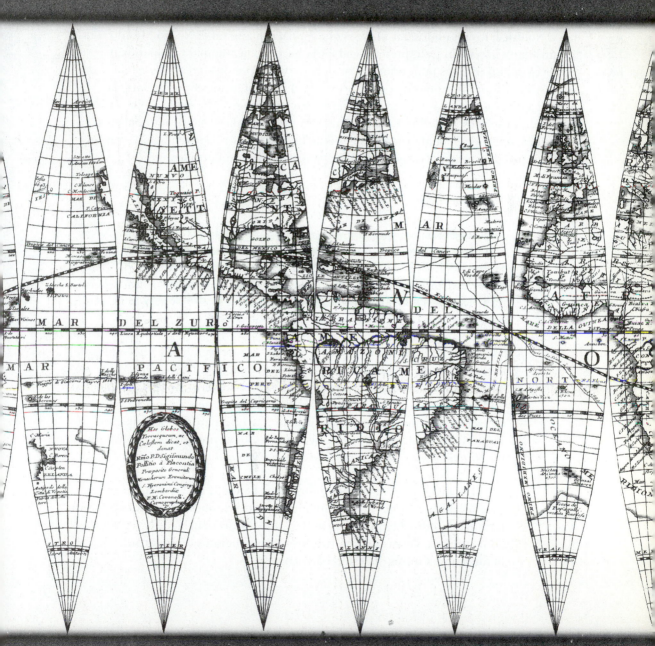

España, sociedad clasista, estableció en las colonias un sistema de castas *(castes)* basado en el lugar de nacimiento y en la raza del individuo. En el escalón *(echelon)* más alto estaban los "peninsulares" y los "criollos"; los primeros eran los españoles que emigraban a América; los segundos, los blancos que habían nacido en el Nuevo Mundo. Los "peninsulares" recibían trato preferencial en la burocracia colonial y acaparaban *(monopolized)* los puestos importantes. Por debajo de los peninsulares y los criollos estaban las "castas", las personas que eran producto de los diferentes tipos de mezcla racial, y en el escalón más bajo se hallaban los esclavos negros, los negros libres y los indios. Peninsulares y criollos monopolizaban la intensa vida social de las ciudades coloniales, una vida llena de ritos sociales e inclinada al lujo y la ostentación, con los ojos siempre puestos en las modas *(fashions)* y costumbres de Europa.

Siglo XVI Clima intelectual

Se fundan las dos primeras universidades coloniales, la de México y la de San Marcos de Lima (1551), siguiendo el modelo medieval de la Universidad de Salamanca. La doctrina oficial en las aulas universitarias era el escolasticismo, que consideraba los textos canónicos *(canonical texts)* de la Iglesia Católica como principal fuente de conocimiento. Ni las mujeres ni las castas tenían acceso a la educación superior.

Los primeros edificios importantes que se construyen en el Nuevo Mundo, como la Catedral de Santo Domingo, muestran la influencia del Renacimiento europeo. Y es también renacentista la curiosidad intelectual que muestran muchos de los frailes *(friars)* que vienen a América para convertir a los indígenas al cristianismo. Fray Bernardino de Sahagún (1500-1590), por ejemplo, escribe, en español y en nahuatl, su monumental *Historia general de las cosas de la Nueva España.*

Durante la segunda mitad del siglo, el rey Felipe II de España, temeroso *(fearful)* de la reforma protestante, impone un catolicismo ortodoxo e intolerante en todo el imperio español. Como consecuencia, tanto en España como en las colonias de América los temas religiosos dominaron el arte y la literatura a través del estilo barroco.

Siglo XVII Predominan las ideas y el arte del barroco europeo: la belleza física, los placeres del mundo son vistos como algo engañoso *(deceitful)* e ilusorio, y se exaltan los valores religiosos. La tensión entre lo mundano y lo religioso crea un arte complicado e inquieto, de oposiciones y contrastes, excesivo en la ornamentación. La arquitectura se expresa sobre todo en la construcción de iglesias y conventos; la escultura, mayormente religiosa, muestra con descarnado realismo el sufrimiento de santos y mártires de la Iglesia. El barroco hispanoamericano, sin embargo, muestra a menudo la influencia de las culturas indígenas.

En literatura, el barroco se expresa sobre todo en la poesía, escrita por criollos; una poesía de excesiva decoración verbal, ingeniosos *(clever)* juegos de palabras y poca substancia. El gran poeta barroco español Luis de Góngora (1561-1627) era el principal modelo a imitar. Pero las imitaciones eran casi siempre pobres. La mayor excepción fue la de Sor Juana Inés de la Cruz (1651-1695), la monja *(nun)* mexicana que fue la más importante figura literaria que dio el período colonial.

Siglo XVIII Declinación del escolasticismo y del barroco. Durante el último tercio del siglo, las ideas racionalistas del Iluminismo francés penetran en Hispanoamérica.

*D*esde el principio, como hemos visto, los habitantes de la América Hispana trataron de emular el modo de vida europeo y los modelos culturales del Viejo Mundo. Al mismo tiempo, sin embargo, el escenario físico y humano de América, tan diferente al de Europa, hizo inevitable que ese trasplante cultural resultara a menudo imperfecto o adquiriese peculiaridades propias. En particular, la intervención de dos elementos étnicos no existentes en Europa, el indígena y el africano, tuvo un impacto muy significativo en el perfil° de la sociedad que se creó en las colonias.

profile

Unos hispanoamericanos eran más iguales que otros

La sociedad colonial trató de reproducir en el Nuevo Mundo las marcadas distinciones de clase que existían en la España del siglo XVI pero tuvo que adaptarlas a circunstancias bastante diferentes. En primer lugar, se creó la distinción entre los blancos nacidos en España, los peninsulares, y los nacidos en América, los criollos. Esta diferenciación no existía en la ley escrita (legalmente, todos eran "españoles") pero sí, definitivamente, en la práctica. Casi invariablemente, los peninsulares eran nombrados para los puestos importantes de la burocracia colonial y del alto clero. Los criollos, en cambio, normalmente sólo tenían acceso a puestos menores, como el de regidor en los cabildos. Según el historiador Lucas Alamán, en todo el período colonial sólo hubo cuatro virreyes nacidos en América, y de 602 capitanes generales, gobernadores y presidentes de audiencias, solamente 14 fueron criollos (Haring 194). Esta discriminación tenía varias causas: se decía, por ejemplo, que las personas nacidas en América eran físicamente inferiores a las de Europa. Pero para la Corona el principal temor era que los criollos llegasen a formar una élite demasiado poderosa que a la larga quisiese independizarse de España. A veces, cuando la esposa de un virrey quedaba embarazada°, se iba a España a tener el hijo, ya que si el niño nacía en las colonias, se convertía automáticamente en un criollo, aunque fuese hijo de virrey.

pregnant

Esas diferencias entre criollos y peninsulares no eran obvias, sin embargo, en la vida cotidiana° de las colonias. Los dos grupos formaban, juntos, el más alto escalón° de la sociedad colonial, asistían a los mismos actos sociales y a menudo se casaban entre sí. Económicamente, el criollo tuvo con frecuencia una situación más próspera que la del peninsular, pues éste era muchas veces un mero burócrata a sueldo o un español humilde que llegaba a las colonias sin ningún dinero, mientras que las familias criollas descendientes de los conquistadores podían tener considerables fortunas. Existía, sin embargo, un profundo resentimiento entre los dos grupos, expresado en los nombres despectivos° que usaban los criollos para referirse a los peninsulares: "chapetones", en el Perú, "gachupines", en México. Dos visitantes de las colonias en el siglo XVIII, Jorge Juan y Antonio de Ulloa, escribieron al respecto:

daily life
echelon

derogatory

"en el Perú…las ciudades y poblaciones° grandes son un teatro de discordias y *towns*
de continua oposición entre españoles y criollos… Basta ser europeo o "cha-
petón", como le llaman en el Perú, para declararse inmediatamente contrario
a los criollos; y es suficiente el haber nacido en las Indias para aborrecer° a los *to detest*
europeos"(415)[1].

Por debajo de peninsulares y criollos se hallaba la gran masa de individuos menos privilegiados que eran producto de los diferentes tipos de mezcla racial. Quizás el rasgo más distintivo de la colonización hispana fue la
gran frecuencia con que los conquistadores y colonos españoles tuvieron
contacto sexual con las mujeres indígenas y tuvieron hijos con ellas. Muchos
testimonios de la época dan fe de la atracción que sintieron los españoles
hacia aquellas mujeres de tipo exótico y cuyos hábitos higiénicos—el bañar-
se frecuentemente, por ejemplo—constrastaban con los de las mujeres europeas. Durante los primeros años, además, muy pocas mujeres emigraron al
Nuevo Mundo: al parecer, las primeras 30 mujeres blancas no llegaron a la
Española hasta 1497 (Piossek 1). De esa fusión racial salió un nuevo tipo
humano, el mestizo, que casi inmediatamente vino a ocupar un escalón inferior al de la población blanca de las colonias. Pues si la distinción entre criollos y peninsulares estaba basada sólo en el lugar de nacimiento, las demás
categorías dependían de criterios estrictamente raciales. "Castas" era el calificativo general que se usaba para designar a las personas de color pero cada
tipo y grado de mezcla racial tenía un nombre asignado: "mulato" aludía a
la mezcla de blanco y de negro; "zambo", a la de indio y negro; al parecer llegaron a existir hasta 16 categorías de diferentes tipos de mezcla racial, algunas
con nombres ofensivos, como "lobo", "coyote" o "no te entiendo". En general,
cualquier tipo de mezcla racial conllevaba una posición de inferioridad en la
escala social. Los mestizos no tenían acceso, por ejemplo, a las universidades ni
a casi ningún puesto menor de la Iglesia o de la burocracia colonial; tampoco
podían ser oficiales del ejército y si trabajaban en los talleres de artesanos° se *artisan workshops*
les permitía ser aprendices° pero no maestros. Las restricciones eran todavía *apprentices*
más severas para los mulatos, zambos y negros libres, a quienes se les prohibía,
entre otras cosas, portar armas°. *to carry weapons*

Por debajo de las castas se hallaban los negros esclavos. En cuanto a los
indios, su posición en la escala social era ambigua. Había pocas restricciones
legales contra ellos; al contrario, la Corona dictó un gran número de leyes
para protegerlos, sobre todo del contacto del hombre blanco; en el proceso, sin embargo, los convirtió en seres condenados a ser siempre menores de
edad, confinados con frecuencia a sus comunidades. En la práctica, los indígenas miraban a las castas como personas superiores a ellos, pues los aso-
ciaban con el modo de vida del hombre blanco. En general, la minoría blanca trató, en lo posible, de distanciarse de esos grupos étnicos, en parte debido a un problema de inseguridad racial. Precisamente porque la mezcla

racial fue tan frecuente en las colonias, era importante, sobre todo para los criollos, establecer su "limpieza de sangre", el hecho de que su procedencia española no había sido "contaminada". Jorge Juan y Antonio de Ulloa anotaron la obsesiva pasión con que los criollos del Perú discutían su árbol genealógico, aunque, si se investigaba la cuestión, resultaba que era "rara la familia donde falta mezcla de sangre y otros obstáculos de no menor importancia" (417-18)). Aun en el siglo XX, es común oír a los hispanoamericanos mencionar exactamente, con orgullo, el pueblo de España de donde vinieron sus antepasados a América.

La vida en las ciudades coloniales

Los pueblos y las ciudades fueron el principal escenario de la vida social de las colonias ya que desde sus inicios se trató de una sociedad orientada hacia lo urbano. Cuando los conquistadores llegaban a un nuevo territorio lo primero que hacían era fundar una villa y constituir un gobierno municipal. Es sorprendente comprobar que casi todas las ciudades importantes de Hispanoamérica, desde San Juan, Puerto Rico (1508), hasta La Paz (1549), fueron fundadas durante la primera mitad del siglo XVI. La vida social de la ciudad colonial estaba dominada, por supuesto, por criollos y peninsulares; una vida de ritmo lento, abundante en ritos sociales y orientada hacia el exhibicionismo. Los europeos que visitaban las colonias expresaron a menudo su asombro ante el inesperado espectáculo de ostentación que ofrecían las ciudades indianas° como beneficiarias del trabajo indígena y de la circulación de metales preciosos. En 1625, el fraile inglés Thomas Gage se maravilló del aspecto monumental de la ciudad de México, por cuyas calles circulaban 15.000 coches de caballos: "Both men and women are excessive in their apparel, using more silks than stuffs and cloth. Precious stones and pearls further much this their ostentation" (85). Este exagerado énfasis en los signos exteriores de su status social fue especialmente común entre los criollos, quizás como síntoma de su inseguridad social y racial; al mismo tiempo, heredaron el tradicional desprecio hispano hacia el trabajo manual. Más de cien años después de la visita de Thomas Gage, Jorge Juan y Antonio de Ulloa le informaban al rey de España sobre los criollos del Perú: "Esta… vanidad de los criollos… los aparta del trabajo y de ocuparse en el comercio… y los introduce en los vicios que son connaturales a una vida licenciosa y de inacción" (418). En general, el severo espíritu de Felipe II y de Castilla tuvo que suavizarse considerablemente al cruzar el Atlántico. El tradicional código sexual hispano fue mantenido dentro de las clases criolla y peninsular, sobre todo para la mujer, pero los varones° de ambos grupos se mezclaron abundantemente, casi siempre en forma clandestina, con mujeres pertenecientes a las diferentes castas. Incluso el clero colonial fue objeto de

cities in the Indies

males

repetidas denuncias por practicar el concubinato. El propio clérigo Thomas Gage no pudo menos que anotar, refiriéndose a las negras y mulatas de México: "The attire… is so light, and their carriage so enticing that many Spaniards even of the better sort (who are too prone to venery) disdain their wives for them" (85-86).

Vida intelectual

El mundo intelectual de las colonias fue, fundamentalmente, el mundo del hombre blanco y, en buena medida, el de la clase criolla. Se ha dicho, probablemente con razón, que los criollos, al no tener acceso a los puestos de mando de la burocracia colonial, encontraron en las actividades intelectuales y literarias un área donde sus talentos podían manifestarse. No existía, por supuesto, libertad intelectual en el sentido moderno, pero parece que el gobierno colonial y la Inquisición no fueron demasiado efectivos ni diligentes en la censura de libros e ideas. La prohibición inicial contra la circulación de novelas no fue, obviamente, implementada por mucho tiempo ya que los libreros de México en el siglo XVII vendían novelas de caballería, pastoriles y hasta picarescas, importadas legalmente de España y de otros países[2]. Esto no constituía, por supuesto, un verdadero clima de libertad intelectual, pero la gran mayoría de la población colonial parecía aceptar sus limitaciones sin grandes resentimientos, como parte inevitable de un sistema que consideraban legítimo.

En cuestiones educacionales y filosóficas predominaba el escolasticismo, filosofía medieval que experimentó un renacimiento en la conservadora España de los siglos XVI y XVII. Según esta doctrina, todas las ideas verdaderas venían de Dios y les eran reveladas a los seres humanos a través de los textos sagrados y las interpretaciones de los grandes padres de la Iglesia, como la *Summa Teológica*, de Santo Tomás de Aquino, escrita en el siglo XIII. El método escolástico no trataba, pues, de hallar la verdad en el mundo de la naturaleza o en la experimentación científica, sino en el detallado análisis y memorización de los textos canónicos. Los centros de estudios de las colonias—seminarios, colegios, universidades—reflejaron en sus programas académicos ese anacrónico sistema doctrinal. En las veinte universidades que se crearon en la Hispanoamérica colonial[3], el principal modelo académico fue el de la prestigiosa Universidad de Salamanca en España. Las clases se daban no en español sino en latín, y aun los bedeles° tenían que aprender unas pocas palabras de esa lengua clásica para anunciar el comienzo de las clases. Había también colegios, muchos de ellos dirigidos por la orden jesuita y anexos a las universidades, que ofrecían programas en la tradición de las artes liberales y concedían el título de bachiller. Las universidades, por su parte, tenían normalmente las tres facultades clásicas de la universidad medieval europea: derecho, teología y medicina.

custodians

Las clases incluían pocas discusiones e interminables recitaciones por parte de los profesores, que los pobres estudiantes debían luego aprender de memoria. Todavía en el siglo XX al estudiante universitario se le exige una cantidad de memorización que sería impensable en una universidad norteamericana. La universidad, por otra parte, no fue una excepción en el patrón colonial de ostentación y lujo. La matrícula costaba poco pero la ceremonia de graduación podía costar una fortuna: el estudiante debía pagar de su bolsillo una costosa ceremonia que incluía banquetes y diversiones para sus profesores, familiares y amigos. A veces, el graduado tenía que financiar una corrida de toros. Y como los profesores recibían sueldos muy bajos, era la costumbre que el nuevo doctor les hiciese substanciales regalos a la hora de graduarse. Se dice que a veces un estudiante completaba sus estudios pero no podía graduarse hasta conseguir el dinero para tan costosas ceremonias. A pesar de estos aspectos negativos, las universidades del período colonial cumplieron funciones importantes. Fueron islas de relativa tolerancia donde se podían leer obras que estaban prohibidas para el resto de la población. En la tradición medieval, gozaban de autonomía jurídica, de modo que el rector° (quien tenía su propio cuerpo de policía) podía castigar tanto a profesores como a estudiantes por sus excesos, pero también solía protegerles de los abusos de las autoridades civiles.

university president

El principal talón de Aquiles° del sistema educacional de las colonias—aparte de la poca atención que prestó a las castas y a la población femenina—fue el poco interés que mostró en la educación básica. Sólo hacia el final del período colonial empezaron a crearse escuelas públicas seculares, y éstas fueron pocas y mal dotadas°. Durante casi tres siglos la enseñanza primaria se impartía sólo en pequeñas escuelas parroquiales anexas a las iglesias o a las comunidades religiosas. Se enseñaba en ellas a leer y a escribir usando libros religiosos o los que el niño pudiese traer de su casa. Muy pocas niñas asistían a la escuela. Las familias pudientes no mandaban a sus hijos a estas escuelas sino que contrataban tutores privados.

Achilles' heel, weakness

endowed

Erudición y estudios científicos

El descubrimiento de América creó una serie de serios problemas para las ideas científicas y religiosas de la Europa del siglo XVI. La geografía, la astronomía, incluso la teología tuvieron que enfrentar importantes revisiones que no fueron fáciles de aceptar. España mostró particular interés en familiarizarse con el escenario americano, incluyendo su flora y su fauna. Ya en la década de 1570, un médico enviado por Felipe II recorría México recogiendo información sobre el valor medicinal de las plantas locales. En el Perú, por esos mismos años, el virrey Francisco de Toledo comisionaba a Pedro Sarmiento de Gamboa para hacer un estudio científico, histórico y geográfico de la región. Las órdenes religiosas, por su parte, enviaron a algunos de sus mejores investigadores y lingüistas para aplicar sus conocimientos a la nueva realidad americana. Excepcional entre ellos fue el padre jesuita José de Acosta. En su libro *Historia natural y moral de las Indias* (1590), Acosta encaró, sin temor, preguntas fundamentales sobre la doctrina cristiana. ¿Cómo conciliar, por ejemplo, la historia bíblica del Arca de Noé con la existencia en América de especies animales tan diferentes a las del Viejo Mundo? Con sorprendente perceptividad, Acosta especula que tal vez algunos animales del Arca consiguieron llegar a América a través del Artico. Sobre Aristóteles y su teoría de que la zona tropical era inhabitable debido al intenso calor, el buen padre, al llegar a Panamá, se pregunta, con sarcasmo, cómo es que siente frío allí. Ya en las páginas de este perceptivo fraile jesuita se vislumbra la inevitable revolución científica que la presencia de América había comenzado a generar en el pensamiento europeo.

Otros frailes, más pragmáticos, dedicaron sus considerables conocimientos humanísticos y lingüísticos a la enorme tarea de la evangelización del indio y a la de estudiar y preservar su legado cultural, que estaba en peligro de desaparecer. Fray Diego de Landa, el mismo fraile que ordenó destruir todos los manuscritos mayas que encontró, luego escribió su *Relación de las cosas de Yucatán*, libro hoy indispensable para el conocimiento de la civilización maya.

Aun más extraordinario fue el caso de Fray Bernardino de Sahagún (1500-1590), el fraile franciscano que produjo la monumental *Historia general de las cosas de Nueva España*, una verdadera enciclopedia de las culturas indígenas de México escrita en *nahuatl* y traducida luego al castellano. Para recopilar° su *to compile*
información, Sahagún utilizó un método semejante al que usan los etnógrafos modernos. Entrenó a informantes nativos y luego los fue enviando a diferentes comunidades indígenas para que hicieran ciertas preguntas a la población; más tarde el padre comparaba las respuestas obtenidas por los diferentes informantes a fin de obtener las versiones más fidedignas°. Con razón se le ha lla- *reliable*
mado el primer antropólogo del mundo. Aparentemente, los superiores religiosos del padre Sahagún sintieron por fin sospechas del excesivo entusiasmo de éste por las creencias heréticas de los indígenas. El manuscrito de la obra fue confiscado y enviado a España para examinarlo. Sahagún murió creyendo que su obra nunca llegaría a publicarse. Se publicó, 240 años después de su muerte, y hoy los escritos del padre son objeto de estudio por decenas de investigadores en todo el mundo.

Menos impresionante fue, en cambio, la producción científica que salió de las universidades coloniales, dominadas por el método escolástico. Los científicos más importantes que aparecen en los siglos XVII y XVIII son con frecuencia profesores universitarios, pero desarrollan su labor más productiva fuera de las aulas, en la investigación directa de la realidad americana. Carlos de Sigüenza y Góngora (1645-1700) en México y Pedro de Peralta y

Barnuevo (1663-1743) en el Perú son los dos ejemplos más sobresalientes de mentes científicas independientes que, sin rebelarse contra las doctrinas ortodoxas de la Iglesia, realizaron importantes observaciones matemáticas y astronómicas que transmitieron periódicamente a las academias científicas de Europa. Sigüenza era profesor de Matemáticas y Astrología (!) de la Universidad de México (había sido expulsado de un seminario jesuita por su afición estudiantil a las juergas° nocturnas), y era famoso por sus ausencias de clase, que le costaron muchas multas° y reprimendas del rector de la Universidad. Su pasión, claro, era la investigación (pasaba muchas noches observando el cielo a través de su propio telescopio) y llegó a tener tanta fama que el rey francés Luis XIV le ofreció un puesto en su corte. La voluminosa biblioteca que poseía demuestra que los intelectuales de las colonias se las arreglaban° para conseguir las obras científicas más avanzadas que se publicaban en Europa. Sigüenza, profesor de astrología (¡no podía evitarlo!) estaba bien familiarizado con Descartes y con la astronomía de Copérnico. Sólo durante la segunda mitad del siglo XVIII, el escolasticismo empezó a declinar en las universidades. La Física de Aristóteles era objeto de chistes entre estudiantes y profesores, y aun los mismos virreyes de mentalidad más abierta alentaban la introducción de las nuevas ideas que venían de Europa, particularmente las del Iluminismo.

drinking parties

fines

managed

Catedral de Santo Domingo, la primera de América. Siglo XVI.

Las artes. Del Renacimiento al barroco

España inició la conquista de América cuando en Europa triunfaba el Renacimiento. De ahí que los primeros edificios importantes que se construyeron en la Española tuvieran a menudo influencia renacentista, como sucede en la Catedral de Santo Domingo, la primera de América[4]. Para el siglo XVII, sin embargo, el espíritu de la Contrarreforma se había impuesto en España y traería consigo una concepción del arte radicalmente diferente, la del barroco. Preocupada con los avances de la Reforma Protestante en Europa, la católica España reaccionó de manera vigorosa contra toda manifestación artística que pudiera poner en peligro la pureza del cristianismo católico. Se exaltaron ahora las preocupaciones religiosas y se condenó el espíritu mundano y sensual del Renacimiento. Los cuerpos desnudos de los dioses paganos renacentistas fueron modestamente cubiertos o sustituidos por imágenes de santos y vírgenes sufrientes.

Virgen, período colonial.

La mayoría de los artistas hispanos adoptaron abiertamente esa nueva militancia religiosa y moral, pero con frecuencia percibimos en ellos una cierta inseguridad; se les pedía, en efecto, adoptar una mentalidad religiosa de tipo medieval, es decir, echar hacia atrás° las agujas del reloj de la historia. El arte que resultó de ello fue un arte teatral que encontró una válvula de escape, un nuevo tipo de sensualidad en la decoración excesiva. Frente a la tranquilidad del arte renacentista, con su clásico equilibrio y armonía de líneas, el arte barroco es emocional e inquieto, lleno de oposiciones y contrastes que se expresan en su complicada decoración o en su compleja técnica. Los artistas del Nuevo Mundo heredaron esa tradición y a menudo la adaptaron a la situación americana. La mayor parte de la pintura y de la escultura del período colonial fue de naturaleza religiosa, comisionada por el clero para sus iglesias y conventos. Debido a su carácter decorativo y didáctico, no se hacía normalmente énfasis en la persona del artista, de modo que, para nuestra frustración, se trata de un arte mayormente anónimo en el que podemos identificar a un número relativamente pequeño de pintores y escultores[5]. Sólo en el siglo XVIII la aristocracia colonial adoptó la moda de hacerse retratos ejecutados por pintores de nombres conocidos.

turn back

Por lo general, el artista hispanoamericano laboraba en condiciones no exactamente ideales. Culturalmente aislado y sin oportunidad de ver las obras originales de los grandes pintores europeos, trabajaba a base de consultar las ilustraciones, grabados, etc. que se importaban de Europa. Además, estaba sujeto a todo tipo de limitaciones. Sus temas tenían que ser casi siempre los tradicionales de la iconografía católica—la Virgen y el

Soldado-ángel, Alto Perú. Siglo XVII.

niño Jesús, la Anunciación, etc.—, y aun los colores que usaba estaban regulados. La Virgen, por ejemplo, debía vestir de azul y blanco, y las figuras debían de tener una mínima cantidad de piel expuesta. A pesar de todo eso, el arte colonial tuvo un mercado considerable, dado que en la América Española se construyeron unas 70.000 iglesias entre el siglo XVI y el XVIII. Y aunque hubo algunos artistas europeos que se establecieron en el Nuevo Mundo, el grueso de esa producción artística fue realizada por pintores y escultores nacidos en América. Algunos de ellos pertenecían a familias criollas prominentes, pero no pocos fueron mestizos y aun indios puros. En Quito, por ejemplo, los padres franciscanos fundaron el Colegio de San Andrés en el siglo XVI donde varias generaciones de artistas indígenas fueron entrenadas en la pintura y la escultura. Se inició así una tradición que hizo de Quito uno de los principales centros artísticos de Hispanoamérica, sobre todo en la escultura eclesiástica. Irónicamente, sin embargo, muchos de estos artistas nativos siguieron los modelos del arte europeo, pues habían aprendido su oficio dentro de la Iglesia. Fue en Quito donde el gran escultor indio Manuel Chili, "Capiscara" (siglo XVIII)[6], produjo quizás las imágenes religiosas más refinadas de todo el período colonial en un estilo netamente occidental.

En general, el arte que se producía en las dos capitales virreinales, Lima y la ciudad de México, seguía más de cerca las direcciones del arte europeo; en las ciudades del interior, en cambio, la influencia indígena tenía mayor libertad para expresarse. En el Perú, especialmente, el arte mestizo se concentró en las alturas de los Andes, en ciudades como Cuzco y Potosí. De pronto, vemos allí una virgen María con cara de indígena, o adornada con el sombrero de plumas° de la nobleza nativa. Se trata de un arte que, como ha señalado Pal Kelemen (Baroque I, 203), tiene a menudo una atractiva cualidad *naïve* pues muchas veces el artista nativo no adoptó el sentido de proporción ni la perspectiva tridimensional del arte europeo (desconocida en la América precolombina). El observador moderno tiende a apreciar esa autonomía y frescura que exhibe a veces el arte colonial.

feathered hat

Iglesia de la Compañía, Quito. Siglo XVII.

La arquitectura colonial, por otra parte, fue extraordinariamente creativa, especialmente en su tratamiento del estilo barroco. Creó, por ejemplo, impresionantes efectos de color utilizando materiales locales como el *tezontle* mexicano, una piedra blanda de hermoso color rojo. El mosaico multicolor, producto de la influencia árabe en España, fue utilizado en Hispanoamérica de un modo espléndidamente exagerado, cubriendo a veces grandes porciones del exterior de los edificios, como sucede en la iglesia de San Francisco Acatepec (México). Los arquitectos de América, además, pusieron extraordinario énfasis en la decoración de la fachada de los edificios: la exagerada ornamentación de los altares barrocos europeos fue trasladada también al exterior, creando así la famosa "fachada-retablo" del barroco colonial, que llegó a alcanzar un grado de complicación no igualado en Europa. La decoración misma fue frecuentemente penetrada por los símbolos de las culturas nativas: mazorcas de maíz, instrumentos musicales indígenas, imágenes del dios sol, animales americanos, adornos de plumas. Se ha dicho que de los ocho edificios barrocos más importantes del mundo, cuatro se encuentran en México: el sagrario de la catedral de México, el seminario jesuita de Tepoztlán, el convento de Santa Rosa en Querétaro y la iglesia de Santa Prisca en Taxco (Henríquez-Ureña 93). El barroco peruano, por otra parte, supera al de México en cuanto a la presencia de elementos nativos en la decoración, especialmente en las iglesias de Arequipa y del área del lago Titicaca. La iglesia de San Lorenzo, en Potosí, presenta en su fachada uno de los grandes logros de la decoración barroca mestiza, que incluye las espléndidas figuras de dos mujeres indias vestidas en sus trajes nativos. En la decoración interior, la iglesia de Santiago en Pomata—lago Titicaca—, ofrece en la bóveda de su cúpula° uno de los mejores momentos de la arquitectura colonial mestiza.

Catedral Metropolitana, Ciudad de México. Siglos XVI-XIX.

the vault of its dome

Las letras

Al igual que los artistas, los escritores de las colonias miraron hacia Europa en busca de inspiración y

Plaza de Armas, Cuzco, Perú.

de modelos para sus obras y tuvieron la realidad europea como eminente punto de referencia. Cortés, al describir una de las plazas de Tenochtitlán nos dice que es "tan grande como dos veces la de la ciudad de Salamanca" (63). Bernal Díaz compara la campaña militar de México con la de Julio César en las Galias (92). Y cuando Alonso de Ercilla escribe su gran poema épico *La araucana* (1569), los indios chilenos que aparecen en él son héroes creados según los modelos clásicos de la poesía épica renacentista.

A partir del siglo XVII, la mayor parte de la literatura colonial fue producida por criollos, pero con una mentalidad que continuó subordinada a los modelos e ideales estéticos del Viejo Mundo. De los tres principales géneros literarios, la producción novelesca fue prácticamente inexistente; el teatro, aunque muy popular, se concentró en la representación de obras de autores españoles y produjo muy pocas piezas originales de importancia. La poesía, en cambio, se cultivó en cantidades enormes. Los certámenes° poéticos se convirtieron en una de las formas de entretenimiento más populares en las ciudades coloniales y llegaron a atraer a verdaderas multitudes de participantes. Hasta trescientos poetas compitieron en algunos de ellos. Naturalmente, la cantidad no aseguraba la calidad, sobre todo en el caso de los muchos poetas hispanoamericanos que se dedicaron a imitar el estilo barroco utilizando como modelos a los grandes poetas barrocos españoles del siglo XVII y especialmente al más complejo y difícil de ellos, Luis de Góngora (1561-1627). La poesía barroca era, hasta cierto punto, una versión lingüística del arte barroco: trataba de impresionar con su excesiva decoración verbal, juegos de palabras, paradojas, antítesis: un estilo en tensión, con énfasis en las oposiciones más que en las síntesis armónicas. Abundaban en esta poesía los temas religiosos promovidos por la Contrarreforma pero también los amorosos y mundanos; en ambos casos, la realidad material—el mundo, la belleza, la juventud—era considerada como una ilusión engañosa°. Pocos de estos seguidores de Góngora lograron escribir obras perdurables°; la excepción más importante fue la del mayor talento poético que produjo el período colonial, la monja° mexicana Sor Juana Inés de la Cruz (1651-1695).

Sor Juana

Era el año 1665 y una adolescente llamada Juana de Asbaje se había convertido en el asombro° de la corte del virrey de México. Aunque no era de familia prominente (era incluso hija ilegítima), su belleza física, su encanto personal y su talento le habían ganado un nombramiento de dama de compañía de la esposa del virrey. Tanto se hablaba de su inteligencia y su saber que el virrey decidió ponerla a prueba: un grupo de profesores y eruditos distinguidos vinieron al palacio virreinal para interrogar a la muchacha sobre las más diversas disciplinas. Con naturalidad, segura de sí misma, Juana fue contestando las preguntas en forma tan brillante que el interrogatorio pronto se convirtió en diálogo.

contests

deceptive
lasting
nun

astonishment

Semejantes dotes° le auguraban° un futuro fácil en la corte del virrey. Sin embargo, dos años después Juana decidió hacerse monja y pasar el resto de su vida en un convento. Muchos años más tarde tuvo que escribir una larga carta, su famosa "Respuesta a Sor Filotea de la Cruz", para defenderse de las imputaciones que le había hecho el obispo de la ciudad de Puebla pues según éste, Sor Juana mostraba demasiado interés en las ciencias y el saber mundano, algo inconcebible en una monja. "Entreme religiosa°—respondió ella en dicha carta—porque aunque conocía que tenía el estado [de monja] cosas … repugnantes a mi genio, [debido a] la total negación que tenía al matrimonio, era lo menos desproporcionado y lo más decente que podía elegir…" Luego nos habla de su deseo de "vivir sola, de no querer tener ocupación obligatoria que embarazase° la libertad de mi estudio…" La vida religiosa fue, pues, un refugio para ella, el precio que tuvo que pagar para poder dedicarse a su "inclinación", es decir, a su vocación literaria y a su insaciable sed de conocimiento. Su celda° del convento se llenó de libros y se dedicó a escribir y a estudiar las más diversas disciplinas: Física, Geometría, Arquitectura, Música. En 1689 se publicó en Madrid su primer libro de versos, *Inundación castálida*, y su reputación comenzó a crecer. Ahora empezaron a visitarla en su celda las personalidades más importantes de México. Esto debió servirle de consuelo°, pues a veces la vemos quejarse de su soledad, de tener "sólo por maestro un libro mudo°, por condiscípulo un tintero° insensible…" En otros momentos, sin embargo, necesitaba desesperadamente la soledad para leer, estudiar, ejercitar su creatividad. Y no siempre encontraba soledad en el convento. "Tenía muchos estorbos°—se lamenta—… como… estar yo estudiando y pelear dos criadas; estar yo escribiendo y venir una amiga a visitarme…" Su afición a las letras° a menudo le creó problemas en el convento. Una vez llegaron a prohibirle que leyera libros mundanos y Sor Juana nos dice al respecto: "Yo… obedecí (unos tres meses) en cuanto a no tomar libro [pero] aunque no estudiaba en los libros, estudiaba en todas las cosas que Dios crió…" Y, en efecto, el acto más simple, como el de freir un huevo, era suficiente para ejercitar sus poderes de observación y concluir que "si Aristóteles hubiera guisado°,

Such talents/foretold

I became a nun

interfered with

cell

consolation

silent/inkstand

hindrances

learning

had cooked

Iglesia de Ocotlán, Tlaxcala, México.
Siglo XVIII.

mucho más hubiera escrito". El ver a dos niños que jugaban con un trompo° la hacía meditar sobre las leyes físicas que regulan su movimiento.

Así, admirada por unos, censurada por otros, transcurrieron sus 27 años de vida conventual. Aceptó las limitaciones que su sexo y su profesión religiosa le imponían, pero no vaciló en protestar contra la discriminación intelectual y el estado de ignorancia en que se obligaba a vivir a la mujer del siglo XVII: "¿Qué podemos saber las mujeres sino filosofías de cocina?". En 1693, dos años antes de su muerte, Sor Juana tuvo una profunda crisis espiritual. Decidió vender sus libros e instrumentos científicos, donó el dinero a los pobres y se entregó a una

vida de penitencia y meditación. Durante la terrible epidemia de peste° que azotó° a México en 1695, Sor Juana se dedicó por completo a atender a los enfermos; contagiada de la enfermedad, murió el 17 de abril de ese mismo año.

Independientemente de la enorme admiración que nos inspira la figura de Sor Juana, no hay duda de que fue un talento literario de primer orden. Sus

sonetos°, por ejemplo, se cuentan entre los mejores que ha producido la lengua castellana en cualquier época. Y nos asombra, sobre todo, la versatilidad de su producción. En su pluma, el estilo barroco, muy influido por Góngora, podía ser usado para explorar los misterios del subconsciente y el mundo de los sue-ños, como en su largo poema "Primero sueño", o podía adoptar la gracia inge-

niosa de sus redondillas°, llenas de antítesis y paradojas. En el más conocido de estos poemas, Sor Juana ataca la vanidad y las contradicciones que exhiben los hombres en su actitud hacia las mujeres:

… Hombres necios que acusáis
… a la mujer sin razón,
… sin ver que sois la ocasión
… de lo mismo que culpáis...[7]

Notas

[1]Jorge Juan y Antonio de Ulloa fueron dos jóvenes oficiales navales que participaron, por orden del rey de España, en una expedición científica francesa destinada a Perú y Ecuador. Después de pasar once años en las Indias (1735-46), Juan y Ulloa escribieron, entre otras obras, su *Noticias secretas de América,* un informe confidencial dirigido a la Corona donde se describía la sociedad colonial, incluyendo las divisiones internas y la corrupción que existían en ella. El manuscrito fue publicado por David Barry en Londres, en 1826.

[2]El estudio que hizo Irving Leonard (157-71) sobre los libros que había en las librerías y bibliotecas privadas del México colonial del siglo XVII sugiere que, con la excepción de obras consideradas flagrantemente heréticas, los habitantes de las colonias tenían a su disposición lecturas bastante variadas, semejantes a las que disfrutaban los habitantes de Boston por esa misma época: textos clásicos latinos, libros de poesía, dramas e incluso obras de ficción.

[3]Las dos primeras universidades, las de México y la de San Marcos de Lima, fundadas por decreto real de 1551, fueron las dos más importantes, pero gozaron también de prestigio las de Córdoba (Argentina), Guatemala, Bogotá, Cuzco y La Habana. En las de México y Lima se crearon cátedras para la enseñanza de lenguas indígenas.

[4]La temprana arquitectura renacentista de España combinó a menudo las clásicas líneas rectas (straight lines) del Renacimiento con una profusa decoración que recuerda el trabajo de joyería que realizan los plateros *(silversmiths)*. De ahí el nombre de plateresco con que se conoce este estilo. La fachada de la Universidad de Salamanca es el ejemplo más conocido del plateresco, cuya influencia es evidente en la Catedral de Santo Domingo.

[5]En México alcanzaron mucho prestigio el pintor Baltazar de Echave (1548-1620), su hijo y su nieto del mismo nombre. En el siglo XVIII, otro pintor mexicano muy europeizado, José de Ibarra, se ganó el sobrenombre *(nickname)* de "el Murillo de la Nueva España"; su compatriota indio Miguel Cabrera (1695-1768) es recordado sobre todo por el retrato póstumo que hizo de Sor Juana Inés de la Cruz. En Suramérica, la escuela escultórica de Quito produjo, además de a Manuel Chili, a otros escultores religiosos de estilo personal como el Padre Carlos en el siglo XVII y Bernardo Legarda en el XVIII. En pintura, Cuzco, Quito y Potosí fueron los centros más importantes, y tres pintores sobresalen como los maestros de ese arte: el criollo Melchor Pérez de Holguín (Potosí; 1660- ?) y los mestizos Gregorio Vázquez (Bogotá;1638-1711) y Miguel de Santiago (Quito; 1626?-1706), este último muy influido por la pintura religiosa del maestro español Zurbarán.

[6]El sobrenombre "Capiscara" aludía al hecho de que su cara estaba cubierta de marcas producidas por las viruelas.

[7]You foolish men/who unjustly accuse women/without realizing that you yourselves are the cause/of the sinful conduct for which you blame them.

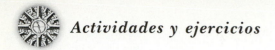

Actividades y ejercicios

A. Preguntas sobre la lectura

1. ¿En qué se diferenciaba un peninsular de un criollo?
2. ¿Qué desventajas tenían los criollos?
3. ¿Qué preocupaciones raciales tenían los criollos?
4. ¿Vivían modestamente los criollos? Comente.
5. ¿Fueron muy severas las autoridades coloniales en la censura de libros?
6. ¿Dónde buscaba la verdad el escolaticismo?
7. ¿Eran tradicionalistas o progresistas las universidades coloniales? ¿Por qué?
8. ¿Qué problemas tenía la educación básica en las colonias?
9. Mencione uno los métodos que usaba Fray Bernardino de Sahagún para obtener información sobre las culturas indígenas de México.
10. ¿Qué relaciones había entre el arte y la Iglesia durante el período colonial?
11. ¿Estuvo muy presente la realidad de América en el arte colonial?
12. ¿Cuál de los géneros literarios fue más cultivado en la América española?
13. ¿Qué problemas tuvo Sor Juana Inés de la Cruz con el obispo de Puebla?

B. Sinónimos. Seleccione las palabras sinónimas en las dos columnas.

1. _____ semejante   a. reunir
2. _____ puesto   b. salario
3. _____ recopilar   c. herencia
4. _____ sueldo   d. fiesta
5. _____ villa   e. población
6. _____ fidedigno   f. similar
7. _____ legado   g. religiosa
8. _____ monja   h. trabajo
9. _____ juerga   i. verdadero

C. Asociaciones. ¿Qué asociaciones puede hallar entre las palabras de las dos columnas?

1. ____ letras   a. universidad
2. ____ mosaico   b edificio
3. ____ fachada   c. poesía
4. ____ rector   d. convento
5. ____ certamen   e. literatura
6. ____ celda   f. árabe
7. ____ etnógrafo   g. población

D. Atribúyale a estos dos estilos las palabras que le parezcan apropiadas para cada uno.

sensual	armonía	religioso	tensión
tranquilo	emocional	pagano	Grecia
Contrarreforma	equilibrado	sencillo	líneas rectas
oposiciones	mundano	complicado	

RENACENTISTA   BARROCO   RENACENTISTA   BARROCO

_____   _____   _____   _____

_____   _____   _____   _____

_____   _____   _____   _____

_____   _____   _____   _____

E. Complete las siguientes oraciones con las palabras apropiadas.

1. La arquitectura de los primeros edificios importantes de la Española muestran la influencia del estilo_____.

2. Una diferencia entre la arquitectura barroca europea y la hispanoamericana fue que _____.

3. En las colonias las personas que tenían cualquier tipo de mezcla racial se llamaban _____.

4. Luis de Góngora fue _____.

5. La araucana es _____.

6. Sor Juana Inés de la Cruz se hizo monja porque _____ _____.

7. En una ocasión a Sor Juana le prohibieron _____.

F. Opiniones e hipótesis

1. Si en vez de nacer en el México colonial del siglo XVII, Sor Juana hubiera nacido en California a mediados del siglo XX, ¿en qué sentidos cree usted que hubiera sido diferente su vida?

2. ¿Cómo interpreta usted el hecho de que con frecuencia los artistas nativos pintaran figuras cristianas con algunas características indígenas? En su opinión, ¿qué les impulsaba a hacer eso?

3. Hasta cierto punto, el conflicto entre "verdad" revelada y "verdad" científica sigue dándose hoy día. ¿Qué cree de esto?

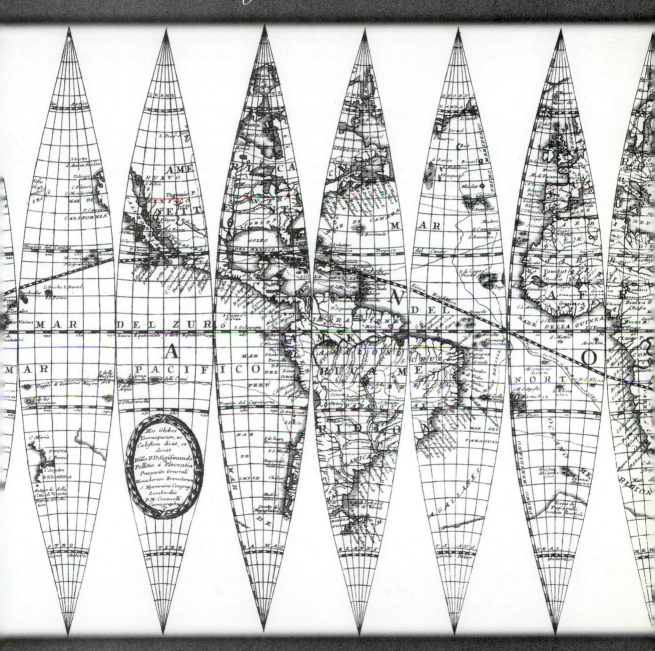

Influidos por las ideas del Iluminismo y por el ejemplo de la revolución norteamericana y de la francesa, los criollos de Hispanoamérica empiezan a pensar en independizarse de España y de su viejo y desgastado *(worn out)* sistema colonial.

1808	Napoleón Bonaparte invade España y pone a su hermano José en el trono español. Los criollos de las colonias de América aprovechan la oportunidad para formar gobiernos locales (juntas).

México y Centroamérica

1808	Fracasa la junta de criollos proclamada en la capital de México.
1810-1811	Grito de Dolores (16 de septiembre), rebelión popular encabezada por el padre Miguel Hidalgo bajo el estandarte *(banner)* de la Virgen de Guadalupe, patrona de los indígenas.
	Hidalgo derrotado y ejecutado por las autoridades españolas.
1821	El militar criollo Agustín de Itúrbide proclamado emperador de México. Los líderes criollos de Centroamérica aceptan unirse al nuevo imperio.
1823	Itúrbide es destronado por el militar Antonio López de Santa Anna. México es proclamada república federal. Depuesto Itúrbide, los centroamericanos forman brevemente una federación, pero acabarán por dividirse en cinco naciones independientes.

El área del Caribe

1821	Santo Domingo se declara independiente pero es ocupado por Haití hasta 1844.
1898	Guerra entre Estados Unidos y España a causa de Cuba. Cuba se hace república independiente en 1902; Puerto Rico se convierte en un protectorado norteamericano.

El norte de Suramérica

1806	Fracasa *(fails)* la expedición de Francisco de Miranda (1750-1816) para liberar a Venezuela.
1810-1813	Formación de la junta de Caracas por criollos venezolanos, incluyendo a Simón Bolívar (1783-1830). Fallidos intentos por liberar a Venezuela. Bolívar emerge como líder máximo de los patriotas venezolanos.

1816	Tercer intento de Bolívar, esta vez en los llanos del río Orinoco.
1819	Bolívar y sus tropas atraviesan los Andes y derrotan a los españoles en la batalla de Boyacá (actual Colombia). Los patriotas entran triunfantes en Bogotá.
1821-1822	Victorias de Bolívar en Carabobo y de su lugarteniente *(deputy)* Antonio José de Sucre en Pichincha, que aseguran la liberación de Venezuela y de Ecuador, respectivamente. Proclamación de la República de la Gran Colombia, que incluía los territorios de las actuales repúblicas de Colombia, Panamá, Venezuela y Ecuador.

El sur de Suramérica

1810	Formación de la junta de Buenos Aires, que logra mantenerse en el poder.
1816	Congreso de Tucumán: la futura Argentina declara formalmente su independencia.
1817-1818	José de San Martín (1778-1850) cruza los Andes desde la Argentina con un ejército y derrota a los españoles en Chile, en las batallas de Chacabuco y de Maipú.
1821	San Martín entra victorioso en Lima, Perú, principal bastión de España en Suramérica.
1822	Entrevista entre Bolívar y San Martín en Guayaquil, Ecuador. Los dos líderes no se ponen de acuerdo sobre el futuro político del Perú. San Martín decide dejarle el campo libre a Bolívar, renuncia a sus cargos y se retira. Muere muchos años después, en Europa.
1824	Bolívar derrota a las tropas españolas en la batalla de Junín y Sucre les da el golpe final en la batalla de Ayacucho. El Perú y el resto de Suramérica quedan liberados.
1824-1830	Bolívar crea la república de Bolivia (1826) y pasa sus últimos años tratando en vano de impedir la desintegración de la Gran Colombia. Muere en Santa Marta, Colombia (1830).

Latinoamérica después de las guerras de independencia

1825-circa 1850	Período especialmente turbulento de luchas por el poder entre los caudillos salidos de las guerras de independencia.
1850-circa 1900	Se alcanza cierta estabilidad en algunos países bajo la mano dura de caudillos militares o civiles. En la mayoría de los nuevos países persiste la tradición caudillista de gobiernos personalistas y autoritarios.

Prólogo a la tormenta

$\mathcal{D}$urante la segunda mitad del siglo XVIII, algunos grupos selectos de hispanoamericanos, en su mayoría criollos, empezaron a pensar en la independencia de las colonias. Los reyes Borbones, especialmente Carlos III (1759-1788), habían introducido algunas reformas beneficiosas, eliminando la mayoría de las restricciones al comercio con América, aumentando la productividad de las minas y administrando las colonias con mayor eficiencia. Pero la relativa prosperidad que esto produjo no consiguió eliminar los agravios y frustraciones que sentían los criollos. Los Borbones actuaban todavía con una mentalidad mercantilista[1], considerando que las colonias existían sobre todo para beneficiar económicamente a España; su mayor eficiencia administrativa a menudo resultó en la imposición de altos impuestos y los criollos continuaron siendo excluidos de los puestos importantes de la burocracia colonial. Las ideas progresistas y revolucionarias que empezaron a llegarles de Europa en esta época tuvieron que resultarles, pues, extremadamente atractivas, especialmente las asociadas con el Iluminismo y su culto a la Razón, la libertad de comercio y la idea, propugnada por Rousseau en su *Le Contrat social* (1762), de que el poder *will* legítimo reside en la voluntad° del pueblo, no en las monarquías hereditarias[2]. La revolución de las colonias norteamericanas en 1776 y la Revolución Francesa en 1789 demostraron la posibilidad de convertir las ideas del Iluminismo en efectiva acción revolucionaria; su ejemplo sirvió de aliento° a *encouragement* los criollos hispanoamericanos para empezar a planear sus propias revoluciones y no pocos de ellos sufrieron ahora persecución y cárcel° por propagar las *jail* nuevas ideas. Fue típico el caso de Antonio Nariño, un distinguido intelectual de Bogotá que en 1794 tradujo del francés al español la Declaración de los derechos del hombre[3] y fue encarcelado por cometer tal "delito"°. *jailed for this "crime"*

La mayor parte de la población hispanoamericana no estaba preparada todavía para dar un paso radical hacia la independencia, de modo que las discusiones de los criollos se desarrollaron al principio en selectos círculos intelectuales, como en las Sociedades Económicas de Amigos del País que bajo la inspiración del Iluminismo se fundaron en varias ciudades de Hispanoamérica, y aun en las reuniones secretas de las logias masónicas. Pero no hay duda que existía bastante descontento, incluso entre la población indígena, como lo demuestra la serie de rebeliones locales que ocurrieron a lo largo del siglo XVIII. Unas pocas de ellas, como la de los comuneros en Nueva Granada (Colombia), fueron organizadas por grupos de mestizos y criollos en protesta contra los impuestos excesivos y otras medidas económicas establecidas por los Borbones, pero la mayoría de estos *uprisings/fed up* levantamientos° fueron protagonizados por la población nativa, harta° de los abusos que contra ella perpetraban los funcionarios reales. Tal fue el caso de la rebelión del líder indígena peruano José Gabriel Condorcanqui, más conocido como Túpac Amaru II, hoy considerado como uno de los grandes precursores de la independencia hispanoamericana, quien pagó con la vida su acto de desafío° al poder español[4].

defiance

Otro gran precursor de la independencia fue Francisco de Miranda (1750-1816), un distinguido criollo venezolano cuya vida parece arrancada° de las páginas de una novela. Miranda se marchó de Venezuela todavía muy joven para vivir la vida de un aventurero internacional obsesionado con la idea de una Suramérica independiente de España. Pasó varios años en Europa tratando, sin éxito, de conseguir apoyo para su proyecto revolucionario[5] y por fin fue a los Estados Unidos. En Nueva York consiguió reclutar a un grupo de 200 ciudadanos norteamericanos, y organizó con ellos una expedición poco realista que en 1806 desembarcó en la costa de Venezuela. Como era de esperarse, el proyecto fracasó y le costó la vida a varios miembros de la expedición. Tras una precipitada retirada, Miranda tuvo que regresar a Europa, momentáneamente vencido pero no desanimado. Hoy, un monumento en la ciudad de Puerto Cabello, Venezuela, conmemora el sacrificio del grupo de norteamericanos que dieron su vida por la independencia de Hispanoamérica.

torn out

Napoleón en España: la chispa° que provocó el incendio°.

spark/fire

En 1808, Napoleón Bonaparte invadió la Península e instaló en el trono español a su hermano, José Bonaparte, después de forzar la abdicación del rey Carlos IV y de su hijo, el futuro Fernando VII.

La gran mayoría de los españoles no aceptaron la dominación francesa y se organizaron en juntas o comités de resistencia que lucharon contra las tropas francesas utilizando a menudo el sistema de guerra de guerrillas. Estas juntas regionales se consolidaron, primero, en una Suprema Junta Central, luego en un Consejo de Regencia que trató de presentar la apariencia de un gobierno capaz de resistir la ocupación francesa.

Los criollos de Hispanoamérica vieron en esa crisis del poder español una oportunidad única para conseguir la independencia de las colonias. Como sólo tenían representación importante en los gobiernos locales, los cabildos, utilizaron a éstos para iniciar el proceso: convocaron° "cabildos abiertos", es decir, asambleas locales que sometieron a votación entre los vecinos la formación de juntas para oponerse a la invasión napoleónica y, al menos en teoría, apoyar a Fernando VII como legítimo rey. En realidad, los criollos que protagonizaron estas maniobras pensaban ya en la independencia total de España pero, por el momento, ocultaron° sus verdaderas intenciones por temor a que la mayoría de la población no estuviese todavía lista para apoyarlos. La mayor

convened

concealed

parte de estas juntas no sobrevivieron por mucho tiempo pero fueron el paso inicial que condujo en los próximos años a la lucha abierta por la independencia. Napoleón, con su ambición de dominio, inició así, sin quererlo, el proceso de la liberación de Hispanoamérica.

México y Centroamérica

El caso de México fue diferente al de los otros virreinatos. No fueron los criollos de los cabildos quienes comenzaron la primera revolución mexicana (la junta que éstos intentaron formar en 1808 fracasó), sino un cura de *village priest* aldea°, el padre Miguel Hidalgo (1753-1811). Hidalgo fue el caso raro de un sacerdote muy influenciado por las ideas del Iluminismo. Debido a sus ideas *punishment* y hábitos heterodoxos la Iglesia lo había destinado, como castigo°, al pequeño pueblo de Dolores, cercano a la ciudad de Querétaro. Al cabo inició una *front* conspiración con otros criollos usando como tapadera° el Club Literario y Social de Querétaro, en el que se reunían "caballeros racionales", es decir, intelectuales asociados con el Iluminismo. En la madrugada del domingo 16 de septiembre de 1810, el padre hizo sonar las campanas de su iglesia y, ante una congregación compuesta mayormente de indios y mestizos, pronunció un apasionado sermón revolucionario instando a su audiencia a levantarse contra la opresión del gobierno español. Este es el famoso "Grito de *motto* Dolores", con su lema° "¡Viva la virgen de Guadalupe, muera el mal gobier- *Spaniards* no, mueran los gachupines°!" La virgen de Guadalupe es la virgen que se identifica en México con la población indígena[6] así que la congregación se *excited crowd* convirtió de inmediato en una multitud enardecida° por las palabras del *parishioners* carismático padre. Portando las armas más primitivas, los feligreses° comenzaron a marchar mientras gritaban su resentimiento contra el régimen espa- *ranks* ñol. Pronto, sus filas° empezaron a crecer, hasta que el padre Hidalgo se vió al mando de una indisciplinada muchedumbre de más de 80.000 personas, indígenas en su mayoría.

Hidalgo nunca llegó a formular con precisión los objetivos de su rebelión, pero éstos eran de orden social más que político: las ideas de democracia y reivindicación social del Iluminismo aplicadas a las deplorables condiciones en que vivía el indígena mexicano. En el proceso, el buen padre desencadenó° *unleashed* una ola de violencia que él mismo fue luego incapaz de controlar. En el incidente más célebre, sus seguidores capturaron la ciudad minera de *took possession of* Guanajuato, donde no sólo se apoderaron de° la plata de las minas sino que masacraron a varios cientos de personas. Hidalgo no autorizó la masacre, pero fue incapaz de evitarla; sus tropas adquirieron una reputación de incontrolable brutalidad que hizo temblar tanto a peninsulares como a criollos.

Tras varias otras victorias, el ejército de Hidalgo llegó a las cercanías de la ciudad de México y los vecinos de ésta se prepararon para lo peor. En sus calles apareció la imagen de la Virgen de los Remedios, la virgen de los mexicanos blancos, en oposición a la virgen indígena de Guadalupe. Inesperadamente, sin embargo, Hidalgo decidió no atacar, por razones que no están claras. ¿Temió quizás los excesos que podrían cometer sus tropas si conquistaban la ciudad? Quizás. En todo caso, decidió retirarse y se hizo fuerte en Guadalajara, la segunda ciudad de México. Pero la vitalidad inicial de su movimiento se había perdido. Derrotado por las más disciplinadas tropas españolas, fue hecho prisionero y condenado a muerte. Antes de su ejecución, ocurrida sólo diez meses después del Grito de Dolores, Hidalgo escribió un documento en que se retrac-

Padre Miguel Hidalgo (México;1753-1811), iniciador de la lucha por la independencia de México.

taba de sus actos y pedía perdón por toda la sangre que se había derramado por su culpa°. Los mexicanos, sin embargo, consideran a Hidalgo como uno de sus héroes nacionales y celebran el 16 de septiembre como el Día de la Independencia del país. Uno de los más fieles seguidores de Hidalgo, el padre José María Morelos, continuó la lucha revolucionaria después de la muerte de aquél, pero la superioridad de las tropas españolas acabó por imponerse. Como su mentor, Morelos fue capturado y fusilado en diciembre de 1815. A partir de este momento, unos pocos líderes revolucionarios, como Vicente Guerrero, continuaron luchando en las montañas del sur del país, pero sin lograr mayor efectividad.

had been shed because of him

El próximo capítulo de la independencia mexicana tuvo, una vez más, su origen en España. Tras la expulsión de Bonaparte de la Península en 1814, Fernando VII fue restaurado en el trono español. Las grandes esperanzas que la nación había puesto en él, sin embargo, pronto se frustraron pues Fernando resultó ser un déspota. En su ausencia, el gobierno provisional español había promulgado la liberal Constitución de Cádiz de 1812, que convertía a España en una monarquía constitucional, y lo primero que hizo Fernando a su regreso fue abolir esta constitución y gobernar con brutal mano de hierro. En 1820, sin embargo, una rebelión militar encabezada por el general Rafael del Riego obligó al rey a reinstaurar un régimen liberal bajo la Constitución de 1812. Esta situación duró tres años, hasta que un ejército enviado por Francia restableció el régimen absolutista de Fernando, pero en esos tres años de régimen liberal las colonias hispanoamericanas hicieron notables progresos en su camino hacia la independencia.

En la capital de México, la rebelión de Riego y el restablecimiento de la constitución liberal de Cádiz produjeron pánico entre las conservadoras clases dominantes y la Iglesia. La perspectiva de un México gobernado desde España por un régimen liberal y anticlerical produjo la suficiente alarma como para que la idea de la independencia se hiciera de pronto atractiva, especialmente si tomaba la forma de un régimen monárquico mexicano que reconociera a la Iglesia Católica como iglesia oficial. En estas circunstancias apareció en escena un astuto militar criollo de familia aristocrática, Agustín de Itúrbide, que utilizó sus contactos tanto entre los criollos como entre los peninsulares para presentarse como posible candidato a encabezar una monarquía. En 1822, Itúrbide era proclamado Emperador de México con el título de Agustín I. Este soldado ambicioso y con delirios de grandeza fue coronado en la catedral de México en una pomposa ceremonia que imitó el formato de la coronación de Napoleón en Notre Dame de París. México nació así como nación independiente gracias a las maniobras de un soldado oportunista. El reinado de Itúrbide, como era de esperarse, duró poco. Su arbitraria y autoritaria manera de gobernar pronto lo hicieron impopular y un general de su ejército, Antonio López de Santa Anna, se rebeló contra él y proclamó a México como república federal en diciembre de 1823. Itúrbide fue exilado pero trató de regresar a México en 1824 y fue rápidamente detenido y ejecutado. México tendría que esperar unos cuantos años para encontrar un líder de verdadera estatura en la figura del primer presidente indígena de Hispanoamérica, Benito Juárez (1806-1872).

Centroamérica

Los actuales países centroamericanos, excepto Panamá, habían sido parte de la Capitanía General de Guatemala y su minoría criolla se declaró en favor de la independencia en 1821. Esta declaración, sin embargo, ocurrió en la capital de la capitanía, Ciudad Guatemala, y las demás regiones del área no se sintieron muy entusiasmadas ante la perspectiva de que los guatemaltecos tuvieran el monopolio del poder en el nuevo régimen. En estas circunstancias, Agustín de Itúrbide invitó a los centroamericanos a hacerse parte de su nuevo imperio, y la invitación fue aceptada, aunque sin completa unanimidad (El Salvador, por ejemplo, mostró preferencia por hacerse miembro de la Unión norteamericana). Pero con la rápida caída del régimen de Itúrbide, los centroamericanos tuvieron que decidir de nuevo sobre su destino como entidad independiente. En 1823, acordaron la creación de las Provincias Unidas del Centro de América, con un sistema federal. Sin embargo, el fuerte antagonismo regionalista que existía entre las diferentes provincias de esta unión la hizo fracasar. Para 1838, la unión había dejado de existir y el área quedó dividida en las cinco repúblicas de la actual Centroamérica: Guatemala, Honduras, El Salvador, Nicaragua y Costa Rica. Panamá continuó siendo parte de Colombia hasta 1903 y la provincia guatemalteca de Chiapas, que había sido ocupada por las tropas de Itúrbide, fue definitivamente incorporada a México.

El área del Caribe

Para fines del siglo XVIII, España sólo mantenía en el Caribe la posesión de Cuba, Puerto Rico y la parte este de la Española. Jamaica había pasado a manos de Inglaterra en 1655, mientras que la parte oeste de la Española fue ocupada gradualmente por los franceses hasta que en 1697 pasó oficialmente a manos de Francia y se convirtió en una próspera colonia francesa, Saint Domingue, poblada mayormente por negros esclavos. Cuando las promesas de "libertad, igualdad, fraternidad" de la Revolución Francesa no se cumplieron en Saint Domingue, la población de color de la isla protagonizó una sangrienta y exitosa rebelión en 1791 bajo el liderazgo de Toussaint L'Ouverture. Los franceses, ahora bajo Napoleón, traicionaron° a Toussaint, quien murió en una prisión europea, pero otros líderes de color, como Jean Jacques Dessalines y Henri Christophe, consiguieron, con la ayuda de la fiebre amarilla, derrotar al ejército francés y declarar la independencia en 1804, dándole al nuevo país el nombre indígena de Haití ("tierra de montañas"). La parte hispanohablante de la Española, por su parte, declaró su independencia en 1821 con el nombre de Santo Domingo—que luego fue cambiado al de República Dominicana—pero inmediatamente fue invadida y ocupada por sus vecinos de habla francesa, los haitianos. La ocupación haitiana continuó hasta 1844, cuando los dominicanos, bajo el liderazgo de Juan Pablo Duarte, consiguieron expulsar a sus belicosos vecinos y recobrar su independencia. Cuba y Puerto Rico, por su parte, permanecerían bajo el poder español hasta la guerra entre Estados Unidos y España en 1898.

betrayed

Suramérica

Fue en la América del Sur que la lucha por la independencia se desarrolló en forma más espectacular: quince años de guerra (1810-25) que devastaron al continente y pusieron el futuro de la región en manos de una generación de hombres de acción entre los que destacan, sobre todo, la carismática figura de Simón Bolívar, en el norte del continente, y la austera personalidad de José de San Martín en el sur.

"El Libertador"

wealthy

Simón José Antonio de la Santísima Trinidad Bolívar y Palacio (1783-1830) fue el prototipo del criollo de familia acaudalada° que gozó en su niñez y adolescencia de todos los privilegios de su clase. Tuvo la desgracia, sin embargo, de perder a su padre y a su madre durante los primeros años de su vida, por lo que su educación quedó en manos de preceptores privados que moldearon su intelecto. Uno de ellos en particular, Simón Rodríguez, tuvo una influencia considerable en él. Rodríguez era un individuo idealista y excéntrico que familiarizó a su discípulo con las ideas del Iluminismo y trató de educarlo de acuerdo con los ideales de *Émile* (1762), el libro de Rousseau; según éste, el niño debía aprender a través de su experiencia directa con la naturaleza más que en los libros; el maestro, por su parte, debía alentar su curiosidad y permitir que el propio discípulo formulara las preguntas que sus observaciones le sugirieran°. Esta noción iluminista de una educación

might suggest

Simón Bolívar (Venezuela;1783-1830), el Libertador de Venezuela, Colombia, Ecuador, Perú y Bolivia.

libre en que el discípulo tomaba la iniciativa era herética para la época y Simón Rodríguez nunca tuvo éxito en su carrera como educador (entre otras cosas, su identificación con la vida natural le llevó a practicar el nudismo, y cuando trabajaba de maestro le gustaba traer a niños pobres de la calle y añadirlos a sus clases). Pero sus ideas dejaron una impresión permanente en la mente de Bolívar; entre ellas, la noción de una Hispanoamérica independiente de España.

Como era lo normal entre los jóvenes de la aristocracia criolla, Bolívar fue enviado a España para completar su educación después de haber recibido entrenamiento militar en la milicia del gobierno colonial. En España continuó sus lecturas, perfeccionó su francés y se vio envuelto en no pocos embrollos amorosos. Físicamente era un hombre pequeño—de unos cinco pies seis pulgadas de estatura—y delgado, pero de porte° elegante y con la habilidad de cautivar con su conversación. Gracias a las conexiones que tenía su familia, su vida en Madrid se desarrolló en los círculos aristocráticos y tuvo acceso a los salones de la familia real. Se cuenta que en una ocasión,

appearance

jugando con el príncipe, el joven venezolano derribó al suelo° al futuro *threw to the ground*
Fernando VII, como un presagio° de lo que ocurriría en Suramérica años *omen*
después. Para 1803 Bolívar estaba de regreso en Caracas, pero ya no solo. En
España se había enamorado de una aristocrática joven española, María
Teresa Toro, con la que se había casado impulsivamente. Poco después, sin
embargo, la muchacha enfermó° de unas fiebres y murió inesperadamente, *became ill*
ocho meses después de la boda. Bolívar tenía apenas 20 años y juró no volver a casarse. Su vida amorosa, no obstante, fue extremadamente activa
hasta el final de su vida.

De regreso a Europa, Bolívar se entregó a una vida disipada, jugando° y *gambling*
gastando dinero a manos llenas, hasta que se encontró por casualidad°, pro- *by chance*
bablemente en París, con su viejo preceptor Simón Rodríguez. Maestro y discípulo comenzaron en 1805 una extensa gira a pie° por el sur de Europa que *walking tour*
los llevó a través de Francia hasta Italia. Cuando, meses después, llegaron a
Roma, Bolívar había recobrado su sentido de dirección y la idea de la independencia de Hispanoamérica figuraba de nuevo en el centro de su pensamiento. Se dice que un día, estando con su maestro en el Monte Aventino
de Roma, el joven venezolano juró solemnemente no descansar hasta conseguir la libertad de Hispanoamérica.

De regreso en su patria, Bolívar fue uno de los jóvenes oficiales que en
1810 participaron en la formación de la junta de Caracas y proclamaron al
año siguiente la independencia de Venezuela. El viejo guerrero, Francisco
de Miranda, que vivía en Londres, fue convencido por los patriotas venezolanos para que volviera a Venezuela a hacerse cargo del ejército revolucionario. Pero la joven república sólo duró poco más de un año. Miranda tuvo
al fin que concertar un armisticio con las superiores fuerzas españolas, lo que
fue interpretado como un acto de traición por sus más jóvenes compatriotas,
incluyendo a Bolívar. Capturado por las tropas enemigas sin que Bolívar y sus
colegas hicieran nada por impedirlo, Miranda fue conducido como prisionero a España donde moriría en prisión cuatro años después. Este fue el triste
fin de una de las más fascinantes figuras de la historia venezolana.

Un segundo intento por liberar a Venezuela (1813-14) fue sólo temporalmente exitoso pero confirmó a Bolívar como jefe del movimiento revolucionario. El tercer y último intento de Bolívar (1816) no se dirigió, como los
anteriores, contra la ciudad de Caracas y las poderosas tropas españolas que
la defendían. Estableció más bien su centro de operaciones más al sur, en los
poco poblados llanos del río Orinoco, donde podía maniobrar con mayor
impunidad. Con ese propósito capturó la ciudad de Angostura (hoy llamada Ciudad Bolívar), el principal centro urbano de dicha región, y consiguió
que se le uniera el líder José Antonio Páez y sus legendarios llaneros°, un pri- *plainsmen, cowboys*
mitivo ejército de jinetes mestizos e indios que formaban una indisciplinada
pero efectiva fuerza militar. Las fuerzas revolucionarias se vieron también

aumentadas por un contingente de mercenarios ingleses e irlandeses—veteranos de las guerras napoleónicas—que habían sido reclutados en Inglaterra. No pocos de ellos eran legionarios guiados sólo por la codicia°, pero otros se convirtieron en leales seguidores del líder venezolano. El ejército de Bolívar fue así una abigarrada° multitud de patriotas criollos, llaneros mestizos, indios semidesnudos y mercenarios rubios en sus elegantes uniformes europeos. En poco tiempo, botas, cascos y charreteras° comenzaron a cambiar de manos pues Bolívar fue incapaz de pagarles a los legionarios las recompensas prometidas y éstos encontraron una inesperada fuente de ingresos° en sus trajes militares. Al cabo, no fue raro ver a los indios llevando botas al estilo Wellington, y a más de un legionario caminando semidesnudo por el campamento.

Con ese pintoresco y mal equipado ejército de poco más de 3.000 hombres, Bolívar se preparó, en mayo de 1819, para emprender una de las más arriesgadas marchas en los anales de la historia militar. Su plan: avanzar hacia el oeste, por los llanos del Orinoco y, tras más de 600 millas de marcha, atravesar la cordillera de los Andes en uno de sus puntos más difíciles. Al otro lado le esperaba el territorio de Colombia, que por el momento ofrecía un blanco más factible° que Venezuela. Era, sin embargo, la estación de las lluvias, cuando los llanos se inundan° y hay que avanzar a veces con el agua a la cintura, expuesto a los ataques de peces como los caribes, las pirañas del río Orinoco. Por fin, en junio, el ejército llegó a las primeras alturas de los Andes e inició el ascenso. La mayoría de los llaneros nunca había visto una montaña y no llevaba ropas apropiadas para las temperaturas de las grandes altitudes. Muchos de ellos habrían de morir de frío; no pocos fueron abatidos° por el soroche, la enfermedad de las alturas andinas; otros, por fin, perdieron la vida en los precipicios de la cordillera. Cuando al fin llegaron a tierra colombiana habían perdido más de la mitad de los hombres y todos los caballos, reses° y mulas. La población local, sin embargo, acudió rápidamente en su ayuda y un mes después el disminuido ejército estaba ya en condiciones de presentar combate. El 7 de agosto ocurre la primera de las grandes victorias de Bolívar, la batalla de Boyacá, con la que asegura la liberación de Nueva Granada (Colombia). Al año siguiente derrota a los españoles en la batalla de Carabobo, con la que consigue proclamar definitivamente la independencia de su nativa Venezuela. Y un año después, en mayo de 1822, su lugarteniente° y hombre de confianza, Antonio José de Sucre, presenta batalla a los españoles ante el escenario del majestuoso volcán Pichincha, cerca de la ciudad de Quito, Ecuador. El triunfo de Sucre en esta batalla complementó el que había alcanzado el propio Bolívar en la batalla de Bombená, dos meses antes. Los territorios del Ecuador quedaron así libres de la dominación española.

greed

motley

helms and epaulettes

source of income

a more feasible target
become flooded

struck down

heads of cattle

deputy

Ideas políticas de Bolívar

¿Qué tipo de gobierno se debía establecer en los territorios liberados? Bolívar no fue partidario de adoptar sistemas federales como el de los Estados Unidos pues creía que los hispanoamericanos—carentes de tradición democrática y de experiencia política—necesitaban un tipo de gobierno en que el poder político y militar estuviera más concentrado en una autoridad central. Pensaba que el sistema de gobierno de un país debía reflejar los valores y características de su sociedad y no tratar de copiar servilmente el de otras naciones. Su modelo ideal, por ejemplo, era el del sistema británico, pero adaptado a un formato republicano compatible con la volátil realidad americana; un sistema en que se garantizaran las libertades del individuo pero al mismo tiempo se proveyeran los necesarios elementos de estabilidad política, como el de un presidente vitalicio° elegido por voto popular. Las convenciones constituyentes que se celebraron en aquellos años no aceptaron el modelo propuesto por Bolívar, pero sí su idea de unificar todo el norte de Suramérica bajo un gobierno común. Bolívar temía, en efecto, que la independencia resultara en la aparición de un gran número de repúblicas pequeñas y débiles, por lo que propuso la creación de una gran nación que comprendiera casi todos los territorios del antiguo virreinato de Nueva Granada, es decir, los territorios de las actuales Colombia, Panamá, Venezuela y Ecuador, con Bogotá como capital. Este sueño de Bolívar se hizo realidad en 1821, cuando se promulgó la constitución que creaba la República de la Gran Colombia y eligió al propio Libertador como su primer presidente. La inquieta mirada de Bolívar se dirigió entonces hacia el sur, hacia el principal bastión que le quedaba a España en Suramérica, los territorios del Perú.

for life

José de San Martín

San Martín nació en el norte de la Argentina en 1778, de padres españoles. Cuando tenía sólo siete años, su padre, un oficial del ejército español, fue trasladado a la Península, de modo que el niño creció en España. A los once años de edad ingresó por su propia voluntad en las filas del ejército español. Cuando ocurrió la invasión de Napoleón en 1808, San Martín había alcanzado ya el grado de capitán. Dos años después, combatiendo contra las tropas napoleónicas, fue ascendido a teniente coronel. Entonces le llegaron noticias de la formación de la junta de Buenos Aires[7] y sus raíces hispanoamericanas fueron más fuertes que su lealtad a España. En 1812, llegó a Buenos Aires y ofreció sus servicios al gobierno local. Las cosas no andaban

José de San Martín (Argentina; 1778-1850), junto con Bolívar, máximo arquitecto de la liberación de Suramérica.

bien en Buenos Aires, cuya junta había sido disuelta y sustituida por un Director Supremo que hacía esfuerzos por mantener la integridad geográfica del antiguo Virreinato del Río de la Plata[8]. Además, las tropas españolas del Perú amenazaban con reconquistar toda esta región. San Martín entró en acción rápidamente y consiguió contener el avance del ejército español, pero en vez de intentar un contraataque inmediato, solicitó ser nombrado gobernador de la remota región de Cuyo, en el extremo oeste de la Argentina. Cuyo y su principal ciudad, Mendoza, estaban situados a la vista de la cordillera de los Andes. San Martín había concebido el plan de atravesar la cordillera con un ejército y sorprender a las tropas españolas en territorio chileno. Su propósito: liberar a Chile, y continuando hacia el norte, derrotar a las fuerzas españolas del Perú.

horseshoes

dry ground meat
corn flour

Los preparativos le tomaron tres años, pues todos los detalles de la expedición fueron planeados con meticuloso cuidado: desde las 30.000 herraduras° que iban a necesitarse para la caballería hasta la construcción de puentes portátiles para que la artillería pudiera atravesar ríos y precipicios. El alimento básico para las tropas consistiría en carne seca molida° a la que se le añadía agua caliente y harina de maíz° para crear una nutritiva comida "instantánea". La primera columna del ejército se puso en marcha el 12 de enero de 1817, en pleno verano suramericano. Los 5.200 hombres de la expedición se dividieron en tres cuerpos de ejército que atravesarían la cordillera por tres pasos diferentes mantenidos en secreto hasta el último minuto. Con característica exactitud, San Martín ordenó que las tres columnas

was accomplished

convergieran en un lugar preciso del lado chileno entre el 6 y el 8 de febrero. Increíblemente, este objetivo se cumplió° a pesar de las enormes dificultades que encontró la expedición durante el cruce de la cordillera, a altitudes de hasta 13.000 pies. Tomado por sorpresa, el ejército español fue decisivamente derrotado días después en la batalla de Chacabuco. El 14 de febrero San Martín y sus tropas entraban triunfalmente en Santiago de Chile. A San Martín le fue ofrecido el puesto de gobernador del nuevo país, pero con típico desinterés pidió que se le diera al gran patriota chileno Bernardo O'Higgins[9] que lo había acompañado en la expedición. Todavía fue necesaria otra batalla al año siguiente, la de Maipú, para asegurar la independencia de Chile. San Martín estuvo entonces en condiciones de emprender su más ambiciosa misión: la liberación del Perú.

El capítulo final

El 12 de julio de 1821 San Martín entraba victorioso en Lima, a invitación del cabildo de la ciudad. El virrey del Perú había decidido retirarse de la ciudad con sus tropas más bien que presentar batalla. Para mantener el orden necesario, el general argentino adoptó el título de "Protector" del Perú, con poderes dictatoriales, lo que creó bastante resentimiento entre no pocos peruanos. Parece claro, sin embargo, que San Martín no tenía la intención de convertirse en dictador del Perú a largo plazo; su objetivo era más bien evitar el caos hasta que la población del Perú pudiera elegir la forma de gobierno que quisiese. Personalmente, San Martín prefería un gobierno monárquico y esto aumentó la oposición a su gobierno. Mientras su popularidad disminuía, las tropas españolas del virrey, todavía intactas, hacían sentir su presencia en los alrededores de Lima. San Martín comprendió que había llegado el momento de tratar de formar una alianza con el libertador del norte del continente, Simón Bolívar.

El encuentro entre los dos líderes tuvo lugar del 25 al 27 de julio de 1822 en el puerto de Guayaquil, Ecuador, que acababa de caer en manos de Bolívar. Esta célebre entrevista de Guayaquil fue uno de los eventos decisivos en el proceso de la independencia. Bolívar y San Martín hablaron solos, sin testigos, pero en seguida se hizo evidente que no habían podido ponerse de acuerdo. San Martín adoptó al parecer la actitud más conciliadora, ofreciendo incluso combatir en el Perú bajo las órdenes de Bolívar, pero éste no acogió favorablemente la idea. El Libertador, aparentemente, no estuvo dispuesto a compartir con nadie la gloria de la liberación definitiva del Perú, la posesión más preciada de España. La entrevista sirvió también para mostrar el agudo contraste que existía entre estas dos personalidades. Bolívar recibió a San Martín con un despliegue de ceremonias y festejos que hizo sentirse incómodo al austero líder argentino. Al desembarcar en el puerto de Guayaquil, nos cuenta el estadista argentino Bartolomé Mitre en su *Historia de San Martín*, "una joven de dieciocho años ciñó la frente° del libertador del sud° con una corona de laurel de oro... San Martín, poco acostumbrado a estas manifestaciones teatrales y enemigo de ellas por temperamento, a la inversa de Bolívar, se ruborizó° y quitándose con amabilidad la corona de la cabeza, dijo que no merecía aquella demostración... pero que conservaría el presente por el sentimiento patriótico que lo inspiraba..." Desilusionado, San Martín regresó a Lima. Convencido de que no él sino Bolívar poseía los recursos necesarios para asegurar la independencia del Perú, decidió quitarse de en medio°. Después de renunciar a todos sus cargos°, retornó a la Argentina y poco después se embarcó para Europa. Moriría en Francia muchos años más tarde, en 1850, pobre y en la sola compañía de su hija Mercedes.

Con la retirada de San Martín, Bolívar quedó dueño del campo, y en 1824 se libraron los dos últimos grandes encuentros de las guerras de independencia. En el primero, la batalla de Junín (6 de agosto), no se disparó un solo tiro°; las caballerías de los dos ejércitos se enfrentaron en un llano a doce mil pies de altura, blandiendo° sólo lanzas y espadas. Las fuerzas españolas, derrotadas, consiguieron sin embargo retirarse y Bolívar le encomendó

crowned

south

blushed

to get out of the way

posts

not a shot was fired

brandishing

a su fraterno Antonio José de Sucre la tarea de asestarles el golpe definitivo°. El 8 de diciembre, en la batalla de Ayacucho, las fuerzas de Sucre lograron una victoria completa en la que el mismo virrey del Perú fue hecho prisionero. Poco después Bolívar entró en triunfo en la ciudad de Lima.

Una paz problemática

Capitolio Nacional, Caracas, Venezuela.

El Libertador dijo una vez: "Le temo más a la paz que a la guerra", y estas palabras fueron proféticas. Los cinco años que le quedaban de vida fueron mayormente consumidos en un incesante y vano esfuerzo por mantener unidos a los territorios de la Gran Colombia, esa artificial unidad jurídica que su imaginación había creado. En realidad, los líderes de cada región—Venezuela, Colombia, Ecuador—querían formar repúblicas independientes y la geografía conspiraba en su favor. Los territorios de la Gran Colombia, equivalentes en extensión a los de los Estados Unidos al este del río Mississippi, estaban separados por formidables obstáculos geográficos: cordilleras, inmensos llanos, desiertos. Aunque todos habían pertenecido al Virreinato de Nueva Granada durante el período colonial, cada cual había mantenido una actitud independiente. El ciudadano de Caracas consideraba al de Bogotá como un extranjero, y viceversa.

Bolívar tuvo todavía la satisfacción de crear una nueva república en los territorios del Alto Perú, para la que escribió una constitución basada en el modelo inglés, con el poder centralizado en manos de un presidente vitalicio (es decir, el tipo de constitución ideal que una vez había propuesto). Puso al frente del nuevo país a Antonio José de Sucre, quien hizo que se le diera el nombre de República de Bolívar (luego Bolivia). Para 1828, sin embargo, Sucre había tenido que renunciar a su puesto debido a su incapacidad para controlar el caos imperante en el nuevo país. Esto habría de repetirse con frecuencia en otras partes de Hispanoamérica.

Después de sobrevivir un intento de asesinato en Bogotá, el Libertador salió de la ciudad por última vez el 8 de mayo de 1830, prematuramente envejecido y consciente de que la Gran Colombia estaba en proceso de desintegrarse. Moriría en el pueblo colombiano de Santa Marta el 17 de diciembre de 1830 a los 47 años de edad, víctima de la tuberculosis, en la más total pobreza. Poco antes había rechazado una generosa pensión que le ofreciera el gobierno colombiano. Su desilusión quedó expresada en una de sus frases más famosas:

"He arado° en el mar".

Consecuencias de la independencia

La situación de Hispanoamérica en 1825 no era nada envidiable. La destrucción causada por las guerras de independencia había sido enorme. Además, al retirarse, el gobierno español dejó en las colonias un vacío de poder° que no fue fácil de llenar. La Corona, recordemos, había mantenido los cargos importantes en manos de los peninsulares, negándoles a los criollos la oportunidad de entrenarse como políticos y administradores. Lo que hicieron las nuevas naciones fue mirar hacia los Estados Unidos y Europa en busca de modelos institucionales, de modo que las constituciones que se escribieron en Hispanoamérica estuvieron fuertemente influidas por la constitución norteamericana, la francesa y los principios del Iluminismo. El problema fue que estos documentos establecieron sistemas de gobierno e instituciones que estaban muy bien en el papel, pero que eran difíciles de implementar en la realidad hispanoamericana de aquella época. La idea, por ejemplo, de un poder judicial independiente o de un congreso capaz de oponerse sin temor al presidente, no eran parte de la tradición colonial.

power vacuum

Fue así que a pesar de las ideas progresistas e igualitarias que postulaban las nuevas leyes, la sociedad hispanoamericana continuó practicando muchos de los usos y costumbres heredados de la mentalidad colonial. Ocurrieron, es cierto, varios cambios positivos: se suprimió la Inquisición, la esclavitud fue abolida en la mayoría de los nuevos países, los indios ya no tuvieron que pagar tributo y se eliminó el soporte legal a la división de la sociedad en castas. Al mismo tiempo, sin embargo, se perpetuó la estructura de la sociedad colonial, fundamentalmente clasista, con los criollos como clase dominante y los mestizos, indios y negros todavía en los escalones más bajos de la escala social. Subsistió así mismo el sistema de grandes haciendas, cuyos dueños eran casi siempre criollos, sostenidas por el trabajo de peones pertenecientes a las clases bajas.

La edad de los caudillos

Cuando no existen instituciones fuertes, el resultante vacío de poder es a menudo llenado por personalidades fuertes. Este fue el caso de Hispanoamérica, heredera de la tendencia hispana a sobrevalorar las relaciones y las lealtades° personales. En los años que siguieron a la independencia, la vida política de la región estuvo dominada por una serie de robustas personalidades, los caudillos, que impusieron su poder personalista, a menudo carismático, sobre la población. Algunos de ellos eran militares que habían ganado poder y prestigio durante las guerras de liberación, como Francisco de Paula Santander en Colombia o José Antonio Páez en Venezuela, o que consiguieron imponerse por la primitiva fuerza de su carisma personal, como sucedió en la Argentina con el brutal caudillo Juan

loyalties

Manuel Rosas (1829-53). A partir de 1850, aparecen en algunos países gobiernos civiles presididos por dirigentes de mentalidad más liberal y progresista, como fue el caso de Benito Juárez en México (1857-72) y Domingo Faustino Sarmiento en la Argentina (1868-74). Pero sólo unas pocas naciones hispanoamericanas consiguieron consolidar una estabilidad constitucional basada en gobiernos civiles, como ocurrió en Argentina, Chile y, un poco más tarde, en Uruguay y Costa Rica. En la mayoría de las demás naciones, la tradición de gobiernos personalistas y autoritarios continuó predominando durante el siglo XIX y buena parte del XX.

didn't entail

La emancipación política de Hispanoamérica no conllevó°, por otra parte, su emancipación cultural. La gran mayoría de los escritores, intelectuales y artistas de los nuevos países continuaron mirando hacia Europa en busca de inspiración y modelos. Por eso encontramos un estrecho paralelo entre los movimientos artísticos y filosóficos europeos y los que aparecen en Hispanoamérica durante el siglo XIX: el Neoclasicismo, el Romanticismo, el

followers

Realismo, el Positivismo encontraron fervientes seguidores° en las tierras americanas, en tanto Francia, la nación del Iluminismo, desplazaba a España como modelo cultural preeminente[10]. Al propio tiempo, los modelos artísticos y literarios europeos fueron a menudo adaptados con éxito a la realidad americana y en algunos casos consiguieron crear productos de innegable originalidad y frescura, como sucedió con la poesía gauchesca argentina, como luego veremos.

Notas

[1]El sistema mercantilista, que predominó en Europa durante los siglos XVI y XVII, consideraba los metales preciosos como bienes económicos por excelencia y favorecía el proteccionismo para excluir el acceso de otras naciones a aquéllos. El monopolio comercial español fue producto de esta doctrina económica.

[2]El Iluminismo se desarrolló especialmente a partir de las ideas de pensadores franceses del siglo XVIII como Jean Jacques Rousseau, Voltaire y Condillac. Los principios iluministas fueron diseminados a través de la *Encyclopédie* (1751-65), editada por Denis Diderot y Jean Le Rond d'Alembert. Afirmaban—a partir de las ideas de Isaac Newton, entre otros—que el universo estaba gobernado por leyes constantes cuyos secretos podían ser revelados, no a través de los textos religiosos, sino del razonamiento lógico y la experimentación científica. El ser humano tenía el derecho a aspirar a la felicidad a través del progreso y por eso las ciencias y el conocimiento debían tener fines prácticos. En lo económico, favorecían la libertad de comercio, el "laissez faire" propuesto por Adam Smith.

[3]Esta declaración, uno de los documentos seminales de la Revolución Francesa, fue aprobada por la Asamblea Nacional de Francia en 1789.

[4]Este líder indígena consiguió que las autoridades españolas le reconocieran como heredero del linaje real (royal lineage) inca. El levantamiento que encabezó logró

controlar durante varios meses substanciales porciones de Perú y Bolivia. Capturado en mayo de 1851, sufrió, varias semanas de interrogatorios y torturas, hasta que fue ejecutado junto con su familia. A su mujer le aplicaron el garrote, a él lo descuartizaron *(he was quartered)* de acuerdo con la costumbre de la época.

⁵Miranda hizo de Londres el centro de sus actividades conspirativas, pero nunca logró que los ingleses le concedieran la indispensable ayuda militar y económica. En Rusia tuvo una breve relación amorosa con la emperatriz Catalina la Grande, y al estallar la Revolución Francesa se alistó *(enlisted)* en el ejército republicano, en el que llegó a alcanzar un alto rango militar. Su nombre fue inscrito, por orden de Napoleón, en el Arco de Triunfo de París como uno de los héroes de la Revolución Francesa.

⁶En 1531 la virgen de Guadalupe se le apareció al indio Juan Diego en el lugar donde hoy se levanta el santuario que lleva su nombre, en la capital de México. Es el santuario más visitado de las Américas.

⁷Entre 1806 y 1807 los habitantes de Buenos Aires consiguieron derrotar a dos expediciones inglesas que trataron de ocupar su ciudad. Esto les dio una gran confianza en su habilidad para dirigir su propio destino. En mayo de 1810 formaron una junta para gobernar en nombre de Fernando VII. Luego, en 1816, un congreso reunido en la ciudad de Tucumán declaró la independencia.

⁸Los territorios de Paraguay, Uruguay y el Alto Perú (hoy Bolivia) se independizaron en pocos años y Buenos Aires vino a ser sólo la capital de los territorios de la actual Argentina.

⁹Bernardo O'Higgins (1778-1842) era de origen irlandés. Su padre había servido en los ejércitos de España y había llegado a ser virrey del Perú, pero el hijo se identificó con la causa de la independencia chilena y participó allí en la rebelión de 1810. Fracasada ésta, se refugió en la Argentina y acompañó a San Martín en el cruce de los Andes. Fue el primer presidente de Chile (1818-23).

¹⁰El romanticismo europeo, con su énfasis en la bondad del hombre primitivo— del "noble salvaje"—en el marco de su hábitat natural, hizo que los escritores hispanoamericanos comenzaran a apreciar el valor estético del paisaje y de las culturas nativas de América. El gran poeta cubano José María Heredia (1803-39) abrió el camino del romanticismo hispanoamericano con poemas como "Oda al Niágara"(1824), dedicado al majestuoso espectáculo de las cataratas del Niágara. En la Argentina, uno de los principales centros de este movimiento, el romanticismo, fue introducido por Esteban Echeverría (1805-51) en 1830. La novela *María* (1867), del colombiano Jorge Isaacs, es considerada como la obra maestra de la narrativa romántica hispanoamericana; el amor idílico de sus dos protagonistas, María y Efraín, tiene como fondo la lectura de *Atala* (1801), la famosa novela romántica del francés Chauteaubriand, pero también hace incursiones en la naturaleza del colombiano valle del Cauca y en el folclor de su población africana. En Cuba, donde los indígenas se habían extinguido pero la esclavitud africana era una obvia injusticia, apareció un ciclo de novelas abolicionistas entre las que destacan *Francisco* (1838), de Anselmo Suárez y Romero, y *Sab*, de Gertrudis Gómez de Avellaneda; ambos relatos precedieron en varios años a *La cabaña del tío Tom* (1851-52), de Harriet Beecher Stowe.

Actividades y ejercicios

A. Preguntas sobre la lectura.

1. Mencione tres ideas importantes del Iluminismo.
2. ¿Quién fue José Gabriel Condorcanqui?
3. ¿En qué país desembarcó la expedición de Francisco de Miranda? ¿Quiénes lo acompañaban?
4. ¿Qué sucedió en España en 1808?
5. ¿Qué hicieron los criollos en los cabildos?
6. Los mexicanos celebran el día de su independencia el 16 de septiembre.¿Por qué?
7. ¿Qué hecho importante protagonizó Rafael del Riego en España?
8. ¿Quién fue Agustín de Itúrbide?
9. ¿Por qué fue Simón Rodríguez importante para Bolívar?
10. En su tercer intento, Bolívar no atacó directamente a Caracas. ¿Qué hizo y por qué?
11. ¿Qué territorios comprendía la República de la Gran Colombia?
12. ¿Cuál fue la mayor hazaña militar de José de San Martín?
13. ¿Qué hizo San Martín después de su entrevista con Bolívar en Guayaquil?
14. ¿Continuó existiendo la República de la Gran Colombia después de la muerte de Bolívar? ¿Por qué?
15. ¿Qué quería decir Bolívar con su frase "He arado en el mar"?
16. Después de la independencia, ¿qué modelos usaron los hispanoamericanos al escribir sus leyes y constituciones? ¿Qué problemas había con esto?
17. ¿Quiénes eran los caudillos?
18. ¿Podemos decir que después de conseguir su independencia política Hispanoamérica se independizó también culturalmente de Europa? ¿Por qué sí o por qué no?

B. Sinónimos. Seleccione las palabras sinónimas en las dos columnas.

1. ____ propósito
2. ____ rebelión
3. ____ presagio
4. ____ cargo
5. ____ gachupín
6. ____ fracasar
7. ____ cura
8. ____ cárcel
9. ____ festejo
10. ____ aldea

a. sacerdote
b. prisión
c. español
d. no tener éxito
e. puesto
f. objetivo
g. pueblo
h. profecía
i. celebración
j. levantamiento

C. ¿Cierto o falso? Si es falso, explique por qué.

1. El Iluminismo afirmaba que el poder legítimo reside en las monarquías hereditarias.
2. El Iluminismo no buscaba la verdad en los textos bíblicos.
3. Por lo general, los criollos fueron los protagonistas de las guerras de independencia de Hispanoamérica.
4. La mayor parte del ejército del padre Hidalgo estaba compuesto por criollos.
5. Las juntas eran comités que estableció la Iglesia para defender la causa de Napoleón.
6. Las Provincias Unidas del Centro de América se mantuvieron unidas muchos años.
7. Los dominicanos declararon su independencia en 1821 pero fueron ocupados por tropas de Haití hasta 1844.
8. Haití fue el primer país latinoamericano que alcanzó su independencia.
9. Cuba consiguió independizarse de España en 1825.
10. Antonio José de Sucre fue el mejor colaborador y amigo de Bolívar.

D. Opiniones e hipótesis

1. ¿Qué le sugiere el hecho de que en México hubiera dos Vírgenes, la de Guadalupe y la de los Remedios, con diferentes devotos (*devotees*)?

2. Si usted tuviera la oportunidad de invitar a cenar a Bolívar o a San Martín, ¿a cuál de los dos invitaría? ¿Por qué?

3. Es posible decir que, hasta cierto punto, todavía hoy somos hijos del Iluminismo. ¿Está usted de acuerdo? ¿Conoce excepciones?

4. ¿Qué opina usted sobre el fenómeno del caudillismo? ¿Qué efectos ha tenido en la vida política de Hispanoamérica?

5. A veces se dice que los criollos emprendieron las guerras de independencia impulsados mayormente por su ambición de poder y sus deseos de reemplazar a los peninsulares en los puestos importantes. Después de haber leído este capítulo, ¿cree que eso es totalmente cierto, o que hubo otras motivaciones más altas y nobles? ¿Puede dar algún ejemplo?

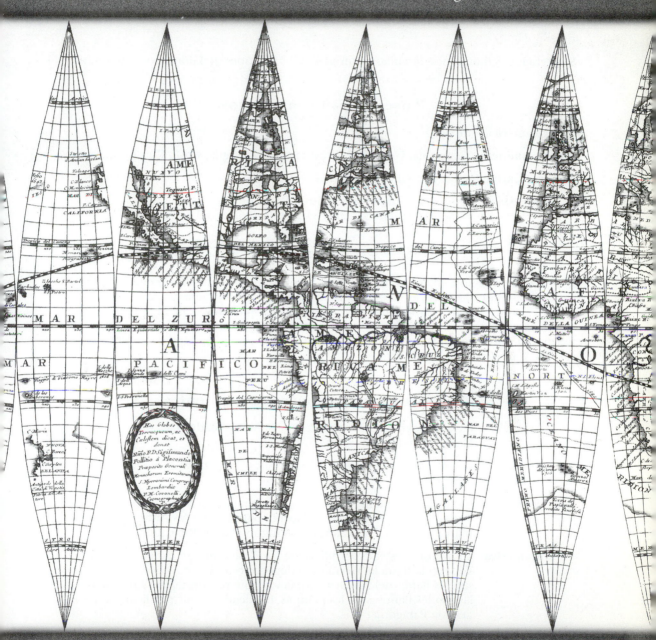

Terminología

Hispanoamérica: incluye los 18 países americanos de habla hispana; Iberoamérica: los 18 países americanos de habla hispana + Brasil; Latinoamérica: Hispanoamérica + Brasil + Haití.

Superficie: 8,6 millones de millas cuadradas (22,3 millones de kilómetros cuadrados)

Países hispanoamericanos:

Norteamérica: México

Centroamérica: Guatemala, Honduras, El Salvador, Nicaragua, Costa Rica y Panamá

Area del Caribe: Cuba, República Dominicana + el Estado Libre Asociado de Puerto Rico

Suramérica: Venezuela, Colombia; Ecuador, Perú, Bolivia (países andinos); Paraguay; Argentina, Uruguay, Chile (países del cono sur)

Clima

Un 80% de la región está situada en la zona tropical, pero la altitud a menudo modifica el clima, especialmente en la meseta mexicana y en la cordillera de los Andes. Grandes contrastes de temperatura y cantidad de precipitación, e.g., entre el desierto de Atacama (norte de Chile), las fértiles pampas de Argentina, el árido sertão *(back woods)* del nordeste del Brasil, y la alta humedad y abundante precipitación de las selvas del Amazonas o de Costa Rica.

Rasgos topográficos más sobresalientes

México: meseta mexicana, flanqueada por la Sierra Madre Oriental y Sierra Madre Occidental.

Centroamérica: complicada topografía de llanos, valles y montañas geológicamente inestables.

Area del Caribe: parte del sistema montañoso de Centroamérica se sumerge en el mar Caribe y emerge al sur de la Florida para formar las Antillas Mayores (Cuba, Jamaica, Haití-Santo Domingo y Puerto Rico).

Suramérica: en la costa oeste: la cordillera de los Andes, que se extiende desde Venezuela hasta la Tierra del Fuego; al este de los Andes, de norte a sur, los llanos del río Orinoco, la enorme red fluvial del Amazonas y las fértiles llanuras de las pampas, bordeadas al sur por la árida meseta de la Patagonia.

Composición étnica

No existe una raza latinoamericana sino un arco iris racial en el que están representadas las tres razas que coincidieron en la región: la indígena, la blanca y la negra. La raza blanca predomina en unos pocos países: Argentina, Uruguay, Costa Rica, y es numéricamente alta en varios otros: Chile, Colombia, Cuba, Brasil. En dos países, Bolivia y Guatemala, la población indígena supera el 50%, y en otros dos, Perú y Ecuador, sobrepasa el 40%, pero, en general, el mestizaje racial es el fenómeno más común. La población negra sólo es mayoritaria en un país, Haití, pero la población mulata predomina en la República Dominicana y es muy abundante en Cuba y en Puerto Rico. Hay también varias minorías importantes: chinos, especialmente en Cuba y en Perú; japoneses, sobre todo en Brasil; sirios y libaneses, especialmente en Chile, Colombia y el área del Caribe.

Demografía

El excesivo aumento de la población ha sido uno de los problemas tradicionales de Latinoamérica. Pero en los últimos años ha habido bastante progreso en contener el nivel de la natalidad, manteniéndolo por debajo del 3% anual en la mayoría de los países. El otro gran problema es la desigual distribución de la población, como en las enormes áreas subpobladas del interior de Suramérica frente a la alta densidad de población de las grandes capitales de la periferia.

Rasgos que hacen de Latinoamérica un área cultural:

herencia cultural hispano-portuguesa; religión católica; sistema jurídico heredado del Derecho Romano; común sistema de valores.

El término Latinoamérica—o su variación, América Latina—es el que se usa con más frecuencia para referirse al conjunto de naciones americanas que fueron una vez posesiones coloniales de España, de Portugal (Brasil) o de Francia (Haití), es decir, de los tres países latinos de Europa que establecieron colonias en América. El término "América", por cierto, se usa en español para designar a todo el Hemisferio Occidental, desde el Canadá hasta la Argentina; no es, por lo tanto, un sinónimo de "Estados Unidos". La denominación Hispanoamérica se emplea también bastante para referirse a los dieciocho países del hemisferio en los que se habla español y predomina la cultura hispana. Con frecuencia—y con bastante lógica—se incluye también a Puerto Rico en este grupo, pues aunque no es un país independiente sino un "estado libre asociado" de los Estados Unidos, la lengua y la cultura de España han sobrevivido allí de manera particularmente vigorosa. Otra denominación, Iberoamérica, se usa, sobre todo en círculos académicos, para referirse a las naciones del Nuevo Mundo cuya cultura procede de los dos países de la Península Ibérica, España y Portugal; incluye, pues, a los dieciocho países hispanos más la única nación americana de habla portuguesa, Brasil.

Lo primero que nos impresiona de Latinoamérica es su considerable tamaño: unas 8,6 millones de millas cuadradas (22,3 millones de kilómetros cuadrados)—más de dos veces la superficie de los Estados Unidos—, con una extensión de casi 6.000 millas (9.600 km) de norte a sur. Todos los países de la Europa Occidental, con la excepción de Noruega y Suecia, podrían caber, por ejemplo, dentro de las fronteras de Argentina. Estas enormes dimensiones geográficas significan, entre otras cosas, la presencia de un escenario natural de extraordinaria diversidad y sorprendentes contrastes. Más del 80% de la región se halla situada entre el Trópico de Cáncer y el de Capricornio, pero esta ubicación en la zona tropical o subtropical es sólo parte de la historia: es responsable del intenso calor y la alta humedad de las selvas del Amazonas o de Costa Rica, pero tiene poco efecto en regiones situadas a considerable altitud, como sucede con las ciudades que se hallan en la cordillera de los Andes. Quito, la capital de Ecuador, por ejemplo, se *equator* encuentra a sólo 15 millas de la línea del ecuador°, pero su situación a más de 9.000 pies (2.700 metros) de altura hace que la temperatura normalmente se mantenga en el área de los 50 grados Fahrenheit, con noches bastante frías. A veces es posible encontrar dentro de un mismo país todas las variedades imaginables de vegetación y de clima, como sucede en las tres naciones más grandes: Brasil, Argentina y México. O se da el caso de una nación como Chile que, por su extraordinaria longitud—3.000 millas (4.800 km) de norte a sur—contiene, en el norte, el desierto de Atacama, una de las regiones más secas del mundo, con un promedio de precipitación de una pulgada (2,54 centímetros) de lluvia cada cinco años, mientras que la parte central, en torno a la capital, Santiago, disfruta un agradable clima mediterráneo que produce excelentes vinos; el sur del país, en cambio, es húmedo y frío, a veces con un paisaje de fiords semejante al de Noruega[1].

El mapa humano

Si grande es la diversidad geográfica de Latinoamérica, lo mismo puede decirse de su población. No hay un prototipo racial latinoamericano. El continuado proceso de uniones interraciales entre el europeo, el indígena y el negro ha producido al cabo de 500 años una población que es en buena medida racialmente mixta. Por otro lado, una parte respetable de los descendientes de los colonizadores españoles—los criollos—tuvieron relativo éxito en mantenerse separados de mestizos y mulatos y han conservado hasta hoy características raciales predominantemente caucásicas.

Por último, varios millones de nuevos inmigrantes se han establecido en Latinoamérica en tiempos modernos. Cientos de miles de chinos, por ejemplo, fueron traídos en el siglo XIX, especialmente a Cuba y al Perú, para realizar labores agrícolas. Ya en nuestro siglo, un crecido número de inmigrantes japoneses han formado prósperas comunidades en varios países latinoamericanos; en el Brasil constituyen una importante minoría que sobrepasa el millón de personas. Ha sido importante también la inmigración árabe—sirios, libaneses, palestinos—, quienes de manera poco espectacular pero ininterrumpida se establecieron en varias regiones de Latinoamérica durante las primeras décadas de este siglo, especialmente en los países del cono sur, en Colombia y el área del Caribe. La inmigración más importante, sin embargo, ha sido la de los varios millones de europeos que se establecieron en Latinoamérica durante la segunda mitad del siglo XIX y las primeras décadas del XX; su presencia modificó significativamente la composición racial de países como Argentina, Uruguay, Chile, Brasil y Cuba, al inyectar en ellos grandes contingentes de inmigrantes de raza blanca.

Madre e hijo, Bolivia.

El resultado es un verdadero arco iris° étnico que incluye tanto al negro de Cuba, al mulato de Santo Domingo y al ciudadano de extracción japonesa del Perú, como al indio boliviano y al brasileño de ascendencia alemana. Latinoamericanos son todos y de ahí que resulte fútil tratar de identificar al latinoamericano con un determinado tipo racial, como ha intentado hacer el gobierno norteamericano respecto a la población hispana de los Estados Unidos.

rainbow

Ese arco iris racial latinoamericano se halla desigualmente distribuido en términos geográficos, y esto por razones mayormente históricas. En las áreas que importaron mayor número de esclavos durante el período colonial—usualmente en conexión con la industria azucarera—suele existir una importante minoría negra y una numerosa población mulata. Esto sucede especialmente en el área del Caribe y en el norte del Brasil. Si miramos, en cambio, a las regiones donde la población indígena precolombina fue extraordinariamente numerosa y consiguió sobrevivir el impacto de la conquista (aunque sufriera masivas pérdidas iniciales, como en el caso de México), veremos que allí se hallan todavía hoy las mayores concentraciones de población racialmente indígena. Tal es el caso de Ecuador y, sobre todo, de Perú y Bolivia, como lo es también el de Guatemala y México. El mestizo, por su *ubiquitous* parte, es una presencia ubicua° en casi toda Hispanoamérica, excepto en las islas del Caribe, constituyendo el tipo étnico predominante en México y en varios países centroamericanos (Honduras, El Salvador, Nicaragua), así como en Colombia, Venezuela y el Paraguay. El mestizaje es también bien evidente en la población chilena. Finalmente, el tipo racial caucásico prevalece en la Argentina y el Uruguay debido a la masiva inmigración europea antes mencionada, así como en la pequeña Costa Rica, que nunca tuvo una población indígena de alta densidad y, careciendo de riquezas minerales, fue originalmente colonizada por inmigrantes españoles que vinieron a trabajar la tierra por sí mismos. Cuba, por su parte, ha sido tradicionalmente clasificada como un país predominantemente blanco, en parte debido a los más de 700.000 inmigrantes españoles que se establecieron en la isla durante el primer tercio de nuestro siglo. Después de la revolución de Fidel Castro, sin embargo, una parte substancial de la clase media cubana, mayormente blanca, abandonó el país y la mezcla racial se aceleró, de manera que es difícil dar en la actualidad cifras confiables sobre la composición étnica de la isla.

Danzantes indígenas, Ciudad de México.

Hay que recordar, por otro lado, que la percepción de las categorías étnicas está influida muchas veces por factores culturales. En Latinoamérica las líneas divisorias entre las razas no están tan bien definidas como en otras regiones del mundo. Una persona, por ejemplo, que habite en la ciudad y adopte el modo de vida occidental no se considera india aunque racialmente lo sea, y no es raro que *ancestors* se avergüence de sus antepasados° indígenas. Los gobiernos latinoamericanos, especialmente los de México y Perú, han hecho grandes esfuerzos por combatir esa mentalidad, pero el prejuicio contra las culturas autóctonas° es todavía hoy un hecho innegable. Igualmente, una persona en Latinoamérica puede tener sangre africana en sus venas sin que se la considere parte de la minoría negra, siempre que su aspecto físico y su posición social la acerquen lo suficiente a los que se asocian con la raza blanca.

Muy desigual es también la distribución geográfica de la población latinoamericana. En Suramérica, sobre todo, se colonizaron las áreas cercanas a las costas en tanto el interior del subcontinente quedaba escasamente poblado o prácticamente vacío. Este patrón ha persistido en el siglo XX y no han sido muy exitosos los esfuerzos de los gobiernos por modificarlo. El intento más conocido fue el que llevó a cabo Brasil en 1960, cuando trasladó la capital del país de Río de Janeiro a Brasilia, la nueva capital construida en el interior, en el corazón de la nación, a unas 600 millas al noroeste de Río.

El otro gran problema de desequilibrio demográfico ha sido la tendencia de la población rural a trasladarse a las ciudades, tendencia que se ha incrementado extraordinariamente en las cinco últimas décadas. El aumento de la industrialización en los núcleos urbanos ha atraído a millones de habitantes del campo, esperanzados en encontrar un empleo digno en las ciudades; además, la vida de una ciudad moderna ofrece comodidades y atractivos difíciles de resistir para el habitante de las áreas rurales. Este flujo hacia los centros urbanos se ha acelerado especialmente cuando ha habido períodos de prosperidad en que ha aumentado notablemente la demanda° de empleo en las áreas metropolitanas. Así ocurrió, por ejemplo, en Brasil durante los años de bonanza económica del llamado "milagro brasileño" (1967-73): legiones de campesinos° se establecieron en las ciudades brasileñas reclamando una porción del "milagro", pero no había, claro, suficientes puestos de trabajo para todos, de modo que comenzaron a aumentar rápidamente los barrios de pobrísimas viviendas°—llamados favelas en Brasil— que típicamente rodean las grandes ciudades brasileñas y las de otros países latinoamericanos. Hoy el Brasil cuenta con 11 ciudades de más de un millón de habitantes, encabezadas por Río de Janeiro, con más de 5 millones, y São Paulo, cuya área metropolitana es posible que llegue ya a los 15 millones. En el estado de Amazonas, en cambio, la población no pasa de 3,5 habitantes por milla cuadrada. Este fenómeno, en mayor o menor escala, se repite en casi toda Latinoamérica. En el Perú, Lima ha sobrepasado los seis millones de habitantes y la capital de México, el mayor caso de superpoblación urbana del mundo, supera los 20 millones y se calcula en 1.000 el número de personas que se mudan cada día a la ciudad. Es fácil imaginar la magnitud de los problemas de asistencia sanitaria, escolarización, servicios públicos de agua, alcantarillado°, electricidad, etc. que crea este éxodo enorme y al parecer incontenible.

indigenous

demand

peasants

dwellings

sewage

Una noticia alentadora° en ese preocupante panorama es que la explosión demográfica que ha aquejado° a Latinoamérica por muchos años se ha contenido bastante en tiempos recientes. Aunque en Ecuador, Perú y Bolivia el porcentaje anual de natalidad se ha mantenido sobre el 3%, en la mayoría de los países latinoamericanos ha descendido por debajo de esa cifra. La cuestión del control de la natalidad ha sido siempre un tema polémico en Latinoamérica, sociedad católica y tradicionalmente conservadora en materia de sexualidad, donde la Iglesia ha ejercido una influencia considerable en predisponer a la población contra el aborto y el uso de anticonceptivos°. Poco a poco ha llegado a prevalecer, sin embargo, una actitud más flexible en la materia, y la idea del control de la natalidad se ha ido imponiendo, a menudo con patrocinio° gubernamental.

contraceptive devices

sponsorhip

Para facilitar el estudio de un escenario físico y humano tan variado, es conveniente distinguir en él cuatro zonas geográficas: México, Centroamérica, el área del mar Caribe y Suramérica.

México

México es, como mencionamos, un notable ejemplo de la diversidad geográfica que caracteriza a Latinoamérica. Un 85% del territorio mexicano está formado por terrenos accidentados—montañas, valles, mesetas—y en la mayor parte de ellos se padece una crónica escasez de lluvia y la ausencia de grandes ríos. Las tierras bajas se hallan principalmente en la parte sur del país, a partir del istmo de Tehuantepec, e incluyen la gran plataforma de tierras calizas° que constituye la Península de Yucatán. El clima en Yucatán es tropical, con sabanas, bosques y precipitación abundante, especialmente en el área del sudoeste que se halla cerca de la frontera con Guatemala.

limestone

Irónicamente, si la naturaleza le negó a México una provisión adecuada de agua, le dio, en cambio, unas enormes cantidades de otro líquido vital, el petróleo, del que tiene unas reservas de unos 500.000 millones de barriles (más del doble de las de los Estados Unidos).

Pero el rasgo° que domina la geografía mexicana es la gran meseta° que se extiende por todo el norte y el centro del país, hasta el

feature

plateau

Plaza del Zócalo, Ciudad de México. Una de las plazas metropolitanas más grandes del mundo

istmo de Tehuantepec, flanqueada° por dos cordilleras, la Sierra Madre *flanked*
Oriental, en el este, y la Sierra Madre Occidental, en el oeste. La meseta, bastante árida en su parte norte, gana en altitud a medida que desciende hacia
el sur y llega a alcanzar una altura de más de 7.000 pies en su parte central,
que ha sido el principal escenario histórico de la cultura mexicana. Esta
meseta central contiene, en efecto, una serie de valles de mayor fertilidad
donde se desarrollaron las altas civilizaciones indígenas del México precolombino. Esta es una zona de bastante actividad volcánica y sísmica. Una cordillera que la atraviesa de este a oeste contiene las montañas volcánicas más
altas del país: el Orizaba, el Popocatepetl, el Ixtaccihuatl, cuyos majestuosos
picos nevados alcanzan entre 17.000 y 18.000 pies de altura. El clima de la
meseta central es seco, con temperaturas generalmente frescas y agudos
contrastes entre el día y la noche. En la ciudad de México, por ejemplo, a
7.350 pies sobre el nivel del mar, es necesario llevar algún abrigo° durante la *coat*
noche, pues aun en verano la temperatura puede descender hasta los 50 grados Fahrenheit. Este es sin duda uno de los países clave de Latinoamérica,
tanto por su potencial económico como por su posición geográfica, ya que
comparte 1.500 millas de frontera con los Estados Unidos.

Centroamérica

Norteamérica termina geográficamente en el Istmo de Tehuantepec, y allí
comienza la también muy accidentada geografía de Centroamérica y sus
cinco países: Guatemala, Honduras, El Salvador, Nicaragua y Costa Rica.
Durante el período colonial de Hispanoamérica, estas naciones formaron
un solo territorio subordinado al virreinato de México. El sexto país de la
región, Panamá, pertenece geográficamente a Centroamérica, pero históri-
camente fue parte de Colombia hasta 1903, cuando declaró su independencia con el apoyo de los Estados Unidos[2].

La geografía de Centroamérica es extraordinariamente complicada, pero
se puede decir que el paisaje montañoso domina casi toda la región, con las
mayores elevaciones en el oeste, del lado del Océano Pacífico. Los principales sistemas montañosos tienden a seguir una dirección noroeste-sureste y
constituyen un área geológica muy inestable en la que abundan los volcanes
—más de doscientos—y son frecuentes los terremotos°, como el que prácti- *earthquakes*
camente destruyó a Managua, la capital de Nicaragua, en l972. El clima y la
vegetación están condicionados principalmente por la altitud. Las tierras
bajas más extensas se hallan en el lado del Mar Caribe y allí se encuentra la
mayor proporción de selvas y bosques tropicales. Son las llamadas "tierras
calientes", las zonas menos habitadas de la región. En Guatemala, por ejemplo, el área de bosques y sabanas del Petén, en el norte del país—entre
México y Belice—es la zona menos desarrollada y contiene al mismo tiempo

uno de los grandes tesoros arqueológicos del mundo: las ruinas de buena parte de las ciudades del período clásico de los mayas. Las principales ciudades y las áreas agrícolas más productivas se encuentran, en cambio, en las *temperate* tierras templadas° de las mesetas, valles y montañas situados entre los 3.000 y los 6.000 pies de altura. El clima allí es agradable, con pocas variaciones de temperatura, que fluctúan entre los 70 y los 80 grados Fahrenheit durante la mayor parte del año. La principal diferencia entre invierno y verano es la cantidad de precipitación: los meses del verano son los más lluviosos.

lacks Centroamérica carece de° petróleo o depósitos minerales importantes. Vive esencialmente de la agricultura, concentrada en unos pocos productos como el plátano (banana), el algodón, el café y el azúcar. Estos han sido tradicionalmente cultivados por una población india o mestiza que trabaja en grandes haciendas, cuyos dueños han pertenecido a una clase educada de ascendencia generalmente europea que ha jugado un papel muy prominente en la vida política y económica de estos países. Con la excepción de Costa Rica, esta región ha tenido una larga historia de regímenes militares, guerras de guerrilla y abusos contra las comunidades indígenas. En años recientes, afortunadamente, los gobiernos centroamericanos han pasado a manos civiles en procesos electorales y los principales movimientos guerrilleros han abandonado las armas, optando por incorporarse a las actividades políticas. No se ha progresado lo suficiente, en cambio, en el trato que se les da a las comunidades indígenas, especialmente en Guatemala. Costa Rica, en cambio, ha tenido una historia más pacífica y unas estadísticas de desarrollo muy superiores a las de las demás naciones centroamericanas: el 90% de la población costarricense sabe leer y escribir, su producto nacional bruto per cápita es el más alto de la región y posee una distribución más equitati-*equitable* va° de su riqueza agrícola, basada en el cultivo de fincas pequeñas. En contraste con la tradición militarista de sus vecinos, se trata de un país con una sólida tradición democrática en que ha habido pocos dictadores.

El área del Caribe

Parte del sistema montañoso de Centroamérica, orientado en dirección este-oeste, se sumerge en el mar Caribe y reaparece al sur de la Florida para formar las cuatro grandes islas conocidas como las Antillas Mayores: Cuba, Jamaica, Haití-Santo Domingo y Puerto Rico. El agradable clima tropical de las Antillas y las magníficas playas que poseen muchas de ellas han convertido al Caribe en una de las principales áreas turísticas del mundo. Por otro lado, la región está sujeta a la violencia de los ciclones que la azotan con frecuencia. No es casualidad que la palabra inglesa "hurricane" venga de "huracán", palabra española de origen indígena. Las Antillas Mayores son bastante montañosas, especialmente Haití-Santo Domingo y Puerto Rico; Cuba, en cambio, es más llana, con sólo un 35% de paisaje montañoso. El clima, suavizado por las brisas marinas, es especialmente agradable en estas islas, sin variaciones extremas. En Cuba, por ejemplo, el promedio de temperatura es de 70° F en invierno y 81° F en verano. Aparte de la industria del turismo, unos pocos productos agrícolas dominan la economía de estos países. El azúcar, por ejemplo, es el cultivo más importante en Cuba, Santo Domingo y Jamaica, y ocupa el segundo lugar en Haití, cuyo primer producto es el café. El tabaco es sinónimo de Cuba, pero se produce igualmente en Santo Domingo, donde también es importante el cultivo del cacao. La dieta del Caribe abunda en raíces tuberosas° poco conocidas en los Estados Unidos, como la yuca, el ñame y la malanga, y allí crecen algunas de las mejores frutas tropicales del mundo, como las bananas, el mango, el mamey o la guanábana.

tuberose roots

Hay diferencias notables entre los diferentes países del Caribe. En Haití se habla el creole, una modalidad local del francés, y un 95% de la población es de la raza negra. Esta es la nación más pobre del hemisferio, con unas estadísticas realmente lamentables. Casi el 80% de la población es analfabeta y la mortalidad infantil alcanza la cifra de más de 100 muertes por cada 1.000 nacimientos. A principios de la década de los noventa había unos cien dentistas para una población de más de 6.000.000 de habitantes. Su país vecino, la República Dominicana, en cambio, es una nación de habla hispana en la que predomina la población mulata y, aunque es un país pobre, sus cifras estadísticas son mucho más favorables que las de Haití.

Puerto Rico, por su parte, tiene una población de ascendencia hispana pero su relación especial con los Estados Unidos le da características propias. La pequeña isla de 3.435 millas cuadradas—menos de la mitad del área de New Jersey—fue una colonia de España hasta 1898, cuando pasó a ser una posesión norteamericana tras la guerra de Estados Unidos con España, la que se conoce en inglés como The Spanish-American War. En 1917 el Congreso de los Estados Unidos les concedió a los puertorriqueños la ciudadanía norteamericana con ciertas limitaciones (no pueden votar, por ejemplo, en las elecciones estadounidenses). Los puertorriqueños, por otra parte, mantuvieron una mentalidad autonómica y el gobierno norteamericano fue haciendo una serie de concesiones que culminaron en 1952, cuando se le concedió a la isla el estatus de Estado Libre Asociado, con una constitución propia. Bajo este régimen, los puertorriqueños eligen a su propio gobernador por voto directo. La población puertorriqueña ha estado dividida por muchos años en cuanto a la mejor opción política para el futuro

Paisaje caribeño, Isla de Santa Lucía.

del país: algunos prefieren continuar el presente régimen, otros apoyan la "estadidad", es decir, convertirse en el estado número 5l de los Estados Unidos; una pequeña pero militante minoría favorece la independencia total. Los puertorriqueños han recibido varios beneficios de su asociación con los Estados Unidos; no pagan impuestos federales, por ejemplo, y son elegibles para participar en los programas de asistencia federal del gobierno norteamericano. Ha ocurrido, además, una verdadera explosión en la industrialización del país, pues muchas compañías norteamericanas han establecido industrias en suelo puertorriqueño, atraídas por los incentivos fiscales establecidos por el sistema federal de impuestos. Pero también se oyen quejas, pues las corporaciones norteamericanas aprovechan la mano de obra *cheap labor* barata°, el desempleo es todavía muy alto y la criminalidad ha aumentado substancialmente. Como ha sucedido en otros países, la industrialización ha hecho que muchas personas se trasladen del campo a la ciudad en busca de trabajo, dejando abandonada la agricultura y creando los inevitables problemas asociados con la superpoblación urbana. Puerto Rico es uno de los países más superpoblados del mundo (más de 1.000 habitantes por milla cuadrada). San Juan, la capital, contiene casi las dos terceras partes de la población de la isla.

Cuba, por su importancia histórica y estratégica en la escena internacional, será objeto de tratamiento aparte en el presente libro.

Suramérica

El gran fenómeno topográfico de Suramérica es, por supuesto, la cordillera de **los Andes**, que, partiendo de Venezuela en el norte, se extiende hacia el oeste del continente y desciende por él hasta la Tierra del Fuego en el extremo sur: una formidable barrera natural de más de 5.000 millas de largo cuyos picos más altos llegan a alcanzar los 22.000 pies de altura. En el norte, *mountain chains* en territorio colombiano, la gran cordillera se divide en tres cadenas° para- *basins* lelas, dando espacio a las cuencas° de los dos ríos más importantes de *tributary* Colombia, el Cauca y su afluente° el Magdalena, que fluyen hacia el norte *until they flow into* hasta desembocar° en el Mar Caribe. Los Andes se convierten en dos cordilleras paralelas en el Ecuador y descienden a lo largo de la costa oeste de Suramérica, la que queda reducida a una estrecha faja° de tierra a menudo *strip* seca o desértica. En su porción central, donde se hallan Perú y Bolivia, los *width* Andes alcanzan su mayor anchura°, dividiéndose en dos cordilleras que, al llegar a Bolivia, flanquean una alta meseta, el llamado Altiplano, con una altura de entre 12.000 a 13.000 pies. En la parte norte del Altiplano, el lago Titicaca, en la frontera entre Perú y Bolivia, es el lago navegable más alto del mundo. Los Andes y sus características geográficas han tenido una influencia decisiva en moldear el carácter de las civilizaciones que se han desarrollado en esta área desde tiempos inmemoriales, obligándolas a adaptarse a condiciones climáticas a menudo adversas y a aprovechar hasta el máximo los escasos recursos° naturales disponibles. Los pueblos indígenas que han habitado esta región durante siglos se han adaptado incluso físicamente a la escasez de oxígeno que existe en las grandes alturas, desarrollando pulmones° más grandes de lo normal. Tradicionalmente, los naturales° de la región han encontrado un alivio° para estas duras condiciones de vida en los efectos que produce el masticar las hojas° de la coca, la planta de la que se hace la cocaína. Sólo en algunas regiones del Altiplano, como la que se encuentra alrededor del lago Titicaca, existen condiciones favorables para la agricultura. La pobreza agrícola de la región—donde la papa y cereales como la cebada° y la quinoa son los principales cultivos—fuerza a la población a dedicarse a la crianza de ovejas° o de tales animales nativos como la llama, que utilizan como animal de carga°, o la alpaca y la vicuña, cuya lana° es muy apreciada. En cambio, se trata de una región rica en recursos minerales, desde las fabulosas minas de plata de Potosí, explotadas por los españoles durante el período colonial, hasta las de estaño° en tiempos modernos. Al sur del Altiplano, los Andes vuelven a formar una sola cordillera que separa a Chile de la Argentina. Allí se encuentra el pico más alto del Hemisferio Occidental, el monte Aconcagua (22.834 pies). Los Andes son una cordillera "joven" de considerable actividad sísmica y volcánica. Las naciones de esta parte del continente han sufrido repetidamente los efectos de devastadores terremotos.

Al este de los Andes el subcontinente pierde altura y se hace más estable; está ocupado, de norte a sur, por tres mesetas separadas por tierras bajas donde se hallan los ríos más importantes. En el norte, la cuenca del río Orinoco contiene los famosos llanos de Venezuela, con la tradición folclórica del legendario llanero, el jinete vigoroso e independiente, adaptado a la dura y solitaria vida de la región. Al sureste de los llanos, la meseta de la Guayana, con alturas de entre 1.000 y 3.000 pies, forma el límite norte del sistema fluvial más grande del mundo, el del río Amazonas.

El Amazonas no es en realidad un solo río sino un vasto sistema fluvial al que contribuyen cientos de tributarios. El nombre Amazonas se usa generalmente para referirse a la arteria principal del sistema, que comienza en el puerto peruano de Iquitos. Es importante sobre todo en dos sentidos: por el sistema de transporte fluvial que hace posible, y por el ecosistema que existe en su vasta cuenca de 2.722.000 millas cuadradas. Nace en el Perú, a sólo 100 millas de la costa del

resources

lungs
natives
relief
chew the leaves

barley

sheep raising
beast of burden/wool

tin

Lago Titicaca, frontera Perú-Bolivia. El lago más alto del mundo (12.500 pies sobre el nivel del mar).

Pacífico, y fluye lentamente hacia el este hasta desembocar, 3.000 millas después, en el océano Atlántico. En su desembocadura, de unas 150 millas de ancho, acarrea tal volumen de agua que el Atlántico pierde allí su salinidad por muchas millas. Hay historias de náufragos° que han estado a punto de morir de sed en medio del mar antes de darse cuenta de que, gracias al Amazonas, navegaban en un mar de agua dulce°. Los barcos más grandes pueden remontar la corriente° del gran río hasta el puerto brasileño de Manaus, a 1.000 millas del Atlántico, en tanto que naves° de hasta 5.000 toneladas consiguen continuar hasta Iquitos, 1.300 millas más allá de Manaus.

shipwrecked persons

suitable for drinking
navigate upstream
ships

Aunque la cuenca del Amazonas se extiende por secciones de Venezuela, Colombia, Ecuador, Perú y Bolivia, la mayor porción de la misma, un 42%, se halla dentro del Brasil. Por eso este país es el que recibe mayor atención cuando se discute el ecosistema de este gran río y los peligros a los que se encuentra expuesto. Los bosques y selvas del Amazonas constituyen el área verde más importante del mundo y su preservación es crucial para el futuro de la humanidad. La deforestación de esta área ha alcanzado ya la cifra del 10% (se estima que unos dos millones de árboles son destruidos cada día) y sus efectos pueden ser bastante nocivos° para las condiciones atmosféricas de toda la Tierra, por no hablar del daño° que sufren las especies animales de la región y el modo de vida de las tribus indígenas que la habitan. La mayor parte de la deforestación se debe a la destrucción de los bosques por medio del fuego para dedicar las áreas desmontadas° a la ganadería o a la agricultura. Esto posiblemente contribuye, entre otras cosas, a aumentar el "efecto invernadero°", es decir, el calentamiento° de la atmósfera de todo el planeta debido a la enorme cantidad de dióxido de carbono que los incendios inyectan en el medio ambiente.

harmful
harm

cleared of trees

greenhouse effect/heating

Al sur del Amazonas, la meseta del Brasil, que se eleva hasta 3.000 pies, llega casi hasta la costa atlántica, paralela a la cual fluye el otro río importante del Brasil, el Sâo Francisco. En su extremo sur, la meseta desciende para dar paso, una vez más, a una gran extensión de tierras bajas que se prolongan por Bolivia, Paraguay, Uruguay y la Argentina. La parte noroeste de estas llanuras es conocida como el Gran Chaco, una región subtropical de sabanas, escasa en agua y poco habitada. En cambio, la humedad de las llanuras aumenta notablemente al penetrar en la cuenca de los ríos Paraná-Paraguay y Uruguay, un área sujeta a frecuentes inundaciones°. Al llegar a la costa del Atlántico, ambos ríos se unen para formar el Río de la Plata, que en realidad no es un río sino un estuario donde se hallan Buenos Aires y Montevideo.

floods

Los llanos adquieren su más impresionante amplitud en **las pampas de Argentina**, que forman un enorme abanico° de 400 millas de extensión alrededor de Buenos Aires, un área de 250.000 millas cuadradas. Esta es una de las regiones agrícolas y ganaderas más ricas del mundo y han hecho a la Argentina uno de los grandes exportadores de cereales y carnes. Al sur del

fan

río Colorado, la pampa argentina da paso a la meseta de **la Patagonia**, una región fría, de vientos constantes y poca vegetación. Sólo un 3% de la población de Argentina vive en esta región inhospitalaria dedicada tradicionalmente a la crianza de ovejas. En tiempos más recientes, la existencia de importantes yacimientos de petróleo ha inyectado nueva vida a la principal ciudad de la Patagonia, Comodoro Rivadavia.

Ese vasto y complejo escenario natural que es Suramérica contiene al Brasil, el gigante de la región—que ocupa casi la mitad del territorio suramericano—, y a nueve países hispanos. Colombia y Venezuela comparten el norte del subcontinente; Ecuador, Perú y Bolivia—los llamados "países andinos"—se hallan situados en el cuerpo principal de la cordillera de los Andes; Chile, Argentina y Uruguay ocupan el "cono sur", en tanto Paraguay se halla "atrapado"° entre Argentina, Bolivia y Brasil.

Descubierto en 1500 por el navegante portugués Pedro Alvarez Cabral, **el Brasil** tuvo una rica historia colonial bajo el dominio de Portugal. El azúcar fue le principal producto de la colonia hasta el siglo XVII, lo que ocasionó la masiva importación de varios millones de esclavos africanos para trabajar en las plantaciones de caña de azúcar. El país se convirtió en una monarquía independiente en 1822 bajo Pedro I, un príncipe portugués de la casa de Braganza que, rompiendo con la metrópolis, se proclamó emperador del Brasil. Su hijo, el capaz° Pedro II, disfrutó de un largo reinado hasta que tuvo que abdicar en 1889, presionado por el espíritu republicano de la época. Convertido en república, el Brasil ha tenido una turbulenta historia durante el siglo XX, incluyendo la era populista del presidente-dictador Getúlio Vargas (1930-1945) y la dictadura militar (1964-1985) que se dedicó a promover el desarrollo industrial de Brasil, aunque cometió muchas violaciones de los derechos humanos. Durante la década de los 60 el país experimentó un crecimiento económico espectacular (se habló entonces del *"milagre brasileiro"*, el milagro brasileño), pero una serie de graves errores económicos produjeron a la larga una altísima inflación y una deuda exterior enorme. La recuperación del país fue lenta y difícil, y no se consolidó hasta la década de los 90; a ella contribuyó en no poca medida la gestión del brillante sociólogo y economista Fernando Henrique Cardoso, que ascendió a la presidencia de la nación en 1994.

El Brasil es hoy un país democrático y la mayor potencia agrícola e industrial de Latinoamérica. Desde el siglo XIX el café se ha convertido en el principal producto de exportación, pero el impresionante desarrollo industrial de las últimas décadas ha reducido notablemente la dependencia del país de las exportaciones agrícolas. La nación produce, por ejemplo, un millón y medio de automóviles al año y es uno de los principales productores mundiales de acero. Por el lado negativo, la pasajera bonanza económica de los años 60 hizo que grandes contingentes de población rural se trasladaran a

poverty belts

las ciudades en busca de trabajo, pero el incremento de la producción industrial no fue suficiente para darles empleo a muchos de ellos; como resultado, ocurrió un gran aumento de los cinturones de pobreza° que rodean a las grandes ciudades brasileñas, los tristemente célebres barrios pobres conocidos como *favelas*. La superpoblación urbana (once ciudades brasileñas tienen más de un millón de habitantes) ha traído considerables problemas, como el de los miles de niños sin hogar que viven en las calles y acuden al robo para sobrevivir; muchos de ellos han sido víctimas de asesinatos perpetrados por personas (a veces comerciantes en complicidad con miembros corruptos de la policía) que han encontrado que la molesta presencia de esos niños es nociva para la tranquilidad de sus barrios y para sus negocios.

Vista panorámica de la moderna Caracas, Venezuela.

La mayor parte de la población de **Venezuela** vive cerca de la costa del Mar Caribe, en el sistema montañoso que es parte de la cordillera de los Andes. Allí se encuentra la capital, Caracas, y es notable la influencia de la cultura del Caribe. La manera de hablar el español, la música y otras manifestaciones culturales venezolanas recuerdan, en efecto, el contexto europeo-africano del área caribeña. El elemento racial africano es bien visible en la costa, pero la mayor parte de la población, un 69%, es clasificada como mestiza. Venezuela ha recibido una gran cantidad de inmigrantes desde la Segunda Guerra Mundial; unos 800.000 de ellos han venido de Europa, en tanto que la cantidad de inmigrantes ilegales, procedentes sobre todo de Colombia, se cuenta por millones. Muchos de ellos han venido a Venezuela atraídos por el alto ingreso per cápita que genera la industria del petróleo, pues la nación es una de las principales exportadoras mundiales de ese combustible. La distribución de la riqueza, sin embargo, es bastante desigual y, sobre todo en las ciudades, son frecuentes las escenas de extrema pobreza. El gobierno, que nacionalizó la industria petrolera en 1976, no siempre ha sabido invertir sabiamente las considerables ganancias que ha recibido por ese concepto, y Venezuela ha padecido de serios problemas económicos en años recientes.

Colombia, por su parte, es un país de marcados contrastes étnicos y culturales. Las tres principales ciudades, Bogotá, la capital, Medellín y Cali se encuentran en la mitad oeste, en la cordillera andina. Etnicamente abunda allí el mestizaje de indio y blanco, aunque la raza blanca está bien representada y hay algunas regiones, como los Departamentos de Caldas y Antioquía, cuya capital es Medellín, donde la población es en su mayoría de ascendencia española. En el área del sistema fluvial Cauca-Magdalena y en las tierras bajas del Caribe, en cambio, las plantaciones de azúcar y de plátanos y bananas alentaron la importación de esclavos africanos y abunda, por tanto°, la *therefore* población mulata. La costa tropical del Caribe ofrece especial interés, con su puerto principal, Barranquilla, y Cartagena, la bella ciudad cuyas fortificaciones datan del período colonial. Estas tierras bajas y cálidas de la costa caribeña son el escenario de los cuentos y novelas de Gabriel García Márquez, el más famoso escritor de Colombia. El clima cultural de esta región y hasta la pronunciación del español y el ritmo de su música se parecen a los de las Antillas. El café es, claro, el producto más conocido de Colombia. Es cultivado en los Andes, entre los 3.000 y los 4.000 pies de altitud y representa su principal producto de exportación, aunque en años recientes la industrialización ha progresado bastante. Desgraciadamente, el nombre de este país ha quedado identificado en el extranjero con las drogas duras y el narcotráfico, lo cual es bastante triste pues Colombia ha tenido tradicionalmente la bien ganada reputación de ser un país de minorías cultas con una importante tradición académica. Bogotá siempre fue

Vista panorámica de Medellín, Colombia.

conocida como "la Atenas de América" y aunque existen allí desigualdades sociales semejantes a las de otros países latinoamericanos, Colombia se ha distinguido tradicionalmente por su énfasis en la educación y en las letras. El colombiano promedio es uno de los individuos más amables y hospitalarios que existen en cualquier latitud.

Las estadísticas vitales de los tres países andinos—**Ecuador, Perú y Bolivia**—van a la zaga° de las de los demás países de la región, con una *lag behind* numerosa población indígena (más del 40% del total) que participa sólo marginalmente en la vida económica y política de la nación, y una difícil geografía que incluye la estrecha faja de costa del Pacífico, las mayormente áridas alturas de los Andes y la extensa zona oriental, escasamente poblada. En los tres países se cultivan la caña de azúcar, la papa, el maíz y el plátano en substanciales cantidades, pero no las suficientes para convertirlas en importantes productos de exportación; la excepción en esto es Ecuador, que exporta considerables cantidades de bananas. En Bolivia y en Perú hay una importante producción de minerales, aunque en el caso de Bolivia ha mermado° la *has decreased* importancia de su mineral clave, el estaño, que ahora constituye sólo un 15% de sus exportaciones. Perú, en cambio, exporta bastante cobre° (mas de *copper* un 20% del total de sus exportaciones). Un parcial alivio para la economía de estos países ha sido el incremento en la explotación de recursos naturales que ha ocurrido en tiempos relativamente recientes. *shrimp* El camarón° es hoy un importante producto de exportación para el Ecuador, como lo es la *fish meal* harina de pescado° para el Perú y el gas natural para Bolivia. Y en los tres países se explotan productivos depósitos de petróleo, si bien sólo Ecuador ha conseguido beneficiarse de su exportación en cantidades substanciales.

Paisaje de la cordillera de los Andes.

Perú ha experimentado un significativo progreso económico en años recientes pero, como sus vecinos andinos, no ha logrado aún superar los niveles estadísticos de la pobreza.

Los países del cono sur—**Argentina, Uruguay y Chile**—son naciones en las que la cultura europea predomina decisivamente. En los tres países el nivel de analfabetismo es muy bajo (menos de un 10%) y existe una intensa vida intelectual. La persona que se sienta en un café al aire libre de Buenos Aires o Montevideo puede imaginar que se halla en París o en Roma. La monumental Avenida de Mayo de Buenos Aires fue diseñada siguiendo el modelo de los Champs Elisées de París. En cuanto a Chile, su parte central posee un excelente clima y suelos fértiles, mientras que la parte norte, seca y poco habitada, es muy rica en recursos minerales, incluyendo los nitratos—que se usan como fertilizantes—y un 27% de la reserva mundial de cobre. Chile produce también la mitad del yodo° que se consume en el mundo. En contraste con el relativamente alto nivel de vida de los países del cono sur, su vecino, **el Paraguay**, es una nación bastante pobre cuya población mayoritariamente mestiza habla tanto el español como el guaraní, la lengua aborigen (ambas se hallan reconocidas como idiomas oficiales).

iodine

¿Pero existe realmente una Latinoamérica?

La pregunta es legítima, pues, como hemos visto, se trata de incluir bajo un nombre común a un grupo bastante grande de países entre los cuales existen apreciables, a veces dramáticas diferencias en su composición racial, su nivel de desarrollo económico y su adhesión a los modelos europeos. Cabe preguntar°, por ejemplo, qué tiene en común un campesino indígena del altiplano de Bolivia con un hombre de negocios rubio de Montevideo. Y también es cierto que estas naciones han estado separadas por grandes espacios y formidables barreras geográficas—cordilleras, selvas, llanos inmensos, zonas desérticas—que han representado un obstáculo serio para su integración. Los ciudadanos de estos países a menudo saben más sobre lo que ocurre en Europa o en los Estados Unidos que en sus países vecinos. Aun entre los intelectuales, es frecuente encontrar que saben poco sobre los escritores de otros países latinoamericanos y, en cambio, pueden disertar cómodamente sobre Freud, Sartre o William Faulkner.

Aun reconociendo todo eso, todavía es posible defender la validez del término Latinoamérica, sobre todo si situamos a Haití en el contexto más amplio de un fondo cultural latino y nos concentramos en los dieciocho países hispanos y en Brasil, es decir, en las naciones independientes del hemisferio que son parte de la herencia cultural hispano-portuguesa. España y Portugal, en efecto, son dos países de características muy parecidas° que, básicamente, trataron de transplantar al Nuevo Mundo una cultura común. Inevitablemente, este trasplante pronto entró en un proceso de síntesis racial y cultural con las civilizaciones que ya existían en América, y el resultado fue la creación de un entorno° social y humano de características únicas. Pero también es verdad que en esa síntesis sobresalen sobre todo los rasgos culturales heredados de España y Portugal, modificados por la realidad americana a través de los siglos. Y son estos rasgos comunes de la herencia hispano-portuguesa los que, al ser compartidos por los diferentes países de la región en mayor o menor grado, le dan a Latinoamérica su más específica individualidad y cohesión como zona cultural aun hoy, cuando el área atraviesa por° un intenso proceso de modernización e influencia cultural de los Estados Unidos.

one may ask

similar

environment

is going through

Las naciones latinoamericanas, en primer lugar, pueden comunicarse lingüísticamente entre sí a través de las dos lenguas heredadas de la Península, pues el portugués es la lengua romance[2] más cercana al español, lo que les permite a los brasileños comunicarse sin mayores problemas con sus vecinos hispanohablantes, y viceversa. Otro importante elemento de esa herencia cultural común es el predominio de la religión católica en todos estos países. Los latinoamericanos, en general, no practican la religión de manera particularmente asidua (los hombres, sobre todo, raramente van a la iglesia), pero la ideología inculcada durante siglos por la Iglesia Católica se halla aún hoy profundamente grabada en la psiquis colectiva latinoamericana. A esto hay que agregar el hecho de que todos los países latinoamericanos se hallan regidos por sistemas jurídicos basados en los principios del Derecho Romano. Y más allá de la ley escrita, todos ellos comparten otro legado fundamental de la herencia ibérica: su adhesión a un cierto sistema de valores y de actitudes que los distingue especialmente de países pertenecientes a otras tradiciones culturales, como es el caso de los Estados Unidos. Por fin, hay un aspecto particularmente valioso de la herencia hispanoportuguesa que el visitante actual puede aún apreciar, pues ha quedado perpetuado en piedra y en madera: el arte colonial latinoamericano, que encontró sus formas más representativas en la arquitectura y en la escultura, y su gran estilo en el barroco de los siglos XVII y XVIII. La omnipresencia de este arte a través de toda el área—desde Puebla, en México, hasta Ouro Preto, en Brasil—es un testimonio elocuente y bien tangible de la presencia de un legado cultural común.

Notas.

[1]En este párrafo se han dado las equivalencias entre las medidas del sistema decimal, que es el más usado en el mundo hispano (e.g. centímetros, metros, kilómetros), y las más comunmente usadas en los Estados Unidos, e.g., 1 pulgada *(inch)* = 2,54 cm; 1 pie *(foot)* = 0,30 m; 1 milla *(mile)* = 1,60 km; 1 milla cuadrada *(square mile)* = 2,59 kilómetros cuadrados). En lo adelante, sin embargo, se darán las medidas usadas en los Estados Unidos—pulgadas, pies, millas, etc.—por ser las más significativas para el estudiante estadounidense.

[2]Se denominan lenguas romances los idiomas vernáculos de Europa que proceden del latín, la lengua de Roma; las principales son el castellano o español, el francés, el italiano y el portugués. Todas las lenguas de la Península Ibérica—excepto el euskera, la lengua de la región vasca (Basque)—son lenguas romances. El portugués, en particular, procede del gallego-portugués, la lengua romance que se hablaba en la parte oeste de España. Cuando Portugal se separó del reino de Castilla y León en el siglo XII, la lengua de la región comenzó su evolución independiente, en tanto que el gallego se perpetuó en el noroeste de la Península y es todavía, junto con el español, la lengua de la región española de Galicia.

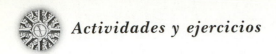

Actividades y ejercicios

A. Preguntas sobre la lectura.

1. ¿Qué diferencia hay entre el significado de "América" y el de "America"?
2. ¿Y entre Iberoamérica e Hispanoamérica?
3. La ciudad de Quito está casi en el ecuador pero su clima no es muy cálido. ¿Por qué?
4. ¿Por qué no es posible hablar de un prototipo racial latinoamericano?
5. ¿Qué países hispanos se hallan en Centroamérica? ¿Incluimos a Panamá entre ellos? ¿Por qué?
6. ¿En qué países hispanoamericanos hay grandes reservas de petróleo?
7. ¿Qué son las Antillas Mayores?
8. Política y culturalmente, Puerto Rico es un caso especial. ¿Por qué?
9. ¿Cuáles son los llamados "países andinos"? ¿Qué los caracteriza en general?
10. ¿Por qué podemos decir que la preservación de las selvas del Amazonas es de interés para toda la humanidad?
11. ¿Qué son las pampas?
12. ¿Qué características distintivas tiene Paraguay?
13. ¿Qué diferencias hay entre la Colombia de los Andes y la de la costa del Caribe?
14. ¿Qué factores culturales nos permiten afirmar que es válido el término "Latinoamérica"?

B. Sinónimos. Encuentre en la segunda columna palabras sinónimas de las de la primera.

1. _____ nave
2. _____ cordillera
3. _____ pico
4. _____ autóctono
5. _____ bosque
6. _____ pobreza
7. _____ pampa
8. _____ fútil
9. _____ favela
10. _____ tasa

a. selva
b. nativo
c. sierra
d. barco
e. montaña
f. riqueza
g. altiplano
h. llanura
i. subdesarrollo
j. inútil
k. por ciento
l. barrio

C. Definiciones. Escoja las palabras de la lista que correspondan a las siguientes definiciones.

tributario	llama	creole	guaraní	amapola
península	desembocadura	ciclón	cuenca	
terremoto	lago	istmo	llanura	

1. _____ Idioma que se habla en Haití.
2. _____ Territorio cuyas aguas van todas a parar a un mismo río.
3. _____ Lugar donde las aguas de un río penetran en el mar.
4. _____ Gran masa permanente de agua dulce.
5. _____ Convulsión de la tierra que puede ser muy destructiva.
6. _____ Perturbación atmosférica que produce vientos de alta velocidad.
7. _____ Lengua de tierra que une dos continentes.
8. _____ Animal de carga muy abundante en la cordillera de los Andes.
9. _____ Planta de la que se extraen el opio y la heroína.
10. _____ Area carente de montañas.
11. _____ Uno de los dos principales idiomas que se hablan en Paraguay.

D. Llene los espacios con los nombres de los países que correspondan.

1. Los dos países de Suramérica que no tienen costas son
   _____ y _____.
2. _____ es el país más desarrollado de la América Central.
3. El desierto de Atacama se encuentra en el norte de _____.
4. El lago Titicaca se halla en la frontera entre _____y
   _____.
5. La región de la Patagonia se halla en el sur de _____.
6. _____es el país donde se cultiva el mejor tabaco.
7. El Departamento de Petén, donde se hallan importantes ruinas mayas,
   pertenece a _____.
8. _____ es el país más pobre de la zona del Caribe.
9. El Orinoco es el río más importante de _____
10. Haití y _____comparten la misma isla, a la que Colón
    dio el nombre de Española.

E. Opiniones é hipótesis

1. Suponga que es usted el presidente del Brasil. ¿Qué medidas tomaría para proteger el ecosistema del Amazonas?
2. Si usted fuera puertorriqueño, ¿qué sistema político preferiría para la isla? Explique por qué.

F. En el siguiente mapa, señale, escribiendo los números correspondientes, dónde se hallan:

1. las pampas	6. La Paz, Bolivia
2. Honduras	7. el Gran Chaco
3. el río Sâo Francisco	8. la Patagonia
4. Guatemala	9. el lago Titicaca
5. San Juan, Puerto Rico	10. la península de Yucatán

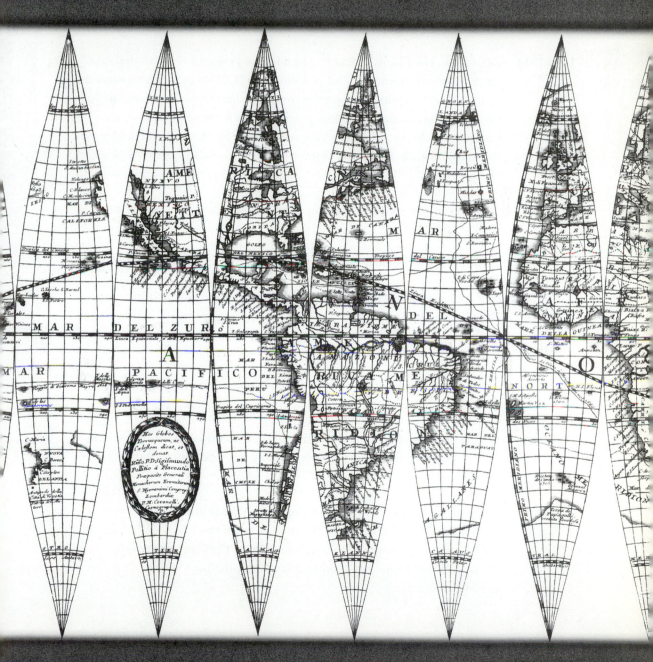

1902-1903   Cuba consigue su independencia. Panamá se independiza de Colombia.

1910-1920   Revolución Mexicana.

1929-1940   *Crash* de la bolsa de Wall Street, seguido por la depresión mundial que afecta muy adversamente a las economías de Latinoamérica y favorece la aparición, en los años 30, de gobiernos populistas y nacionalistas inclinados al proteccionismo económico, e.g., los de F. Batista en Cuba, L. Cárdenas en México, Getúlio Vargas en Brasil. Se instala la dictadura de R.L. Trujillo en la República Dominicana (1930-1961) y la de los Somoza en Nicaragua (1937-1979).

1946-1955   La era populista de Juan Domingo Perón y su esposa Eva Duarte en la Argentina.

1948-1952   Período de "la violencia" en Colombia.

1952   Revolución en Bolivia, iniciada por el Movimiento Nacionalista Revolucionario.

1958   Democracia en Venezuela, después de más de cien años de dictaduras.

1959   Triunfa en Cuba la revolución de Fidel Castro contra la dictadura de F. Batista.

1960   Las actividades guerrilleras se extienden por Latinoamérica, inspiradas por el modelo cubano y a menudo con la asistencia militar del gobierno de Castro.

1968   La Segunda Conferencia de Obispos Latinoamericanos, celebrada en Medellín, Colombia, inicia un período de activismo social en la tradicionalmente conservadora Iglesia Católica. En el Perú, el régimen del general Juan Velasco Alvarado establece un programa nacionalista de izquierda (1968-1975).

1970 El marxista Salvador Allende es elegido presidente de Chile, pero es derrocado *(overthrown)* por un golpe de estado, en el que perece (1973). La dictadura del general Augusto Pinochet gobierna a Chile hasta 1990.

1974 Perón retorna a la presidencia de Argentina pero muere; le sucede su viuda, María Estela (Isabel) Martínez, que es derrocada por los militares. Comenzando con Jorge Videla, una dictadura militar gobierna en forma represiva (1976-1983).

1979 Nicaragua: el dictador Somoza es derrotado por una coalición de oposición dominada por la guerrilla del Frente Sandinista de Liberación Nacional (FSLN); su líder Daniel Ortega asume la presidencia y establece un régimen de tendencias socialistas que sigue parcialmente el modelo de la Cuba de Castro.

1980-1989 Difícil década económica para Latinoamérica: alta inflación, aumento dramático de la deuda exterior *(foreign debt)*. Se intensifica la violencia en Centroamérica. En El Salvador, lucha feroz entre la guerrilla marxista del Frente Farabundo Martí para la Liberación Nacional (FMLN) y el gobierno derechista, apoyado por los EE.UU.

1990- El colapso de la Unión Soviética y el fracaso *(failure)* de la ideología marxista afectan adversamente a los movimientos latinoamericanos de izquierda y a las actividades guerrilleras. El gobierno de El Salvador y la guerrilla del FMLN firman un acuerdo de paz en 1992. Lo mismo ocurrirá en Guatemala en 1996.

*L*atinoamérica es una de las regiones del mundo que ha experimentado mayores cambios en años recientes. Su modo de vida tradicional, sus estructuras políticas y económicas han empezado a transformarse bajo el peso de un mundo moderno dominado por las computadoras, los modernos medios de comunicación y una mentalidad más pragmática. Esto marca quizás el comienzo de una nueva era, una era en que Latinoamérica, después de los graves reveses° económicos que sufrió en la década de los 80, quizás logre superar° su tradicional clasificación como área perteneciente al llamado Tercer Mundo.

setbacks
surpass

Panorama político

patterns

Durante la mayor parte del siglo XX, Latinoamérica sufrió los patrones° políticos que heredó del siglo anterior, incluyendo los del militarismo y el caudillismo. Las leyes, las instituciones políticas de estos países han sido con frecuencia menos importantes que la voluntad de sus líderes. Y éstos han sido con gran frecuencia hombres de uniforme o civiles carismáticos que casi siempre tenían que contar con el poder militar para mantenerse en el poder. Ha habido casos de dictadores que han permanecido en el poder durante varias décadas, como el general Stroessner en Paraguay, Trujillo en la República Dominicana o Fidel Castro en Cuba, o han traspasado la presidencia a sus hijos, como la familia Somoza en Nicaragua o François Duvalier en Haití. Hasta tiempos recientes podían contarse con los dedos de una mano los países latinoamericanos que habían conseguido romper esa tradición de gobiernos personalistas o dictatoriales. Venezuela, por ejemplo, consiguió establecer la democracia en 1958 después de 120 años de regímenes casi siempre dictatoriales. Colombia, por su parte, logró superar el militarismo—sólo sufrió un golpe militar en este siglo, el del general Rojas Pinilla en 1953—pero se vio asolada por una ola de violencia de orígen político que entre 1948 y 1952 produjo más de 200.000 muertes. Aun en los pocos casos en que la tradición democrática logró consolidarse, se halló siempre expuesta a inesperadas interrupciones, como ocurrió en Chile con la dictadura del general Augusto Pinochet (1973-1990) y en Uruguay con el régimen militar que gobernó entre 1973 y 1981. Sólo en la pequeña Costa Rica, que eliminó su ejército en 1949, se dio una serie ininterrumpida de gobiernos democráticos.

overthrown
in power

leaders

Con mucha frecuencia las dictaduras latinoamericanas han sido derrocadas° de manera violenta, usualmente cuando el dictador de turno° ha perdido el control de las fuerzas armadas y éstas se han rebelado a favor de un nuevo líder. Los cabecillas° de estas rebeliones las han llamado a menudo "revoluciones" y han promulgado nuevas leyes, a veces nuevas constituciones, para legalizar el cambio. Pero, en realidad, muy pocos de esos cambios violentos han merecido el nombre de revoluciones pues no han traído, para bien o para mal,

transformaciones substanciales a las sociedades que los han sufrido. En alguna ocasión, como en el Perú del período 1968-1975, se produjo un movimiento revolucionario encabezado por militares que realmente trataron de
cambiar radicalmente las estructuras sociales y económicas de esa nación,
pero éste fue un caso excepcional y pasajero°. Revoluciones que realmente   *transitory*
merezcan tal nombre han ocurrido pocas en la Latinoamérica del siglo XX:
la mexicana de 1910, la de Bolivia en 1952, la de Cuba en 1959 y, en menor
escala, la de Nicaragua en 1979[1]. En estos casos, las sociedades de esos países resultaron significativamente transformadas como consecuencia de violentos procesos que destruyeron, al menos parcialmente, el orden social pre-
existente. Todo hace indicar, por otra parte, que el tiempo de las revoluciones ha pasado. Las ideas utópicas que propugnaban° han mostrado ser   *advocated*
impracticables, los modelos económicos en que se apoyaban—especialmente el marxista—han probado ser ineficaces y hoy Latinoamérica y el mundo
andan en busca de otras soluciones más realistas y efectivas para los profundos problemas económicos que todavía los afectan.

Desde la década de 1980, los gobiernos civiles elegidos democráticamente
comenzaron a ganar terreno por toda Latinoamérica. Sorprendentemente,
para principios de la década de 1990 apenas quedaban dictaduras en el
hemisferio. Las nuevas democracias no siempre eran perfectas y todavía sus
gobiernos estaban frecuentemente dominados por personalidades fuertes
en la tradición del caudillismo, pero el progreso era evidente. Las causas de
estos cambios no están claras, pero hay algunas que parecen plausibles. Los
militares de hoy, por ejemplo, están a menudo bajo el mando de oficiales de
carrera que han recibido entrenamiento profesional, con frecuencia en los
Estados Unidos, y son menos adeptos a inmiscuirse° en cuestiones políticas.   *to meddle*
La actual sociedad latinoamericana, por otra parte, es más compleja: antes
había unos pocos sectores claves°—el ejército, la Iglesia, los grandes hacen-   *key*
dados—que podían ser controlados con relativa facilidad. En la sociedad de
hoy, en cambio, actúa una multitud de fuerzas sociales y económicas cuyo
apoyo es más difícil de integrar; su natural hábitat político es el pluralismo.
Vivimos también en una era de intensas comunicaciones al nivel internacional en que es más difícil camuflar un gobierno dictatorial con una máscara
democrática. Hoy los gobiernos latinoamericanos sienten mayor presión
para invitar a organismos internacionales como la Organización de Estados
Americanos (OEA) o a observadores independientes a dar fe° de la honesti-   *to attest*
dad de las elecciones.

El progreso de la democracia ha traído a Latinoamérica un notable descenso en el nivel de la violencia. La mayor parte de los movimientos guerrilleros han optado por integrarse a la vida política de sus respectivos países
coincidiendo con el desprestigio del marxismo como ideología. Esto ha sido
especialmente notable en Centroamérica, donde las antiguas guerrillas se

han estado incorporando a la vida política de países como El Salvador y Guatemala[2]. La mayor excepción, el movimiento terrorista "Sendero Luminoso" del Perú sufrió un golpe muy serio cuando en 1992 fue arrestado su líder Abimael Guzmán[3]. No es probable, sin embargo, que los levantamientos armados desaparezcan por completo, sobre todo en áreas económicamente deprimidas de Latinoamérica donde hay aún bastantes fermentos de inconformidad social. El caso de la rebelión neozapatista que estalló en enero de 1994 en la región de Chiapas, México, es buen ejemplo de ello[4]. En Colombia, la violencia más brutal por parte de algunos grupos guerrilleros de extrema derecha o de extrema izquierda todavía siembra la muerte en algunas zonas rurales. En el mismo Perú, el movimiento guerrillero marxista Túpac Amaru se apoderó° de la embajada japonesa en 1996, creando un incidente internacional.

seized

Panorama económico

Los problemas económicos de los países latinoamericanos son formidables, pero en estos últimos años han aparecido signos de un futuro más prometedor. Latinoamérica ha sido tradicionalmente una región poco industrializada dedicada principalmente a la agricultura y a la ganadería; su comercio exterior ha tendido a depender de la exportación de unas pocas materias primas, especialmente minerales, y productos agrícolas, e.g., el estaño en Bolivia, el azúcar en Cuba, el café, las bananas y el algodón en Centroamérica, que los ha hecho muy vulnerables a los altibajos° de la demanda en el mercado internacional. Y aun en tiempos de bonanza, los ingresos que reciben de la exportación de esos productos no suelen ser suficientes para adquirir en el exterior la tecnología, maquinaria pesada, piezas de repuesto°, etc., que necesitarían para una rápida industrialización. Su sistema de explotación agrícola, por otro lado, ha sido poco productivo, basado en ineficientes latifundios, es decir, grandes haciendas sólo parcialmente cultivadas, o en minifundios, fincas demasiado pequeñas que sólo proveen la subsistencia de una sola familia.

ups and downs

spare parts

Otro problema es que los gobiernos latinoamericanos nunca han conseguido recaudar° bastantes impuestos para estimular sus economías en el grado necesario o crear la indispensable infraestructura (carreteras, vías férreas, etc.) que es tan vital para el desarrollo económico. Gran parte de la población no gana lo suficiente para pagar impuestos y otra parte importante pertenece a la llamada "economía sumergida" que se gana la vida como pequeños vendedores por cuenta propia°, sirvientes, etc., sin declarar sus ingresos°. Además, muchos latinoamericanos han desarrollado una actitud cínica y desconfiada° hacia sus gobiernos debido a la proverbial corrupción que ha plagado al sector público. Muchas personas completamente

to collect

self-employed
income
distrustful

honorables en sus actividades privadas no vacilan en evadir el fisco° si se les *evade paying taxes*
presenta la oportunidad. Los gobiernos, además, gastan una parte desproporcionada de sus ingresos en mantener una burocracia innecesariamente
numerosa que es en realidad una forma artificial de aliviar el desempleo.

Durante la década de 1930 ocurrió en Latinoamérica una ola de populis-
mo nacionalista que llevó a muchos gobiernos de la región a intervenir en
sus respectivas economías. México, bajo el presidente Lázaro Cárdenas, procedió a nacionalizar las compañías extranjeras que explotaban los minerales, el petróleo y los ferrocarriles de la nación. En unos cuantos países el
Estado se hizo cargo de° muchas empresas de servicios públicos—compañí- *took over*
as eléctricas, telefónicas, de transportes, etc.—y en los años siguientes se
adoptaron políticas° proteccionistas que trataron de estimular la producción *policies*
doméstica de productos manufacturados a base de imponer barreras a la
importación de productos extranjeros al tiempo que se concedían subsidios
y exenciones fiscales a los empresarios° locales. Esta política, conocida en *entrepreneurs*
inglés como *import substitution*, no resolvió el problema a la larga; como ha
observado Robert Guynne, no puso fin a las importaciones sino cambió los
tipos de productos que había que importar: en vez de productos manufacturados, se importaban ahora piezas de repuesto y la maquinaria necesaria
para fabricar esos productos (105). El proteccionismo sólo funcionó relativamente bien en ciertos países como Argentina, Brasil, México, y, en menor
escala, Chile, donde había mercados domésticos lo bastante grandes para
crear suficiente demanda interna de productos localmente manufacturados;
estas naciones, además, cuentan con suficiente personal técnico para hacer
buen uso de la tecnología que se importa y adaptarla a las necesidades locales (Gwynne 109-118).

La década de 1980 trajo una recesión mundial que fue sentida con especial rigor en los países latinoamericanos. Sus exportaciones descendieron
dramáticamente y bajaron los precios de sus productos, en tanto tenían que
seguir importando los productos manufacturados que les eran indispensables. Buen número de estas naciones, con Argentina, Brasil y México a la
cabeza, acumularon una deuda exterior que al final de la década pasaba de
los 400 mil millones de dólares; el ingreso per cápita descendió en casi toda
el área y la inflación alcanzó niveles irreales: en 1989 llegaba al 5.000% anual
en la Argentina, al 2.700% en el Perú. Buena parte de los ingresos de estas
naciones tenían que dedicarse ahora al pago de los intereses de la deuda
exterior. Con razón se les llamó a los años ochenta "la década perdida".

Al comenzar la década de 1990, sin embargo, la situación económica de
Latinoamérica dio muestras de mejoría°. Una serie de acuerdos con bancos *signs of improvement*
y organismos internacionales hicieron posible negociar el pago parcial de
la deuda exterior en términos más razonables. Con ello, los gobiernos latinoamericanos empezaron a tener más espacio económico para maniobrar.

Al mismo tiempo, apareció una nueva mentalidad económica, menos preocupada por consideraciones ideológicas o nacionalistas, más inclinada hacia una política neoliberal que permita a las fuerzas del mercado funcionar más libremente. Parte de ella ha sido la tendencia a privatizar muchas de las ineficientes empresas estatales al tiempo que se eliminan barreras proteccionistas y se facilita el acceso de las compañías extranjeras a los mercados latinoamericanos. Buen número de gobiernos latinoamericanos han estado creando una atmósfera atractiva para atraer el capital extranjero y la tecnología que necesitan. Por otra parte, se han tomado serias medidas de austeridad fiscal para controlar el fantasma de la inflación, a menudo con notables resultados.

Detrás de esa nueva mentalidad hay una nueva generación de tecnócratas latinoamericanos que poseen una perspectiva económica de alcance global. Buen número de ellos son graduados de universidades norteamericanas como Harvard, M.I.T. y la Universidad de Chicago; están bien equipados para funcionar en un mundo económico que ya no está dominado por compañías como la bananera United Fruit, fácilmente asociables con el "imperialismo yanqui", sino por multinacionales cuyos recursos tecnológicos les son indispensables a los países menos desarrollados. Según un informe, por ejemplo, entre 1980 y 1990, las llamadas telefónicas de larga distancia entre los Estados Unidos y Suramérica aumentaron un 500%. Es obvio que el anticuado equipo de las compañías telefónicas estatales será incapaz de lidiar° satisfactoriamente con esta explosión en el campo de las comunicaciones. No es extraño, pues, que compañías como Sprint hayan comenzado a asociarse con telefónicas latinoamericanas—varias de ellas recientemente privatizadas—para proveer tarjetas de crédito internacionales y otros servicios.

Latinoamérica se ha convertido en una de las áreas del mundo que atrae mayor atención de los inversionistas° extranjeros. Este rasgo positivo, sin embargo, conlleva ciertos riesgos que también se han hecho evidentes en el pasado reciente. Las inversiones extranjeras poseen hoy día una gran volatilidad, son a veces números en la pantalla de una computadora que pueden ser cambiados con gran rapidez, de modo que hay siempre el peligro de que cualquier aspecto de las economías nacionales que sea percibido como potencialmente negativo produzca una reacción en cadena de impacto muy dañino°. En 1995, por ejemplo, los temores sobre la estabilidad política de México, a raíz de la rebelión zapatista, y la percepción de que el peso mexicano se hallaba sobrevalorado, provocaron una crisis económica que afectó no sólo a México sino a muchos mercados internacionales, incluyendo al norteamericano: el "efecto tequila", como se le llamó entonces. Pero aunque envuelva ciertos riesgos, el impulso hacia la integración económica parece ser imparable°. La aprobación en 1993 del Tratado de Libre Comercio (TLC en español, NAFTA en inglés), convirtió a México, Estados

deal with

investors

harmful

unstoppable

Unidos y Canadá en una zona única de libre comercio. Dos años más tarde se anunciaba la incorporación de Chile al gran esquema, que en el futuro podrá extenderse a todo el continente, desde Alaska a la Tierra del Fuego. Al mismo tiempo, se han concertado acuerdos comerciales regionales como el que resultó en la creación de MERCOSUR, que incluye a los países del cono sur y a Brasil, y auguran una cada vez mayor relajación de las barreras que por tanto tiempo han obstaculizado el flujo de mercancías y tecnología.

Hay que recordar, por otra parte, que casi la mitad de la población latinoamericana vive todavía bajo el nivel de la pobreza y su situación no va a mejorar mucho en el futuro inmediato. La nueva política económica, al disminuir la intervención directa del estado, disminuye también la capacidad de éste para aliviar a corto plazo° los problemas económicos de las clases pobres. Por eso se plantea en Latinoamérica, como en los Estados Unidos, el debate sobre el papel social que debe tener el Estado. El desprestigio en que ha caído el control estatal de sectores clave de la economía siempre conlleva el peligro de depender demasiado de una economía de mercados que no responda lo suficiente al interés social. Se trata de un debate que sin duda se planteará repetidamente en años futuros.

short term

El mundo de valores latinoamericano

La empresa colonial de España y Portugal fracasó en muchos sentidos pero triunfó al menos en uno muy importante: consiguió inyectar el sistema de valores ibérico en la población blanca y mestiza del Nuevo Mundo, le transmitió al latinoamericano su mentalidad, sus prejuicios, sus distintivas formas de percibir la realidad. Hoy en día ese sistema de valores se halla en

*Edificios modernos y favelas,
Salvador de Bahía, Brasil.*

transición, sufre inevitablemente el impacto de la modernidad y los mensajes de cambio efectivamente diseminados por los medios de comunicación. En no pocos países de Latinoamérica, como México, Colombia, Venezuela, Brasil, Argentina, Chile, Uruguay, entre el 70 y el 90 por ciento de la población tiene ya acceso a la televisión; parte de la programación televisiva es de procedencia norteamericana o está influida por los modelos de la televisión y la publicidad estadounidenses, de modo que presenta modos de vida típicos de los países industrializados, los cuales resultan enormemente atractivos, sobre todo para la juventud; ésta tiene ahora acceso a fenómenos y tendencias culturales—desde la ideología feminista hasta el estilo de vida californiano—que contienen, entre otras cosas, mensajes de liberación respecto a los tabús y ataduras° ancestrales contenidas en los códigos de sus padres y abuelos. A pesar de todo eso, ese sistema de valores, aunque bajo ataque y debilitado, sobrevive todavía y es importante conocerlo para comprender mejor por qué los latinoamericanos piensan como piensan y actúan de las maneras en que actúan ante las diferentes situaciones de la vida. Este cono-cimiento es particularmente importante para el norteamericano, pues se trata de los códigos que en buena medida laten tras° el comportamiento° de esa gran masa humana que pronto constituirá la minoría étnica más nume-rosa de los Estados Unido: la comunidad hispana.

La pregunta "Do you have a family?", por ejemplo, tan común en los Estados Unidos, no tendría sentido en Latinoamérica, donde hay un con-cepto más amplio del término "familia", heredado de la tradición ibérica. Por "familia" el latinoamericano entiende la familia extensa, que incluye no sólo a la llamada "familia nuclear" (horrible término éste), sino también a un amplio círculo de parientes sanguíneos—hermanos, cuñados°, tíos, sobrinos, primos°, suegros°, etc.—y de personas allegadas°, incluyendo a padrinos, ahijados° y amigos íntimos de la familia. Así se forma un pequeño mundo afectivo° que suele inspirar un alto grado de lealtad entre sus miem-bros y les hace complejas exigencias emocionales. Por otra parte, el indivi-duo no tiene que enfrentar en soledad las crisis de su vida personal: la fami-lia estará ahí siempre, como una isla de estabilidad en la que puede encon-trar refugio. Es normal que hijos e hijas vivan con sus padres hasta que se casan y aun después de casados si no poseen suficientes medios económicos para poner casa propia. Los padres y otras personas de edad° de la familia, por su parte, se sienten en libertad de vivir o al menos pasar largas vacacio-nes en casa de sus hijos ya establecidos.

La familia hispana es en cierto modo el núcleo central de un mundo emo-cional en el que las relaciones personales se viven con particular intensidad y son muy importantes en la esfera social y económica. En casi todas partes, incluyendo los Estados Unidos, la persona que disfruta de buenas conexio-nes tiene una cierta ventaja cuando trata de ascender en la escala social, encontrar empleo, etc. Pero esas conexiones se explotan en forma discreta; quienes las usan son conscientes de que están violando las reglas de juego de una sociedad supuestamente basada en el principio de la igualdad de oportunidades. También en Latinoamérica se suscribe esa idea igualitaria en términos abstractos pero en la práctica a menudo se la subordina al sentido de lealtad familiar o personal, que ocupa un lugar tan alto en el sistema de valores de esa sociedad. Cuando un latinoamericano se jacta° (y sucede con frecuencia) de que gracias a su intervención personal un pariente o amigo suyo consiguió un puesto o una concesión, no se siente necesariamente culpable de haber violado ningún código moral; actúa más bien de acuerdo con un con-cepto de las relaciones personales que su cultura aprueba tácitamente aunque oficialmente sea condenado por los códigos de conducta existentes. Es el llamado "amiguismo", que sobrevive hasta hoy. Esto no significa que las buenas conexiones por sí solas sirvan para abrir todas las puertas, pero sí que pueden constituir una ventaja muy importante en el mercado laboral y profesional.

Las exigencias del competitivo mundo moderno, por otra parte, no siempre se avienen bien° con el tradicional concepto hispano del trabajo. Al tratar de este tema es inevitable confrontar el cliché del latinoamericano indolente siempre en busca de una oportunidad para descansar y dormir una siesta o irse de fiesta. Tal caricatura tiene poco que ver con la realidad, por supuesto; revela las conclusiones grotescas a que pueden conducir juicios realizados desde la perspectiva de un mundo de valores diferente, e.g., el de los Estados Unidos y de otros países industrializados. Hay, en cambio, otro cliché, todavía simplista pero más cercano a la realidad: el que afirma, en el caso de los norteamericanos, que éstos viven para trabajar, en tanto que los latinoamericanos trabajan para vivir. Es decir, que se trata de una cuestión de actitud, más que de disposición a realizar una mayor o menor cantidad de trabajo en un tiempo determinado. El latinoamericano, en efecto, suele considerar° el trabajo como una actividad que debe ser desarrollada en ciertos períodos y de la que puede conseguir determinados beneficios pero muestra menos tendencia que el norteamericano a hacerla el principal punto de referencia de su vida. El norteamericano tiende a ver las horas no laborales como períodos de inactividad que deben ser justificados, pues la total cesación del trabajo es, en última instancia, anormal. El diccionario Webster, por ejemplo, define el término *leisure* como *"free, unoccupied time during which a person may indulge in rest, recreation, etc."* Nótese: *"may indulge"*, una expresión impregnada de connotaciones sutilmente "subversivas", como lo muestran sus sinónimos: *to pamper, spoil, revel…* En español, en cambio, los equivalentes de *leisure*, reposo, descanso, ocio, evocan, en su recto sentido, imágenes de sosegado disfrute° e incluso de creatividad hecha posible por la cesación del trabajo. Ocio, nos dice el diccionario de la Real Academia Española, es "diversión u ocupación reposada, especialmente en obras de ingenio…" El norteamericano se siente con derecho a disfrutar de sus típicamente cortas vacaciones—una, dos, tres semanas a lo más—porque "se las ha ganado", es decir, porque ha legitimado su corto período de inacción—por definición anormal—gracias al trabajo realizado. Si se permite un período de descanso más largo, ya no lo llamará vacaciones, probablemente lo justificará alegando que está realizando un proyecto.

Esa ética del trabajo, típicamente norteamericana, probablemente tenga, como se ha sugerido, raíces religiosas, las del puritanismo inglés que fue importado a Norteamérica. El latinoamericano, en cambio, con su tradición católica, hizo una escisión más cómoda entre las actividades del culto religioso que se realizan en el interior de los templos, y las del mundo exterior,

don't always agree

usually regards

peaceful enjoyment

incluyendo las laborales, que no quedaron así sacralizadas°. Además, las circunstancias históricas le hicieron desarrollar al latinoamericano un franco desprecio hacia las formas de actividad laboral que conllevan trabajo físico. En la península ibérica, como ya hemos mencionado, las actividades agrícolas y comerciales fueron consideradas poco dignas pues se las identificaba con las ocupaciones típicas de las minorías no cristianas de la Península, moros y judíos. Los colonizadores españoles y portugueses del siglo XVI, especialmente los primeros, trajeron a América esos prejuicios contra el trabajo manual, que fueron heredados por sus descendientes y han sobrevivido hasta el siglo XX. Naturalmente, esto ha sido bastante perjudicial para la sociedad latinoamericana, que ha mirado con prejuicio a las personas que tienen que ganarse la vida en ocupaciones manuales, creando al mismo tiempo una dañina° obsesión por encontrar empleos de cuello y corbata° a fin de escapar al estigma que acarrea el trabajo físico. Conozco a un pastor protestante norteamericano que fue destinado a una iglesia en México y se puso un día a cortar el césped° de su casa hasta que notó que un grupo de personas lo estaban observando, fascinadas. Pronto se dio cuenta de que el trabajar en su jardín no era actividad compatible con su dignidad eclesiástica y tuvo que contratar a un jardinero.

Las clases sociales

Como ocurre en otras regiones del mundo, los distintos grupos étnicos de Latinoamérica están desigualmente representados en su pirámide social, aunque las diferencias en composición racial que existen entre los distintos países hacen difícil establecer generalizaciones válidas. Negros e indígenas pertenecen casi invariablemente a las clases bajas, en tanto la considerable población mestiza puede encontrarse tanto en los confines de la pobreza como en la creciente clase media. En países mayoritariamente mestizos, éstos forman el grueso° de la clase media y están bien representados en la clase alta; esta última, por lo general, está dominada por la población blanca. Con la excepción de las comunidades indígenas, sin embargo, las barreras culturales entre estos grupos son menos obvias que en otras regiones del mundo. El mestizo, el negro y el mulato se hallan bastante bien integrados en las culturas nacionales y normalmente no muestran la necesidad de afirmar su identidad cultural como grupos separados. Les es difícil, sin embargo, ascender en la escala social pues el prejuicio racial heredado de la mentalidad colonial no ha sido realmente superado.

Aparte del factor racial, las distinciones sociales en Latinoamérica, como en otras partes del mundo, dependen de tales criterios como el nivel de educación y de ingresos de la persona, la familia a la que pertenece y el tipo de trabajo al que se dedica. Pero en Latinoamérica estos dos últimos factores

tienen especial importancia y a menudo determinan la ubicación° de una
persona en una u otra clase social. Esto—que tiene mucho que ver con° el
sistema de valores—es especialmente cierto en el caso de la clase media latinoamericana, una clase que usualmente recibe bastante menos atención de
la que merece. Ha sido común, en efecto, presentar a la sociedad latinoamericana como constituida esencialmente por una clase alta que monopoli-
za casi toda la riqueza del país y una clase baja que sobrevive en pobres o
miserables condiciones. Esta es una imagen simplista. Ciertamente, hay en
esta región chocantes contrastes entre riqueza y miseria que pueden conmover a cualquier observador sensible. Al mismo tiempo, sería un error desconocer la existencia y la importancia numérica y cultural de sus sectores
medios. La clase media es numéricamente muy importante en los países latinoamericanos más desarrollados, y aun en las naciones más pobres de la
región es más numerosa de lo que pueden sugerir las estadísticas ya que el
nivel de ingresos de una familia no es siempre el factor determinante de su
posición social; son igualmente importantes, entre otros, el apellido° de esa
familia, el número de generaciones que ha vivido en el lugar, su identificación con ocupaciones no asociadas con el trabajo manual. Una persona que
"viene de buena familia" es normalmente un individuo al que se le identifica con un apellido que ha ganado el respeto de la comunidad durante
varias generaciones y al que se asocia con ocupaciones típicas de la pequeña burguesía°: hombres de negocios, profesionales, comerciantes, empleados públicos, educadores, etc. Hay pensionados°, por ejemplo, que apenas
reciben el dinero suficiente para sobrevivir pero logran mantener su status
como miembros de la clase media debido a su apellido y al círculo de relaciones que han heredado de sus padres. Conocí, por ejemplo, a una señora
pensionada que mantenía su posición social a pesar de vivir con tanta economía que contaba el número de veces que abría y cerraba su refrigerador,
a fin de ahorrar° electricidad. La clase media latinoamericana es, así, en
buena medida, una cierta mentalidad, un círculo social al que se pertenece.
Culturalmente, su importancia radica especialmente en el hecho de que esta
clase es la principal transmisora de ese tradicional sistema de valores que le
da cohesión a Latinoamérica como área cultural. Un profesor universitario
de Buenos Aires y un empleado del Ayuntamiento de Tegucigalpa comparten en lo esencial la mentalidad, el vocabulario y los valores de la clase
media que hemos descrito, no importa las diferencias raciales, nacionales o
económicas que los separen.

El sentimiento religioso

La inmensa mayoría de los latinoamericanos pertenecen a la fe católica,
aunque esto hay que entenderlo en un sentido muy latinoamericano. El

placement
has much to do with

last name

bourgeoisie
pensioners

to save

catolicismo no es sólo la religión predominante sino uno de los componentes esenciales de la cultura de la región. El latinoamericano promedio nace en el seno° de la Iglesia y es bautizado en ella como parte de un ritual poco menos que automático. Al hacerse adulto lo más probable es que no sea practicante asiduo y raramente asista a la iglesia, sobre todo si es hombre, pues una de las reglas no escritas del machismo latinoamericano es que la práctica de la religión es mayormente "cosa de mujeres". Aun así, las observaciones y festividades religiosas del calendario católico presiden la vida social latinoamericana; las creencias, mitos y tabúes de la tradición heredada de Roma impregnan todavía hoy la psiquis de los ciudadanos de estas naciones, sean o no practicantes activos. Por otra parte, el creyente latinoamericano—en contraste con el norteamericano—no suele sentir un alto grado de identificación personal con la comunidad de fieles° de la iglesia a la que asiste, ni la obligación de contribuir económicamente a su sostenimiento o participar en sus actividades. Su fe no está orientada hacia lo comunitario sino hacia lo individual y personal. La iglesia a la que asiste no es para él tanto una comunidad de fieles como un espacio sagrado en el que se celebra el Sacramento y, muy a menudo, en el que se halla la imagen del santo o de la virgen por la que siente una particular devoción; su relación con los demás fieles y aun con el sacerdote es más bien nebulosa; piensa en la 1a Iglesia como en una entidad abstracta, lejana.

bosom

congregation

Es así explicable que, a pesar de su tradición católica, Latinoamérica ha tenido una larga historia de hostilidad hacia la Iglesia Católica como institución, sobre todo entre los intelectuales de la región, que a menudo la han identificado con los intereses de las clases conservadoras y privilegiadas. En el siglo XIX el clero fue el blanco favorito de los liberales latinoamericanos que recordaban su identificación con el imperio español y criticaban el considerable poderío económico que había adquirido la Iglesia durante el período colonial. Ya en nuestro siglo, una corriente de liberalización conmovió al clero latinoamericano comenzando con el Segundo Concilio Vaticano convocado por el papa Juan XXIII en 1962. De allí salió el espíritu de la Segunda Conferencia de Obispos Latinoamericanos, celebrada en Medellín,

Devotos encendiendo velas (Worshippers lighting candles), Iglesia de Santo Tomás, Chichicastenango, Guatemala.

Colombia, en 1968, que se pronunció a favor de un mayor activismo social por parte de la Iglesia. En los años siguientes, no pocos sacerdotes y monjas se fueron a trabajar a los barrios bajos de las ciudades o a las comunidades rurales más pobres en un esfuerzo por establecer relaciones de convivencia directa con las clases bajas. Se popularizó entonces la idea de formar "comunidades de base" en las que catequistas laicos° previamente entrenados formaban grupos en sus comunidades para discutir el mensaje de la Biblia y relacionarlo con los problemas que los miembros del grupo confrontaban en sus vidas. En el proceso, un nuevo factor ideológico hizo su aparición, la llamada "teología de la liberación", que mostró una fuerte influencia de las teorías marxistas; se trataba de una especie de neocristianismo que promovía la lucha de clases, incluso acudiendo a la violencia si ésta fuera necesaria para alcanzar sus objetivos sociales; identificaba al capitalismo y en particular al imperialismo norteamericano como principales responsables del subdesarrollo de Latinoamérica.

lay catechists

Ese pronunciado giro hacia la izquierda de ciertos segmentos de la Iglesia latinoamericana acabó por suscitar una reacción vigorosa de la jerarquía eclesiástica, la mayor parte de la cual considera al marxismo y al cristianismo como doctrinas incompatibles. La elección al papado de Juan Pablo II, un decidido opositor del comunismo, en 1978, inclinó la balanza en contra de la teología de la liberación y de la formación de una especie de segunda iglesia revolucionaria dentro de la Iglesia. La Tercera Conferencia de Obispos Latinoamericanos, celebrada en Puebla, México, en 1979, condenó expresamente el activismo político y el uso de las teorías marxistas por parte de los teólogos de la liberación. No se produjo una condena de las comunidades de base, pero claramente la Iglesia veía en ellas un factor de potencial divisionismo y desestabilización. Las comunidades de base continuaron prosperando durante la década de los ochenta, sobre todo en Brasil, pero, en general, el impulso que las había inspirado tendió a perder fuerza. La caída del comunismo, por otra parte, obviamente puso en entredicho° la idoneidad° del análisis marxista propuesto por la teología de la liberación.

put in doubt
suitability

En años recientes, el más importante reto° al predominio de la Iglesia Católica ha venido de las iglesias protestantes, especialmente las fundamentalistas, que cada vez ganan más adeptos, sobre todo entre las clases pobres de Latinoamérica. Esto es explicable. Los latinoamericanos han tenido siempre una vocación espiritual—con tendencias incluso místicas—que la Iglesia secular no siempre ha sido capaz de satisfacer; vocación que les viene tanto de la tradición hispana como de la de las culturas indígenas y africanas. Libros sobre misticismo y religiones orientales han abundado siempre en las librerías latinoamericanas. Décadas antes de que los gurus hindúes se pusiesen de moda en los Estados Unidos, las editoriales° latinoamericanas tenían en sus listas a Krishnamurti, Vivekananda y otros exponentes distinguidos de las doctrinas religiosas orientales. El espíritu misionero de las sectas protestantes, que envían a sus pastores al campo y a los barrios pobres con un sencillo mensaje de salvación espiritual, tiene, pues, que resultar tremendamente

challenge

publishers

atractivo; un mensaje que, por otra parte, se inclina hacia la aceptación del status quo político, sin entrar en controversias de tipo ideológico.

goes well

Irónicamente, esta aproximación sintoniza bien° con muchos miembros de las clases populares que, contrariamente a lo que suele pensarse, tienden a ser

as it faces

políticamente conservadores. La Iglesia enfrenta así, de cara° al siglo XXI, un nuevo reto procedente, no de los textos revolucionarios, sino de los bíblicos.

Para ver un catolicismo impregnado de intenso ardor religioso hay a veces que salir de la cultura secularizada de las modernas ciudades latinoamericanas e irse al campo, a las pequeñas comunidades rurales, sobre todo en países como México, Guatemala o las naciones andinas, donde una numerosa población indígena practica un cristianismo en el que es fácil detectar la supervivencia de sus creencias y deidades ancestrales. Se trata de un fervor religioso que es, al mismo tiempo, una afirmación de lo que les ha quedado a estos pueblos de su antigua identidad cultural. La Virgen de Guadalupe de México es el caso más conocido de este fenómeno, que se ha repetido en incontables lugares de Latinoamérica: la deidad cristiana adquiere las características raciales de sus devotos y el valor simbólico de sus derrotados dioses ancestrales (la diosa de la fertilidad, en este caso). Algo similar ha ocurrido en las áreas de Latinoamérica donde existen importantes concentraciones de población de origen africano, notablemente en Brasil y en el Caribe. Sólo que en esos casos los ritos y deidades de los cultos africanos traídos a América por los esclavos han sobrevivido con mayor vigor, conservando a menudo su individualidad original y entrando en diversos grados de integración con la simbología y ritos del cristianismo, como lo muestran el vodoo de Haití, los ritos ñáñigos de Cuba o el candomblé de Brasil. A veces, la misma deidad es conocida por dos nombres, el que la identifica con el cristianismo occidental y el que alude a su identidad como deidad del culto africano.

La mujer en la Latinoamérica moderna

El doble standard que ha tenido que soportar la mujer en casi todas las culturas del mundo ha sido especialmente obvio en la sociedad latinoamericana debido en buena parte a la actitud cultural conocida por "machismo" que concede un trato preferente al hombre en razón de su pertenencia al sexo masculino. El hecho de que la palabra machismo se haya incorporado al inglés nos recuerda la fama que se ha ganado el varón hispano como practicante de una forma especialmente intensa de prepotencia masculina. Sus causas son complejas y a menudo nos llevan al terreno de la especulación. Se ha dicho, por ejemplo, que en la España de la Edad Media, durante la prolongada lucha de los ejércitos cristianos contra los musulmanes, ocurrió una glorificación de las virtudes del guerrero, marcadamente masculinas, que los conquistadores españoles trajeron y perpetuaron en América. Se ha

Rigoberta Menchú, activista indígena guatemalteca. Premio Nobel de la Paz, 1992.

sugerido también que la concepción hispana de los papeles sexuales fue influida por la actitud de fuerte subordinación de la mujer al marido que es característica de la cultura musulmana. En todo caso, es cierto que ocurrió en Hispanoamérica una definición de los papeles sexuales más precisa y tajante° que la que tuvo lugar en otras latitudes. Al hombre se le asignó un papel posesivo y dominante, y su sociedad le enseñó a evitar cualquier signo de "contaminación" con el rol femenino, como el ocuparse de las labores domésticas o de la atención a sus hijos, sobre todo en público. Es verdad que el hombre latino va perdiéndole el miedo a ponerse un delantal°, cocinar una buena comida o cambiarle los pañales° a su bebé, pero el proceso es tímido y le tomará algún tiempo superar del todo los prejuicios que ha heredado de su cultura.

sharp

wear an apron
diapers

Lo anterior no pretende presentar a la mujer latinoamericana como un ser tímido y sumiso, porque no lo es, pero su autoridad—y la ha tenido—estuvo tradicionalmente limitada al ámbito familiar con un límite bien preciso: la puerta de la casa; en el mundo exterior sus poderes eran prácticamente inexistentes: no tenía derecho a administrar sus propios bienes ni a disponer de ellos sin el consentimiento del marido, ni la oportunidad de divorciarse de él.

Lento progreso hacia la emancipación femenina

La emancipación política de Latinoamérica en el siglo XIX no trajo cambios inmediatos al papel subordinado de la mujer en la sociedad latinoamericana. Fue sólo durante la segunda mitad de ese siglo que empezaron a abrírsele algunas oportunidades para salir del estricto círculo de su hogar. Los países del cono sur—Argentina, Uruguay y Chile—marcaron el paso en ese sentido: el desarrollo económico que experimentaron durante las últimas décadas del siglo XIX, el gran flujo de inmigrantes europeos que recibieron, ayudaron a romper algunos de los tabúes del código de valores colonial; las mujeres de las clases bajas comenzaron a encontrar trabajo en las nuevas fábricas, las de la naciente clase media hallaron una primera oportunidad

indispensable

laboral en la enseñanza. En la década de 1880 se establecieron por fin las primeras escuelas secundarias para mujeres, imprescindibles° para que éstas pudiesen acceder a la educación universitaria. En 1886 se graduaba en la Universidad de Chile la primera mujer médica. En varios países latinoamericanos empezaron a publicarse revistas que tenían una agenda plenamente feminista. México, aunque más atrasado que los países del cono sur, estableció también programas de educación normal y secundaria abiertos a mujeres durante la era de Porfirio Díaz (1876-1911), siguiendo la política de desarrollo industrial y educacional favorecida por los competentes consejeros del dictador mexicano, los llamados "Científicos". Al mismo tiempo, la industrialización de la economía mexicana que ocurrió en la era de Díaz encontró en la población femenina de las clases humildes una cantera de mano de obra barata° que fue explotada muy a menudo de manera abusiva.En cambio, en naciones como Perú, Ecuador, Bolivia y en los países de Centroamérica, donde las estructuras coloniales sobrevivieron casi intactas, la mujer latinoamericana permaneció estancada° en su papel tradicional.

cheap labor pool

remained stagnant

Activismo feminista en el siglo XX

Para principios del siglo XX comenzaron a celebrarse congresos feministas latinoamericanos, el primero de ellos en Buenos Aires en 1910, patrocinado por la Asociación de Mujeres Universitarias de la Argentina. Otro fenómeno significativo fue la activa participación de las mujeres en la Revolución Mexicana de 1910. Cuando llegó el momento de redactar el más importante documento de la Revolución, la Constitución de 1917, su artículo 123 estableció una serie de disposiciones para la protección de la mujer sin precedentes hasta entonces en la legislación moderna. También en esa época se legalizó el divorcio en México y se le concedió a la mujer el derecho a administrar sus bienes. El otro caso de avance comparativamente rápido de la causa feminista fue el de Cuba a partir de su inauguración como república en 1902. La Constitución cubana de 1901 abrió a todos los cubanos, sin distinción de sexo, todos los niveles de la enseñanza, de modo que la presencia de la mujer en los círculos académicos y profesionales de la isla se hizo tan conspicua como en los países del cono sur. Para 1930 casi tantas mujeres como hombres se hallaban matriculadas en las distintas facultades de la Universidad de La Habana (Miller 51).

A medida que avanzaba el siglo XX la cuestión del sufragio adquirió cada vez mayor prominencia en los programas reivindicativos de las organizaciones feministas latinoamericanas. El Ecuador fue el primer país de la región en concederles el derecho al voto a las mujeres, en 1929. En varias otras naciones—Uruguay, Brasil, Cuba—el clima de activismo político de los años treinta consiguió también ganarle el voto a la mujer. En el resto de

Latinoamérica, en cambio, la población femenina tendría que esperar hasta las décadas de los cuarenta y los cincuenta. Paraguay fue el último país del área en concederles el voto a las mujeres, en 1961.

Ha sido en el campo de la educación donde la mujer latinoamericana ha conseguido algunos de sus logros más significativos. Para mediados de la década de 1980 se había alcanzado paridad, o poco menos, en cuanto al sexo de los estudiantes en la mayoría de los países latinoamericanos, tanto en la educación primaria como en la secundaria. La población femenina se hallaba también muy bien representada en el nivel universitario e incluso superaba a la masculina en algunos países (Argentina, Cuba, Panamá). Al mismo tiempo, como ha señalado una experta en el tema, estos números globales no cuentan toda la historia: la selección de carreras que hacen las mujeres latinoamericanas tiende todavía a reflejar la persistencia de los roles sexuales tradicionales: tienden todavía a estudiar disciplinas tradicional- mente "femeninas" como Pedagogía y Humanidades, y se hallan en minoría en las Facultades de Ingeniería y Agronomía, así como en las escuelas voca- cionales de enseñanza técnica (Stromquist 3). Hay que recordar, sin embar- go, que esta es una tendencia que se observa en otros países del mundo occi- dental, incluyendo a los Estados Unidos.

Feminismo e ideología

Desde sus comienzos en el siglo XIX el feminismo latinoamericano se iden- tificó muy a menudo con las ideologías de izquierda, y esta tendencia se intensificó notablemente durante la década de 1960. Eran los años en que la revolución cubana fascinaba a gran número de intelectuales latinoameri- canos y el gobierno de Castro se esforzaba por atraer las simpatías del pen- samiento liberal y progresista del Hemisferio, exaltando, entre otras cosas, el papel que habría de jugar la mujer cubana en el proceso revolucionario. Así logró ganar bastantes simpatías entre los grupos feministas latinoameri- canos. Pero ya desde la década de 1970 otros sectores de mujeres, mayorita- riamente de clase media, comenzaron a aumentar su visibilidad en la vida política latinoamericana, no como feministas comprometidas con una cier- ta ideología, sino como grupos de presión que en la Plaza de Mayo de Buenos Aires, por ejemplo, desfilaron incansablemente exhibiendo en elo- cuente silencio las fotos de sus hijos desaparecidos bajo el régimen militar del general Videla. El feminismo más ideológicamente orientado continuó situándose a la izquierda en el espectro político durante las décadas de los 80 y los 90, pero desde la caída del comunismo en Europa se mostró bas- tante menos atraído por la doctrina marxista y puso mayor énfasis en los problemas que atañen° específicamente a su sexo, como la discriminación en el mercado de trabajo, el acoso° sexual o la legislación sobre el aborto,

concern

harassment

que todavía es ilegal en casi todos los países latinoamericanos. Pero no es probable que se extinga en el futuro inmediato el acento político-social del feminismo latinoamericano. En una sociedad como la latinoamericana, tan plagada de desigualdades económicas y sociales, es inevitable que continúe existiendo una estrecha conexión entre el tipo de reivindicaciones en que se interesa la mujer y la clase social a la que pertenece. En los congresos feministas que se celebran frecuentemente en Latinoamérica, es típico ver como coexisten, a menudo en un clima de tensión y polémicas, mujeres que representan las clases profesionales y el mundo de los negocios—médicas, abogadas, arquitectas, ejecutivas—, especialmente sensibles a los problemas que enfrenta la mujer occidental en el mundo desarrollado, y aquéllas que, vistiendo a menudo los trajes regionales de sus culturas autóctonas, representan un feminismo más ideológico, ligado a los problemas del subdesarrollo[5].

El narcotráfico

El tema del narcotráfico en Latinoamérica gira sobre todo en torno a la droga más ampliamente consumida en el mundo occidental: la cocaína. La coca ha sido cultivada en el área de los Andes desde hace quizás cinco mil años. Desde tiempo inmemorial, la población indígena de la región ha usado, y todavía usa hoy, las hojas de esta planta como estimulante, para obtener alivio del hambre y la sed, y de la fatiga que producen las grandes altitudes. Su consumo ha sido siempre legal y una parte integral de la cultura andina, especialmente en los dos países donde más se cultiva, Perú y Bolivia. En el siglo XIX se descubrió en Europa la manera de extraer de las hojas de coca un alcaloide, la cocaína, que fue recibida al principio con gran entusiasmo; los europeos elogiaron sus cualidades positivas como anestésico que producía euforia sin perturbar (pensaban) las funciones mentales. Sigmund Freud, en particular, experimentó con ella y la recomendó calurosamente... hasta que descubrió sus otros efectos sobre el cerebro° y el sistema nervioso: adicción psicológica, alucinaciones, incluso paranoia. Una vez descubiertos sus efectos nocivos la cocaína cayó en desuso hasta la década de l960, cuando la *"drug culture"* de los Estados Unidos la puso de moda otra vez. La creciente demanda del mercado norteamericano hizo que aumentara dramáticamente en esos años el cultivo de la coca, especialmente en los distritos de Chapare y Beni en Bolivia, y en el valle de Huallaga en el Perú. Se estima que para fines de la década de 1980 más de 270,000 acres estaban dedicados a ese cultivo sólo en el valle de Huallaga (Collett 39). Ultimamente, para empeorar la situación, los barones de la droga han estado introduciendo el cultivo de la amapola de adormidera° en varias remotas zonas de Colombia a fin de producir opio y heroína en gran escala.

brain

poppy

La agricultura y el comercio basados en la cocaína se han convertido así en una importante fuente de ingresos para la economía de esos países y un medio de disminuir significativamente el desempleo. Los dólares del narcotráfico que son "lavados" en otros países regresan a Colombia, Perú y Bolivia como una bienvenida inyección de divisas°. En el caso del mayor productor, Bolivia, el cultivo de la planta de la coca es legal en varias regiones del país y los campesinos que la cultivan se han organizado en poderosos sindicatos° que poseen bastante influencia política. Aun en las áreas del país en que se ha prohibido este cultivo, el gobierno no se muestra muy dispuesto a erradicar un producto del que viven muchos miles de personas.

hard currencies, e.g., dollars

trade unions

El procesamiento y distribución de la cocaína, la heroína y otras drogas ha caído en manos de una red internacional de traficantes que se extiende por todo el hemisferio, soborna° a políticos y miembros de las fuerzas de seguridad, intimida a jueces y periodistas y asesina a quienes se le oponen públicamente o tratan de interferir en sus asuntos. En Colombia, los narcotraficantes formaron dos poderosas organizaciones, el cartel de Medellín y el de Cali, que durante años operaron con casi completa impunidad. El jefe del cartel de Medellín, Pablo Escobar, sobornaba funcionarios, distribuía dinero a manos llenas entre los pobres, que lo consideraban un moderno Robin Hood, y llegó a ser elegido miembro del Congreso colombiano. A la larga, sus excesos obligaron al gobierno a tomar medidas (organizó una campaña terrorista que asesinó incluso al principal candidato a la presidencia del país) y Escobar fue por fin muerto a tiros° por la policía. El cartel de Cali, más conservador y discreto en sus tácticas, emergió entonces como la principal organización del narcotráfico. Al cabo, los cabecillas de Cali fueron también detenidos por la policía y condenados a penas de prisión, entre rumores de que la campaña presidencial del mismo presidente de Colombia había sido financiada en parte con dinero del narcotráfico. La muerte o la detención de los jefes de los carteles, no significa, por supuesto, la desaparición de estas organizaciones criminales. Son sólo modestos triunfos en una guerra que ningún gobierno se hace las ilusiones de ganar a corto plazo.

bribes

shot to death

El gobierno de los Estados Unidos, a través de la *Drug Enforcement Administration (DEA),* ha buscado la cooperación de los gobiernos de la región—sobre todo la de Bolivia—para tratar de reducir la cantidad de coca que se cultiva, a veces ofreciéndoles a los campesinos—a través de agencias del gobierno boliviano—subsidios para que la substituyan por otras cosechas°. Pero es una labor difícil pues el cultivo de la coca es muchísimo más rentable° que el de cualquier posible substituto. Un estudio sobre el particular mostraba que, mientras el precio de la papa—el cultivo más típico de la región—ha declinado en años recientes, el de la coca aumentó en un 11% anual durante el período 1960-1985 (citado en Painter, 10).

crops

profitable

Ultimamente, México ha figurado prominentemente en el mapa del narcotráfico. En primer lugar, hay que reconocer que durante muchos años las fuerzas armadas del gobierno mexicano han estado destruyendo muchos de los campos de cultivo de mariguana y amapola de adormidera que existen en su territorio, aunque su éxito ha sido sólo limitado y temporal en la mayoría de los casos. La mariguana mexicana todavía fluye en grandes cantidades hacia la frontera norteamericana y entra en Estados Unidos escondida en miles de automóviles y camiones. La heroína procedente de México, por su parte, probablemente suple más de un 30% del mercado estadounidense. En el caso de la cocaína , los traficantes colombianos han convertido a México en el principal país de tránsito del destructivo polvo blanco en su viaje hacia el mercado norteamericano. La DEA mantiene en México un pequeño número de agentes que tratan de coordinar su trabajo con el de las autoridades mexicanas, pero su labor se hace extremadamente dificultosa debido sobre todo a dos factores: el orgullo nacionalista de los mexicanos que (al igual que el de otros gobiernos latinoamericanos), a menudo percibe las actividades de la DEA como violaciones de su soberanía°, y el hecho de que los narcotraficantes poseen conexiones a los más altos niveles del gobierno mexicano. Esto quedó en evidencia cuando en 1997 el general del ejército mexicano a cargo de coordinar la lucha contra el narcotráfico fue arrestado, acusado de estar él mismo en complicidad con los narcotraficantes. La prensa norteamericana, por su parte, ha publicado similares acusaciones contra los gobernadores de dos estados mexicanos. Esto creó bastante tensión entre los gobiernos de las dos naciones, aunque las voces más conciliadoras señalaban el hecho de que la detención del general mexicano demostraba que el gobierno del presidente Ernesto Zedillo—personalmente considerado un hombre honesto—estaba tomando medidas serias para combatir el narcotráfico.

sovereignty

Notas

[1]Las revoluciones de México y Cuba serán estudiadas en próximos capítulos. La de Bolivia de 1952 fue protagonizada por el Movimiento Nacionalista Revolucionario (MNR) de ese país, un partido que se apartó de sus iniciales tendencias profascistas y en la década de 1940, en alianza con los comunistas, se hizo la principal fuerza política de Bolivia, con un programa social populista. El MNR ganó las elecciones de 1952 y cuando el gobierno de turno y el ejército quisieron desconocer sus resultados, se inició una exitosa rebelión que al cabo adoptó medidas de tipo verdaderamente revolucionario: las minas del país fueron nacionalizadas y se crearon milicias armadas que controlaron el orden público; en el campo se llevó a cabo una radical reforma agraria que puso fin al sistema de las grandes haciendas y dio a los campesinos la propiedad de las tierras que ocupaban.

En el caso de Nicaragua, la guerrilla sandinista, que tomaba su nombre de Augusto César Sandino (un legendario general rebelde asesinado en 1934 por el futuro dictador Anastasio, "Tacho", Somoza), consiguió derrotar en 1979 al corrupto régimen del hijo y heredero de Somoza, "Tachito", e instalarse en el poder. Pronto, sin embargo, la facción marxista de los sandinistas excluyó del gobierno a los elementos más moderados que se les habían unido para luchar contra Somoza, e implantó un régimen inspirado en el modelo cubano de Fidel Castro. Aunque los sandinistas recibieron ayuda y asistencia técnica de Cuba y de la Unión Soviética, no pudieron a la larga soportar el desgaste *(wear and tear)* producido por su ineficiencia administrativa, el embargo comercial decretado por los Estados Unidos y los grandes gastos militares que les ocasionaba la guerrilla antisandinista, la llamada "contra", financiada mayormente por los Estados Unidos. Puestos contra la pared, los sandinistas convocaron elecciones y su candidato y presidente de facto, Daniel Ortega, fue derrotado en 1990 por una coalición encabezada por Violeta Barrios de Chamorro, viuda de un prestigioso periodista asesinado por la dictadura de Somoza. En 1996 Daniel Ortega volvió a aspirar *(ran again)* a la presidencia pero fue derrotado de nuevo, esta vez por el candidato conservador y ex-alcalde *(former mayor)* de Managua, Arnoldo Alemán.

[2]En 1979, los grupos guerrilleros de El Salvador se organizaron, a instigación de Fidel Castro, en el Frente Farabundo Martí para la Liberación Nacional (FMLN), de ideología marxista. Siguieron 13 años de guerra sangrienta entre las guerrillas—apoyadas por Cuba, Nicaragua y los países comunistas—y el gobierno salvadoreño, que recibió substancial apoyo militar de los EE.UU. El colapso del bloque soviético debilitó al ejército guerrillero y por fin, en 1992, se firmó un acuerdo de paz y las fuerzas guerrilleras se incorporaron a la vida política del país. En Guatemala, las actividades guerrilleras comenzaron en 1960, inspiradas por la revolución cubana. Los gobiernos militares que gobernaron de 1960 a 1986 desataron *(unleashed)* una serie de campañas contra las guerrillas que resultaron militarmente efectivas pero ocasionaron la muerte de muchos miles de personas, muchas de ellas indígenas que fueron a menudo víctimas inocentes de la represión del gobierno. En 1986 resultó electo un presidente civil, Vinicio Cerezo, y en los años siguientes comenzaron negociaciones de paz. Al fin, en diciembre de 1996, se firmaron acuerdos que intentaban poner fin a 36 años de guerra civil cuyo balance de muertos se calcula en 100.000.

[3]"Sendero" ha sido un movimiento fanáticamente adepto al comunismo duro de Mao Tse Tung. Fue fundado en 1970 por Abimael Guzmán, un profesor de la Universidad de Ayacucho en el Perú. Guzmán se declaró heredero del líder comunista peruano José Carlos Mariátegui (1895-1930) y de la "Revolución Cultural" de Mao. Sendero practicó el terror más inhumano entre las comunidades rurales que no se sometían a su doctrina, en tanto recompensaba a las que se mostraban aquiescentes, trayéndoles algunas recompensas materiales y un sentido de orden y disciplina. Sus ataques se extendieron por fin a las afueras de las ciudades peruanas donde predicaban su dogma con bastante éxito entre los habitantes pobres de los suburbios. Lima misma empezó a ser objeto de sus ataques terroristas. Por fin, en 1992, el presidente del Perú, Alberto Fujimori, disolvió el Congreso y suspendió las garantías constitucionales a fin de declararles una guerra sin cuartel *(without quarter)* a los senderistas. Aunque esta medida fue muy criticada por los intelectuales liberales del Perú y por los gobiernos de otros países, incluyendo el de los

Estados Unidos, las encuestas *(opinion polls)* sugerían que la opinión pública estaba a favor de Fujimori. La captura de Guzmán y de sus principales lugartenientes aumentó la popularidad del Presidente, que fue reelegido en las elecciones presidenciales de 1995.

[4]La región de Chiapas es la más pobre de México. El movimiento guerrillero que organizó este levantamiento armado se autotituló "Ejército Zapatista de Liberación Nacional"(EZLN) y su jefe, el "subcomandante Marcos", se proclamó heredero de los ideales de Emiliano Zapata, Pancho Villa y la revolución mexicana de 1910. Su grito de "Tierra y libertad", como el de Zapata, alude al problema agrario que persiste aún en esta región de México. En 1995, el gobierno mexicano identificó al comandante Marcos como Rafael Sebastián Guillén, un intelectual marxista que había sido alumno y luego profesor de Filosofía en la Universidad Nacional Autónoma de México.

[5]Buen ejemplo de esto último es el caso de Rigoberta Menchú, la hoy célebre india quiché de Guatemala a quien los abusos sufridos por su familia a manos de las tropas del gobierno convirtieron en una efectiva activista: tenía ya veinte años cuando comenzó a aprender el español con el propósito de poder exponer la causa de su pueblo con mayor efectividad; su elocuente crónica autobiográfica, *Me llamo Rigoberta Menchú y así me nació la conciencia*, basada en grabaciones editadas por la etnógrafa Elisabeth Burgos, la dieron a conocer en Europa y en Estados Unidos. Los méritos de su labor proindigenista alcanzaron su máximo reconocimiento en 1992, cuando se le concedió el Premio Nobel de la Paz.

 Actividades y ejercicios

A. Preguntas sobre la lectura.

1. ¿Qué tipo de gobernante representaba el general Stroessner? ¿Era esto típico o atípico de Latinoamérica?
2. ¿Cuál ha sido la tendencia en años recientes, hacia la dictadura o hacia la democracia? ¿Puede dar un ejemplo para ilustrarla?
3. En la agricultura latinoamericana, ¿han predominado tradicionalmente las fincas de tamaño mediano? Explique.
4. Mencione dos tipos de medidas económicas que adoptaron muchos gobiernos populistas de los años treinta en América Latina.
5. ¿Qué tendencias económicas han predominado en años recientes?
6. ¿Qué factores están haciendo cambiar el tradicional sistema de valores latinoamericano?

7. ¿Qué diferencias de significado hay entre los términos "family" y "familia"?

8. ¿En qué consiste el "amiguismo"?

9. ¿Qué relaciones es posible que haya entre la ética del trabajo y la herencia religiosa?

10. Mencione algunos de los factores que determinan la inclusión de una persona en la clase media de la América Latina.

11. ¿Qué consecuencias tuvo la Conferencia de Obispos en Medellín?

12. ¿Favoreció el papa Juan Pablo II la teología de la liberación? ¿Por qué?

13. ¿Qué tipo de iglesias han estado ganando muchos adeptos en Latinoamérica últimamente?

14. ¿Por qué podemos decir que la causa de la mujer latinoamericana ha avanzado bastante en el campo de la educación?

15. ¿Qué tensiones y divisiones se observan a veces en el movimiento feminista latinoamericano?

B. Llene los espacios en blanco con una de las opciones que se dan en cada caso.

1. La década de_____fue "la década perdida" para Latinoamérica.
   (1960/ 1970/ 1980/ 1990)

2. _____ está pasando de moda en Latinoamérica.
   (El costumbrismo/ El proteccionismo/ La integración/ El mercado libre)

3. Tradicionalmente, Latinoamérica ha sido exportadora de_____.
   (computadores/ maquinarias/ materias primas/ piezas de repuesto)

4. En Latinoamérica ha ocurrido un _____en la violencia últimamente.
   (ascenso/ descenso/ renacimiento/ resurgimiento)

5. Mucha gente en América Latina pertenece a la "economía sumergida" y, por lo tanto, _____.
   (trabaja en el mar/ no paga impuestos/ es marxista/ no vota en las elecciones)

6. El TLC y MERCOSUR son ejemplos de la tendencia económica a _____.
   (la separación/ la integración/ el proteccionismo/ el aislamiento)

7. El sistema de valores latinoamericano está en una situación de _____.
   (cambio gradual/ transición muy rápida/ inmovilidad/ nostalgia del pasado)

8. La imagen del latinoamericano indolente y poco trabajador es _____.
   (verídica/ parcialmente cierta/ relativamente incorrecta/ una caricatura)

9. En Hispanoamérica, las ocupaciones manuales han sido tradicionalmente _____.
   (admiradas/ despreciadas/ alentadas/ apreciadas)

10. En años recientes la inflación en Latinoamérica _____.
    (ha aumentado/ ha disminuido/ ha seguido igual/ ha desaparecido)

C. Problemas, problemas…. Diga qué problemas pueden resultar de las siguientes circunstancias.

1. Un país cuya economía depende principalmente de uno o dos productos de exportación.
2. Un país que no ha podido superar la herencia política del caudillismo.
3. Un país en cuya sociedad predomina todavía la actitud machista.
4. Un país que exporta materias primas e importa productos manufacturados.

D. Opiniones e hipótesis.

1. ¿Qué modelo económico cree usted que es mejor, el proteccionista que ejerce importantes controles, o el neoliberal que prefiere la libertad de comercio? ¿Cuáles son las razones de su preferencia?
2. ¿Piensa usted que el Tratado de Libre Comercio (TLC; NAFTA) ha sido una buena idea? ¿Por qué?
3. ¿Qué cree de las relaciones comerciales entre los Estados Unidos y Japón?
4. ¿Qué piensa de la actitud hispana hacia el trabajo y el ocio? ¿Le parece más o menos correcta que la actitud norteamericana?
5. ¿Cree usted que el "amiguismo" se da con frecuencia en la sociedad estadounidense? ¿Puede mencionar algún ejemplo específico?
6. ¿Ha pensado en las diferencias ideológicas que hay entre una persona de izquierdas y una de derechas? En ese espectro, ¿dónde situaría usted al Partido Demócrata y al Republicano? Usted, personalmente, ¿se considera derechista, izquierdista, centrista…?

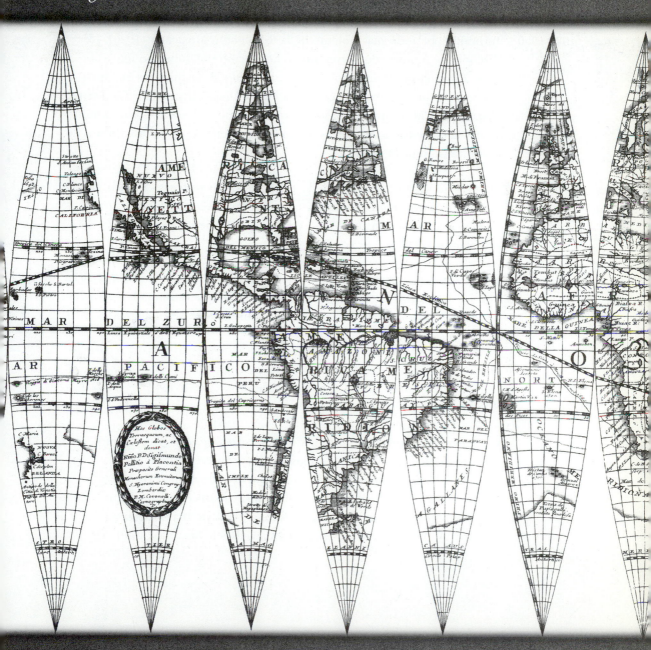

1888-1916   Apogeo del modernismo, encabezado por Rubén Darío. Se publica el influyente ensayo *Ariel* (1900) de José Enrique Rodó.

1920-1930   Termina el período más violento de la Revolución Mexicana (1920). José Vasconcelos, nombrado Secretario de Educación del gobierno mexicano, alienta *(encourages)* la creación de un arte nacional. Comienzos del movimiento muralista mexicano, encabezado por Diego Rivera, José Clemente Orozco y David Alfaro Siqueiros. El izquierdismo y el marxismo se ponen de moda entre los intelectuales hispanoamericanos, incluyendo a varios de los muralistas mexicanos.

El peruano Víctor Raúl Haya de la Torre, desde su exilio en México, funda en 1924 el movimiento americanista/indigenista Alianza Popular Revolucionaria Americana (APRA), cuya inicial orientación marxista Haya cambiará más tarde.

Una polémica literaria en la prensa mexicana (1924) lleva a redescubrir la novela *Los de abajo* (1915) de Mariano Azuela, lo que estimula la aparición del ciclo de narraciones conocido como la novela de la Revolución Mexicana.

Aparecen en otros países importantes novelas de acento social y regionalista, e.g., *La vorágine* (1924), de José Eustasio Rivera (Colombia); *Don Segundo Sombra* (1926) de Ricardo Güiraldes (Argentina); *Doña Bárbara* (1929) de Rómulo Gallegos (Venezuela).

En poesía, una corriente posmodernista descarta *(discards)* los excesos de la retórica modernista y explora temas de mayor interés humano, e.g., el mexicano Ramón López Velarde y sus compatriotas de la revista *Contemporáneos* (1928-1931). Al mismo tiempo aparece una brillante generación de mujeres poetas: Delmira Agustini y Juana de Ibarbourou (Uruguay), Alfonsina Storni (Argentina), Gabriela Mistral (Chile).

Otra tendencia poética, la vanguardista, emula la rebelión estética de los movimientos europeos de vanguardia (futurismo, dadaísmo, surrealismo, etc.), y crea versiones hispanoamericanas, e.g., el creacionismo del chileno Vicente Huidobro.

El nacionalismo cultural florece en el Perú, impulsado por Haya de la Torre y APRA, y por el intelectual marxista José Carlos Mariátegui, autor del importante ensayo *Siete ensayos de interpretación de la realidad peruana* (1928).

1930-1940 Continuación del nacionalismo cultural, que se hace dogmático e intolerante en el caso del muralismo mexicano, y produce una versión afroantillana en Cuba y Puerto Rico, encabezada por el poeta mulato cubano Nicolás Guillén y por el puertorriqueño Luis Palés Matos.

La guerra civil española (1936-1939) crea entre los intelectuales latinoamericanos una ola de simpatía hacia la república española que los lleva a identificarse con las izquierdas antifacistas y con el marxismo. Tal fue el caso de dos de los más grandes poetas hispanoamericanos del siglo XX, el peruano César Vallejo y el chileno Pablo Neruda.

arts and crafts

*D*esde los comienzos de su historia, como hemos visto, Hispanoamérica ha sido punto de encuentro y parcial fusión de tres esenciales componentes étnicos, el europeo, el indígena y el africano, pero sólo en el siglo XX estos dos últimos vinieron a reclamar su lugar en el mapa artístico de la región. No fue hasta 1921 que se celebró en la capital de México una exposición de arte popular en la que por primera vez se exhibieron artesanías° indígenas como obras de arte; pocos hasta entonces habían pensado que aquellos objetos pudiesen tener valor artístico alguno. Esta nueva apreciación del valor estético de las culturas indígenas se debió en buena parte al clima populista creado por la Revolución Mexicana de 1910. Disminuyó así el cuasi monopolio que había tenido en Hispanoamérica la visión europeísta de la realidad americana y apareció un vigoroso movimiento cultural nacionalista que, desde México, se extendió a otros países de Hispanoamérica. La Revolución Rusa de 1917, por otra parte, añadió una dimensión teórica que la Revolución Mexicana no había tenido, y también una perspectiva internacionalista que ofreció la visión de un proletariado hispanoamericano como parte de una fraternidad mundial de obreros y campesinos en marcha hacia un destino utópicamente próspero e igualitario. Muchos intelectuales y artistas hispanoamericanos abrazaron ese prometedor esquema y se convirtieron al comunismo, un comunismo más bien romántico en el que militaron no pocos seguidores del nacionalismo cultural.

Ese entusiasmo por las culturas nacionales no consiguió, sin embargo, interrumpir el flujo de las influencias europeas, que siguieron penetrando en Hispanoamérica, especialmente en el campo de la poesía, como lo muestra el caso del modernismo y el del vanguardismo.

Literatura de evasión: el cisne modernista

El gran poeta nicaragüense Rubén Darío (1867-1916) fue el genio que encabezó una histórica renovación de la lengua poética española cuyos efectos se sintieron no sólo en Hispanoamérica sino también en España. El movimiento poético que fundó Darío, el modernismo, reunió a una brillante generación de poetas hispanoamericanos[1] que enriquecieron el lenguaje simbólico del castellano, renovaron sus metros poéticos° y descubrieron posibilidades musicales y rítmicas que no habían existido antes en nuestra lengua. La principal fuente de inspiración de los modernistas fue la poesía exquisita de los parnasianos y simbolistas franceses[2], aunque sin olvidar la herencia poética hispana. Empleando un rítmico lenguaje de gran precisión crearon universos poéticos que transportaban al lector a exóticos mundos ideales: la Francia aristocrática del siglo XVIII, la antigüedad de Grecia y de Roma, los misteriosos países del Oriente, habitados por poetas

verse meters

sensitivos, princesas melancólicas, reyes caprichosos° y aristocráticas presencias simbólicas como la flor de lis° y el misterioso cisne°. Su propósito no era comunicar un mensaje socialmente relevante sino más bien crear ambientes poéticos dominados por sensaciones armónicas en una incansable búsqueda° de la belleza ideal, aunque fuese una búsqueda condenada al fracaso°. Como dijo Darío:

whimsical

heraldic lily/swan

tireless search

failure

Yo persigo una forma que no encuentra mi estilo,
botón de pensamiento que busca ser la rosa;
se anuncia con un beso que en mis labios se posa
al abrazo imposible de la Venus de Milo[3]

Rubén Darío (Nicaragua;1867-1916), máximo poeta del modernismo hispanoamericano.

〜〜〜

En sus años maduros los modernistas, incluyendo al propio Darío, tendieron a salir de su torre de marfil° y, sin abandonar sus ideales estéticos, expresaron en sus obras las preocupaciones sociales y políticas de la turbulenta época en que vivieron. Si el siglo XIX había terminado con la guerra entre España y Estados Unidos en Cuba, los primeros años del siglo XX presenciaron las intervenciones de los Estados Unidos en el área del Caribe y una inestabilidad política general que a menudo resultó en golpes de estado y rebeliones armadas. En el prefacio a su libro *Cantos de vida y esperanza* (1905), Darío admitió: "Yo no soy poeta para las muchedumbres°. Pero sé que indefectiblemente° tengo que ir a ellas", y agregó: "Si en estos cantos hay política, es porque parece universal. Y si encontráis versos a un presidente, es porque son un clamor continental. Mañana podremos ser yanquis, y es lo más probable; de todas maneras, mi protesta queda escrita sobre las alas de los inmaculados cisnes, tan ilustres como Júpiter". El presidente a quien se refería Darío era Teddy Roosevelt y sus palabras de protesta aludían a la agresiva política exterior que practicaban los Estados Unidos en Latinoamérica en esos años. En su oda "A Roosevelt" habría de decirle al dinámico héroe de San Juan Hill:

ivory tower

crowds/unfailingly

Eres los Estados Unidos,
eres el futuro invasor
de la América ingenua° que tiene sangre indígena,
que aún reza° a Jesucristo y aún habla en español.

naïve

prays

Esas preocupaciones fueron recogidas en uno de los ensayos más influyentes de la historia de Hispanoamérica, *Ariel* (1900), del uruguayo José Enrique Rodó, uno de los mejores prosistas° del modernismo. Rodó vio el peligro de que Hispanoamérica, fascinada por el poder y el éxito de los Estados Unidos, quisiera escogerlos como modelo. "Tenemos nuestra nordomanía", apuntó, es decir, la inclinación a imitar a los Estados Unidos, y anotó cómo Norteamérica iba "realizando entre nosotros una suerte de° conquista moral." Rodó reconocía el valor de ciertas virtudes del pueblo norteamericano: "ellos han sido los primeros en hacer surgir nuestro moderno concepto de la libertad" y en revelar "la grandeza y el poder del trabajo," pero veía en la cultura norteamericana una nociva falta° del equilibrio que caracterizaba a la cultura clásica heredada de Grecia y de Roma. La cultura estadounidense, en su opinión, no promovía el desarrollo armónico de todas las facultades del individuo—las espirituales tanto como las materiales—sino alentaba° un excesivo culto al bienestar° material y convertía el trabajo utilitario en "fin y objeto de la vida".

prose writers

a kind of

harmful lack

encouraged/well-being

José Enrique Rodó (Uruguay; 1872-1917), el prosista (prose writer) más distinguido del modernismo; autor del influyente ensayo Ariel (1900).

Posmodernismo

El movimiento modernista decayó tras la muerte de Rubén Darío en 1916, aunque su maestría verbal pasó como valiosa herencia a los poetas que le sucedieron. Después del modernismo la poesía latinoamericana se dividió en dos corrientes principales: la posmodernista y la poesía de tipo experimental que siguió los modelos de las escuelas europeas de vanguardia. El posmodernismo no constituyó propiamente una escuela literaria pero es un término conveniente para distinguir a la poesía posterior a Darío que se mantuvo dentro de los límites de lo convencional en vez de entregarse a los radicales experimentos formales de los poetas vanguardistas. Los poetas posmodernistas ensayaron una poesía más intelectual, sin el énfasis en lo sensorial que caracterizaba a los modernistas. Ya en 1911 el poeta mexicano Enrique González Martínez había publicado un soneto, "Tuércele el cuello° al cisne", en el que proponía sustituir al cisne modernista por el búho°, símbolo de la sabiduría°. González Martínez no sólo le criticaba al cisne su frívola superficialidad sino también su incapacidad para sentir "el alma de las cosas ni la voz del paisaje". Este llamado a una poesía más preocupada con los problemas íntimos del ser humano encontró una acogida° favorable; los posmodernistas abandonaron la pasión modernista por lo exótico y

twist the neck
owl/wisdom

reception

se volvieron hacia los escenarios de su suelo nacional, sus provincias, sus pueblos, en una exploración del mundo emotivo de la realidad cotidiana° *every-day* que les rodeaba. El mexicano Ramón López Velarde, por ejemplo, evocó en un poema, "Mi prima Agueda"(1916), no a una mujer idealizada, sino a una enigmática parienta que venía a visitar la casa del poeta cuando era niño, desplegando un aire atractivamente equívoco: severo traje negro sobre un cuerpo saludablemente sensual de ojos verdes y "mejillas rubicundas"°. *rosy cheeks*

La voz poética de la mujer hispanoamericana

La poesía posmodernista se vio especialmente enriquecida por la contribución de una generación de mujeres que, sobre todo en los países del cono sur, pusieron en primer plano los problemas de la sensibilidad femenina en una sociedad no acostumbrada a ver esa sensibilidad expresarse abierta y francamente. Tal fue el caso de las poetisas uruguayas Delmira Agustini y Juana de Ibarbourou, de la argentina Alfonsina Storni y de la chilena Gabriela Mistral. Agustini, la más apasionada del grupo, expresó del modo más directo una sensualidad nunca satisfecha, en perenne estado de renovación. Storni, por su parte, tuvo también un temperamento apasionado pero marcado por una irreconciliable dualidad: su atracción hacia el hombre tenía que coexistir con el resentimiento que le producía el papel dominante del sexo masculino, sobre todo porque se sentía intelectualmente superior a la mayoría de los hombres que encontraba a su paso. En su poesía alternan así el erotismo y la animosidad hacia el otro sexo que, en "Hombre pequeñito", le hacen decirle: "Digo pequeñito porque no me entiendes,/ni me entenderás." A veces, como en el poema "Tú me quieres blanca", color simbólico de la virginidad femenina, Storni reta al hombre a que, si le exige pureza, se purifique primero él mismo. Esta manera de expresarse no era ciertamente aceptable en

Gabriela Mistral (1889-1957), gran poetisa chilena. Premio Nobel de Literatura, 1945.

el Buenos Aires de 1919, especialmente si quien lo hacía era una mujer de hábitos liberales que hacía vida de café, monopolio hasta entonces de los varones porteños°. Esta mujer excepcional terminó su vida con un acto típico de su carácter determinado: al saber que padecía de un cáncer incurable se fue hacia el mar y se internó en él para no regresar. Antes de hacerlo, escribió su despedida en el poema "Voy a dormir", que termina de manera escalofriantemente° coloquial: "si él llama nuevamente por teléfono/ le dices que no insista, que he salido". *he-men from Buenos Aires* *chillingly*

Gabriela Mistral (pseudónimo de Lucila Godoy) fue la poetisa de esa generación que alcanzó mayor reconocimiento y honores, también la más universal en sus temas y preocupaciones. Fue maestra rural y su juventud quedó marcada por una tragedia: el suicidio del hombre al que quería, episodio desdichado° que inspiró poemas tan conmovedores° como "Los sonetos de la muerte". Nunca se casó ni tuvo hijos y ese vacío físico y emocional quedó transformado en su obra en un amor y una ternura universales hacia los débiles y los desheredados de la Tierra, especialmente los niños, a quienes dedicó muchos poemas de una encantadora, difícil sencillez. Incluso en los versos que le dedicara al amante muerto había notas tiernas de mujer-madre: "Te acostaré° en la tierra soleada°… /y la tierra ha de hacerte soledades de cuna° / al recibir tu cuerpo de niño dolorido." Viajera incansable, pasó la mayor parte de su vida fuera de Chile y desempeñó misiones diplomáticas en varias naciones, incluyendo la representación de su país en las Naciones Unidas. En Nueva York la sorprendió la muerte, universalmente aclamada tanto por la calidad de su poesía como por su estatura humana. Había recibido el premio Nobel de literatura en 1945.

unhappy/moving (margin gloss)

I will put you to bed/sunny (margin gloss)
cradle (margin gloss)

La vanguardia

La literatura relativamente convencional de los posmodernistas coexistió con la revolución literaria y artística conocida como vanguardismo, que apareció en Europa a principios del siglo y se transmitió a Hispanoamérica por diversas vías. El término vanguardia viene del francés *avant-garde*, literalmente, "guardia avanzada", y se usa para referirse a los diversos movimientos experimentales que aparecieron en Europa aproximadamente en el período 1907-1924, tanto en las artes como en la literatura: cubismo, expresionismo, futurismo, dadaísmo, surrealismo, por nombrar los principales[4]. Hay que recordar que aquella fue una época marcada por una impresionante oleada de modernidad y avances tecnológicos: entre 1890 y 1905 aparecen, entre otras cosas, el automóvil, el cinematógrafo, el motor Diesel, la telegrafía sin hilos, el aeroplano, el psicoanálisis de Freud y la teoría de la relatividad de Einstein. Pero fue también un período que pasó de la complacencia de la llamada *belle époque*[5] al trauma y la desilusión de la Primera Guerra Mundial; esto llevó a muchos escritores y artistas a cuestionar el sistema de valores de su época, el que había hecho posible la barbarie de aquella guerra. Por eso en el arte y la literatura aparecieron, de un lado, el entusiasmo y la fascinación con los avances de la nueva tecnología, pero también el escepticismo, el desencanto y la amargura°; como resultado, muchos artistas se rebelaron contra la lógica tradicional y decidieron construir sus propios mundos gobernados por sus propias leyes; para afirmar su libertad y su ruptura con el mundo de sus mayores°, usaron a menudo la burla° y se complacieron en

bitterness (margin gloss)

elders/mockery (margin gloss)

violar todo tipo de reglas: las de la gramática, las de la perspectiva… Cuando los dadaístas, por ejemplo, componían un poema sacando al azar° letras de un sombrero, practicaban una labor de destrucción de las leyes estéticas existentes que era escandalosa pero hasta cierto punto necesaria. De sus esfuerzos no quedó ninguna obra literaria realmente valiosa, pero cumplieron la importante misión de liberar al arte y a la literatura de su servidumbre° a la lógica convencional. Los surrealistas, del mismo modo, cuestionaron el valor de la mente racional como guía del proceso creativo y exploraron la capacidad creativa de los procesos instintivos y espontáneos del subconsciente, utilizando para ello—en forma más o menos libre—la teoría freudiana del psicoanálisis.

El mundo hispano tuvo una entusiasta luna de miel con el vanguardismo, sobre todo en literatura, aunque ni en España ni en Hispanoamérica se daban exactamente las circunstancias históricas que habían motivado la aparición de la vanguardia europea. Por eso fue una luna de miel breve que creó algunos "-ismos" de vida más bien efímera. En España apareció el ultraísmo, que en 1921 fue importado a la Argentina por el joven Jorge Luis Borges y disfrutó allí de una pasajera popularidad en pequeñas revistas literarias. En México, el estridentismo tuvo una breve aunque ruidosa vida que duró aproximadamente de 1921 a 1928. En Chile, Vicente Huidobro difundió su propio movimiento vanguardista, el creacionismo, que como su nombre sugiere, hizo hincapié sobre todo en el poder del poeta para crear realidades nuevas, autónomas, por medio de la palabra: "Por qué cantáis la rosa, ¡oh poetas! Hacedla florecer en el poema…" ; realidades que poseían, además, sus propias leyes lógicas, independientes de las de la realidad cotidiana: "La luna se aleja° de nosotros/ Y arroja° una corona sobre el polo". Pero la importancia del vanguardismo en la literatura hispanoamericana no debe medirse por el mayor o menor éxito que tuvieron esos movimientos, sino más bien por la frescura creativa con que impregnó la poesía y la prosa de toda la América Española y por los novedosos recursos retóricos que trajo consigo: ingeniosos juegos metafóricos, inéditas e imaginativas combinaciones de palabras, tono irreverente, desvalorización de la belleza convencional. El poeta argentino Oliverio Girondo (1891-1967), por ejemplo, pudo cantarle ahora a "Jardines donde los guardianes lustran° las hojas de los árboles para que al pasar nos arreglemos la corbata°". Sin el lenguaje aportado por la vanguardia, no tendríamos lo mejor de la poesía de los más grandes poetas contemporáneos de Hispanoamérica, con César Vallejo, Pablo Neruda, Octavio Paz y Nicanor Parra a la cabeza.

El Nacionalismo cultural. El caso de México

El nacionalismo cultural que brotó° de La Revolución Mexicana se manifestó en campos tan variados como la antropología, la pintura, la arquitectura

at random

servitude

moves away/throws

shine

so that we may straighten our ties

came out

y la música. Una brillante generación de antropólogos encabezada por el maestro Manuel Gamio (1883-1960) dio un impulso dramático a los proyectos arqueológicos destinados a rescatar del pasado los grandes logros° de las civilizaciones precolombinas; también comenzaron a aplicar criterios científicos a los problemas que ofrecía la aculturación de la población indígena. En las artes, había existido un impulso nacionalista desde el siglo XIX, pero no fue hasta 1920, al terminar la fase más violenta de la Revolución Mexicana, que hubo la oportunidad y el necesario apoyo oficial para intentar la creación de un arte nacional mexicano. Una figura clave en ese proceso fue José Vasconcelos (1881-1959), Secretario de Educación bajo el gobierno del presidente Alvaro Obregón (1920-24).

Vasconcelos, autor de ensayos fundamentales como *La raza cósmica* e *Indología* (1927), creía firmemente que la salvación de aquel México destrozado por diez años de lucha armada estaba en la promoción de un renacimiento cultural, tanto en el campo de la educación como en el de las artes. La creación del Departamento de Bellas Artes dentro de la Secretaría de Educación proveyó el primer impulso organizativo y económico para lo que se vino a llamar el renacimiento artístico mexicano. Del mismo modo que había solicitado la ayuda de profesores voluntarios para que fuesen a educar a las clases pobres, Vasconcelos pidió entonces la colaboración de pintores que quisiesen venir a crear un arte nuevo en las paredes de los edificios públicos de la capital mexicana. La idea era desarrollar un arte mural de grandes proporciones que en vez de ser patrimonio privado de una élite, fuese accesible a todos los ciudadanos; un arte que, además, "llegase a ser un reflejo de la vida intensa de aquel momento" *(Indología)*. Así, a invitación de Vasconcelos, se reunió en la capital de México uno de los más notables grupos de pintores que ha producido el arte occidental del siglo XX. Eran jóvenes y desconocidos y Vasconcelos los atrajo sin otra promesa que la de ofrecerles un modesto subsidio y todas las paredes que quisiesen usar. Dos de los más importantes, Diego Rivera y David Alfaro Siqueiros, se habían formado artísticamente en Europa, en contacto con los movimientos de vanguardia. Al unirse al grupo José Clemente Orozco, quedó integrado el gran trío del muralismo mexicano. En torno a ellos se reunió una constelación de artistas también jóvenes entre los que se hallaban Luis Escobar, Xavier Guerrero, el guatemalteco Carlos Mérida, Amado de la Cueva e incluso un pintor francés, Jean Charlot. Diego Rivera actuaba como "jefe" extraoficial del clan, por lo que a los pintores que le rodeaban se les conocía como "los Dieguitos".

Desarrollo del muralismo mexicano

El movimiento muralista pronto desbordó° las intenciones originales de su inspirador. Vasconcelos era un espíritu clásico que había concebido un arte nacional realizado a través de técnicas artísticas convencionales. Los pintores que

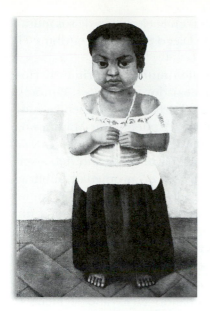

Niña indígena, Diego Rivera (1886-1957), el más célebre de los muralistas mexicanos.

reunió, sin embargo, influidos por el cubismo y la vanguardia artística europea, incorporaron las técnicas de esos movimientos a los murales que pintaban. Y en esa integración entre los temas nacionales y las técnicas del arte moderno reside uno de los méritos indiscutibles del muralismo mexicano. Al menos, eso nos parece hoy, pues en su momento los atrevidos experimentos de forma y perspectiva que ensayaron los muralistas no siempre ganaron el favor del público. A veces despertaron, incluso, sentimientos de hostilidad. Así ocurrió, por ejemplo, en la Escuela Nacional Preparatoria de la capital mexicana, el edificio donde se realizaron los primeros murales importantes. Los alumnos de la escuela, al ver que los pintores cubrían las paredes con figuras indígenas extrañamente deformadas, pensaron que éstos se estaban burlando° del pasado nacional y llegaron a atacarlos físicamente en alguna ocasión.

were making fun

Aquel período de la Escuela Preparatoria (1920-24) fue crucial para el desarrollo del muralismo. Allí evolucionaron sus temas, que si al principio se concentraron en la personificación de categorías abstractas, pronto derivaron hacia la presentación de temas indígenas. En su "Devoción de la Virgen de Guadalupe", Fermín Revueltas usó por primera vez el tipo de figuras indias vestidas de blanco que se convirtió en una de las marcas de fábrica del grupo; en "Fiesta en Chalma", Fernando Leal introdujo elementos folclóricos indígenas que fueron luego adoptados por los otros pintores; en su "Masacre en el Templo Mayor", Jean Charlot inauguró el tema épico-histórico que presentaba a los indígenas como víctimas de un proceso brutal de conquista por parte de los españoles. Otro logro importante fue el perfeccionamiento de la pintura al fresco; esta técnica, prácticamente olvidada desde el Renacimiento italiano, fue redescubierta por los muralistas como parte del afán de recapturar el arte nacional mexicano, pues la pintura al fresco era el medio que habí-

Hernán Cortés y Marina, mural de José Clemente Orozco (1883-1949), edificio de la antigua Escuela Nacional Preparatoria, Ciudad de México.

an utilizado las culturas indígenas precolombinas en la ejecución de sus murales. A Xavier Guerrero, uno de los ayudantes de Diego Rivera, se le atribuye el definitivo perfeccionamiento de esta técnica.

De la comunidad ideológica que se desarrolló durante ese primer período surgió, en 1923, la idea del Sindicato° de Trabajadores Técnicos, Pintores y Escultores, fundado bajo la premisa de que el artista del México revolucionario no era más que un obrero al servicio del pueblo. Su Manifiesto, emitido el mismo año, proponía la socialización de la expresión artística y la destrucción del individualismo burgués; el nuevo arte mexicano debía ser un arte colectivo y monumental, que se convirtiera en propiedad pública; por eso repudiaba la pintura de caballete° y todo tipo de arte que, como ésta, se identificase con la aristocracia. El deber del artista era producir un arte relevante para el pueblo, que sirviera de inspiración para la lucha social. El contenido y el lenguaje de este manifiesto revelan la influencia de la concepción marxista de la obra de arte, sobre todo en Diego Rivera y en David Alfaro Siqueiros, que se habían convertido al comunismo. Revela también el inicio de una actitud dogmática que se fue acentuando° en los años siguientes.

Los tres principales muralistas hicieron extensas visitas a Estados Unidos. Diego Rivera realizó allí una serie de murales cuyos temas causaron numerosas controversias, como los que pintó en el Rockefeller Center de Nueva York, en los que incluyó, entre otras cosas, un retrato de Lenín como líder de los trabajadores. En este caso, su contrato fue cancelado y la obra borrada° de las paredes. Orozco, en cambio, tuvo un fructífero período de trabajo en Estados Unidos del que quedaron importantes murales, como los que pintara en Pomona College, Dartmouth, y The New School for Social Research de Nueva York. En la obra madura de Orozco sobresale una visión amarga, caótica de la realidad que trasciende las barreras raciales, geográficas y políticas; una visión que, acudiendo° a veces a una exageración de las formas y una marcada agresividad del color, busca comunicar el sufrimiento físico y la angustia espiritual del ser humano en un mundo deshumanizado por la tecnología y por los instrumentos de la guerra. De sus últimos murales, destacan sobre todo los frescos que ejecutó en varios edificios de Guadalajara. Allí, en la cúpula del Hospicio Cabañas, su pintura culmina en la figura gigantesca de un hombre oscuro, más allá de toda raza o nacionalidad, que marcha erguido°, rodeado por las llamas°.

La Revolución Mexicana y la literatura

En literatura, en cambio, no ocurrió un movimiento nacionalista de importancia. En poesía, por ejemplo, el grupo de poetas mexicanos más distinguidos del período—Xavier Villaurrutia, Carlos Pellicer, José Gorostiza, entre otros—se agrupó en torno a la revista *Contemporáneos* (1928-31), que se

trade union

easel painting

gradually increased

erased

resorting

erect/flames

oponía al nacionalismo cultural y propugnaba una actitud internacionalista. Lógicamente, estos poetas fueron duramente criticados por permanecer al margen de la problemática nacional de aquellos años. Aquel vacío literario suscitó al cabo una polémica en la prensa mexicana, iniciada en 1924 por un artículo periodístico que lamentaba "el afeminamiento" de la literatura mexicana, es decir, la presunta ausencia de una literatura que reflejase el "viril" proceso de la Revolución Mexicana. Fue entonces que el crítico Francisco Monterde mencionó la novela *Los de abajo*, de Mariano Azuela, publicada originalmente en 1915, como ejemplo de una "literatura viril" que era "reflejo fiel de la hoguera°" revolucionaria. Esta polémica convirtió a Azuela en una celebridad de la noche a la mañana, *Los de abajo* volvió a publicarse con gran éxito y se creó un ambiente propicio para las narraciones de tema revolucionario. El resultado fue una serie de novelas que en conjunto reciben el nombre de "novela de la Revolución Mexicana". Después de Azuela, Martín Luis Guzmán publicó dos relatos° de tema revolucionario, *El águila y la serpiente* (1928) y *La sombra del caudillo* (1929), y en la década de 1930 apareció un importante grupo de novelistas que agregaron buen número de títulos a este ciclo. La mayoría de estos narradores habían participado en las campañas revolucionarias y sus novelas estaban basadas en experiencias personales. Sus relatos a veces no eran realmente novelas, sino más bien colecciones de memorias, episodios y escenas de las campañas revolucionarias. Estos improvisados escritores mostraron tener, sin embargo, un talento narrativo de primer orden. Sus narraciones capturan fácilmente la atención del lector, aunque abundan en imperfecciones técnicas. Con ellos entra en la literartura el habla coloquial del pueblo mexicano, sus hombres y mujeres humildes se convierten en personajes dignos y se impone un estilo directo y fresco que a menudo emula la crónica periodística.

El nacionalismo cultural mexicano acabó por desarrollar una marcada intolerancia. Se esperaba que artistas y escritores se adhiriesen a él en nombre del bien nacional. Pintores como Rufino Tamayo, que mantuvieron una línea independiente del folclorismo y los temas nacionalistas, quedaron marginados y abundaron los ataques contra los novelistas de la Revolución por su actitud frecuentemente crítica del proceso revolucionario. En general, los creadores mexicanos del período sintieron la presión ideológica que los urgía a explorar los temas autóctonos. Cuando, por ejemplo, le preguntaron al compositor Carlos Chávez por qué escribía música proletaria, contestó que creía que era su deber promover los fines culturales de la Revolución Mexicana (Chase, Continuity 124). Tarde o temprano tendría que venir una reacción contra esa concepción del arte.

bonfire

narrations

Nacionalismo cultural e indigenismo en el Perú

Desde la patria de Zapata el nacionalismo se diseminó por otras naciones del continente y tuvo especial impacto en los países de los Andes, con su abundante población indígena. El pintor peruano José Sabogal (1888-1956) es el más conocido de una generación de artistas andinos que importaron desde México el mensaje estético e ideológico de los muralistas.

En el Perú apareció además en la década de 1920 un importante movimiento proindigenista inspirado en parte por el ejemplo mexicano y por las ideas marxistas pero que tenía ya importantes antecedentes propios que se remontaban al siglo XIX. Sus dos más importantes figuras fueron José Carlos Mariátegui (1894-1930) y Víctor Raúl Haya de la Torre (1895-1979). Tanto Mariátegui como Haya centraron su atención en las masas indígenas y, dada su orientación socialista, vieron en el ayllu precolombino de los incas un modelo ideal que podría ser revivido en el siglo XX: como en los días de esplendor del imperio inca, las masas indígenas del Perú podrían encontrar una nueva prosperidad y bienestar en aquel sistema de explotación colectiva de la tierra e intensa vida comunitaria. La revista *Amauta*, fundada por Mariátegui en 1926, fue el principal vehículo para la difusión del mensaje indigenista y social de los más importantes escritores jóvenes del momento (los amautas habían sido los poetas e intelectuales de la sociedad incaica).

La coincidencia de Haya con la línea ideológica de Mariátegui duró poco, sin embargo. Mariátegui fundó en 1928 su propio partido comunista bajo el nombre de Partido Socialista Peruano. Su ortodoxia marxista le llevó a considerar a la población indígena de Latinoamérica como una parte más del proletariado mundial y sujeta, por tanto, a que se le aplicaran los mecanismos sociales del comunismo soviético. Su libro *Siete ensayos de interpretación de la realidad peruana* (1928) se convirtió en un clásico, pero la tuberculosis terminó su vida poco después, a los 36 años de su edad. Haya, en cambio, que vivió una larga vida, acabó por rechazar varios principios fundamentales del marxismo-leninismo, incluyendo el de la dictadura del proletariado y la idea de que las soluciones del comunismo soviético fuesen aplicables a todos los países del mundo, en particular a los países latinoamericanos. En 1924, desde su exilio en México, había fundado un movimiento, la Alianza Popular Revolucionaria Americana (APRA), que anunciaba un ambicioso programa de reivindicación política y social a nivel continental. "Aprismo" y "aprista" se hicieron pronto términos familiares en toda Hispanoamérica y el movimiento ganó adeptos en la mayor parte de los países de la región con su atractivo, si bien utópico, "programa máximo" de principios izquierdistas y anti-imperialistas (léase anti-Estados Unidos). Propugnaba, entre otras cosas, la "interamericanización" del canal de Panamá, la unificación de Latinoamérica y la nacionalización de tierras e industrias. Tales posiciones de Haya se fueron atemperando° con los años, sin embargo. A medida que *became more moderate* se alejaba del marxismo y se moderaba la política exterior norteamericana, APRA disminuyó su retórica anti-yanqui y se convirtió en un movimiento de izquierda relativamente moderada, partidario de estados latinoamericanos democráticos que pusiesen la cuestión indígena en el centro de su atención. Continuó proponiendo el cooperativismo agrario, pero limitado ahora a la población indígena, e hizo menos énfasis en la idea de nacionalizar los medios de producción.

Haya, que fundó en 1931 el Partido Aprista Peruano, vivió la agitada vida del frecuente exiliado. Regresaba al Perú cuando los gobiernos de turno se lo permitían para hacer proselitismo, con significativo éxito; su figura carismática, su mensaje de honestidad y regeneración le hicieron la figura más popular del país durante muchos años. Perenne candidato a la presidencia del Perú, probablemente obtuvo la mayoría de los votos en las elecciones de 1931, pero no se le permitió ascender a la presidencia. Los apristas acudieron entonces a la insurrección armada y cometieron excesos que resultaron en la ejecución de un grupo de civiles, policías y oficiales del ejército. La reacción del ejército fue brutal; varios miles de apristas fueron ejecutados y se abrió una brecha entre APRA y las fuerzas armadas que hizo virtualmente imposible que el partido de Haya tuviese acceso a la presidencia en el futuro inmediato[6].

Literatura indigenista en los Andes

El indigenismo andino halló una expresión especialmente vigorosa en la literatura narrativa. En Bolivia, en Ecuador, en el mismo Perú, aparecieron importantes novelas de reivindicación social que presentaban con descarnado realismo las injusticias que se cometían con la población indígena. En estas narraciones, como es el caso de *Raza de bronce* (1919), del boliviano Alcides Arguedas, los personajes indígenas aparecen poco individualizados, pues el autor se interesa en ellos sobre todo como miembros de una colectividad oprimida; su ancestral vida comunal aparece amenazada por malignas fuerzas exteriores presididas por crueles hacendados y corruptos curas y funcionarios. Esta fórmula de denuncia social alcanzaría su expresión más radical en las novelas del escritor marxista ecuatoriano Jorge Icaza. En su relato más conocido, *Huasipungo* (1934), las masas indígenas apenas superan un nivel de existencia animal y alcanzan extremos de penuria° que son *poverty* descritos con escalofriante minuciosidad°, como cuando la mujer del prota- *thoroughness* gonista muere después de haber ingerido, desesperada de hambre, una porción de carne podrida°. Estas narraciones se hallan repletas de defectos téc- *rotten* nicos: los personajes son buenos o malos, con pocas matizaciones y el narrador no vacila en introducir en el relato obvios discursos de denuncia social que expresan su particular ideología; aun así, casi siempre consiguen envolver al lector en el relato y hacerle participar de su sentido de indignación ante las injusticias que describen. En el Perú, un escritor salido del movimiento aprista, Ciro Alegría, abrazó la fórmula de la novela indigenista y la llevó a un nivel de calidad no igualado hasta entonces, especialmente en su mejor narración, *El mundo es ancho y ajeno* (1941). El protagonista colectivo de la novela es Rumi, una pequeña comunidad indígena que lucha por preservar su modo de vida y su existencia misma contra la codicia de los gamonales (hacendados). El título de la narración alude a la alienación cultural del indio, para quien el mundo que se extiende más allá de las cercanas sierras es, en verdad, ajeno, hostil, pues de él sólo le llegan amenazas y abusos.

Nacionalismo cultural en el Caribe

En las islas del Caribe la población nativa había sido virtualmente liquidada durante la Conquista del siglo XVI, pero ahí estaban Africa, sus culturas y la situación discriminada del negro y el mulato antillanos en la moderna sociedad de los países caribeños. El movimiento hacia lo autóctono, con los hombres y mujeres de color como protagonistas, habría de ser especialmente importante en Cuba y Puerto Rico, donde en los mejores casos se realizó una exitosa síntesis entre la sensibilidad estética europea y los aportes artísticos de las culturas africanas traídas por los esclavos negros. La música y la poesía se beneficiaron especialmente de ello. En Cuba, esta corriente cultural estuvo representada sobre todo por dos compositores de primera línea, Amadeo Roldán y Alejandro García Caturla: el ballet "La rebambaramba" (1928), del primero, la "Obertura cubana"(1938), del segundo, fueron logros indiscutibles. La poesía afroantillana, que floreció sobre todo en la década de los 30, estuvo encabezada por los cubanos Nicolás Guillén y Emilio Ballagas y por el puertorriqueño Luis Palés Matos. En Nicolás Guillén, por ejemplo, los temas negros son tratados con atrevidas imágenes de corte vanguardista: "¡Oh puro sol repujado°,/preso en el aro° del trópico…" Igualmente, la musicalidad de los ritmos africanos es incorporada al verso culto y éste da cabida también al habla y la pronunciación popular de los negros cubanos en un tratamiento a ratos irónico, a ratos burlón y amargo del prejuicio racial: "¿Por qué te pone tan bravo°, / cuando te dicen negro bembón°… ? Guillén fue uno de los tantos intelectuales que se convirtieron al marxismo en la Cuba del período, y sus convicciones comunistas asoman en sus críticas al intervencionismo cultural estadounidense. En "West Indies Ltd.", el poeta se lamenta de un mundo de puertos insulares donde el turista "viene a comerse el cielo azul,/ regándolo° con Bacardí".

embossed/caught in the ring

angry
thick-lipped

watering it

A la búsqueda del escenario americano

Al mirarse a sí misma, la América hispana no se encontró sólo con sus raíces étnicas; halló también fascinantes paisajes, ambientes, modos de vida que se habían perpetuado sobre todo en los grandes espacios exteriores de la Hispanoamérica rural. Surgió así, en los años 20 y los 30, una literatura narrativa de proporciones épicas, en que el escenario natural fue con frecuencia el protagonista del relato. Esta apreciación del paisaje local había comenzado con el romanticismo del siglo XIX, pero ahora adquiriría un tratamiento más verosímil, menos propenso° a la idealización excesiva. En *La vorágine* (1924), del colombiano José Eustasio Rivera, la selva amazónica es el personaje principal de la novela, una presencia opresora que acaba por vencer y aun devorar a quienes penetran en sus dominios. Otro clásico del período, *Doña Bárbara* (1929), del venezolano Rómulo Gallegos, sitúa al lector en el medio rural, primitivo, cruel y grandioso de los llanos de Venezuela, en las aisladas tierras donde los hacendados imponían la ley y el orden a su capricho°. Pero fue quizás en *Don Segundo Sombra* (1926), del argentino Ricardo Güiraldes, donde la novela regional hispanoamericana alcanzó su mejor expresión. Güiraldes, señorito rico, residía en Buenos Aires pero pasaba temporadas en la estancia (hacienda) de su familia en la

less inclined

at their whim

Horacio Quiroga (Uruguay; 1878-1937), uno de los mayores cuentistas de Hispanoamérica.

pampa argentina y refinó su sensibilidad literaria durante prolongadas visitas a París. De la conjunción entre ese refinamiento estético y su experiencia de la vida simple de la pampa y sus habitantes, surgió la historia del gran gaucho Don Segundo Sombra. Narrada a través de los ojos de un niño y de su incondicional admiración por Don Segundo, la novela es un homenaje conmovedor° a un modo de vida, el del gaucho independiente y autosuficiente, que está en vías de desaparecer. Don Segundo, domador de caballos° marcha de estancia en estancia ofreciendo sus servicios, pero sólo éstos: a él no lo posee nadie. La pampa ya no es, como en el pasado, una llanura interminable y sin barreras, pero aún puede sobrevivir en ella la libertad individual. El niño narrador, al unirse a la pequeña tropa de Don Segundo, se hace parte de un vivir itinerante° en el que se desarrolla un profundo afecto entre el competente y callado gaucho y su joven discípulo. Se ha dicho que Don Segundo

moving tribute

horse-breaker

roving life

es un gaucho idealizado, ejemplo de todas las virtudes del hombre de la pampa, y es verdad. Se ha dicho también que eso le impide ser completamente humano, y esto no es cierto. Don Segundo corresponde plenamente al afecto que le muestra el niño que lo sigue pero lo hace de maneras sutiles, con un admirable laconismo muy coherente con su personalidad. Este es precisamente uno de los grandes logros de la novela. Don Segundo, hombre presumiblemente duro, está siempre ahí, como padre/madre, cuando el niño lo necesita, con apenas una palabra, a veces sólo con el hecho de hallarse al lado del niño en el momento preciso. Es la gran novela de la pampa, un admirable cuadro de costumbres de un modo de vida básico y auténtico, pero también una conmovedora historia de amistad y ternura.

Diferente fue el caso de Horacio Quiroga (1878-1937), el gran cuentista uruguayo, un hombre atormentado por profundos conflictos interiores y por una vida marcada por todo tipo de infortunios (varios miembros de su familia murieron accidentalmente o se suicidaron y Quiroga mismo se quitó la vida al saber que padecía de cáncer). Quiroga fue en su juventud un refinado dandy de familia adinerada° que hizo la obligada visita a París y luego se dedicó a la vida bohemia en los cafés literarios de Buenos Aires. Era lector apasionado de Zola, de Edgar Allan Poe, de Maupassant, de Kipling, e inevitablemente, se hizo militante del modernismo. Fascinado por lo sobrenatural y lo morboso, escribiría cuentos de una naturalismo escalofriante, como "La gallina degollada" (The Beheaded Hen), o claramente influidos por el gusto de Poe por lo macabro, como "El almohadón de plumas" (The Feather Pillow). En 1903 hizo su primera visita a las selvas del distrito argentino de Misiones y quedó enamorado de aquel paisaje primitivo y salvaje. Este entorno selvático° habría de ser el escenario de sus mejores y más característicos cuentos, cuyos protagonistas son a veces animales que adquieren nombres propios y a menudo perciben al ser humano como su mayor amenaza. En "Anaconda", por ejemplo, vemos la inquietud que siente una serpiente de cascabel°, Lanceolada, ante la llegada de los hombres a la selva: "Al día siguiente la primera preocupación de Lanceolada fue el peligro que con la llegada del Hombre se cernía sobre° la Familia entera. Hombre y Devastación son sinónimos desde tiempo inmemorial en el Pueblo entero de los Animales". Quiroga fue incluso capaz de combinar un hábil naturalismo descriptivo con elementos míticos y mágicos procedentes del mundo primitivo, anticipándose así al "realismo mágico" de las décadas de los 50 y los 60. Buena muestra de ello es su cuento "Juan Darién", la historia de un pobre muchacho, hijo de una mujer y de un tigre, que vivirá aquejado° de su condición de felino; o más bien, desde la perspectiva de Quiroga, la historia de un pobre felino aquejado de su condición humana.

wealthy

jungle-like environment

rattle snake

hovered over

afflicted by

Impacto ideológico de la guerra civil española

La mayoría de los intelectuales hispanoamericanos se identificaron con la tragedia de la guerra civil española (1936-39). España se convirtió en ese momento en símbolo admirado de la lucha contra la poderosa fuerza ideológica que había aparecido en Europa: el fascismo. La causa de la República española, defendida por las izquierdas de todo el mundo, incluyendo a la Unión Soviética, galvanizó a toda la Latinoamérica de ideas liberales e impulsó incluso a buen número de jóvenes intelectuales a trasladarse a España y participar de una manera u otra en el conflicto, del lado republicano. Tal fue el caso de César Vallejo, de Vicente Huidobro, de Octavio Paz. El poeta chileno Pablo Neruda, que servía como cónsul de Chile en Madrid practicó un abierto activismo en favor de la República[7].

Ese fervor anti-fascista provocado por la guerra civil española inclinó la balanza ideológica hispanoamericana en favor del izquierdismo, produjo numerosas conversiones al credo marxista y reafirmó en sus creencias a muchos jóvenes que ya se habían convertido. Pablo Neruda (1904-73) fue uno de los conversos. Su poesía había pasado de la convencionalidad posmodernista de *Veinte poemas de amor y una canción desesperada* (1924)—el libro de poesía más vendido en la historia de Hispanoamérica—a las atrevidas exploraciones surrealistas en el caos del subconsciente, contenidas en los dos tomos de *Residencia en la tierra* (1933; 1935). Ahora, en cambio, su nueva militancia comunista inclinaría su poesía hacia el mensaje político. La guerra civil le inspiró todavía un libro admirable, *España en el corazón* (1937), luego derivó hacia una militancia que estropearía° a menudo sus enormes dotes° de poeta, incluso en un libro tan formidable y fundamental como *Canto general* (1950). Continuó siendo comunista hasta el final de su vida, pero su poesía, recuperada al fin de obvios mensajes ideológicos, volvió al cabo a temas más fructíferos: al tema del amor, al de la fascinación del poeta por los objetos más simples y básicos, como sucede en su libro *Odas elementales* (1954), donde le canta a la cebolla° y a sus calcetines°.

El caso de César Vallejo (1892-1938) fue algo diferente. Como Neruda, este inmenso poeta peruano se inició en el modernismo con *Los heraldos negros* (1919) antes de embarcarse en la aventura vanguardista de *Trilce* (1922). Luego, sus duras experiencias de poeta bohemio en París, donde pasó casi todo el resto de su vida, produjeron uno de los logros poéticos más importantes del siglo XX: los 91 poemas publicados después de su muerte bajo el título de *Poemas humanos* (1939). Vallejo tuvo siempre una innata inclinación a identificarse con los problemas de la gente humilde (él mismo venía de una familia de modestos medios y era racialmente mestizo). Su activismo político lo llevó de joven a la cárcel y a militar en° la causa indigenista promovida por José Carlos Mariátegui. En París, esa vocación lo llevó a

would spoil
gifts

onion/socks

to be an advocate of

convertirse al marxismo luego de realizar tres viajes a Rusia, y fue inevitable que se sintiera atraído por la batalla ideológica que se libraba en la España de los años 30. Visitó la Península en varias ocasiones y al estallar la guerra civil en 1936 fue uno de los intelectuales que participaron más activamente en defender la causa de la República española. De esa experiencia salieron los 15 poemas de *España, aparta de mí este cáliz*° publicados también póstumamente. En contraste con Neruda, Vallejo mantuvo su poesía al margen de la política. *Poemas humanos* es la crónica de un ser humano que se siente deambular° por un mundo sin sentido al que ha sido arrojado° sin que él sepa por qué. En ese mundo absurdo parece haber sólo un consuelo°: la posibilidad de identificarse con el dolor ajeno°, dándole así al mundo un sentido basado en valores puramente humanos. La solidaridad humana como único valor absoluto de la existencia—implícita casi en cada verso de *Poemas humanos*—anticipa el pensamiento existencial de Albert Camus. Sólo que en Vallejo adquiere una mayor intensidad a través de una ternura de tono religioso hacia el vapuleado prójimo°: "Amado sea° aquel que tiene chinches°"—declara el poeta—, y extiende ese amor, sin distinciones, a todos los que le rodean: al "calvo sin sombrero", al "justo sin espinas"°, al "ladrón sin rosas". Sus visitas a los campos de batalla de la guerra civil española intensificarían aun más esos sentimientos, que se concentraron ahora en la figura del obrero español humilde que luchaba y moría en las filas del ejército republicano; en él encontró Vallejo un santo secular a quien podía rezarle: "¡Obrero, salvador, redentor° nuestro, / perdónanos, hermano, nuestras deudas!"

chalice

to stroll/thrown
mitigating fact
fellow humans' pain

beaten down fellow-human/Beloved be
bed bugs
the just person without thorns

savior, redeemer

Notas

[1]La relación de poetas modernistas más distinguidos debe incluir al mexicano Amado Nervo (1870-1919), al argentino Leopoldo Lugones (1874-1938), al boliviano Ricardo Jaimes Freyre (1868-1933), al uruguayo Julio Herrera y Reissig (1875-1910), al peruano José Santos Chocano (1875-1934) y al colombiano Guillermo Valencia (1873-1943). La labor de renovación de los modernistas fue precedida por un grupo de eminentes poetas hispanoamericanos, los llamados "pre-modernistas" que ya habían introducido importantes innovaciones de grandes méritos intrínsecos; sobresalen entre ellos los cubanos Julián del Casal y José Martí, el colombiano José Asunción Silva y el mexicano Manuel Gutiérrez Nájera.

[2]Los poetas parnasianos franceses—así llamados porque difundieron sus obras en la colección *Le Parnasse Contemporaine* (1866, 1871, 1876)—cultivaban una poesía elevada y serena, propia de los dioses del Olimpo, que rechazaba los excesos de sentimentalismo y subjetividad de los escritores románticos que les habían precedido; mostraban parcialidad hacia los modelos clásicos del arte antiguo, que gustaban describir con cuidadosa exactitud y equilibrio. Los simbolistas, cuyo precursor fue Charles Baudelaire (1821-67) aparecieron en Francia durante las últimas décadas del siglo XIX y han tenido una influencia enorme en la poesía del siglo XX.

Paul Verlaine (1844-1896), Arthur Rimbaud (1854-1891) y Stéphan Mallarmé (1842-1898) fueron sus principales figuras. Los simbolistas proclamaron el poder de la palabra poética como elemento mágico capaz de darnos acceso a una realidad armónica situada más allá de nuestra superficial, fragmentada percepción de las cosas; las palabras pueden generar misteriosas sugerencias que sobrepasan su significado literal y producen complejas reverberaciones simbólicas liberadas por el poder de sus sonidos. De ahí que los simbolistas dependiesen del ritmo y la musicalidad en la misma medida que el arte frío y exacto de los parnasianos había dependido de las sensaciones visuales. En su famoso poema "Correspondances", Baudelaire había percibido en la naturaleza una "profunda unidad" armónica en la que "los perfumes, los colores y los sones se responden", de modo que el poeta podía percibir, por ejemplo, "perfumes tan frescos como cutis de infantes *(baby cheeks),/* verdes como prados *(meadows)"*. Los modernistas hispanoamericanos habrían también de perseguir ese ideal de armonía: por ejemplo, "pintar el color de un sonido", como en un verso de Rubén Darío.

[3]"I am in pursue of a [perfect] form that my style cannot find,/a rosebud in search of reaching its full bloom;/ it announces its presence with a kiss on my lips/ as it attempts to receive the impossible embrace of Venus de Milo"

[4]El cubismo, movimiento principalmente pictórico que se anunciaba ya en la obra de Paul Cézanne (1839-1906), aparece en Francia hacia 1907 en las obras de Picasso, Braque, Léger y Juan Gris, entre otros; los cubistas "descompusieron" la realidad en una serie de figuras geométricas básicas, como el cubo *(cube),* y volvieron a "armarla" *(reassembled it)* de acuerdo con criterios muy personales, presentando simultáneamente varias perspectivas superpuestas del mismo objeto. Por la misma época aparece el expresionismo en Alemania, impulsado por pintores como Kokoschka, Munch, Paul Klee, quienes formularon una crítica descarnada de la sociedad de su tiempo a través de una pintura orientada hacia la caricatura y lo grotesco. En literatura surge por esos años el futurismo, lanzado por el italiano F.T. Marinetti, que proclama su culto a la modernidad y a su principal símbolo, la velocidad; el futurismo tenía una actitud subversiva hacia todo el arte anterior, proponiendo la destrucción de los museos y la adopción de una nueva estética cuyos modelos fueran los productos del mundo industrial. Un automóvil, decía Marinetti, es más bello que la Victoria de Samotracia, la clásica estatua griega que se exhibe en el museo del Louvre. Durante la Primera Guerra Mundial, en la neutral Suiza, un grupo de escritores y objetores de conciencia, presididos por el rumano de habla francesa Tristán Tzara, fundaron el dadaísmo. Usaron como centro de operaciones un *night club* de Zurich, el "Cabaret Voltaire", dando así un tono de irreverencia a su empresa literaria. El nombre mismo del movimiento, dada, era una declaración de principios, pues no significaba nada en particular. El movimiento surrealista, que habría de publicar su primer manifiesto en 1924, tuvo al francés André Breton (1896-1966) como jefe. Breton había sido oficial médico durante la guerra y testigo, así, de sus horrores. El surrealismo utilizó la libertad dadaísta pero la sometió a un método, aplicando al proceso de la creación artística algunas de las técnicas del psicoanálisis de Freud. Intentaba exponer en el texto escrito o en el visual los contenidos del subconsciente a través de tales recursos como la libre asociación de ideas y la descripción de los contenidos que aparecen en los sueños o en los estados intermedios entre el sueño y la vigilia *(between sleep and a wakeful state).* Una de sus técnicas más características fue la escritura automática, en la que se intentaba que el subconsciente dictara libremente el contenido

del texto. Tales experimentos produjeron resultados interesantes en literatura, pero raramente obras de primera calidad. En la pintura y en el cine, en cambio, fueron más productivos, como lo evidencia la obra de Salvador Dalí, por ejemplo, y la de Luis Buñuel, cuya película *El perro andaluz* (1928) marcó la entrada del surrealismo en el cine. El mayor mérito del surrealismo fue el haber abierto todo un nuevo territorio para la literatura y el arte, el de la subconsciencia, que en forma menos metódica había sido ya explorado por los románticos y los simbolistas del siglo XIX.

[5]*Belle époque*, o "Bella época", es término que se usa para referirse al período 1870-1914, cuya ausencia de guerras en Europa y prosperidad económica crearon un sentido de optimismo que probó ser ingenuo. Se pensaba entonces que los seres humanos habían alcanzado un nivel de civilización que haría improbables las guerras. El comienzo de la Primera Guerra Mundial puso fin a tales esperanzas.

[6]El papel más importante de los apristas durante las décadas de 1930 y 1940 fue como grupo de presión que forzó a los gobiernos peruanos a adoptar medidas legislativas de carácter social y educacional que, sin su presencia, nunca habrían sido consideradas. El APRA llegó por fin al poder en 1985, en la persona de Alan García. La presidencia de García (1985-1990) implementó un ambicioso y riesgoso programa populista que terminó en fracaso y llevó al Perú a la ruina económica.

[7]En 1931 cayó la monarquía española y se estableció un sistema republicano. Cuando en las elecciones de 1936 la República cayó en manos de los partidos de izquierda, de tendencias socialistas y antieclesiásticas, una parte del ejército español se rebeló y comenzó la sangrienta *(bloody)* guerra civil española. Los republicanos recibieron ayuda de la Unión Soviética y de Brigadas Internacionales de voluntarios extranjeros; el ejército rebelde, comandado por el general Francisco Franco fue apoyado por Hitler y Mussolini. La caída de Madrid en 1939 marcó el fin de la guerra y el triunfo de Franco, quien estableció una dictadura de derecha que duró hasta su muerte en 1975.

Actividades y ejercicios

A. Preguntas sobre la lectura.

1. ¿Qué cambio de mentalidad indicó el hecho de que en 1921 se celebró en México una exposición de arte popular indígena?

2. ¿Quién fue Rubén Darío?

3. ¿Por qué se dice que los modernistas practicaban un arte de evasión?

4. Mencione una de las críticas sobre la cultura norteamericana que formuló José Enrique Rodó en su ensayo *Ariel*.

5. Uno de los poetas posmodernistas propuso sustituir el cisne por el búho. ¿Qué quería decir con eso?

6. Alfonsina Storni tuvo una relación problemática con los hombres y con la sociedad de Buenos Aires de su época. ¿Por qué?

7. ¿Qué tipo de actitud tenían los vanguardistas hacia las generaciones anteriores?

8. ¿Qué características temáticas y formales tuvo el arte muralista?

9. ¿De qué maneras fue afectada la obra de algunos muralistas por la ideología de izquierda que adoptaron?

10. Además de la pintura, ¿qué otras artes mexicanas fueron afectadas por el nacionalismo cultural?

11. ¿Por qué fue importante la novela *Los de abajo* de Mariano Azuela?

12. ¿Qué ideas tenían pensadores como Mariátegui sobre el modelo de vida y trabajo que mejor convenía a la tradición indígena del Perú?

13. ¿Qué fue APRA?

14. ¿Qué variante del nacionalismo cultural ocurrió en Cuba y en Puerto Rico?

15. ¿Qué peculiaridades tienen novelas como *La vorágine* y *Doña Bárbara*?

16. ¿Qué efecto tuvo la guerra civil española en buen número de intelectuales hispanoamericanos?

B. Forme parejas de antónimos.

1. _____ penuria
2. _____ descanso
3. _____ podrido
4. _____ itinerante
5. _____ laconismo
6. _____ desdichado
7. _____ autóctono
8. _____ sabiduría
9. _____ adinerado
10. _____ primitivo

a. trabajo
b. fresco
c. refinado
d. feliz
e. pobre
f. ignorancia
g. verbosidad
h. exótico
i. inmóvil
g. prosperidad

C. Complete las siguientes oraciones.

1. El _____ era el pájaro emblemático de los modernistas.

2. Se dice que las personas que se separan de la realidad viven en una

_____.

3. Los surrealistas aplicaron al arte y la literatura las teorías de

_____.

4. Los muralistas identificaron la _____ con el arte de las élites.

5. Los muralistas redescubrieron la técnica pictórica del
_____que habían usado las culturas precolombinas.

6. Varias instituciones norteamericanas, como Pomona College, tienen pinturas de_____.

7. Don Segundo Sombra es el prototipo del _____.

8. Al grupo de muralistas los llamaban "los Dieguitos" por que su "jefe" era_____.

D. Opiniones e hipótesis

1. ¿Cree usted que un artista tiene la obligación moral de contribuir con su obra al mejoramiento de la sociedad?¿Qué piensa de los artistas e intelectuales que viven mentalmente en una torre de marfil? ¿Es eso necesariamente objetable?

2. ¿Qué le parecen las críticas de José Enrique Rodó sobre la cultura estadounidense? ¿Tenía razón? ¿Por qué sí o por qué no?

3. Si usted hubiera sido un poeta hispanoamericano de la década de 1920, ¿habría sido posmodernista o vanguardista? Explique por qué.

4. Diego Rivera pintó un mural procomunista en el Rockefeller Center de Nueva York que representaba, entre otras cosas, la figura de Lenín, uno de los fundadores del comunismo soviético. ¿Cree que fue correcto que cancelaran el contrato y borraran el mural de las paredes del Rockefeller Center? ¿O debieron respetar la libertad artística de Rivera y dejar intacto el mural? Justifique su opinión.

5. En la década de los 20 muchos en México protestaban del "afeminamiento" de la literatura mexicana, de que no hubiera aparecido en su país una novela "viril" que tratara de temas revolucionarios. ¿Cree que el movimiento feminista actual objetaría a esa manera de pensar? ¿Por qué?

6. Pablo Neruda puso por un tiempo su poesía al servicio de la ideología en que creía. César Vallejo, en cambio, dejó la ideología y la política fuera de la mayor parte de su obra poética. ¿Qué opina de ese contraste? ¿Qué aproximación le parece más correcta?

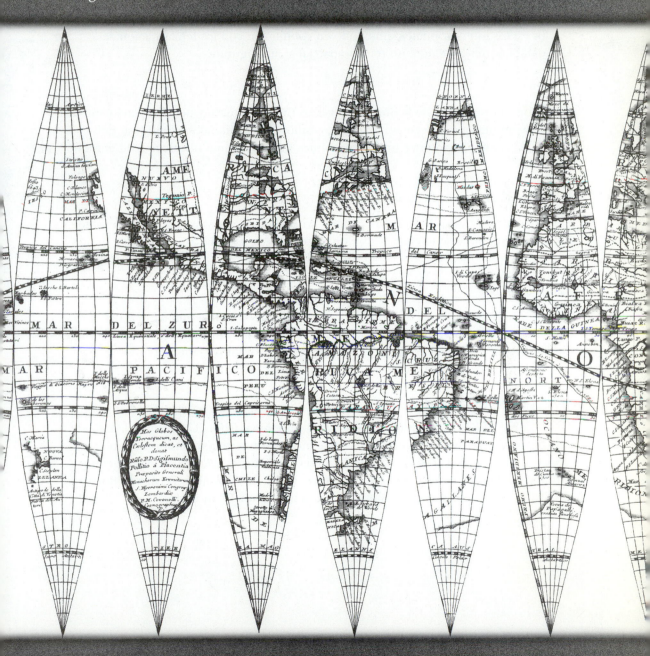

Artes

Tendencia general: declinación del nacionalismo cultural y del arte indigenista; triunfan los estilos internacionales, a menudo en conjunción con los temas nacionales. Ultimamente *(lately)* se nota un retorno parcial al arte figurativo.

México

Se imponen los méritos de la obra del maestro Rufino Tamayo y de una generación de pintores jóvenes que experimentan con los estilos internacionales, como José Luis Cuevas. Frida Kahlo produce una síntesis única de un realismo primitivo y un enfoque surrealista.

El Caribe y la América Central

El guatemalteco Carlos Mérida y el cubano Wifredo Lam realizan exitosas síntesis de sus respectivas culturas ancestrales (maya, en el caso de Mérida; afrocubana en el de Lam) con las técnicas del arte moderno.

Países andinos

En Perú, Bolivia y Ecuador aparece en la década de los 50 una generación artística que introduce el abstraccionismo, el expresionismo y otros movimientos del arte internacional, e.g., el peruano Fernando de Szyszlo, los ecuatorianos Manuel Rendón y Araceli Gilbert, y la boliviana María Luisa Pacheco.

Otros países de Suramérica

En los más cosmopolitas países del cono sur—Argentina, Chile, Uruguay—, la falta de culturas indígenas avanzadas orientó las polémicas artísticas a la discusión de problemas formales, aunque no faltaron pintores de aguda sensibilidad social, como los argentinos Antonio Berni, José A. Fernández Muro y Sarah Grilo. En Colombia, Fernando Botero se destaca por una deformadora pintura figurativa de personajes rotundos.

Literatura e ideología

Después de la Segunda Guerra Mundial muchos intelectuales latinoamericanos—no pocos de ellos desengañados *(disappointed)* con el comunismo soviético—, abrazan el existencialismo que venía de Francia. La novela *El túnel* (1948) del argentino Ernesto Sábato refleja esta influencia.

Décadas de 1940 y 1950

Aparece una narrativa que abandona el realismo y crea mundos autónomos, impregnados de elementos extraños o maravillosos, e.g., las narraciones de los argentinos Jorge Luis Borges y Julio Cortázar, y del mexicano Juan José Arreola. El escenario americano es tratado con las técnicas de la novela experimental en obras como *El señor presidente* (1946), del guatemalteco Miguel Angel Asturias, y *El reino de este mundo* (1949) del cubano Alejo Carpentier.

Desde 1960

La novela *Pedro Páramo* (1955), del mexicano Juan Rulfo, inicia el llamado *"boom"* de la narrativa hispanoamericana, una verdadera explosión de talento narrativo que culmina en *Cien años de soledad* (1967), del colombiano Gabriel García Márquez. Los escritores del *boom* se identifican al principio con la revolución de Fidel Castro; luego varios de ellos se desengañan *(become disappointed)*, especialmente tras el caso del escritor cubano disidente Heberto Padilla (1971). Después de 1970, aparece el llamado *"posboom"*, representado por narradores como el peruano Alfredo Bryce Echenique y la chilena Isabel Allende.

Aunque parcialmente eclipsada por la narrativa, la producción poética de este período es todavía notable, e.g., la intelectual y difícil poesía del cubano José Lezama Lima y sus compatriotas de la revista Orígenes; la visión negativa de la tecnología, presente en la obra del peruano Carlos Germán Belli, o la angustia filosófica del talentoso poeta mexicano José Emilio Pacheco. Hubo también, a partir de los años 60, una poesía de acento social, a veces influida por el marxismo y la revolución de Castro, como fue el caso del nicaragüense Ernesto Cardenal.

Dos figuras poéticas destacan especialmente en este período como dignos sucesores de Vallejo y de Neruda: el mexicano Octavio Paz y el chileno Nicanor Parra.

urante las tres décadas que siguieron a la Segunda Guerra Mundial se impusieron en Hispanoamérica los movimientos artísticos internacionales, parcialmente bloqueados hasta entonces por el predominio que había alcanzado el nacionalismo cultural. Los artistas latinoamericanos viajaban ya con más facilidad, no sólo a Europa sino a la nueva meca del arte internacional, Nueva York, donde buen número de ellos fijaron residencia. Una serie de exposiciones continentales, comenzando con la Bienal de São Paulo de 1951, crearon importantes espacios internacionales para la difusión de los nuevos productos artísticos. En los Estados Unidos varios museos presentaron exposiciones de arte latinoamericano. Especial interés despertó la titulada *"The Emergent Decade: Latin American Painters and Paintings in the 1960's"*, en el Museo Guggenheim de Nueva York (1965-66). Importante fue así mismo la labor de difusión realizada por la Organización de Estados Americanos y su galería de arte en Washington D.C. y, a partir de 1976, por el Museo de Arte Moderno de América Latina, de esta propia organización. Fue en la galería de la OEA, por ejemplo, donde el gran pintor y dibujante° mexicano José Luis Cuevas realizó en 1954 su primera exposición fuera de México, la que lo puso en el camino de la fama internacional.

draftsman

Biblioteca,
Universidad Nacional
Autónoma de México.

México

Uno de los fenómenos más notables de este período fue la declinación del arte nacionalista e indigenista después de1940; continuó practicándose, especialmente en su país bandera, México, pero ya sin el vigor ni la creatividad de las décadas anteriores. Una de sus últimas grandes manifestaciones fueron los murales que decoran varios edificios del campus de la Universidad Nacional Autónoma de México, construidos entre 1950 y 1953, sobre todo el monumental mural exterior de mosaicos de Juan O'Gorman que cubre los cuatro lados de la Biblioteca Central del campus. Esta integración entre arquitectura y decoración pictórica, muy en la tradición artística de las culturas prehispánicas, alcanzó allí un magnífico momento.

El muralismo y la ideología nacionalista que lo acompañaba no se rindieron fácilmente, sin embargo. Alrededor de los muralistas se había creado una dogmática estética y política que durante muchos años obstaculizó la aparición y el triunfo de nuevos talentos que no compartían la línea oficial del nacionalismo cultural. El caso más notable fue el de Rufino Tamayo. Nacido en 1899, Tamayo fue contemporáneo de los muralistas y aunque no fue reacio° a usar los temas nacionales en sus obras, se negó a someter su pintura a ningún canon estético ni a convertirla en instrumento político o ideológico. Esto lo mantuvo en un relativo ostracismo artístico en un México dominado por la ortodoxia estética de los muralistas, de modo que, después de varias estancias en los Estados Unidos, acabó por aceptar en 1938 un puesto de profesor en la Dalton School of Art de Nueva York, donde su obra fue aceptada con entusiasmo. En su país, no fue hasta 1948 que se realizó una retrospectiva de su obra en la Ciudad de México y se le comenzó a reconocer como uno de los grandes maestros de la pintura contemporánea. El arte de Tamayo se desarrolló a través de una evolución interna que en su juventud tomó algunas referencias de la pintura moderna (e.g., Braque, Picasso) y las incorporó a una obra siempre muy personal. Permaneció dentro de la pintura figurativa[1], sometida, sin embargo, a las tensiones deformadoras que le vinieron del expresionismo; sus hombres, mujeres y animales pertenecen a la tradición mexicana pero no necesariamente a su folclor; son figuras que a menudo muestran en sus rostros los miedos ancestrales a los misterios del universo, de la luna y los planetas, a los que a veces extienden enigmáticamente las manos. Su principal instrumento fue el color, que con los años se fue haciendo más atrevido° y con frecuencia se impuso° sobre los contornos° de las figuras hasta acercarlo al abstraccionismo[2]. Al morir en 1991 ocupaba un seguro lugar como uno de los pintores más importantes que ha producido Latinoamérica.

was not reluctant

daring/prevailed
contours

En los años 50 se abrieron una serie de galerías de arte en la Ciudad de México, que exhibieron a pintores nacidos casi todos en la década de 1920—Juan Soriano, Pedro Coronel, Alberto Gironella, entre otros—y en cuyas obras la pintura mexicana quedó nuevamente incorporada a las corrientes innovadoras del arte moderno. El abstraccionismo atrajo a estos pintores, pero raramente llegó a triunfar del todo en sus cuadros: lo figurativo casi siempre terminaba por manifestarse, aunque en novedosas formas inspiradas por las escuelas de vanguardia. Y en este enfoque neofigurativo[3] raramente estaba ausente el ser mexicano, manifestado en su ambiente mítico, en la presencia de elementos primitivos extraídos de las culturas indígenas. Esto quiere decir que el repudio° de estos artistas al nacionalismo narrativo no significó que abandonaran la tradición autóctona de las culturas prehispánicas; más bien dieron a esa tradición el tratamiento de las modernas formas. No lo comprendieron así, sin embargo, los defensores de la ortodoxia nacionalista, y los nuevos pintores tuvieron que librar largas batallas por ganar la aceptación de la crítica local.

rejection

Uno de los artistas que más se distinguió en ese proceso fue el entonces muy joven José Luis Cuevas, nacido en 1933, que acuñó el término "cortina de cactus" para referirse al intransigente aislamiento estético en que vivía su generación. Su maestría como dibujante ha sido comparada con la de Picasso. El suyo es un mundo alucinado, poblado por figuras grotescas preñadas° de pertinencia social pero que no comunican mensajes sociales específicos; son más bien testimonios de la presencia de la incomprensión y la injusticia en el mundo. Al principio de su carrera, Cuevas era aficionado a° recorrer los barrios bajos de la Ciudad de México en busca de modelos—mendigos°, prostitutas, enfermos mentales—para sus dibujos; luego ya no necesitó depender de la observación exterior: sus distorsionados personajes fueron actos de pura invención libremente producidos por su imaginación, presencias que parecen haber sido abandonadas sobre el papel y a menudo nos miran como interrogándonos sobre nuestra indiferencia. Cuevas encontró un espíritu hermano en la figura del escritor Franz Kafka[4], varios textos del cual ilustró. Con el tiempo, Cuevas alcanzaría rango de "celebridad", probablemente el artista mexicano al que los medios de prensa han dedicado mayor atención en tiempos recientes.

charged

fond of
beggars

Museo José Luis Cuevas, Ciudad de México.

El surrealismo no alcanzó una gran difusión en México, aunque la influencia de ese movimiento puede advertirse en muchos pintores, desde Tamayo hasta Cuevas. El mismo Diego Rivera hizo algunos experimentos surrealistas en sus años maduros. Pero la figura más importante del surrealismo mexicano fue, sin duda, Frida Kahlo (1907-54), esposa de Diego Rivera durante 25 años. Buena parte de su obra consiste en autorretratos° *self-portraits* pintados mientras se miraba a un espejo, a menudo desde su cama de enferma. Siendo aún muy niña había contraído la poliomielitis y luego, a los 18 años, un accidente de autobús le produjo atroces heridas° cuyas consecuen- *wounds* cias habría de sufrir durante el resto de su vida. El accidente la hizo dedicarse a la pintura como un medio, al principio, de distraerse del dolor. Su pobre salud no le impidió, sin embargo, llevar una vida activa. Leía vorazmente y en aquel México de los años 20, todavía conmovido por la violencia posrevolucionaria (Pancho Villa había sido asesinado en 1923, Alvaro Obregón en 1928), pronto se intercó por la política. Se unió a un grupo de intelectuales y artistas que habían abrazado el comunismo y así conoció a Diego Rivera. El sufrimiento físico de Frida es uno de los temas centrales de su pintura; sus frustrados deseos de maternidad, uno de sus constantes motivos principales (quedó incapacitada para tener hijos debido a su accidente). La figura de su esposo, a veces reducida a dimensiones infantiles, fue también una presencia constante en sus retratos. Kahlo exhibe en su pintura un primitivismo mexicano que procede del muralismo, pero su aproximación, muy personal, combina un realismo casi fotográfico con una exploración del subconsciente y del mundo de los sueños, de raíz surrealista. En un cuadro puede aparecer, por ejemplo, una versión onírica° de la cara de Diego *dream-related* Rivera instalada sobre las cejas° de su esposa; en otro, un corazón sangrante°, *eyebrows/bleeding* pintado con precisión de manual de anatomía, se transparenta en el pecho de la artista. La impresión que producen estas pinturas es sobrecogedora°, *chilling* no sólo por su a menudo chocante hiperrealismo° sino sobre todo porque el *photo-like realism* mismo se halla instalado en el rostro más cautivador y magnético de la pintura contemporánea, un rostro de atractiva mestiza que se niega a admitir su dolor o su desolación y nos mira de frente con una estática, serena fijeza°. Se trata, sí, *steadfastness* de una pintura anecdótica, pero es el puro hecho visual de la mágica presencia de Kahlo el que acaba por apoderarse° del cuadro. *ends up taking hold*

El caribe y la América Central

De la pintura contemporánea producida en Centroamérica y el área del Caribe, dos nombres resultan indispensables: el del guatemalteco Carlos Mérida (1891-1984) y el del cubano Wilfredo Lam (1902-1982). Aunque vivió en México buena parte de su vida y estuvo asociado por algún tiempo con los muralistas mexicanos, Mérida mantuvo una línea artística propia que no cayó en el folclorismo. Su gran aspiración fue representar la esencia de la civilización maya pero sin caer en el fácil indigenismo narrativo que triunfaba en México. De sus dos períodos de residencia en Francia surgió un arte en el que la presencia étnica de su cultura indígena es tratada a través de medios contemporáneos; en la pintura de Mérida predomina lo semifigurativo, con tendencia a los patrones geométricos. Uno de los mejores ejemplos de su pintura es el mural "La raza mestiza de Guatemala" (1956), que decora el Ayuntamiento de Ciudad Guatemala. En Cuba, Wilfredo Lam—de extracción española, china y africana—realizó una genial síntesis entre lo afrocubano y las modernas técnicas del arte internacional. Tras una larga residencia en España (1925-38), Lam recibió en París las influencias que iban a ser determinantes en su futuro artístico: la de Picasso, que se hizo su amigo y protector, y la de los surrealistas. En 1941, huyendo de la ocupación alemana, se embarcó para América en compañía del jefe del movimiento surrealista, André Breton. Un viaje que realizó entonces por las islas del Caribe, con Cuba como destino final, fue al parecer la experiencia que hizo madurar su utilización de las técnicas europeas—sobre todo las surrealistas—en el tratamiento del mundo ritual, zoológico y vegetal de las culturas caribeñas. Su cuadro "La manigua" *(The Jungle)* (1943), en la colección del Museo de Arte Moderno de Nueva York, está considerado como su obra maestra.

Suramérica

En los países andinos—Ecuador, Perú, Bolivia— se dio un movimiento artístico indigenista inspirado por el ejemplo mexicano. En Perú, la escuela nativista de *lacking* José Sabogal (1888-1956) dominó la escena artística hasta los años 50. Carentes° del virtuosismo técnico de sus colegas mexicanos, Sabogal y sus seguidores practicaron un arte nacionalista que el crítico Gilbert Chase definió como un costumbrismo español transportado a los Andes con una dosis de realismo social y de elementos heróicos importados de México (Chase 100). Algo parecido ocurrió en Ecuador y en Bolivia. Oswaldo Guayasamín (n. 1919), patriarca del nacionalismo ecuatoriano, mezcló influencias de los muralistas mexicanos y de Picasso para producir una obra en la que los temas indígenas son sometidos a predecibles distorsiones y tratados a menudo con un fácil dramatismo.

La reacción contra el nativismo se produjo coetáneamente en los tres países, comenzando en la década de los 50 con la introducción del abstraccionismo y otros movimientos del arte internacional. En Perú sobresale el nombre de Fernando de Szyszlo (n. 1925), cuyo abstraccionismo no significó un olvido sino una búsqueda por distintas vías de las raíces prehispánicas; búsqueda que gradualmente lo fue llevando hacia una pintura parcialmente figurativa, según se aprecia en cuadros como "Poca Wamani" (1968) y "Paisaje 70" (1973).

La rebelión contra el nativismo ecuatoriano fue encabezada por dos pintores artísticamente formados en el extranjero: Manuel Rendón (n. 1894) y Araceli Gilbert (n. 1914). Rendón se inclinó hacia el expresionismo abstracto[5] en tanto Gilbert optaba por un geometrismo que tuvo bastante influencia en artistas ecuatorianos posteriores. Los pintores bolivianos, por su parte, han mostrado inclinación hacia los estilos internacionales. Tal fue el caso de la pintora María Luisa Pacheco (n. 1919): residente durante muchos años en Nueva York, su expresionismo permaneció afincado°, sin embargo, en el seco, monumental carácter del paisaje boliviano; en la serie de pinturas titulada "Tiahuanaco" (1964) Pacheco consigue una fuerza que casi da la impresión de alcanzar la tridimensionalidad.

En cuanto a los países del cono sur de Suramérica—Argentina, Uruguay y Chile—, la ausencia de culturas indígenas avanzadas hizo que no se desarrollara en ellos un arte nativista de importancia. Su tendencia ha sido hacia un arte cosmopolita preocupado sobre todo con la resolución de problemas formales. No han faltado, sin embargo, los artistas comprometidos con su medio social, como sucede con las pinturas del argentino Antonio Berni y su galería de personajes populares de los barrios pobres de Buenos Aires. Otros, en cambio, han expresado sus preocupaciones sociales en un marco más cosmopolita; José Antonio Fernández Muro, por ejemplo—nacido en España pero perteneciente al arte argentino—dejó penetrar en su arte abstraccionista la lucha por los derechos civiles de los negros norteamericanos; una de sus mejores obras, "Shot in the Back" (1963) fue inspirada por el asesinato del líder negro Medgar Evers. Los *graffiti* de su compatriota Sarah Grilo revelan la experiencia neoyorquina de esta artista.

En general, después de experimentar con el arte no figurativo durante varias décadas, muchos artistas hispanoamericanos han estado retornando, al menos parcialmente, a un arte neofigurativo de acentos muy personales. Y ningún ejemplo mejor de esta tendencia que la obra del más célebre pintor y escultor colombiano de este siglo: Fernando Botero (n. 1932). El arte de Botero es un producto único e inconfundible, una "apoteosis de rotundidad", como lo llamara Gilbert Chase (90). Las figuras infladas, obesas, desproporcionadas respecto a los cánones de la pintura clásica, son la marca de fábrica° de este pintor. Profundo conocedor del arte europeo, Botero se dedicó durante un tiempo a emular las obras de tales maestros como El Greco y Rubens, sólo que confiriéndoles las muy generosas dimensiones físicas que corresponden a su particular sentido de la proporción; tal fue el caso de la serie de pinturas que le dedicó a la rolliza° esposa del pintor Rubens. Botero puede, por otra parte, utilizar esa arma formidable de su pincel con intenciones paródicas o sarcásticas, como cuando representa a ciertos arquetipos sociales de su nativa Colombia (obispos, personajes políticos, militares) en una luz caricaturesca en que la gordura° es utilizada con

rooted

trade mark

plump

corpulence

to sculpture

graceful
placed

propósitos satíricos. En cuanto a sus esculturas, Botero es capaz de esculpir° un caballo que exhibe el volumen físico de un elefante pero que conserva aún la grácil° agilidad de un caballo. En una exposición escultórica que presentó en Madrid en 1994 Botero colocó° una muestra de sus enormes figuras en el céntrico Paseo de Recoletos de la capital de España, con una invitación al público para que se acercara a las estatuas y las tocara. El impacto que causó aquel despliegue de monumental modernidad fue considerable y produjo varios accidentes de tráfico menores entre los asombrados automovilistas que circulaban por allí.

Puede decirse que el arte hispanoamericano de las últimas décadas ha continuado siendo un arte derivativo, en el sentido de que ha seguido dependiendo en buena medida de las corrientes estéticas que le han llegado de los Estados Unidos y de Europa. Dentro de esto, sin embargo, ha aparecido una serie de figuras de personalidad única que han encontrado sus caminos después de absorber las influencias foráneas, como lo demuestran los casos de Rufino Tamayo, Carlos Mérida, Wilfredo Lam, Szyzlo, Botero y José Luis Cuevas, entre otros. Al mismo tiempo, si pensamos en las décadas más recientes, las de los 80 y los 90, hay que confesar que se nota la escasez de nuevas personalidades artísticas de primer orden. La espectacular proliferación de opciones artísticas que ha caracterizado a estos últimos años—y es parte de la posmodernidad—parece haber resultado en una incapacidad de ninguna de ellas para imponerse en el escenario artístico.

Literatura e ideología desde la Segunda Guerra Mundial

Durante los años que siguieron a la Segunda Guerra Mundial, Francia mantuvo su rango de país líder de la cultura europea, especialmente en los países hispanoamericanos. En los cafés del barrio latino de París figuras como Jean Paul Sartre, Simone de Beauvoir y Albert Camus adoptaron una postura existencialista ante la crisis de valores que dejó como herencia el conflicto mundial. El existencialismo proclamó los valores humanos como únicos que podían afirmarse en un mundo que se había vuelto absurdo, pero al mismo tiempo afirmaba que el ser humano es un proyecto de ser destinado a nunca alcanzar su plenitud; la angustia que esto genera es a la vez su maldición y su gloria, ya que sólo en esa angustia consigue el individuo reconocer su humanidad. Naturalmente, la posición existencialista genera el inconformismo contra toda norma o dogma que quiera congelar al individuo en una cierta manera de ser, por lo que se identificó a los existencialistas con un atractivo modo de vida libre y bohemio no exento a veces de frivolidad.

El existencialismo encontró una acogida favorable entre los intelectuales y escritores latinoamericanos de la segunda posguerra, especialmente los de izquierda. Muchos de ellos habían superado el romántico entusiasmo por el comunismo que habían sentido en los años 20 y los 30 y la Unión Soviética de la dictadura de Stalin ya no ofrecía el atractivo de una patria ideológica común. Estos desilusionados huérfanos ideológicos no abandonaron necesariamente el marxismo, pero el existencialismo les ofreció una filosofía que encaraba° el absurdo del mundo que ellos sentían en los huesos y construía posiciones filosóficas coherentes para lidiar con él. Al propio tiempo, la afición de los existencialistas europeos a expresar sus ideas filosóficas a través de la narrativa y el teatro, creó un nuevo espacio literario en Hispanoamérica por el que entraron vigorosos aires de renovación que se notaron sobre todo en el cuento y la novela.

faced

La literatura narrativa

Obviamente, había llegado el momento de romper el cuasi monopolio que había ejercido la narrativa regional y social en Hispanoamérica. En 1948 aparece en la Argentina la primera novela hispanoamericana inequívocamente influida por el existencialismo de Sartre, *El túnel*, de Ernesto Sábato, y en los años siguientes la posición existencialista afecta a los más variados narradores, desde el cubano Guillermo Cabrera Infante (n.1929) hasta el argentino Eduardo Mallea. Por otra parte, en la propia Argentina, Jorge Luis Borges (1899-1986) publica en esos años sus colecciones de cuentos más importantes: *El jardín de los senderos que se bifurcan* (1941), *Ficciones* (1944), *El Aleph* (1949), y su compatriota Julio Cortázar (1914-84), parcialmente influido por Borges, da a la luz algunos de sus mejores cuentos: los que aparecen en *Bestiario* (1951), *Las armas secretas* (1956), *Todos los fuegos el fuego* (1956). En México, un original fabulador°, Juan José Arreola (n. 1918),

fable writer

publica su colección de extraños relatos, *Confabulario* (1952). Por encima de sus diferencias, estos narradores tienen en común el hecho de que crean en sus ficciones mundos autónomos sujetos a sus propias leyes; la acción de sus relatos puede ocurrir en París o en Buenos Aires, o en una ciudad o país no identificados, lo cual realmente importa poco, pues no les interesa presentar una realidad geográfica o social determinada, sino una dimensión espacial y temporal abierta a experiencias cuyo único límite es la imaginación del narrador. Lo que les ocurre a los personajes en estos relatos no tiene que ser creíble en términos de la tradicional narración realista, sólo tiene que ser congruente con la atmósfera ficticia que crea

Jorge Luis Borges (Argentina; 1899-1986), el maestro del cuento hispanoamericano contemporáneo.

el autor libremente. En ellos aparece a menudo lo fantástico, como cuando un personaje de Cortázar, visitante asiduo del acuario del Jardín des Plantes de París, desarrolla tal fascinación por los axolotl, unos pequeños batracios° que lo miran fijamente desde su prisión de cristal, que llega a transformarse en uno de ellos. Otras veces no es lo fantástico o lo sobrenatural lo que interviene, sino una experiencia absurda que es contada, sin embargo, con completa naturalidad por el narrador, como si se tratase de un hecho normal. Nótese, por ejemplo, como comienza el relato "Una mujer amaestrada°", de Arreola:

frog-like animals

tamed

> "Hoy me detuve a contemplar este curioso espectáculo: en una plaza de las afueras°, un saltimbanqui polvoriento° exhibía una mujer amaestrada. Aunque la función° se daba a ras del suelo° y en plena calle, el hombre concedía la mayor importancia al círculo de tiza° previamente trazado°, según él, con permiso de las autoridades."

the outskirts/dust-covered acrobat
show/at ground level
chalk/drawn

"Realismo mágico" se le ha llamado a este modo de contar, en el que los hechos fantásticos o extraños son descritos por el autor con la naturalidad y el detalle de la técnica realista, creando así la ilusión de un mundo semejante al de los sueños o al de las pesadillas°. Franz Kafka, el gran escritor checo de lengua alemana, es el reconocido maestro de esta aproximación, luego muy utilizada por los grandes narradores que aparecieron en Hispanoamérica en los años 60.

nightmares

El maestro Jorge Luis Borges

Pero el mayor creador de mundos ficticios autónomos ha sido Jorge Luis Borges, el más importante cuentista del siglo XX en Hispanoamérica. Sus narraciones son a menudo cuentos-ensayos en los que una idea insólita°, atrevida, es desarrollada hasta sus últimas consecuencias por la prodigiosa imaginación del autor, o es invertida o tergiversada° en un juego irónico que revela el radical escepticismo de quien la cuenta. Borges, un agnóstico consumado, no creía que fuese posible llegar a la verdad absoluta y por eso convertía los sistemas filosóficos y religiosos en hipótesis intrigantes que hacía parte de sus ficciones, como un fascinante ejercicio intelectual en el que se regodeaba° sin pretender tomarlo en serio; por eso se complacía° en el puro placer estético de construir perfectas estructuras ficticias que luego él mismo saboteaba° sutilmente con su delicada ironía y su sentido del humor. En "Funes el memorioso", por ejemplo, Borges convierte el deseado don° de tener una memoria privilegiada en una verdadera maldición cuando su personaje, Funes, se encuentra incapaz de olvidar nada de lo que percibe a través de sus sentidos°. En otro de sus cuentos más característicos, "Tlön, Uqbar, Orbis Tertius", una sociedad secreta de eruditos° decide escribir una enciclopedia en la que se crea un mundo de perfecto orden, Tlön, en el que todas las eventualidades están previstas y resueltas; un mundo tan atractivo

unusual

distorted

in which he found pleasure/
he took pleasure

sabotaged
gift

senses
scholars

en su falta de incertidumbre° (pues obtendremos la respuesta a cualquier pregunta posible consultando el tomo apropiado de la enciclopedia), que al cabo empieza a influir en el mundo de la realidad, hasta que toda la humanidad, fascinada, acaba por rendirse° a él. El mundo perfecto creado en las páginas de la enciclopedia de Tlön expresa la insatisfacción de Borges con cualquier esquema que ofrezca la promesa de un orden verdadero y absoluto; también su desconfianza hacia los sistemas utópicos que, como el marxismo y el nazismo, fascinaban a muchas personas en la década de los 40.

uncertainty

ends up surrendering

Iniciadores de una nueva novela

La temática social no desapareció de la ficción latinoamericana. Todavía en 1958 apareció una de las mejores novelas indigenistas, *Los ríos profundos*, del peruano José María Arguedas (1913-69). Pero ahora los temas de la tradicional novela social van a ser frecuentemente tratados de manera más moderna, abandonando las convenciones del realismo y empleando las técnicas experimentales que se habían estado usando en Europa y en los Estados Unidos desde los años 20. Los narradores hispanoamericanos comienzan por fin a ensayar la manipulación de planos temporales, los experimentos con la estructura y con el punto de vista narrativo, las técnicas heredadas del surrealismo, como el "fluir de la conciencia"; a menudo revelarán la presencia de lo mágico y lo mítico en el mundo contemporáneo. El tema del brutal caudillo latinoamericano, por ejemplo, será tratado de modo novedoso por el guatemalteco Miguel Angel Asturias (1899-1974) en *El señor presidente* (1946), donde el macabro retrato del tirano que gobierna el país de la novela tiene las deformaciones de un cuadro expresionista. Asturias mismo exploró en otra novela, *Hombres de maíz* (1949), las dimensiones míticas del mundo indígena americano, en tanto el narrador cubanofrancés Alejo Carpentier (1904-80) hacía lo mismo con la cultura africana de Haití en *El reino de este mundo* (1949). Asturias fue el segundo escritor hispanoamericano en recibir el premio Nobel de literatura, en 1967.

El boom

En 1955 apareció en México una novela que marcó la madurez de ese proceso: *Pedro Páramo*, de Juan Rulfo (1918-86). El tema, una vez más: el del inhumano hacendado que explota sin piedad a sus trabajadores, viola a sus mujeres, soborna° metódicamente a jueces, a sacerdotes, incluso a los soldados de la Revolución Mexicana que irrumpen en su hacienda. Sólo que, entre otras cosas, los personajes de la novela, muertos todos desde hace tiempo, hablan desde sus tumbas, y el brutal Pedro Páramo es un personaje de gran complejidad que vive atormentado por el amor de una mujer

bribes

que se le ha escapado de las manos por la vía de la locura. Se trata de una novela-rompecabezas° de complicadísima estructura, formada por fragmentos aparentemente inconexos que Rulfo organiza subterráneamente con la precisión de un relojero°. Este dominio magistral de la técnica novelística fue un anuncio de la explosión de talento narrativo que ocurrió en Latinoamérica en la década de 1960 y que es conocida con el onomatopéyico título de "el *boom*", acuñado por el crítico uruguayo Emir Rodríguez Monegal. En unos pocos años, Latinoamérica se situó al frente de la narrativa mundial.

jigsawpuzzle

watchmaker

Guillermo Cabrera Infante (Cuba; n. 1929), uno de los más distinguidos narradores del boom hispanoamericano.

El *boom* fue el producto de una afortunada coalescencia de factores: en la década de los 60 un grupo de narradores latinoamericanos alcanza su plenitud creativa casi simultáneamente, produciendo una lista de obras de ficción de una calidad y originalidad sin precedentes en esta literatura. El mapa del *boom* fue extenso: desde la Argentina, Chile, Uruguay y Paraguay hasta Perú, Colombia, México y Cuba, y sus protagonistas incluyeron tanto a autores que ya habían estado publicando obras de importancia desde los años cincuenta como a talentos más jóvenes. El uruguayo Juan Carlos Onetti (1909-94), el mayor del grupo, contribuyó con dos soberbias novelas, El astillero (1961) y *Juntacadáveres* (1964); el autor de *El túnel*, Ernesto Sábato, tenía ya 51 años cuando apareció su libro más importante y ambicioso, *Sobre héroes y tumbas* (1961), en tanto que el ya muy admirado poeta

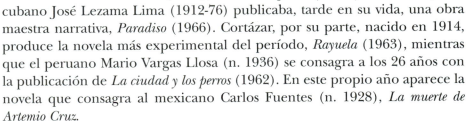

cubano José Lezama Lima (1912-76) publicaba, tarde en su vida, una obra maestra narrativa, *Paradiso* (1966). Cortázar, por su parte, nacido en 1914, produce la novela más experimental del período, *Rayuela* (1963), mientras que el peruano Mario Vargas Llosa (n. 1936) se consagra a los 26 años con la publicación de *La ciudad y los perros* (1962). En este propio año aparece la novela que consagra al mexicano Carlos Fuentes (n. 1928), *La muerte de Artemio Cruz.*

El clímax del *boom* llegó con la aparición de *Cien años de soledad* (1967), del colombiano Gabriel García Márquez, que llegaría a ser la novela más comentada y vendida del mundo hispano después del Quijote. En esta novela magistral—la saga de la familia Buendía en el escenario tropical del pueblo de Macondo—el realismo mágico alcanza su culminación ya que, como en escala más modesta habían hecho antes Asturias y Carpentier, el mundo de la leyenda y el mito, de lo extraño y lo sobrenatural, son inyectados en el escenario hispanoamericano con tan natural maestría que la comunidad de Macondo parece pertenecer por igual al plano de la realidad y al de la fantasía.

Uno de los secretos de García Márquez es su perfecto control del punto de vista: el narrador de *Cien años de soledad* pertenece plenamente al mundo maravilloso que narra, de modo que puede dar cuenta con igual naturalidad de una lírica lluvia de flores que cae sobre el pueblo de Macondo como de la cola de cerdo° con que nacen algunos miembros de la familia Buendía. Al año siguiente de la publicación de *Cien años de soledad*, apareció esa otra explosión de virtuosismo lingüístico que fue *Tres tristes tigres*, del cubano Guillermo Cabrera Infante (n. 1929). El principal ciclo de las novelas del boom se cierra en 1970, con *El obsceno pájaro de la noche*, del chileno José Donoso (1924-1996).

pigtail

El boom y la política

Varios de los más importantes autores del boom y el círculo de escritores, poetas y críticos que los rodeaba llegaron a formar una especie de cofradía° literaria que se movía en un ámbito internacional. Algunos eran exilados del clima intelectualmente estrecho de sus respectivos países y vivían o residían por largos períodos en París, Barcelona o en la capital de México. Uno de los narradores del grupo, José Donoso, escribió una interesante *Historia personal del "boom"*, que recoge la excitante atmósfera intelectual que se creó entre los escritores de aquellos años. Según Donoso, el espíritu de lo que luego sería el *boom* se notó por primera vez en el Congreso de Intelectuales celebrado en la Universidad de Concepción, Chile, en 1962, al que asistieron escritores y críticos de varios países, encabezados por Pablo Neruda y Carlos Fuentes. Este último, en particular, venía cautivado por la aún reciente revolución cubana y consiguió comunicar su entusiasmo a los asistentes al Congreso. Al clima de fervor literario que se generó en esos días, se añadió así un lazo de unión ideológica: la común admiración de casi todos estos escritores hacia Fidel Castro y su revolución.

brotherhood

El gobierno cubano, por su parte, supo ver el valor que aquello tenía para promocionar internacionalmente la causa revolucionaria y se dedicó a atraer a intelectuales de todas partes del mundo, que iban a La Habana para ser testigos de los logros de la revolución. La capital de Cuba también se hizo centro de una intensa actividad editorial presidida por la Casa de las Américas, editora° del gobierno que se dedicó a publicar a autores latinoamericanos y a conceder premios literarios abiertos a todos los escritores del Hemisferio. Pero aparte de lo que hiciera el régimen cubano para atraerse a los intelectuales latinoamericanos, es cierto que la revolución de Castro vino a llenar un vacío que era real: les ofrecía a los intelectuales latinoamericanos un nuevo y atractivo hogar ideológico, una "revolución en libertad", ausente de los métodos represivos del sistema soviético y que al mismo tiempo proclamaba su carácter de revolución autóctona, hecha en Cuba para los

publisher

cubanos y, quizás, en el futuro, también para los demás latinoamericanos. El hecho de que la pequeña Cuba pudo hacer y consolidar su radical programa revolucionario a sólo noventa millas de los Estados Unidos y con la oposición de éstos, no hizo sino añadir mayor atractivo al régimen de Fidel Castro.

began to cool El entusiasmo por la revolución cubana se fue atemperando°, sin embargo, a medida que el gobierno cubano evolucionaba hacia el comunismo y la dictadura y, tras romper completamente con los Estados Unidos, se hacía cada vez más dependiente, económica y militarmente, de la Unión Soviética. Este proceso de desencanto culminó con el célebre "caso Padilla" en 1971. Heberto Padilla era un poeta cubano que, como tantos otros escritores, se había puesto al servicio de la revolución. Sus problemas empezaron en 1967, *laudatory book review* cuando publicó una reseña elogiosa° de *Tres tristes tigres*, la novela de Guillermo Cabrera Infante, publicada en España. El hecho de que Cabrera Infante era ya para entonces un escritor disidente que se había exiliado en Londres, indispuso a Padilla con las autoridades cubanas. Luego, en 1968, la Unión de Escritores de Cuba—que como los demás organismos culturales de la isla era parte del aparato estatal—le concedió a Padilla un premio por su libro *Fuera de Juego*. El jurado que concedió el premio era, sin embargo, un jurado internacional de escritores y los miembros más ortodoxos de la Unión de Escritores—encabezados por el poeta Nicolás Guillén—trataron, sin éxito, de que se reconsiderara la concesión del premio ya que algunos de los poemas que contenía el libro podían interpretarse como una crí*veiled* tica velada° al régimen de Castro. El resultado de la controversia fue que en marzo de 1971 Padilla fue arrestado por la policía secreta de Castro y mantenido en prisión durante más de un mes hasta que accedió a firmar una carta en que se acusaba a sí mismo de una serie de actitudes y actos contrarrevolucionarios. Conducido al edificio de la Unión de Escritores, efectuó una confesión pública en la que inculpaba a otros escritores, incluyendo a Lezama Lima (que desde aquel momento no pudo ya publicar nada en Cuba). Estos hechos provocaron una indignada reacción internacional entre los más prestigiosos intelectuales de izquierda, incluyendo a tales luminarias como Jean Paul Sartre, Simone de Beauvoir, Italo Calvino, Susan Sontag y Octavio Paz. Muchos de los que habían estado antes en Cuba como invitados del gobierno firmaron ahora cartas y telegramas en los que mos*Stalin-like* traban su desmayo ante los métodos estalinistas° que había usado el régimen *signatories* cubano en el caso Padilla. Castro reaccionó con indignación y los firmantes° de aquellas protestas fueron considerados en lo adelante personas *non gra*-*schism* *tas* en Cuba. El caso Padilla produjo un cisma° ideológico entre los autores del *boom*, dividiéndolos, en las palabras de José Donoso, "en bandos amargos e irreconciliables" (88); Mario Vargas Llosa y Octavio Paz, por ejemplo, se hicieron en lo adelante duros críticos del castrismo, en tanto Cortázar y García Márquez continuaron dándole un apoyo poco menos que incondicional;

la mayoría de ellos optó por distanciarse en mayor o menor medida del régimen de La Habana. En todo caso, se perdió la camaradería que había sido uno de los signos más distintivos del boom ; casi todos sus miembros continuaron escribiendo obras de mérito, pero había pasado el apogeo de los años sesenta.

El posboom

El virtuosismo desplegado por esos narradores impuso, por otra parte, niveles de excelencia que los escritores que vinieron luego tuvieron que esforzarse en emular. A la vez, el prestigio del *boom* abrió puertas a los escritores más jóvenes, que ahora pudieron publicar sus obras con mayor facilidad. Una legión de profesores universitarios de Europa y Norteamérica escudriñaba° ahora con avidez° la escena literaria latinoamericana a la espera de la aparición de nuevos talentos narrativos dignos de recibir atención crítica y ser traducidos. Entre los escritores del llamado *"posboom"* que se beneficiaron se destacan en particular el argentino Manuel Puig (1939-1990), prematuramente desaparecido, el peruano Alfredo Bryce Echenique (n. 1939) y la chilena Isabel Allende (n. 1942). Esta última alcanzó súbitamente la fama internacional con *La casa de los espíritus* (1982), que la reveló como una discípula de García Márquez con personalidad propia. Bryce Echenique realizó una irónica, a veces paródica crítica de la aristocracia limeña en *Un mundo para Julius* (1970) y en sus cuentos y novelas posteriores ha mostrado ser un maestro de la sátira y el humor sutil. Manuel Puig, por su parte, inició una nueva aproximación a la novela que, acudiendo a un lenguaje popular, tomó cuenta de la enorme influencia que han ejercido los modernos medios de comunicación, como el cine y la radio, en la vida del latinoamericano promedio. *La traición de Rita Hayworth* (1968) y *Boquitas pintadas* (1969) lo hicieron célebre. *El beso de la mujer araña* (1976) fue llevada al cine con un éxito de crítica que le valió un premio Oscar a William Hurt. También Isabel Allende vio *La casa de los espíritus* convertida en película por Hollywood.

scrutinized
eagerness

La poesía

La importancia que alcanzó la narrativa hispanoamericana en este período eclipsó hasta cierto punto a la poesía, que ha sido tradicionalmente el género por excelencia de la literatura hispanoamericana, aunque la producción poética de primera calidad fue todavía considerable. Una de las corrientes poéticas más valiosas se distinguió por practicar una aproximación altamente refinada e intelectual que intentaba, en las palabras del crítico José Olivio Jiménez, "una penetración de la realidad … en busca de su dimensión última o trascendente…" (23); esta poesía, inevitablemente hermética, difícil, tuvo su foco más organizado en La Habana, en torno a la revista *Orígenes* (1944-56), dirigida por el maestro José Lezama Lima (1912-76), que luego se consagraría como narrador con *Paradiso*. No faltaron, por otra parte, los poetas hispanoamericanos que pusieron su poesía al servicio de las causas sociales, casi siempre situándose a la izquierda en el espectro ideológico. Como sucedió en la narrativa, la revolución presidida por Fidel Castro dio especial vigor a este tipo de actitud poética. El caso más conocido fue el del nicaragüense Ernesto Cardenal (n. 1925) que combinó su condición de religioso y sus ideas marxistas en un credo que lo llevó a identificarse con la causa sandinista (fue Ministro de Cultura del gobierno sandinista) y a escribir poesía de militancia social. Un caso de compromiso con la amenazada humanidad del hombre contemporáneo ha sido el del importante poeta peruano Carlos Germán Belli (n. 1927), notable especialmente por su visión negativa de la irrupción del mundo moderno y la tecnología en la vida del individuo, como se muestra en su *Oh hada cibernética* (1962). Una visión también pesimista marca la poesía del mexicano José Emilio Pacheco (n.1939), uno de los más talentosos poetas hispanoamericanos de estas últimas décadas; obsesionado especialmente por la idea del tiempo y sus devastadores efectos, Pacheco ha replanteado° en un contexto moderno la famosa observación de Heráclito[6]: "Nadie se baña dos veces en el mismo río." Los seres humanos, las cosas—nos dice Pacheco—, habitan un mundo de realidades efímeras, integradas por momentos irrecuperables: "Pero nosotros/ ya nunca más veremos/ ese dulce paraje° que fue nuestro". Si, por otro lado, tratamos de encontrar poetas que por la calidad de su producción sean dignos sucesores de César Vallejo y de Pablo Neruda, dos nombres parecen tener asegurado un puesto de primera fila: el del mexicano Octavio Paz (n. 1914) y el del chileno Nicanor Parra (n. 1914).

(margin note: has raised again)

(margin note: place)

Octavio Paz

Octavio Paz ha sido el hombre de letras latinoamericano más completo y polifacético de la segunda mitad del siglo XX. En él coinciden el poeta, el ensayista, el crítico literario, el investigador, el teórico de la literatura, en un equilibrio humanístico—renacentista, podría decirse—muy poco común en nuestro tiempo. En su juventud tuvo, como otros, su idilio con las ideas de la izquierda, su *love affair* con la causa de la república española y con el marxismo; luego, sobre todo a partir del pacto de Stalin con Hítler, adoptó una línea ideológica independiente de la que no volvió a apartarse. Ha condenado con metódica consistencia a todos los sistemas dictatoriales de derecha o de izquierda que han tratado de imponer sus dogmas por la fuerza, en Latinoamérica o fuera de ella, incluyendo al régimen de Fidel Castro. Ha sido, así, un hombre comprometido con su tiempo y, ciertamente, con la cultura mexicana, sobre la que ha meditado con particular brillantez. Su ensayo

El laberinto de la soledad (1950), una lúcida indagación° sobre la naturaleza   *inquiry*
del ser mexicano y sus mecanismos psicológicos, se ha convertido en un clásico del género. *El arco y la lira*, ensayo publicado en 1956, es su más metódica meditación teórica sobre la naturaleza de la poesía.

La trayectoria poética de Octavio Paz ha sido extremadamente compleja
y no intentaremos resumirla aquí. Algunos temas básicos persisten en rea-
parecer en ella: el tema del amor, a menudo fuertemente inyectado de erotismo, el del tiempo, el de la naturaleza bipolar y equívoca de la realidad, el
del poema como realidad autónoma… *En Piedra del sol* (1957), el libro que
lo consagró como poeta, el tema central, el del amor, se halla enlazado° a   *tied*
una noción circular del tiempo como una sucesión de ciclos que se repiten;
con ello Paz entra en la cronología mítica de la cultura azteca ("Piedra del
sol" es una alusión al calendario azteca y el poema contiene 584 versos,
correspondientes al número de días que dura el ciclo sinódico del planeta
Venus). Pero no obstante su compromiso con sus raíces mexicanas, Paz es
un poeta perennemente sintonizado con lo universal y con las corrientes
intelectuales más importantes, tanto del Oriente como del Occidente. Su
estadía en París en 1945 reforzó sus contactos con el existencialismo y el
surrealismo, bien presentes en los libros que publicó en los años cincuenta.
Luego, su residencia como diplomático en la India (1962-68) lo acercó a la
filosofía oriental, como se refleja, por ejemplo, en *Ladera este* (1969). Su interés en el estructuralismo y en las teorías de Claude Lévi-Strauss[7] no sólo le
hicieron encontrar un nuevo tema para sus ensayos sino que añadió una sólida base teórica a su concepción de la poesía como un sistema autónomo, auto-
rreferente, de signos lingüísticos. Su búsqueda de una unidad trascendente—
la que podría resolver armónicamente todas las inquietantes oposiciones que
el poeta ve a su alrededor—, ha sido a menudo angustiosa, pero aun en los
momentos en que el mundo le ha parecido absurdo ("no hay redención, no
vuelve atrás el tiempo/ los muertos están fijos en su muerte"), aun en esos
momentos Paz ha afirmado, al menos, la capacidad redentora, en términos
puramente humanos, del amor ("el mundo nace cuando dos se besan"), el
amor que hace posible que "por un instante inmenso" desaparezcan las barreras "que dividen al hombre de los hombres/ al hombre de sí mismo".

Nicanor Parra

Caso aparte es el de Nicanor Parra (n. 1914). La poesía de Parra no anda en
busca de verdades últimas ni de paraísos perdidos; su lenguaje poético
renuncia al refinamiento y adopta un inconfundible tono prosaico y coloquial; en sus poemas vemos al ser humano inmerso en el absurdo de la vida,
en el ambiente vulgar de su existencia diaria. Hacer buena poesía con esos
materiales no es nada fácil, hacer con ellos gran poesía es poco menos que

un milagro, y esto es precisamente lo que consigue Nicanor Parra. "Antipoemas" llamó a esta manera suya de hacer poesía; la falta de sentido de la existencia se revela en ellos a través de la pedestre° falsedad que revelan las convenciones sociales y los ritos del vivir diario, como, por ejemplo, el inútil memorizar de datos históricos que en las escuelas les obligan a hacer a los niños. En ocasiones Parra llega a mostrar un desesperanzado nihilismo no lejano al del último César Vallejo: "no veo para qué/ continuamos filmando la película./ Pido que se levante la sesión°". Pero es más común en este poeta que el escepticismo se cubra con la máscara de la parodia, la irreverencia, el chiste. Su "Padre nuestro"° es una oración en que le dice a Dios que no sufra más por los hombres, en "El anti-Lázaro" le pide a Lázaro que no resucite°, pues lo haría para regresar a un mundo que no vale la pena: "no te conviene, viejo, no te conviene"°, le dice en íntimo tono familiar. Pero este Nicanor Parra irreverente es un poeta natural, casi a pesar de sí mismo. En *Poemas y antipoemas* (1954), el libro que fijó su estilo inconfundible, hay, junto a poemas en los que irrumpe la "antipoesía", otros llenos de genuinas reminiscencias sentimentales. En "Es olvido", por ejemplo, evoca la muerte de una mujer a la que apenas conoció° pero que—ahora se entera°— lo amó intensamente ("debo creer, sin vacilar un punto°,/ que murió con mi nombre en las pupilas"). Muchos años después, en su libro *Hojas de parra* (1985), título equívoco que admite una doble lectura[8], Nicanor Parra, de regreso ya del fervor revolucionario radical de los años 60, habría de cerrar un círculo en el que la ternura nunca estuvo lejos. En "A propósito de escopeta°" nos diría que hay que pavimentar° la cordillera de los Andes, pero no con cemento ni con sangre: "hay que pavimentarla con violetas".

vulgar

may the meeting be adjourned

Lord's Prayer

not to resurrect
it's not good for you, old pal

hardly knew/finds out
without a moment's hesitation

Speaking of shotguns
to pave

Notas

[1]El término "figurativo" se refiere a cualquier cuadro o escultura en que se representan personas, objetos o animales de manera reconocible.

[2]"Abstraccionismo" es el término general para aludir a la pintura no figurativa que comenzó a principios del siglo XX con la obra del gran pintor ruso nacionalizado francés Wassily Kandinsky (1866-1944). Ha sido uno de los movimientos artísticos más importantes del presente siglo.

[3]"Neofigurativo" alude a obras del arte moderno en las que, dentro de la tradición figurativa, la representación de los objetos refleja la visión subjetiva del artista contemporáneo, casi siempre influida por los movimientos de vanguardia del siglo XX.

[4]Franz Kafka (1883-1924), el gran escritor en lengua alemana nacido en Praga, hoy República Checa, ha sido uno de los narradores más influyentes del siglo XX con su visión alucinante de una realidad contemporánea carente de sentido. Sus novelas principales—*Der Prozess* (The Trial), *Das Schloss* (The Castle) y *Amerika*—fueron publicadas después de su muerte.

[5]"Expresionismo abstracto" ha sido el término preferido en los Estados Unidos para el moderno abstraccionismo que floreció en Nueva York también en las décadas de los 40 y los 50 y tuvo sus principales figuras en Arshile Gorky (1905-48) y en Jackson Pollock (1912-56); ambos pintores fueron influidos por el surrealismo y su concepto de la obra de arte, no como un producto terminado sino como representación del proceso creativo mismo, el cual obedece a los impulsos instintivos que brotan automáticamente del subconsciente del artista. Pollock llevó hasta sus extremos esta concepción del arte con su *action painting*, en el que el artista deja caer al azar gotas y chorros de pintura *(drops and spurts of paint)* sobre el lienzo *(canvas)*.

[6]Heráclito (Heracleitus) (circa 540-480 a.C.): filósofo griego.

[7]Claude Lévi-Strauss (n. 1908), eminente antropólogo francés asociado con la teoría estructuralista. Lévi Strauss postula la existencia de estructuras subyacentes *(underlying structures)* en la lengua y en los procesos culturales que son responsables, entre otras cosas, de la habilidad del lenguaje para transmitir significados y de los modos de comportamiento del individuo en la sociedad. El punto de partida de Lévi-Strauss fue la teoría lingüística estructuralista primero planteada por el lingüista suizo Ferdinand de Saussure (1857-1913) y desarrollada por Roman Jakobson y otros lingüistas de la Escuela de Praga. Los estructuralistas europeos (hay también una escuela estructuralista norteamericana) postulan que las oposiciones binarias (e.g., blanco/negro, alto/bajo, etc.) son los componentes básicos de toda estructura, es decir, el mecanismo fundamental que hace posible los procesos racionales. Los conceptos, según los estructuralistas, no significan nada por sí mismos sino en cuanto entran a formar oposiciones binarias, unos con otros, dentro de un sistema o estructura (e.g., "alto" sólo tiene sentido como término opuesto a "bajo").

[8]**Hojas de parra** puede significar, al mismo tiempo, *vine leaves* y *pages* by Parra.

 Actividades y ejercicios

A. Preguntas sobre la lectura.

1. ¿Qué tipos de movimientos artísticos se impusieron en Latinoamérica a partir de la Segunda Guerra Mundial?
2. ¿Por qué habló José Luis Cuevas de la existencia de una "cortina de cactus" en México?
3. ¿Quién fue Frida Kahlo?
4. En la pintura peruana, ¿qué contraste puede verse entre la obra de Oswaldo Guayasamín y la de Fernando de Szyszlo?
5. ¿Qué tipo de síntesis se observa en la obra del cubano Wilfredo Lam?
6. ¿Por qué es inconfundible la obra artística de Fernando Botero?

7. ¿Por qué no se desarrolló un arte nativista de importancia en los países del cono sur de Suramérica?

8. ¿Qué movimiento filosófico venido de Francia influyó en muchos intelectuales latinoamericanos después de la Segunda Guerra Mundial? ¿Qué valores afirmaba especialmente ese movimiento?

9. ¿Por qué se desencantaron con el comunismo soviético muchos intelectuales de Hispanoamérica?

10. Mencione dos aspectos en que escritores como Borges y Cortázar se apartaron de la narrativa regional que había prevalecido antes de la Segunda Guerra Mundial.

11. ¿Qué significa el término "realismo mágico"?

12. ¿A qué fenómeno se refiere el término *boom* de la narrativa hispanoamericana?

13. ¿Qué significado tuvo la revolución cubana para los escritores del boom?

14. ¿Qué importancia tuvo el "caso Padilla"?

15. ¿Qué evolución ideológica experimentó Octavio Paz?

16. Mencione dos rasgos que distinguen a la poesía del chileno Nicanor Parra.

B. Indique los sustantivos que corresponden a estas definiciones.

bienal	caballete	cisma	cofradía
indagación	rolliza	faceta	gordura
lienzo	maestría	mendigo	reseña
retrato	exhibición	exposición	

1. _____ Exposición de arte que se celebra cada dos años.
2. _____ Material de tela sobre el cual pinta el pintor.
3. _____ Extraordinaria habilidad para realizar una obra.
4. _____ Persona pobre que pide dinero habitualmente.
5. _____ Peso excesivo.
6. _____ Presentación de un grupo de obras artísticas en un museo.
7. _____ Pintura que representa la cara de una persona.
8. _____ Acto de investigar un problema o cuestión.
9. _____ Dícese de una persona robusta.
10. _____ Una asociación de personas que comparten ciertos intereses.
11. _____ División que se produce en un movimiento o grupo.
12. _____ Artículo que comenta los méritos y los defectos de una obra literaria.

C. Complete las siguientes oraciones.

1. Miguel Angel Asturias y García Márquez recibieron el _____Nobel de literatura.

2. Anoche tuve un sueño en el que aparecían monstruos; tuve una

   _____.

3. La vista y el oído son dos de los cinco _____.

4. A partir de 1940 el arte _____empezó a declinar en México.

E. Encuentre en la lista las oraciones que describen a estas figuras.

1. ____ Rufino Tamayo   a. Fue el más famoso de los filósofos existencialistas.

2. ____ Carlos Mérida   b. Novelista peruano, autor de **La ciudad y los perros.**

3. ____ Jean Paul Sartre   c. Poeta chileno, autor de "antipoemas".

4. ____ Mario Vargas Llosa d. Su novela **La casa de los espíritus** fue llevada al cine.

5. ____ Isabel Allende   e. Su arte fue ignorado durante muchos años en México.

6. ____ Manuel Puig   f. Fue el más importante muralista de Guatemala.

7. ____ Nicanor Parra   g. William Hurt protagonizó una película sobre una de sus obras.

F. Ahora, dé usted sus propias definiciones de estos términos.

1. un mural

   _____

2. un cuadro abstracto

   _____

3. un autorretrato

   _____

4. una pintura hiperrealista

   _____

G. Opiniones e hipótesis

1. ¿Cuáles son sus preferencias personales sobre el arte moderno? ¿Hay algunos de los movimientos o escuelas artísticas que le interesen en particular?

2. Cuando usted visita un museo, ¿tiene tendencia a pasar más tiempo contemplando obras del siglo XX u obras de siglos anteriores? ¿Puede explicar la razón?

3. Proposición polémica: si a una persona le preguntan "¿Qué tipo de pintura le gusta más?", y responde "La pintura impresionista", esto quiere decir que habla un neófito *(inexperienced person)* en materia de arte; más o menos como si en un restaurante chino mostramos preferencia por la sopa Wanton. ¿Usted qué cree?

4. Hay quienes dicen que muchas pinturas modernas no tienen gran mérito ya que cualquier persona podría pintarlas. ¿Está usted de acuerdo?

5. Se dice a veces que un escritor debe escribir sobre temas que conoce por experiencia propia. ¿Cree usted que éste es un criterio estrecho? ¿Por qué?

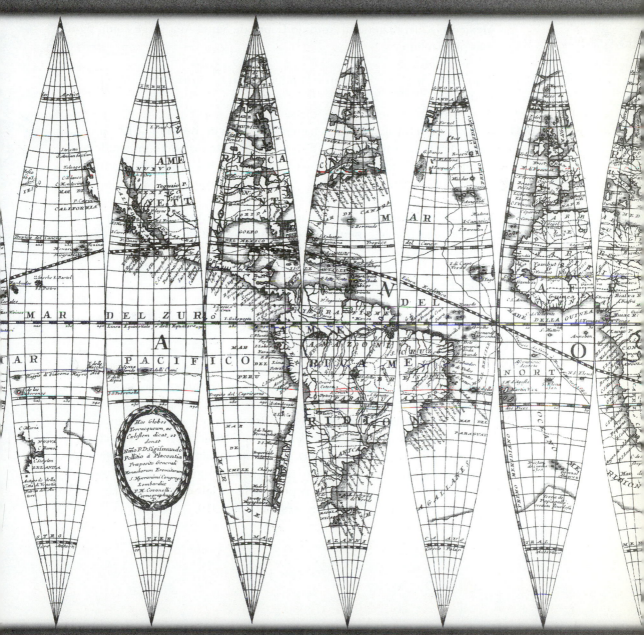

1824-1833   México, república federal bajo la Constitución de 1824. Sigue un período inestable de pugnas *(conflicts)* entre liberales y conservadores; el ejército adquiere preponderancia; fallido intento de España por recuperar a México (1829). El general Antonio López de Santa Ana surge como figura más prominente.

1833-1855   Bajo Santa Ana, México pierde la mitad de su territorio a manos de los EE.UU.

1855-1861   Una era de reformas liberales bajo el liderazgo de Benito Juárez. Se promulga la Constitución de 1857. La violenta oposición conservadora resulta en una guerra civil, la guerra de la Reforma (1858-1861), en la que triunfa Juárez.

1864-1867   Incapaz de hacer pagos de su deuda exterior, México es ocupado por tropas francesas que imponen a Maximiliano de Austria como emperador.

1867-1872   Derrota de las tropas francesas. Maximiliano ejecutado. Juárez vuelve al poder hasta su muerte en 1872.

1876-1911   La era de Porfirio Díaz. Díaz gobierna con mano dura, reeligiéndose una y otra vez.

1910-1920   Comienza la Revolución Mexicana. Díaz renuncia en 1911. Francisco Madero, primer presidente de la Revolución, es traicionado y asesinado por Victoriano Huerta en 1913. Los líderes revolucionarios se alían contra Huerta, que es derrocado en 1914. La Revolución se divide entonces en dos facciones principales: la de Venustiano Carranza y Alvaro Obregón, y la más populista de Pancho Villa y Emiliano Zapata. Villa es derrotado por Obregón en la batalla de Celaya (1915), triunfando así la facción más moderada de la Revolución. Se promulga la socialmente avanzada Constitución de 1917. Zapata es asesinado en 1919.

1920-1934 Modesto progreso en la situación agraria y social bajo Alvaro Obregón (1920-1924) y Plutarco Elías Calles (1924-1928); caudillismo y corrupción en el gobierno; bajo Calles, pugnas entre el gobierno y la Iglesia Católica, que resultan en la "rebelión de los cristeros"(1926). Calles funda un partido único, que domina la política mexicana.

1934-1940 Elegido presidente en 1934, Lázaro Cárdenas inicia un radical programa populista y nacionalista, con énfasis en la reforma agraria.

1940-1982 Con pocas excepciones, los gobiernos mexicanos que suceden al de Cárdenas dan un giro *(take a turn)* hacia la derecha. El partido del gobierno, rebautizado *(renamed)* Partido Revolucionario Institucional (PRI), gana invariablemente las elecciones. 1968: Masacre de estudiantes universitarios cuando protestaban en las calles de la ciudad de México, en vísperas *(on the eve)* de los Juegos Olímpicos de ese año.

1976-1982 Boom petrolero, que a la larga crea una grave crisis económica.

1982- Importantes rectificaciones en la política económica bajo Miguel de la Madrid (1982-1988) y Carlos Salinas de Gortari (1988-1994). Salinas gana por un minúsculo margen, mostrando la debilidad del PRI.

1994 Rebelión zapatista en el estado de Chiapas y asesinato de Luis Donaldo Colosio, candidato del PRI para las elecciones de ese año.

1994-2000 El nuevo candidato del PRI, Ernesto Zedillo, es elegido presidente y confronta una grave crisis financiera que es superada *(overcome)* con la ayuda de una línea de crédito de 20.000 millones de dólares extendida por EE.UU.

Después del desastroso reinado de Agustín I (1822-23), México adoptó una constitución republicana de tipo federal, la de 1824, cuyo principal modelo fue la constitución de los Estados Unidos. Pero el texto constitucional no fue respetado. El primer presidente, Guadalupe Victoria, un hombre honesto, apenas° consiguió terminar su mandato° y México pronto se embarcó en una estéril y sangrienta lucha de facciones. De ella salió triunfante la figura de Antonio López de Santa Anna, un vano militar que dominó la vida política de México durante casi treinta años, hasta su caída en 1855. Una de sus más costosas decisiones fue la de encabezar una expedición en 1836 contra los colonos norteamericanos que se habían establecido en Texas, que era parte entonces del territorio mexicano. Así comenzó el sangriento proceso que culminó en la guerra entre los Estados Unidos y México (1846-48), en el que México perdió no sólo Texas sino también los territorios que hoy forman los estados de California, Nuevo México, Arizona, Nevada, Utah y parte de Colorado.

Depuesto Santa Ana, México entró en un nuevo período, el de la llamada era de la Reforma. Una distinguida generación de líderes llegó ahora al poder y México fue al fin gobernado por un grupo de hombres honestos encabezado por Benito Juárez (1806-1872). Juárez, a quien se ha comparado con Abraham Lincoln, era un indio zapoteca del estado de Oaxaca. Húerfano de padre y madre desde muy niño, hablaba poco español cuando salió de su aldea° indígena a los 12 años. Un hermano de la orden franciscana le dio trabajo y accedió a pagarle los estudios. A los 25 años se había hecho abogado, a los 42 fue elegido gobernador de su estado, a los 55 ascendió a la presidencia de México. Juárez y su equipo realizaron una serie de importantes reformas legislativas que, entre otras cosas, sometieron a los militares y a la Iglesia Católica a la jurisdicción de la justicia civil y obligaron a la Iglesia a vender las grandes haciendas que poseía. Estas y otras medidas similares fueron incorporadas a una nueva constitución mexicana, la de 1857.

La reacción de la Iglesia y de las clases conservadoras ante esas reformas fue pronta y violenta. Durante tres años (1858-1861), México fue devastado por la llamada Guerra de la Reforma que fue al fin ganada por los liberales de Juárez pero dejó al país en ruinas. El gobierno mexicano tuvo así que suspender los pagos de su deuda exterior° y tres países europeos, Francia, España e

Benito Juárez (1806-1872), el más importante estadista (statesman) mexicano del siglo XIX.

Inglaterra, usaron esto como pretexto para lanzar una invasión contra México; España e Inglaterra decidieron pronto retirarse, dejando a Francia en control de la situación. El emperador francés, Napoléon III ("Napoléon el pequeño", como lo llamara Víctor Hugo) tenía ambiciones de dominio sobre México y utilizó como títere° a un ingenuo° y bien intencionado aristócrata europeo, el Archiduque Maximiliano de Austria, para conseguir sus propósitos. *puppet/naïve*

Maximiliano fue proclamado emperador de México en 1861 e hizo un sincero esfuerzo por identificarse con la cultura mexicana, inició un ambicioso programa de obras públicas y alentó° la industrialización del país, pero su breve reinado de tres años fue un tragicómico interludio. El castillo de Chapultepec, en la capital mexicana, se hizo centro de una elegante vida cortesana en agudo contraste con la dificilísima situación económica del país. Este reino de opereta se desintegró tan pronto Napoléon III, presionado por Washington y preocupado con otros problemas europeos, decidió retirar las tropas francesas de México. Derrotado por las tropas de Juárez, Maximiliano fue juzgado° y ejecutado el 19 de junio de 1867. De regreso a la capital de México, Juárez fue elegido dos veces más a la presidencia y continuó su labor reformadora hasta que un ataque al corazón terminó con su vida en 1872. Un distinguido miembro del equipo de Juárez, Sebastián Lerdo de Tejada, ocupó entonces la presidencia, pero cuando trató de reelegirse en 1876, una exitosa rebelión encabezada por un militar, Porfirio Díaz, puso fin a su carrera política y al período de la Reforma. *encouraged* *tried*

Porfirio Díaz (1830-1915). Dominó los destinos de México durante 35 años, hasta que la Revolución Mexicana lo obligó a renunciar a la presidencia en 1911.

La era de Porfirio Díaz (1876-1911)

Díaz fue un mestizo bastante bien educado que, después de haber sido seminarista y estudiante de Derecho en Oaxaca (Juárez fue su profesor), decidió seguir la carrera militar. Era un hombre serio que sonreía poco (lo llamaban "la Esfinge"°) y hacía lo posible por disimular su ascendencia mestiza. Se dice que usaba maquillaje° para aclarar el color de su piel. Durante los 35 años que dominó la vida mexicana se frustraron muchos de los ideales de Juárez y México se encausó por una *the Sphinx* *makeup* ruta diferente: el objetivo fue ahora la modernización del país a través de la industrialización, los adelantos° tecnológicos y el desarrollo de las comunicaciones. Don Porfirio se rodeó de un grupo de ministros muy competentes, "los científicos", que eran seguidores de las ideas positivistas del filósofo francés Augusto Comte[1] y trajeron una mentalidad progresista a importantes sectores del gobierno. Durante esta época se instalaron los primeros teléfonos, se inició la industria mexicana del acero° y ocurrió una dramática expansión del sistema de ferrocarriles, que para 1910 contaba con 25.000 millas de vías férreas. El régimen de Díaz también adquirió en el extranjero la imagen muy positiva de un gobierno que mantenía el orden y cumplía sus obligaciones internacionales.

Por otro lado, el régimen de Díaz fue muy perjudicial° para la población campesina y la agricultura de México. La población rural vivió bajo un sistema francamente represivo impuesto por los Rurales, un cuerpo especial de policía que operaba en los campos; su lema° era "pan o palo"°, es decir, "te damos pan si obedeces, palo si te rebelas". Gran número de comunidades indígenas perdieron sus tierras a manos de los hacendados, de modo que muchos miembros de esas comunidades tuvieron que ir a trabajar como peones en las haciendas por salarios muy bajos. Para 1910, el 47% de la población campesina trabajaba de esta manera y poco más de 800 hacendados poseían 88 millones de hectáreas (21.800 millones de acres), equivalentes al 40% de la superficie del país. De esas hectáreas, 32 millones eran propiedad de ciudadanos extranjeros, principalmente norteamericanos, españoles y británicos. La idea era atraer capital extranjero para promover el desarrollo económico pero en el proceso, los inversionistas° extranjeros adquirieron una desproporcionada influencia en la economía mexicana.

Para principios del siglo XX el régimen de don Porfirio había visto sus mejores días. Díaz se acercaba a los 80 años de edad y el prolongado reinado de "los científicos" comenzó a ser retado° por una nueva generación de intelectuales. Uno de ellos, Francisco Madero, publicó en 1910 un importante libro, *La sucesión presidencial*, que planteaba la principal cuestión política de aquel momento: la continuada reelección de Porfirio Díaz durante más de 30 años. En el campo mexicano, se respiraba un ambiente de inconformidad y tensión. El anciano dictador, sin embargo, organizó todavía una nueva farsa electoral, en la que resultó elegido una vez, más, después de encarcelar° a los políticos de la oposición, incluyendo a Madero. Pero esta vez el pueblo mexicano no aceptó la farsa: dos meses después, en septiembre de 1910, sonaban los primeros tiros° de la Revolución Mexicana.

La Revolución. Primera etapa: frágil democracia (1910-1913)

Los levantamientos armados que obligaron a Díaz a renunciar en mayo de 1911 instalaron en la presidencia a Francisco Madero, el autor de *La sucesión*

advances

steel

harmful

motto

investors

challenged

after jailing

shots

Francisco Madero (1873-1913), presidente de México (1911-13) y primer líder civil de la Revolución Mexicana. Fue asesinado por órdenes de su sucesor, Victoriano Huerta.

presidencial. La figura de Madero, un intelectual liberal con buenas intenciones, no correspondía exactamente a la imagen de un revolucionario. Hijo de ricos hacendados, fue enviado a estudiar a Baltimore, a París y luego a la Universidad de California en Berkeley. En París quedó fascinado por las doctrinas espiritualistas[2] y se dedicó al estudio de la filosofía oriental. Acabó haciéndose vegetariano y abstemio. Tenía un rostro agradable pero un físico poco impresionante, con sus cinco pies y tres pulgadas° de estatura. Después de sus estudios regresó a México y se instaló en la hacienda de su familia donde se dedicó a experimentar con nuevos sistemas de cultivos y tomó medidas sin precedentes en el campo mexicano para mejorar la situación de sus peones, proporcionándoles viviendas decentes, atención médica y escuelas pagadas de su propio bolsillo. Pero practicó ese sincero altruísmo sin cuestionar la legiti-

inches

midad del sistema paternalista que imperaba en el campo de su país. Cuando empezó a aumentar el descontento contra el régimen de Porfirio Díaz, Madero lo percibió en términos políticos más bien que sociales; para él, el problema vital de México eran las continuas reelecciones de Porfirio Díaz, a las que había que poner fin: su programa de acción, el Plan de San Luis de Potosí, contenía referencias a los problemas sociales de la nación, pero no eran éstos el foco central de su atención. La gran ola de popularidad que lo llevó a la presidencia en 1911 no iba a durar mucho. Desde el principio, varios líderes revolucionarios como Pascual Orozco y Pancho Villa, en el Estado norteño de Chihuahua, se resistieron a obedecer las órdenes de un civil como Madero. Cuando el tren del nuevo presidente llegó por primera vez a la ciudad de México, un joven líder campesino del Estado de Morelos, Emiliano Zapata, se le acercó para preguntarle qué iba a hacer sobre el problema agrario de México. Madero le contestó en forma evasiva y decidió nombrar una comisión para estudiar el asunto.

Pero éstos no eran tiempos propicios para comisiones burocráticas. Madero pronto se vio asediado° por todas partes: los líderes revolucionarios pensaban que debía hacer más sobre los problemas sociales; los liberales le

besieged

urgían a actuar con prudencia. Varias rebeliones, como las encabezadas por Orozco y Zapata, pusieron en peligro la supervivencia del régimen. Pero el golpe fatal vino de las fuerzas que favorecían un retorno al pasado, a un tipo de régimen similar al de Porfirio Díaz. Un sobrino de don Porfirio, Félix Díaz, encabezó una rebelión contra Madero en la capital de la nación y éste cometió el error de poner a Victoriano Huerta al frente de las tropas del gobierno. Durante la llamada "decena trágica" (13 al 23 de febrero de 1913), la capital de México se convirtió en un campo de batalla hasta que Huerta, un taimado militar de los tiempos de Porfirio Díaz, decidió traicionar a Madero y aliarse con Félix Díaz. Esta alianza se concretó en el llamado "Pacto de la Embajada", pues se firmó en la Embajada de los Estados Unidos en la ciudad de México bajo el patrocinio del embajador norteamericano Henry Lane Wilson. Wilson, con mentalidad típica de la época, y con el apoyo de varias embajadas europeas, había concluido que lo importante era poner fin a la violencia para proteger los intereses norteamericanos en México. El episodio terminaría trágicamente. Madero y su vicepresidente fueron hechos prisioneros y asesinados a sangre fría en la noche del 21 de febrero de 1913. El primer capítulo de la Revolución Mexicana llegaba así a su fin.

Emiliano Zapata (1879-1919), el líder revolucionario más identificado con la causa del indígena mexicano.

became involved

Segunda etapa: el reinado de la violencia (1913-1920)

Victoriano Huerta se declaró presidente a través de una espuria maniobra en el Congreso mexicano, pero los líderes revolucionarios se volvieron contra él, el asesino de Madero. En el norte del país, el gobernador del Estado de Coahuíla, Venustiano Carranza, declaró su rebeldía, y lo mismo hicieron Pancho Villa en Chihuahua y Alvaro Obregón en Sonora. En el sur, Emiliano Zapata se proclamó jefe militar de la Revolución. Huerta no fue capaz de resistir esta combinación de fuerzas, a las que se añadió la oposición del nuevo presidente de los Estados Unidos, Woodrow Wilson. La caída de Huerta en 1914 fue seguida por el período más caótico y violento de la Revolución.

Desaparecido el enemigo común, Huerta, los líderes revolucionarios se enfrascaron° en una lucha intestina en la que murió un millón de mexicanos. Eran dos los bandos principales: el de Villa y Zapata, como representantes del México pobre de los peones y las comunidades indígenas o mestizas de las áreas rurales, y el bando de Carranza y Obregón, como líderes de un México más conservador que participaba en la Revolución pero no quería que ésta fuera demasiado lejos. Al mismo tiempo, cada uno de ellos tenía su propia agenda revolucionaria y los separaban considerables diferencias étnicas y culturales. Pancho Villa, cuyo verdadero nombre era Doroteo Arango, tenía un temperamento incontrolable, capaz de cometer las más serias fechorías° o de mostrar un lado bondadoso, especialmente con la población infantil. Sus reacciones, a menudo imprevisibles *misdeeds*

Pancho Villa (1878-1923), el líder más polémico de la Revolución Mexicana.

y violentas, inspiraban un temor instintivo entre sus propios subordinados. Había sido peón de hacienda, ladrón de ganado, comerciante. La Revolución le dio la oportunidad de manifestar y legitimar, a la vez, sus agresivos impulsos y sus motivaciones altruístas. El lado menos severo de su personalidad le hacía imaginar un México sin hacendados, con escuelas para toda la población, en el que "la vida transcurriría en el campo rodeado de pupitres y fusiles°. México sería una inmensa y fértil academia militar" (Krause 43). Por un tiempo Villa adquirió la aureola de ser "el Robin Hood de los pobres" y estuvo incluso bajo contrato de una compañía cinematográfica norteamericana con la que rodó varias películas° que lo exaltaban como héroe (Krause 27). Su famosa División del Norte era el cuerpo de ejército más formidable de la Revolución: una caballería de 16.000 hombres, con

school desks and rifles

shot several films

artillería pesada y trenes que incluían vagones-hospitales.

Emiliano Zapata era una personalidad bien diferente. Su piel oscura, sus facciones indígenas, su enorme sombrero, se hicieron símbolos de un México para el que la Revolución significaba sobre todo reforma agraria. El Plan de Ayala que propuso en 1911 bajo el lema de "Tierra y libertad" buscaba remediar la situación agraria dándoles tierras a los campesinos o restituyéndoles las que habían perdido a manos de los hacendados. Pancho Villa era partidario de dividir las grandes haciendas en pequeñas propiedades. Zapata, en cambio, representaba a las comunidades indígenas que preferían mantener su tradición de explotación colectiva de la tierra; había sido elegido por su propia comunidad indígena para representarla y cuando les hablaba a sus coterráneos° lo hacía a menudo en lengua nahuatl. Carranza

compatriots

y Obregón, por otro lado, eran blancos, prósperos y políticamente más en el molde liberal de Benito Juárez y Madero. Carranza, hombre sereno y bien leído, había llegado a Senador durante la era de Porfirio Díaz, sin compartir necesariamente las ideas del dictador. Hombre calculador, no vaciló en apoyar a Madero, que lo nombró gobernador de Coahuila. Cuando murió Madero, se proclamó "Primer Jefe del Ejército Constitucionalista" en la lucha contra Huerta, lo que tenía su lógica ya que era el más viejo de los líderes revolucionarios y el que tenía mayor rango político. Obregón, por su parte, fue hijo de un hacendado empobrecido, de modo que tuvo que valérselas por sí mismo° desde muy joven, lo que hizo con bastante éxito financiero. La Revolución reveló en él al mayor talento militar de su época. Carranza dependió constantemente de sus habilidades estratégicas; sin ellas, la Revolución probablemente habría tenido un desenlace diferente.

depend on his own resources

Villa y Zapata llevaron la mejor parte en el primer episodio del drama. El intento de reconciliación escenificado en la Convención de Aguas Calientes (1914) fue un completo fracaso. Zapatistas y villistas salieron de ella fortalecidos y sus fuerzas entraron en triunfo en la capital de México. De pronto, los cafés y restaurantes más exclusivos de la ciudad fueron invadidos por legiones de campesinos rústicos armados hasta los dientes. Los dos Méxicos se encontraron allí, incómodamente, con miedos y recelos mutuos. En los restaurantes de lujo, los combatientes de Villa y Zapata se miraban, fascinados, en los espejos de las paredes: una experiencia nueva para muchos de ellos. Por el momento, Carranza se retiró astutamente con sus tropas a Veracruz, el principal puerto de México, cuyos aranceles de aduana° eran una de las principales fuentes de ingreso para el gobierno. Entre tanto, en el interior de México se imponía el caos: una guerra civil en las que, además de Villa y Zapata, decenas de "generales", proclamándose opositores a Carranza, formaban sus propios contingentes, emitían papel moneda y firmaban recibos sin valor después de saquear las poblaciones y cometer todo tipo de fechorías.

customs duties

A la larga, sin embargo, la mayor pericia y organización de Carranza y Obregón se impusieron. Zapata fue obligado a replegarse a su nativo Estado de Morelos mientras en abril de 1915 Pancho Villa y Alvaro Obregón se enfrentaban en la batalla de Celaya. Obregón escogió bien el terreno: un llano con suficientes acequias° para obstaculizar los movimientos de la temible caballería de Villa. También había estudiado las tácticas que se estaban usando en Europa durante la Primera Guerra Mundial, incluyendo el uso de alambradas°. Esta vez las repetidas cargas de la formidable caballería villista fueron neutralizadas por los obstáculos del terreno o se estrellaron° cruelmente contra las alambradas preparadas por Obregón. Fue el eclipse de Villa, que continuaría dando problemas por varios años pero dejó de ser una amenaza seria para Carranza[3]; sintiéndose ahora más seguro, éste se dispuso a legalizar el proceso revolucionario dotándolo de una nueva constitución.

ditches

barbed-wire barriers
crashed

La constitución revolucionaria

La Constitución de 1917 fue más allá de lo que Carranza hubiera deseado pues, aunque Zapata había sido neutralizado militarmente, las ideas de cambio social que representaba encontraron eco en la convención constituyente de la que salió el texto constitucional. Este documento marcó un verdadero hito° en la historia constitucional de Latinoamérica. Su famoso artículo 27 estableció un sistema agrario que incluía la división de las grandes haciendas y su distribución entre la población campesina. La tierra y el subsuelo de México, declaró, pertenecían a la nación, por lo que la propiedad privada estaría subordinada en lo adelante al interés público; los propietarios extranjeros estarían sujetos a la legislación nacional como si fueran ciudadanos mexicanos. Adoptando la tradicional postura anticlerical del liberalismo mexicano, se privó a la Iglesia de sus propiedades, incluso la de los templos. Además, el artículo 3 declaró que la educación sería secular, por lo que prohibió las escuelas religiosas. Otro artículo fundamental, el 123, estableció una carta magna para los derechos de los obreros mexicanos: salario mínimo en dinero efectivo, ocho horas de trabajo, derecho a la huelga. Prohibió también el trabajo de los niños y, como ya antes mencionamos, estableció varios derechos básicos para la mujer en los centros de trabajo. Nunca una constitución había llegado tan lejos.

milestone

Carranza aceptó el texto de la constitución pero no mostró prisa en aplicar sus artículos más polémicos, sobre todo el de la distribución de tierras (él mismo era hacendado). En marzo de 1919 Emiliano Zapata le dirigió al presidente una carta abierta en que expresaba su indignación ante esta situación. Días después, el 10 de abril, Zapata caía asesinado. A Carranza mismo no le quedaba mucho tiempo de vida. En el último episodio de esta etapa de la Revolución, el "Primer Jefe" y su gran aliado, Alvaro Obregón, entraron en serios desacuerdos. Carranza era ya un agotado hombre de 61 años y al acercarse las elecciones de 1920 no apoyó a Obregón como su sucesor en la presidencia. El vencedor de Villa en Celaya organizó entonces una rebelión contra su antiguo jefe en la que Carranza perdió la vida, aunque no, aparentemente, por órdenes directas de Obregón. Terminó así el período más violento de la Revolución. La inauguración de Obregón como presidente en 1920 inició una etapa de relativa–repetimos, relativa–tranquilidad. En 1923 Villa moriría asesinado en una emboscada°. Cinco años después Obregón mismo caía asesinado por un fanático religioso y las metas° sociales de la Revolución apenas habían empezado a implementarse. Habría que esperar hasta la década de 1930 para que las ideas de Zapata comenzaran a hacerse realidad.

ambush
goals

El difícil período 1920-34

Obregón y los presidentes que ocuparon el poder hasta 1934 implementaron reformas que no estaban a la altura de las promesas formuladas durante el decenio° revolucionario. Se inició la reforma agraria, pero a paso lento, y el sistema de la hacienda sobrevivió prácticamente intacto. Pronto se hizo obvio que el viejo fenómeno del caudillismo gozaba de buena salud. Obregón primero y luego su compatriota del Estado de Sonora, Plutarco Elías Calles, monopolizaron el poder político casi como en los tiempos de Porfirio Díaz, con el apoyo del ejército. Al período 1928-34, por ejemplo, se la llama "el Maximato", ya que Calles, el autotitulado "Jefe Máximo de la Revolución", dominaba la escena política aunque hubo tres presidentes, sus protegidos, en esos años. La corrupción se hizo parte normal de la vida política mexicana. Muchos de los antiguos líderes revolucionarios rodaban ahora automóviles de lujo y vivían en palacetes° situados en los mejores barrios de la capital. Calles mostró moderado entusiasmo en implementar las medidas agrarias de la Revolución pero aplicó en cambio con inflexible rigor las disposiciones anticlericales de la Constitución de 1917. Durante su presidencia, gobierno e Iglesia se enfrascaron en una pugna que degeneró en conflicto armado. La Iglesia no participó directamente en él pero sí muchos miles de católicos devotos y un buen contingente de militantes religiosos, que acudieron a acciones violentas bajo el grito de "¡Viva Cristo Rey!" (de ahí el nombre que se les dio: "cristeros"). Lo que sí hizo el clero fue declararse en huelga. Durante tres años las iglesias permanecieron cerradas sin celebrar misas ni administrar los sacramentos. Sólo al final de la presidencia de Calles se llegó a una tregua° después que el gobierno hizo algunas concesiones.

Varias cosas importantes ocurrieron durante esos años, sin embargo. El poder político gradualmente logró imponerse sobre el militar. Con la fundación del Partido Nacional Revolucionario (PNR) en 1928, se creó una estructura política que aseguraba una básica continuidad y estabilidad en la vida pública, aunque privó a México del multipartidismo sin el cual no puede existir una verdadera democracia. En el aspecto agrario, se distribuyó una cantidad de tierra respetable entre los cam-

decade

mansions

truce

Lázaro Cárdenas (1895-1970), el presidente mexicano que realizó la más radical reforma agraria y nacionalizó el petróleo.

pesinos–más de 18 millones de acres–y, sobre todo, empezó a adoptarse un nuevo modelo de explotación semicolectiva de la tierra, el del llamado ejido, que cada vez fue ganando más terreno en el sistema agrario mexicano[4].

La era de Lázaro Cárdenas (1934-40)

Cárdenas había sido general de la Revolución, pero no una figura de primera fila. Como era un hombre cortés, sereno y de pocos palabras, Calles vio en él a otro discípulo a quien la sería fácil manejar°. Se equivocaba. El nuevo presidente procedió en seguida a implementar las dimensiones sociales de la Revolución, de una manera poco menos que obsesiva. Su estilo populista le ganó una aprobación sin precedentes, sobre todo entre la población campesina. Hizo instalar una línea telegráfica en su oficina, que mantenía abierta a ciertas horas del día para que los campesinos que tuviesen alguna queja pudiesen comunicarse directamente con él. El hecho de que tenía sangre mestiza y mulata en sus venas ayudó a aumentar su popularidad entre las masas.

whom he could easily manipulate

La primera prioridad de Cárdenas fue la cuestión agraria, pues un 70% de la población mexicana trabajaba en la agricultura o la ganadería, todavía en gran parte bajo el sistema de la hacienda. En los seis años de su gobierno se repartieron 19 millones de hectáreas—unos 49 millones de acres—con lo que los hacendados no sólo perdieron una parte considerable de sus tierras sino también de su poder político. Por otra parte, Cárdenas adoptó casi exclusivamente el ya mencionado sistema socialista del ejido como modelo de desarrollo agrario. En vez de dividir las tierras de las haciendas en pequeñas parcelas° de propiedad individual, se creaban cooperativas agrícolas en las que una parte substancial de la tierra se dejaba indivisa° para el uso de la comunidad y el resto se dividía en lotes que los campesinos podían trabajar individualmente. Los miembros del ejido, los ejidatarios, no podían vender las parcelas familiares que se les asignaban y podían perderlas si dejaban de cultivarlas. Uno de los propósitos de este plan era el restaurar el sentido de comunidad que había existido en las antiguas culturas indígenas. Pero el sistema del ejido no funcionó bien en la práctica. Las parcelas individuales que se les asignaban a los miembros fundadores de cada ejido (unos 47 acres por unidad familiar) pronto se hacían pequeñas debido al aumento numérico de las familias. Tampoco los ejidatarios poseían suficiente sentido de independencia que motivara la iniciativa individual y raramente mostraban entusiasmo por el trabajo colectivo; un grupo de ellos le dijo una vez a Cárdenas: "Nosotros deseamos ser dueños de nuestro éxito o de nuestro fracaso" (Krause, *Cárdenas* 130). Para 1938 la productividad agrícola había descendido a niveles inferiores a los de 1910.

plots of land
undivided

Ideológicamente, Cárdenas nunca fue miembro del partido comunista mexicano, pero se sentía muy atraído por las ideas de Carlos Marx. No permitió que los comunistas ganaran demasiada influencia política en su gobierno, pero consintió en que un comunista dominara el movimiento obrero mexicano y que las ideas marxistas fueran predicadas abiertamente en las escuelas. Llegó a enmendar° la Constitución para declarar el carácter socialista de la enseñanza mexicana.

went as far as amending

Pero la medida más polémica y más popular de su administración fue el decreto de 1938 que ordenó la nacionalización del petróleo mexicano, en manos hasta entonces de compañías extranjeras, principalmente estadounidenses y británicas. Esta atrevida decisión creó un paroxismo de entusiasmo nacionalista. En el campus de la Universidad de México, en la gran plaza del Zócalo, cientos de miles de personas se congregaron para celebrar el acontecimiento° que en sus mentes marcaba la emancipación económica de la nación. En los próximos meses se declaró un boicot internacional contra el petróleo mexicano y Washington dictó una serie de medidas punitivas, pero aquellos eran los años de la conciliadora "Política del buen vecino" de Franklin D. Roosevelt: la principal preocupación de los Estados Unidos era el ascenso del fascismo y el nazismo en Europa, de modo que México no enfrentó la posibilidad de una intervención militar norteamericana. Al cabo, se llegó a un arreglo° sobre el pago de compensación a las compañías petroleras que habían sido expropiadas por Cárdenas. La industria petrolera mexicana quedó bajo el control de una empresa estatal: Petróleos Mexicanos (PEMEX).

event

agreement

Cárdenas podía ahora decir que su polémica administración había implementado los artículos claves de la Constitución de 1917 y que la nación mostraba un sentido de orgullo nacional sin precedentes en su historia. Por otra parte, México confrontaba muy serios problemas. Además de los estragos causados por la crisis del petróleo, los malos resultados económicos que estaba dando el sistema del ejido tenían un impacto negativo considerable en toda la nación, pues para 1940 casi la mitad de las tierras cultivables de México habían sido convertidas al modelo ejidal. Las ayudas masivas que tuvo que suministrar el gobierno para subsidiar este sistema agrario contribuyeron a aumentar la inflación, y el temor a la creciente influencia que tenían los comunistas en el régimen cardenista provocaban importantes fugas° de capital. Cárdenas mismo probablemente percibió que se estaba cerrando un ciclo en la historia mexicana. El candidato que escogió para sucederle, Manuel Avila Camacho, era un hombre relativamente conservador.

flights

1940: la Revolución gira hacia la derecha

Los gobiernos que sucedieron a Cárdenas efectuaron importantes correcciones en las políticas de éste. Al izquierdismo a veces radical de la era cardenista siguió un giro hacia la derecha y una tendencia general a la moderación. La militancia nacionalista de los años treinta todavía fue parte de la retórica oficial, pero predominó un espíritu pragmático dispuesto al compromiso. El inmediato sucesor de Cárdenas, Manuel Avila Camacho (1940-46), puso fin a toda una era de anticlericalismo oficial: al declarar "Soy creyente", eliminó el énfasis socialista que Cárdenas le había dado a la educación. También introdujo un vistoso programa de educación individualizada que alentaba a cada ciudadano mexicano a "adoptar" a un compatriota que no supiera leer y escribir a fin de alfabetizarlo. El presidente mismo y los miembros de su gabinete predicaron con el ejemplo. Avila Camacho propinó así mismo duros golpes a la influencia comunista en los sindicatos laborales mexicanos. La distribución de tierras entre los campesinos fue continuada, pero a un paso mucho más lento que el de Cárdenas, y se prefirió la asignación de parcelas individuales más bien que el sistema colectivista del ejido. Estos eran los años de la Segunda Guerra Mundial y la escasez de artículos de consumo que la acompañó alentó la producción doméstica de productos manufacturados. Este fue el inicio de una era de industrialización que vino a sustituir a la agricultura como principal preocupación nacional. Por otra parte, el intervencionismo estatal en el sector agrícola, que había caracterizado a la presidencia de Cárdenas, fue reproducido ahora en el sector industrial. El gobierno creó un banco oficial para hacer préstamos destinados a crear nuevas industrias y aprobó un programa legislativo de exenciones fiscales a las industrias mexicanas y altas tarifas a las importaciones. Este programa abiertamente proteccionista hizo posible un impresionante desarrollo industrial a corto plazo pero creó una industria poco competitiva que habría de tener serios problemas en el futuro.

El todopoderoso PRI

Bajo el próximo presidente, Miguel Alemán (1946-52), el partido oficial adoptó el nombre de Partido Revolucionario Institucional (PRI). Con ello se quería significar que el proceso revolucionario había alcanzado sus metas básicas y podía abrirse ahora un período de estabilidad institucional. Aunque muchos observadores tenían buenas razones para cuestionar esa presunción, el PRI mostró una asombrosa habilidad en los próximos años para mantener un continuo y poco menos que total control de la vida política del país. No fue un control basado en el poder militar. Alemán fue el primer presidente civil de México en el siglo XX y el ejército, cuyo presupuesto sufrió continuos cortes durante el período, dejó de tener un papel importante en la política nacional. El PRI basó su poder en su capacidad organizativa, que formó eficientes estructuras de poder político hasta en los más remotos pueblos del país, y en su flexibilidad ideológica, pues a medida que la sociedad mexicana se iba haciendo más compleja, dio cabida en sus filas a los nuevos sectores representativos del cambio, desde una cada vez más numerosa clase media hasta la nueva clase de empresarios y tecnócratas producida por la industrialización. Lograba imponerse sobre todo por su *sinecures* capacidad para resolver problemas y conceder favores y prebendas° a todos los niveles de la vida nacional. Los partidos políticos de la oposición eran incapaces de presentarse como alternativas viables a tan formidable fuerza, ni siquiera el más importante de ellos, el Partido de Acción Nacional (PAN), favorecido por los sectores más conservadores, incluyendo a muchos comerciantes y empresarios. Invariablemente, el PRI ganaba las elecciones presidenciales con márgenes aplastantes que llegaban al 90% de la votación. Lo importante era quién era seleccionado como candidato presidencial del PRI, pues una vez que el partido lo proclamaba como candidato, su elección estaba asegurada. Los críticos del sistema decían que "México cambia de dictador cada seis años". Pero la verdad es que, aunque se trataba prácticamente de un régimen de partido único, había bastante respeto a las libertades básicas. Además, el hecho de que el presidente no podía reelegirse hacía que su poder disminuyera apreciablemente durante el período final de su mandato y eliminaba la perpetuación en el poder de ningún individuo, uno de los peores males del caudillismo.

No han faltado períodos marcados por cambios apreciables en la historia reciente del país. La presidencia de Adolfo López Mateos (1958-64), por ejemplo, significó un giro hacia la izquierda y un regreso parcial a los objetivos de la era cardenista. López Mateos—el primer presidente mexicano *elections* elegido en comicios° en que votaron las mujeres—distribuyó 30 millones de acres (sólo 19 menos que Cárdenas), tanto en forma de ejidos como de parcelas individuales, nacionalizó importantes empresas mexicanas, incluyendo las eléctricas y la industria cinematográfica, e instauró un plan nacional de participación obrera en las utilidades de las empresas. Su acento populista revivió en parte la retórica revolucionaria de la década de los 30. Su sucesor, Gustavo Díaz Ordaz (1964-70), representó, en cambio, un nuevo período de moderación, pero le tocó enfrentar una crisis de primera magnitud.

Los trágicos sucesos de 1968

1968 fue un año de protestas y manifestaciones estudiantiles en el mundo occidental. En Europa y en Latinoamérica, sobre todo, el descontento juvenil se manifestó bajo las banderas de la izquierda política y sus líderes del momento: Fidel Castro, Che Guevara, Mao, Ho Chi Minh. En México, las manifestaciones estudiantiles tuvieron especial impacto ya que la nación iba a ser la sede ese año de los Juegos Olímpicos. El gobierno mexicano, interesado en presentar una imagen positiva de paz y tranquilidad al mundo exterior, reprimió con dureza las protestas estudiantiles, que fueron aumentando en intensidad. El clímax llegó el 2 de octubre de 1968, cuando una manifestación escenificada en la simbólica Plaza de las Tres Culturas de la capital mexicana terminó en una masacre de jóvenes a manos de la policía. El incidente, en el que murieron posiblemente varios centenares de personas, marcó un hito en la historia moderna de México. El poeta y ensayista más conocido del país, Octavio Paz, renunció a su puesto de embajador en la India como protesta, y ocurrió una escisión° entre el partido oficial y los intelectuales que tardó años en cicatrizar°. El reinado absoluto del PRI y el endémico clima de corrupción que ocurría a su sombra, empezaron ya desde entonces a inspirar una actitud cínica, sobre todo entre la juventud. Irónicamente, el funcionario del gobierno más directamente relacionado con la masacre de 1968 debido al cargo que ocupaba (Secretario de Gobernación) fue el candidato elegido por Díaz Ordaz para sucederle en la presidencia. Luis Echeverría (1970-76) contrarrestó°, sin embargo, esa imagen negativa embarcándose en un programa de tipo populista que una vez más varió el curso de la nave mexicana hacia la izquierda.

split
to heal

counteracted

Crisis económicas

Echevarría renovó la tendencia al intervencionismo estatal. En el período 1972-77, el número de empresas estatales se elevó de 294 a 621 (Vera 40). Estableció también costosos programas de subsidios para mantener el precio de los productos básicos a niveles artificialmente bajos. Trataba así de proteger a las clases pobres de México del impacto de la inflación que azotó a los países occidentales en los años 70. Por otra parte, se negó a subir las tarifas de los servicios públicos—electricidad, teléfonos, etc.—aunque las empresas estatales que los suministraban operaban con serios déficits. El gobierno mexicano adquirió así el hábito de pedir prestado° para financiar sus planes de bienestar social° y empezó a crecer tanto la deuda interna como la externa de la nación. Esta política deficitaria° contribuyó, inevitablemente, a crear una tendencia inflacionista. Tal fue el origen de las series crisis monetarias que se produjeron en los años siguientes.

to borrow
social welfare
deficit-based policy

Durante un tiempo pareció que el petróleo sacaría a México de sus apuros, pues en los años 70 se descubrieron enormes yacimientos que convirtieron al país en uno de los primeros productores del mundo. Pero la temporal bonanza económica que trajo el "oro negro" probó ser efímera. La presidencia de José López Portillo (1976-1982), la principal beneficiaria del *"boom"* petrolero, pronto cedió a la tentación de depender demasiado de las exportaciones de crudo, que aumentaron, de 500 millones de dólares en 1976, a 13 mil millones en 1982 (Skidmore & Smith 247). Una parte substancial de los ingresos generados por el petróleo se usó para expandir aun más los beneficios del estado de bienestar y en costosos proyectos gubernamentales diseñados para crear empleo. Otra generosa porción fue desviada *clique* hacia los bolsillos de una camarilla° de funcionarios públicos deshonestos. Uno de los más notorios de ellos, el jefe de la policía de la capital, se construyó una casa de tal lujo que años después fue convertida por el gobierno en un museo para que los ciudadanos vieran el grado de corrupción a que se había llegado en ese período. Cuando a partir de 1981 los precios mundiales del petróleo empezaron a descender, México se vio en una de las peores crisis financieras de su historia, agravada por las subidas de las tasas de *interest rates* interés° que ocurrieron durante le primera administración de Ronald Reagan (una porción substancial de la deuda mexicana era con bancos norteamericanos). Para fines de 1982, el gobierno mexicano tuvo que declararse incapaz de pagar siquiera los intereses de la deuda exterior, que ya sobre- *chills* pasaba los 80 mil millones de dólares. Esto produjo escalofríos° en los mercados internacionales, y hubo que tomar una serie de medidas de emergencia para mantener a México a flote, con la intervención de los Estados Unidos y del Fondo Monetario Internacional (IMF).

Rectificaciones

Todo eso ocasionó una revisión radical de las políticas económicas de México: *to dismantle* sería necesario desmontar° buena parte del aparato estatal de beneficios y subsidios que, en la mente de muchos mexicanos, era consubstancial al proceso revolucionario iniciado en 1910. Esta difícil, poco grata tarea, comenzada por la administración de Miguel de la Madrid (1982-88), fue realizada sobre todo por su sucesor en la presidencia, Carlos Salinas de Gortari (1988-94), un pragmático economista entrenado en la Universidad de Harvard.

Para estas fechas el poderoso partido del gobierno, el PRI, mostraba signos de debilidad. En las elecciones de 1988 Salinas fue elegido por un escasísimo margen, entre acusaciones de fraude electoral (durante el conteo de los *malfunctioned* votos las computadoras se descompusieron° misteriosamente)[5]. Aun así, el nuevo presidente emprendió un ambicioso programa de reformas económicas que pronto comenzaron a producir resultados visibles. Salinas renegoció el pago de la deuda exterior, cortó el gasto público y empezó una política de apertura a las inversiones extranjeras y a las importaciones, abandonando las políticas proteccionistas del pasado. Al mismo tiempo, comenzó un radical programa de privatización total o parcial de las ineficientes empresas estatales: cientos de ellas fueron privatizadas durante su administración, incluyendo a la compañía telefónica de México, TELMEX, y a los bancos que habían sido nacionalizados durante la crisis financiera de 1982. El dinero que el gobierno obtuvo de estas privatizaciones fue aplicado al pago de la deuda exterior. Para 1993, el pago de los intereses de la deuda consumía sólo un 3% del producto interno bruto (GDP) de la nación, en tanto la tasa de desempleo y la inflación descendían dramáticamente.

Una de las iniciativas que Salinas promovió con mayor entusiasmo fue la creación de una enorme zona de comercio libre que incluyera a toda Norteamérica, es decir, a México, los Estados Unidos y Canadá. Esto se hizo realidad cuando, en noviembre de 1993, el congreso de los Estados Unidos ratificó el Tratado de Libre Comercio (TLC en español, NAFTA en inglés).

La general liberalización de la economía mexicana trajo un notable aumento en el volumen de las actividades económicas de la nación e innegables signos de prosperidad. Al mismo tiempo, ello ocurría principalmente en la industria y en los mercados financieros. La agricultura, en cambio, marchaba a la zaga° en muchas regiones, como era el caso de los estados del *lagged behind* sur de México. El problema era en parte estructural. El sistema del ejido, que para 1988 abarcaba el 57% de la tierra cultivable de México, no había superado sus debilidades congénitas, especialmente la de su baja productividad, y el gobierno se mostraba cada vez menos dispuesto a mantener el costoso programa de subsidios que lo sostenía. En 1992 el congreso mexicano aprobó una importante enmienda al artículo 27 de la Constitución que declaró terminada la distribución de tierras por parte del gobierno y dio a los ejidatarios la propiedad individual de las tierras que ocupaban en los ejidos. La idea era que los ejidatarios, al convertirse en propietarios, pudiesen entrar en la economía de mercado y, entre otras cosas, obtener créditos de los bancos. Este cambio, congruente con la ideología neoliberal triunfante en Latinoamérica, significaba, por otra parte, una revisión radical del sistema agrario que había sido la médula° de la Revolución de 1910. El día de *backbone* Año Nuevo de 1994, el presidente Salinas recibió con alarma la noticia de que había comenzado una rebelión armada de campesinos, muchos de ellos indígenas, en el estado de Chiapas–una de las regiones más pobres de México–que invocaba el nombre de Emiliano Zapata y se autodenominaba Ejército Zapatista de Liberación Nacional (EZLN).

Crisis y "efecto tequila"

La rebelión zapatista fue el primer episodio de un año, el de 1994, que probó ser extremadamente turbulento para México. En marzo de ese año, durante la campaña electoral para las elecciones presidenciales, fue asesinado el candidato del PRI, Luis Donaldo Colosio, en extrañas circunstancias que aún no se han aclarado. El candidato que sustituyó a Colosio, Ernesto

Zedillo, ganó fácilmente las elecciones de agosto con un 50% del voto, pero en septiembre otro asesinato increíble, el del Secretario General del PRI, José Francisco Ruiz Massieu, conmovió a la opinión pública mexicana. Muchos mexicanos empezaron a sospechar la existencia de una conspiración criminal a los más altos niveles del partido del gobierno. ¿Es que los viejos "dinosaurios" del PRI estaban tratando de eliminar a los líderes más jóvenes y liberales del partido como Colosio y Ruiz Massieu? Mientras tanto, el EZLN demostraba una gran habilidad para librar una efectiva guerra de propaganda contra el gobierno. Su líder más visible, el "subcomandante" Marcos, no era obviamente un indígena sino un hombre refinado que escondía° su identidad bajo un pasamontañas°, sabía manipular a la prensa internacional y hablaba inglés perfectamente. Meses más tarde, el gobierno revelaba que el subcomandante Marcos era en realidad Rafael Guillén, un guerrillero marxista diplomado en filosofía y que había sido profesor universitario. En este clima de general intranquilidad política y económica, muchos mexicanos comenzaron a canjear pesos mexicanos por dólares, de manera que las reservas monetarias de la nación empezaron a disminuir de manera alarmante. El 1º de diciembre de 1994, Zedillo ascendió a la presidencia de un país al borde de la crisis; ésta se produjo unos días después: las agencias internacionales de prensa difundieron la noticia° de que el Ejército Zapatista había comenzado una nueva y exitosa ofensiva que se extendía más allá del estado de Chiapas. Esto era una exageración, un producto de la habilidad propagandística de los zapatistas, pero se creó el pánico y una insostenible fuga de dólares. Llegó un momento en que las reservas de dólares del gobierno quedaron prácticamente agotadas°, el peso mexicano se devaluó en un 50% y muchos inversionistas extranjeros, especialmente en los Estados Unidos, sufrieron considerables pérdidas. Los efectos de la crisis mexicana se sintieron en los mercados bursátiles° de todo el mundo–el llamado "efecto tequila"–, incluyendo a los de otros países latinoamericanos. En tales circunstancias, la administración de Zedillo se puso en contacto con Washington y el presidente Clinton consiguió establecer un "paquete" de ayuda internacional de 50 mil millones de dólares, de los que Estados Unidos se comprometieron a contribuir con 20 mil millones. Este substancial apoyo resultó vital para que México pudiese comenzar una difícil recuperación económica, que se fue produciendo con mayor celeridad de la que muchos esperaban. El gobierno mexicano, con orgullo, consiguió completar por adelantado° los pagos del préstamo norteamericano.

hid/ski mask

spread the news

exhausted

stock markets

ahead of schedule

Pero si la crisis económica parece haber sido superada, no puede decirse lo mismo de la situación política. Zedillo, personalmente un hombre honesto, ha tenido que presidir un país minado por la corrupción a todos los niveles de su vida política y económica. El mismo ex-presidente Salinas tuvo que irse de México para evadir posibles cargos criminales y su hermano, Raúl Salinas de Gortari, ha sido implicado en el asesinato de Ruiz Massieu y en toda una serie de operaciones ilegales que incluyen el blanqueo de dinero° y el pago de sobornos° con dinero procedente del tráfico de drogas. El PRI parecía haber perdido la unidad monolítica que lo había mantenido en el poder durante casi 70 años y enfrentaba poderosas fuerzas de oposición procedentes tanto de la derecha como de la izquierda. Para sorpresa de pocos, en las elecciones de julio de 1997 el partido del gobierno sufrió una derrota aplastante: perdió la mayoría en la Cámara de Diputados y, por otra parte, Cuauhtémoc Cárdenas, el líder izquierdista del Partido de la Revolución Democrática, ganó la alcaldía° de la capital de México. Muchos pensaban que Cárdenas sería ahora candidato para derrotar al PRI en las elecciones presidenciales del año 2.000. Se abría así una gran interrogante en cuanto a la capacidad del PRI para mantenerse en el poder en el siglo XXI.

money laundering

bribes

mayor's office

Notas

[1]El positivismo de Comte y sus seguidores afirmaba que el único conocimiento "positivo", es decir, válido, es el que puede ser comprobado científicamente. Rechazaban así las especulaciones puramente filosóficas y la experiencia religiosa como adecuadas fuentes de conocimiento en el mundo moderno, confiando más bien en la experimentación científica.

[2]El espiritualismo moderno se identifica principalmente con la Sociedad Teosófica fundada en 1875 por la escritora rusa Helena Blavatsky (1831-1891). Muy influido por el Hinduismo, el movimiento teosófico afirma que toda la realidad es una (monismo) y cree en la posibilidad de que los seres humanos puedan comunicarse con los espíritus que sobreviven al cuerpo después de la muerte. Madero fue especialmente influido por los escritos del espiritualista francés Allan Kardec.

[3]Al saber que la administración de Woodrow Wilson le había extendido reconocimiento diplomático al gobierno de Carranza, Villa protagonizó una serie de ataques contra ciudadanos norteamericanos en la frontera con México que culminaron en 1916 con su ataque al pueblo de Columbus, Nuevo México, al que saqueó y quemó, y en el que murieron 18 personas. La expedición punitiva que el presidente Wilson envió al mando del general Pershing nunca pudo encontrar a Villa para castigarlo.

[4]En su significado original, ejidos eran los terrenos de uso comunal que existían en las afueras de los pueblos de España y luego de Hispanoamérica. Este nombre fue adoptado por el legislador mexicano para referirse a un sistema de explotación semicolectiva de la tierra cuyas características se fueron definiendo a partir de la Ley de Ejidos de 1920.

[5]En las elecciones de 1988 Salinas enfrentó la oposición del candidato del Partido de Acción Nacional (PAN), el principal partido conservador de México, que ha ganado mucho terreno en años recientes, y de Cuauhtémoc Cárdenas, hijo del legendario Lázaro Cárdenas, que se separó del PRI y aspiró a la presidencia con una plataforma de izquierda. Cárdenas fundó luego su propio partido, el Partido de la Revolución Democrática (PRD), que propone un retorno a los ideales socialistas de la Revolución Mexicana.

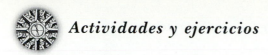

Actividades y ejercicios

A. Preguntas sobre la lectura.

1. ¿Cómo cambió el mapa territorial de México durante la presidencia de Santa Anna?
2. ¿Por qué fue especialmente meritoria la carrera política de Benito Juárez?
3. Mencione dos aspectos positivos y dos negativos de la era de Porfirio Díaz.
4. ¿Quiénes eran los "científicos"?
5. ¿Cuál era el principal objetivo de Francisco Madero cuando decidió oponerse a Porfirio Díaz?
6. ¿Qué hizo Victoriano Huerta para llegar a la presidencia de México?
7. El dúo Carranza-Obregón se diferenciaba bastante del dúo Villa-Zapata. ¿En qué aspectos?
8. También había importantes diferencias entre Villa y Zapata. ¿Cuáles?
9. ¿Qué ocurrió en la batalla de Celaya?
10. ¿Cuáles fueron las relaciones entre el gobierno de Calles y la Iglesia? ¿Puede dar un ejemplo?
11. ¿Qué aspecto de la Revolución impulsó especialmente Lázaro Cárdenas?
12. ¿Continuó el presidente Avila Camacho las políticas de Cárdenas? Comente.
13. ¿Qué peculiaridades tuvo el sistema político mexicano hasta fines de la década de 1980?
14. Comente dos revisiones económicas importantes que han efectuado recientes gobiernos mexicanos.

B. Definiciones. Encuentre en la lista las palabras que corresponden a las siguientes definiciones.

aldea	presupuesto	huelga	fechoría
títere	hito	arancel	abstemio
deuda	palacete	tregua	demostración

1. _____ Así se le llama a una vivienda muy lujosa.
2. _____ Un transitorio período de paz durante una guerra.
3. _____ Un individuo que rehusa tomar bebidas alcohólicas.
4. _____ Otro nombre para un pueblo pequeño.
5. _____ Un paro en el trabajo como forma de protesta laboral.
6. _____ Un acto reprobable cometido en violación de la ley.
7. _____ Cantidad de dinero que el gobierno planea gastar.
8. _____ Se dice de una persona que está sometida a la voluntad de otra.
9. _____ Un hecho que marca un momento importante en la historia.
10. _____ Tipo de impuesto que se paga en las aduanas.

C. Haga breves comentarios orales o escritos sobre los siguientes temas.

1. El reinado de Maximiliano de Austria en México
2. La personalidad de Porfirio Díaz
3. La "decena trágica" de 1913
4. La figura de Lázaro Cárdenas
5. Los sucesos del 2 de octubre de 1968
6. La declinación del poder del PRI

D. Opiniones de hipótesis.

1. Hay quienes dicen que los Estados Unidos actuaron en forma reprensible cuando se apoderaron de casi la mitad del territorio mexicano en 1848. Otros, en cambio, argumentan que esos territorios son hoy prósperos estados de los Estados Unidos y que si hubieran permanecido en manos de México serían aún áreas pobres y subdesarrolladas.
   ¿Qué cree usted?
2. ¿Piensa usted que fue correcto que el presidente Lázaro Cárdenas expropiara las compañías norteamericanas y británicas que explotaban el petróleo de México? ¿Por qué?
3. El texto afirma que sin el multipartidismo no puede existir una verdadera democracia. ¿Está usted de acuerdo? ¿Por qué?
4. ¿Cree que el Tratado de Libre Comercio es conveniente para los Estados Unidos? ¿Por qué?

E. Proyecto de clase. El estudiante obtendrá material informativo sobre sucesos recientes de la situación mexicana que complementen la información contenida en este capítulo.

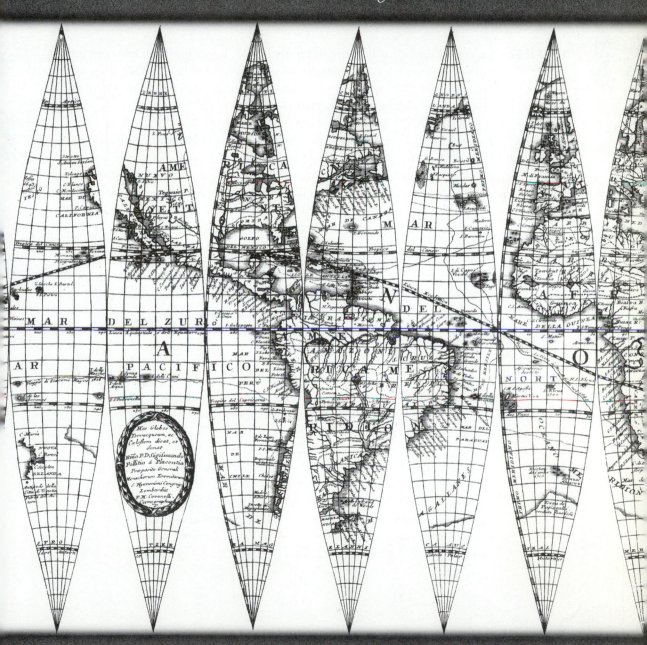

1816-1829 Turbulento período dominado por los conflictos entre unitarios y federales. Por fin los federales se imponen bajo el liderazgo del caudillo Juan Manuel de Rosas.

1829-1852 La era de Rosas. En nombre del federalismo, Rosas unifica a la Argentina por medios brutales. D.F. Sarmiento publica en el exilio su *Vida de Facundo Quiroga* (1845), condenando el caudillismo de las pampas como parte de la ecuación "civilización vs. barbarie".

1852-1880 Rosas derrotado en la batalla de Monte Caseros (1852). Se promulga la Constitución de 1853. Tras un corto período de inestabilidad, gobiernan tres presidentes civiles: Mitre, Sarmiento y Avellaneda; aumenta el número de inmigrantes europeos y la civilización penetra en el interior del país. El poema nacional de Argentina, *Martín Fierro* (1872;1879), describe la tragedia del gaucho de la pampa ante el avance de la civilización.

1880-1912 Comenzando con la presidencia del general Julio Roca, gobiernan los llamados "gobiernos de la oligarquía" que representan los intereses de los grandes estancieros *(big-farm owners)*. Aumenta dramáticamente el número de inmigrantes europeos y la producción de carne y cereales para la exportación; de la naciente clase media surge un partido político, la Unión Cívica Radical.

1912-1930 La ley Sáenz Peña (1912), patrocinada por el último presidente de la oligarquía, establece el sufragio universal y secreto (aunque sólo para hombres). El partido Unión Cívica Radical llega al poder en 1916 con el presidente Hipólito Yrigoyen.

1930-1946 Los militares dan un golpe de estado y gobiernan directamente o a través de presidentes civiles; son simpatizantes de Mussolini y sus ideas fascistas. A partir de 1943, Juan Domingo Perón se hace la figura dominante y comienza a forjar *(forge)* una alianza entre los militares y los sindicatos obreros *(trade unions)*. Perón se casa con Eva Duarte en 1945, y con la ayuda de "Evita" gana las elecciones de 1946.

1946-1955 La era de Perón. Régimen nacionalista y populista. Evita asume el papel de gran protectora de los pobres, los "descamisados". Perón reelecto en 1951; declinación de la economía argentina; Evita muere en 1952. Perón derrocado en 1955.

1955-1973 Período inestable, bajo gobiernos civiles o militares; crisis económicas resultantes, en parte, de las políticas *(policies)* de la era de Perón.

1973-1976 Perón retorna y es elegido presidente pero muere en 1974; lo sucede su segunda esposa, María Estela (Isabel) Martínez, que es pronto derrocada por los militares.

1976-1982 Las juntas militares que gobiernan prueban ser incompetentes en lo económico y desatan *(unleash)* una campaña de brutal represión, la "guerra sucia". La derrota en la guerra de las Malvinas (1982) provoca la caída del régimen militar.

1983-1989 Retorno a la democracia. Raúl Alfonsín, de la Unión Cívica Radical, elegido presidente. Difícil situación económica. Alfonsín apenas logra terminar su mandato presidencial.

1989- Carlos Saúl Menem elegido presidente por el Partido Peronista. Competente administración que pone a flote a la economía argentina. Menem reelegido en 1995.

*D*urante sus primeras décadas de vida independiente la Argentina estuvo varias veces a punto de desintegrarse, víctima de las pugnas° *rivalries* que surgieron entre los argentinos que representaban los intereses y la mentalidad de la capital, Buenos Aires, y los que defendían los intereses y el modo de vida del interior del país. En su clásico libro *Vida de Facundo Quiroga* (1845) el gran escritor y estadista argentino Domingo Faustino Sarmiento, describió esa polaridad como un conflicto entre "civilización y barbarie". Según Sarmiento, existían en realidad dos Argentinas: de un lado, la Argentina urbana y civilizada, identificada sobre todo con Buenos Aires; de otro, la Argentina primitiva, bárbara, de las inmensas llanuras del interior, las pampas, donde los caudillos gauchos imponían su propia ley y sentían una instintiva hostilidad hacia la mentalidad refinada, europeizada, del habitante de las ciudades. Esta generalización de Sarmiento, aunque simplista, apuntaba con efectividad al hecho de que de las pampas y de los hombres que las habitaban surgieron los principales retos al predominio de Buenos Aires como principal asiento del poder de la nación.

La era de Rosas

Esa rivalidad degeneró al cabo en una serie de luchas sangrientas bajo las banderas de dos bandos irreconciliables: el de los federales, dominado por los caudillos del interior, quienes, celosos de su independencia, querían hacer del país una federación de provincias autónomas, y el de los unitarios, partidarios de una república centralizada cuyo poder residiera en Buenos Aires. Tras un breve período inicial de predominio unitario, fue la causa federal de los caudillos de la pampa la que se impuso. A partir de 1829 la Argentina cayó en manos de la "barbarie", si usamos la terminología de Sarmiento. Dos caudillos, Juan Manuel de Rosas, de la provincia de Buenos Aires, y Facundo Quiroga, de La Rioja, compartieron brevemente el escenario del poder, pero era fácil predecir que a la larga sólo habría espacio suficiente para uno de los dos. Al cabo fue Facundo el perdedor°. Sarmiento, *loser* sin embargo, vio en él al arquetipo perfecto del brutal caudillo de la pampa y lo hizo el protagonista de su libro, pues su objetivo era denunciar el deplorable fenómeno del caudillismo y de los mecanismos psicológicos que lo hacían posible.

Entre 1835 y 1852 Rosas fue el amo indiscutible de la Argentina, aunque oficialmente fue sólo gobernador de la provincia de Buenos Aires. Su régimen fue el primer intento de dictadura total que apareció en Hispanoamérica, incluyendo un aparato de censura y represión que anticipaba algunos de los refinamientos de los regímenes dictatoriales del siglo XX, desde la organización de una brutal policía secreta hasta la introducción de nuevos textos escolares que exaltaban las virtudes del dictador.

El retrato° de Rosas estaba en todas partes, hasta en el interior de las iglesias, y todos los ciudadanos debían llevar algún objeto de ese color en sus ropas como símbolo de adhesión° al dictador. Bajo su régimen se realizaron las primeras campañas de exterminio sistemático de la población indígena que habitaba el interior del país. Charles Darwin, de visita en la Argentina por aquellos años, fue testigo horrorizado de una de aquellas masacres. *portrait* / *support*

La Argentina de Rosas fue un país prácticamente cerrado a la inmigración, con ambiciones territoriales que miraban con codicia a los vastos territorios que habían pertenecido, bajo España, al Virreinato del Río de la Plata: Bolivia, Paraguay, Uruguay. Rosas dilapidó substanciales recursos en poco exitosas campañas contra estos países vecinos, especialmente contra el Uruguay, lo que le trajo confrontaciones directas con Brasil y aun con Francia e Inglaterra. Al final, su beligerante xenofobia contribuyó a su caída. Los estancieros° de la pampa, temerosos° de perder los mercados internacionales para sus productos, comenzaron a retirarle su apoyo, y los caudillos regionales que le habían sostenido se volvieron también contra él, resentidos de sus excesivos despliegues de poder. Uno de ellos, Justo José Urquiza, gobernador de la provincia de Entre Ríos, fue el encargado de darle el golpe final, con el apoyo del Brasil y de los intelectuales que Rosas había enviado al exilio. El dictador fue por fin decisivamente derrotado en la batalla de Monte Caseros (1852). Moriría en la cama muchos años después, en Inglaterra. La implacable dictadura de Rosas le hizo, sin embargo, un servicio a la Argentina: doblegó° a la mayoría de los caudillos del interior, de modo que hacia el final de su mandato la polaridad Buenos Aires vs. Pampa había quedado en buena parte superada° y la Argentina estaba lista para hacerse finalmente un país unificado. *hacienda owners/fearful* / *humbled* / *overcome*

Domingo Faustino Sarmiento (1811-1888), presidente de la Argentina y autor del célebre ensayo Civilización y barbarie: vida de Juan Facundo Quiroga (1845).

Consolidación de la nación

Durante el período 1862-1880, tres distinguidos argentinos, Bartolomé Mitre, Domingo Faustino Sarmiento y Nicolás de Avellaneda, ocuparon sucesivamente la presidencia de una nación finalmente unificada. Luego, comenzando con la presidencia del general Julio Roca, en 1880, se abrió el período de los llamados "gobiernos de la oligarquía", que se prolongó hasta 1916. Mitre y Sarmiento, especialmente, fueron intelectuales comprometidos con la idea de crear una Argentina educada, abierta a la cultura occidental y a la inmigración europea. Los presidentes de la oligarquía, en cambio, no tuvieron los ideales o la estatura intelectual de un Mitre o un Sarmiento; fueron más bien gobernantes pragmáticos y bastante eficientes que representaron fundamentalmente los *landowners* intereses de los grandes terratenientes°, los estancieros, pero guiaron a la Argentina a través de un período de impresionante progreso.

En el campo de la educación, fue Sarmiento el que proveyó el primer gran impulso. El autor de Facundo vio en ella un factor crucial para el futuro desarrollo de la Argentina, y bajo su presidencia se echaron las bases del que iba a ser el mejor sistema educacional de Latinoamérica. Gran admirador de los Estados Unidos, donde había servido como Embajador de Argentina, Sarmiento atribuía el éxito del sistema norteamericano más que nada a la excelencia de sus métodos pedagógicos y a la importancia que se *schooling* daba allí a la escolarización°. Adoptando el sistema escolar estadounidense como modelo, trajo incluso a la Argentina a un grupo de maestras norte*teachers' training schools* americanas para establecer las primeras escuelas normales° que entrenaran a una nueva generación de maestros argentinos.

La conquista de la Pampa

Entretanto, el interior de la Argentina estaba siendo abierto a la moderniza*barbed-wire fence* ción. La introducción de la cerca de alambre° en la década de 1840 anunció *plains* el fin de las grandes llanuras° abiertas. En la siguiente década comenzó a construirse la red de ferrocarriles, financiada principalmente por capital británico, que en veinte años llegaría a contar con 1.800 millas de vía férrea, el más extenso de Suramérica. Otra nueva invención, el telégrafo, contribuyó a mejorar dramáticamente la comunicación entre Buenos Aires y el interior. Tales transformaciones significaron, por otra parte, el principio del fin para el tradicional modo de vida que había existido hasta entonces en las pam*free movement* pas, para el libre desplazarse° de los gauchos, los *cowboys* de la Argentina y el *wild cattle* Uruguay, por las inmensas llanuras pobladas de reses salvajes°. Ese inevitable *from the River Plate region* proceso fue registrado por la literatura ríoplatense°. Con el romanticismo se *had become fashionable* había puesto en boga° en la región del Plata una literatura que glorificaba la figura del gaucho, su independencia e individualismo, su resistencia a someterse a los códigos de la cultura urbana. La obra maestra de este género, el gran poema gauchesco *Martín Fierro* (1872; 1879), del argentino José Hernández, vino ahora a narrar del modo más elocuente la tragedia que los *sharp* cambios descritos habían significado para el gaucho. En agudo° contraste con la visión de Sarmiento, que veía de manera muy positiva la penetración de la civilización en la pampa, Hernández vio más que nada los aspectos negativos de aquel proceso: la llegada de la "civilización" significaba para el gaucho la llegada de un sistema de controles diseñado para acabar con la vida libre de que había disfrutado hasta entonces. El protagonista del poema, un tranquilo gaucho payador (cantante), es reclutado a la fuerza° por el ejército para ir a matar indios en la pampa. Luego no le pagan su salario y, tras desertar°, se convierte en "gaucho malo" que llega a matar a un hombre sin razón aparente. Al final de la primera parte del poema, Fierro rompe su guitarra y, con un amigo, decide abandonar la civilización e irse a vivir entre los indios. La segunda parte del poema, "La Vuelta", contiene una reconciliación del gaucho con la vida civilizada después de pasar incontables penurias en su deambular° por la pampa. A partir de la década de 1880 la opción ensayada por Martín Fierro—unirse a las tribus indias que todavía habitaban en los grandes llanos—no fue ya posible: fue en esos años que el general Julio Roca—el "general Custer de la Argentina"—completó su campaña contra los indígenas de la región en la que miles de ellos fueron muertos o empujados hacia el sur, hacia las tierras frías y desoladas de la Patagonia. La popularidad que adquirió Roca con esta "hazaña"° le llevó a la presidencia de la Argentina. La pampa quedó así definitivamente abierta a la colonización del hombre blanco, un proceso similar al que ocurrió en el oeste norteamericano.

by force
after deserting

during his roaming

"exploit"

La venida de los inmigrantes

Hasta mediados del siglo XIX la Argentina había sido un país mayormente vacío. Tras la caída de Rosas, sin embargo, la población comenzó a aumentar considerablemente debido sobre todo a las oleadas de inmigrantes que empezaron a llegar desde Europa. "Gobernar es poblar", había dicho el gran pensador político Juan Bautista Alberdi, y sus ideas encontraron eco en la política de aliento° a la inmigración que siguieron los gobiernos argentinos a partir de la década de 1850. Ya en 1869, a comienzos de la presidencia de Sarmiento, los inmigrantes pasaban de 200.000 en una población total de menos de 2.000.000. Para 1895, una parte substancial de la población argentina estaba formada por inmigrantes o hijos de éstos. Los italianos formaban el mayor contingente, seguidos por los españoles y una variada representación de franceses, ingleses, alemanes, suizos y austriacos. La nación se hizo así un país predominantemente caucásico, pues los elementos raciales indígenas y negroides de su población quedaron diluidos en el gran flujo migratorio europeo. Una minoría de estos inmigrantes se convirtieron en prósperos agricultores pequeños en regiones del interior donde aún había suficiente tierra libre para ser explotada, pero buena parte de la pampa había sido ya ocupada por los estancieros, y buen número de aquellos recién llegados° acabaron trabajando como aparceros° o simples peones en las grandes estancias, en condiciones no exactamente ideales. Aun así, su pericia° como trabajadores

encouragement

newly-arrived (immigrants)
sharecroppers
skill

agrícolas fue decisiva en la transformación de la pampa. El espectacular aumento en la producción agrícola que se registró en esos años—especialmente de cereales como el trigo, el maíz, la alfalfa—fue crucial para el futuro de la nación. La Argentina se convirtió en uno de los principales exportadores de trigo a los mercados del mundo, en tanto que los demás cereales proveían la necesaria base alimenticia para un aumento igualmente dramático en la población de ganado vacuno y lanar°. También se mejoró radicalmente la calidad del ganado argentino con la importación de toros Angus, Hereford y otras razas procedentes de Inglaterra y Estados Unidos. El antiguo ganado de la pampa fue gradualmente reemplazado por un excelente *stock* productor de carne de primera calidad. A partir de la década de 1870 la Argentina se convirtió en exportador de carne fresca para los mercados de Europa, y con la introducción de los buques frigoríficos° en esos mismos años, la nación del Plata se hizo pronto el principal exportador mundial de carne congelada°. Inglaterra, entretanto, se había hecho parte integral de aquel proceso: británica era la mayor parte de la red de ferrocarriles y el telégrafo, y el capital inglés tenía una muy importante presencia en el mundo industrial y financiero de Buenos Aires. El trigo y la carne de Argentina encontraban su principal mercado en la Gran Bretaña, y ésta, a su vez, suplía una parte considerable de los productos manufacturados que llegaban al país del Plata.

bovine and wool-bearing cattle

refrigerated ships

frozen meat

Una sociedad en marcha

Los efectos de esta prosperidad se hicieron especialmente visibles en la ciudad de Buenos Aires, que se llenó de monumentos, imponentes edificios públicos, amplios bulevares y lujosas residencias para los ricos estancieros. Su sabor distintivamente europeo—después de todo, la mayoría de sus habitantes eran inmigrantes del Viejo Mundo—, su intensa vida cultural y nocturna le ganaron la reputación de ser "el París de Suramérica". Pero en aquella Argentina de fines del siglo XIX se estaba gestando al mismo tiempo una sociedad más diversa. Buen número de los inmigrantes, incapaces de encontrar trabajo en el campo, se habían establecido en Buenos Aires, convirtiéndose en obreros industriales, artesanos°, pequeños comerciantes y empresarios. Los menos afortunados de ellos crearon un nuevo proletariado urbano que pronto mostró descontento ante su situación social y económica; los más prósperos, en cambio, formaron una nueva clase media que empezó a reclamar una mayor participación en la vida política del país; apareció incluso una flamante clase adinerada° cuya fortuna estaba basada en la nueva prosperidad comercial e industrial y se sintió inclinada a retar el dominio de la tradicional élite de estancieros.

craftsmen

wealthy

Al cabo, una coalición formada principalmente por miembros de la nueva clase media, intelectuales y profesionales universitarios consiguió organizar una nueva fuerza política, el partido Unión Cívica Radical[1], que acabó por integrar un poderoso movimiento de oposición. En 1910 fue elegido el último presidente de la oligarquía, Roque Sáenz Peña, un honorable político conservador que, comprendiendo que se hacía necesaria una reforma del proceso político, hizo aprobar en 1912 una nueva ley electoral cuyos artículos marcaron un hito° en la historia de la moderna Argentina. Esta ley decretó el voto secreto y universal para todos los varones mayores de 18 años, que tendrían que registrarse obligatoriamente y votar, bajo pena de multa° (las mujeres no tuvieron derecho al voto hasta la época de Perón). Por primera vez los argentinos acudieron en masa a las urnas y en 1916 resultó electo Hipólito Yrigoyen, el candidato radical, a la presidencia.

milestone

fine

El interludio radical

La era de dominio radical (1916-1930) no alteró fundamentalmente las estructuras sociales y económicas de la Argentina pero introdujo varios cambios significativos. El Partido Radical, cuyo principal apoyo estaba en la clase media, hizo un claro esfuerzo por ampliar su base popular y captarse el favor de la clase obrera y los pequeños agricultores mediante una serie de concesiones a ambos grupos. El presidente Yrigoyen era una figura ideal para vender esta imagen populista, con su personal indiferencia al dinero, su modesto estilo de vida y su disposición a escuchar pacientemente las quejas de la gente humilde, a veces en detrimento de otros negocios del Estado que habrían requerido atención más urgente. Yrigoyen y su partido tuvieron, sin embargo, la mala suerte de gobernar en tiempos difíciles: la Primera Guerra Mundial causó graves trastornos° en el comercio internacional que perjudicaron° a la Argentina; el clima de violencia laboral característico de aquellos años produjo serias huelgas que el gobierno tuvo a veces que sofocar° por medio de la violencia. Yrigoyen mismo fue una figura errática que cometió el error de aspirar a un segundo término presidencial cuando ya sus facultades mentales le fallaban°. Fue reelegido en 1928 pero su inefectiva administración trajo de nuevo la inflación que había sido contenida por su predecesor, Marcelo T. Alvear, y un considerable aumento del déficit público. Su gobierno no sobrevivió por mucho tiempo a la crisis económica mundial que siguió al *crash* bancario de Wall Street en 1929. Al año siguiente, un grupo de oficiales del ejército, bajo el mando del general José Uriburu, dio un golpe de estado que depuso a Yrigoyen e inició un período de 13 años en el que la antigua oligarquía y los militares fueron los dos elementos preponderantes de la política argentina. Fue un triste período para un país esencialmente próspero y civilizado que se había acostumbrado a ser gobernado por regímenes civiles.

disruptions/harmed

put down

were failing

Nacionalismo con botas

Los generales que dieron el golpe de 1930 eran simpatizantes del modelo fascista que Mussolini hacía triunfar en Italia por aquellos años, con su ardiente nacionalismo de tendencia autoritaria, su carácter conservador, opuesto al movimiento sindicalista obrero, y su proclamación del interés del Estado como bien supremo de la nación, por encima de los intereses de clase. Los militares argentinos no tenían, sin embargo, suficiente fuerza para intentar el establecimiento de un estado fascista y tuvieron que acceder a la reinstauración de gobiernos civiles conservadores de apariencia democrática. Estos gobiernos tuvieron considerable éxito en el aspecto económico pues, entre otras cosas, atacaron con éxito el déficit público y el caos financiero que había dejado la última administración radical de Yrigoyen. Pero la democracia había dejado de existir en la Argentina. Las elecciones eran escandalosas deshonestas y el ciudadano promedio tenía poca o ninguna voz en la gobernación del país. Un breve período de apertura, bajo el presidente Roberto M. Ortiz, hizo posible varias elecciones provinciales honestas en 1937 y pusieron temporalmente al gobierno argentino del lado de Inglaterra y sus aliados frente al Eje Alemania-Italia. Pero la diabetes incapacitó a Ortiz y su sucesor, Ramón S. Castillo, volvió el reloj atrás y retornaron la represión y las elecciones arregladas. Se trataba, sin embargo, de una fórmula políticamente agotada y, una vez más, los militares se sintieron en la obligación de intervenir. Sólo que esta vez, su papel iba a ser bien diferente. El ejército que en junio de 1943 depuso a Castillo no estaba ya dominado por los generales de los años treinta. Una nueva generación de militares estaba lista para asumir las riendas del poder, esta vez sin intermediarios. Un carismático coronel de 49 años, Juan Domingo Perón, iba ser el protagonista de la nueva etapa que se abría para la nación.

Perón

Perón había nacido en 1895, en un pequeño pueblo situado a unas 60 millas al sur de Buenos Aires; su madre era criolla, de ascendencia castellana, pero su padre, como tantos otros argentinos, era de ancestro italiano y posiblemente vasco-francés. Los primeros años de su infancia transcurrieron en las frías e inhóspitas tierras de la Patagonia, donde su padre había comprado una estancia dedicada a la crianza de ovejas, pero a los 10 años fue enviado a Buenos Aires para iniciar sus estudios. En 1911, cuando tenía sólo 15 años, su familia consiguió que ingresara en el Colegio Militar del ejército argentino. En 1930 ya era capitán y fue uno de los oficiales que participaron con el general Uriburu en el golpe de estado que depuso al presidente Yrigoyen. Su temprana carrera militar tuvo todas las características de un proceso de

Juan Domingo Perón (1895-1974). Tres veces presidente de la Argentina. Su control sobre los militares y los obreros le permitió dominar toda una era de la nación.

~~~~

preparación tanto física como intelectual para destinos más altos, en los que seguramente ya pensaba. Destacó° como atleta— campeón de esgrima° del ejército, boxeador, tirador° experto—y sus extensas lecturas en historia, filosofía, literatura, le permitieron adquirir un bagaje intelectual° poco común en un militar profesional. Su impresionante presencia física se refinó con los ademanes° del oficial de carrera. Durante la década de los 30 se encontraba ya de profesor en la prestigiosa Escuela Superior de Guerra, lo que le dio oportunidad de ejercitar su innata afabilidad y poderes de persuasión entre los oficiales jóvenes que habrían de ser la base de su extensa red de contactos personales en el ejército. Enviado a Europa por el gobierno para hacer estudios de estrategia militar, cayó él también bajo la atracción de Mussolini y su modelo fascista. De regreso en la Argentina, se halló preparado para dejar su marca en la historia de la nación.

excelled

fencing

marksman

intellectual weight

manners

El instrumento que inicialmente utilizó Perón para su ascenso al poder fue un círculo de oficiales ultranacionalistas y pro-fascistas que él mismo ayudó a organizar, el Grupo de Oficiales Unidos (GOU). Estos militares más jóvenes—el grado típico de sus líderes era el de coronel—veían la desproporcionada presencia económica de Gran Bretaña y Estados Unidos en la Argentina como el principal obstáculo a la soberanía de ésta. En su opinión, un triunfo de los países del Eje° le permitiría a la Argentina establecer su propio curso tanto en la economía doméstica como en el marco internacional. El GOU desempeñó un papel clave en el golpe militar de 1943, aunque durante el primer año fue todavía un general de la vieja guardia, el decididamente pro-nazi Pedro Ramírez, quien presidió el gobierno, mientras la Argentina se convertía en un amigable refugio para todo tipo de propaganda y actividades nazis y anti-judías. Al cabo, Ramírez se cansó del papel cada vez más prominente que desempeñaban Perón y el GOU en el gobierno. Su orgullo militar soportaba mal los chistes que lo presentaban como un títere° de Perón y los coroneles. En un golpe audaz trató de destituir a Perón, pero el control de éste sobre la oficialidad joven del ejército era ya incontestable. Fue Ramírez quien resultó destituido y sucedido en febrero de 1944 por el vicepresidente, Edelmiro Farrell, buen amigo y seguidor de Perón.

Axis countries

puppet

Perón forja una nueva alianza

El antiguo profesor de la Escuela Superior de Guerra estaba ya en condiciones de establecer su propia trayectoria política, no totalmente fiel, sin embargo, a la ortodoxia pro-fascista de sus compañeros del GOU. Su admiración por Mussolini no le había impedido tomar nota de las nuevas fuerzas que afloraban en la realidad argentina y con las que cualquier gobierno futuro tendría que contar si quería gobernar con éxito. La principal de esas fuerzas era el proletariado urbano, que había quedado marginado desde los tiempos de Yrigoyen y carecía de líderes competentes y de organizaciones sindicales capaces de representarlos con efectividad. En parecida situación se hallaban los peones de las estancias y aun muchos miembros de la clase media, cansados de apoyar al inefectivo Partido Radical. Perón supo ver que esos importantes sectores de la población, especialmente los obreros, estaban a la espera de un líder que hablara por ellos, y comprendió que él podía ser ese líder. Su prominencia en el ejército le daba una posición única y concibió así la idea de crear una alianza de esos dos importantes sectores que hasta entonces se habían mirado con desconfianza o franca enemistad: el ejército y la clase obrera. Por eso solicitó ser nombrado jefe del Departamento de Trabajo, que entonces no tenía siquiera categoría de ministerio, pero que le permitiría realizar su labor de proselitismo entre los trabajadores; se fue a las fábricas, a las plantas frigoríficas°, a los molinos harineros° de Buenos Aires, repartiendo sonrisas, apretones de manos y promesas que, como pronto se vio, realmente se cumplían°. Los líderes sindicales no tardaron en darse cuenta que para conseguir beneficios para los miembros de sus sindicatos era indispensable estar a bien con Perón, aquel atractivo y amigable coronel del ejército que venía a hablarles y a escuchar con simpatía sus problemas. Para la primavera de 1944, Perón ocupaba ya la doble cartera° de Ministro de Guerra y Ministro del Trabajo y, meses después, el siempre aquiescente presidente Farrel lo nombró también vicepresidente del gobierno.

Ese ascenso vertiginoso despertó un recelo general, incluso entre sectores influyentes del propio ejército. Los decretos abiertamente favorables a los trabajadores que constantemente salían del Ministerio del Trabajo—aumentos salariales de hasta un 50%, un mes completo de vacaciones pagadas, un mes de paga extra para la Navidad—alienaron a los sectores conservadores, tanto fuera como dentro del ejército. El 9 de octubre de 1945 Perón fue obligado a renunciar a todos sus cargos y poco después ingresaba en prisión. Su encarcelamiento, sin embargo, no duró mucho: ocho días más tarde salía de la cárcel en medio de las ovaciones de una entusiasta multitud de trabajadores que habían venido a liberarlo; entre ellos se encontraba Eva Duarte, la amante de Perón, a la que se atribuyó el haber movilizado a los sindicatos

meatpacking plants
flour mills
were honored

cabinet post

obreros. Aquel mismo día la pareja fue conducida a hombros de la muchedumbre a la Casa Rosada, el palacio presidencial de la Argentina. Poco después Perón y Eva, "Evita", contraían matrimonio.

Eva Duarte

Como su futuro marido, Eva Duarte había nacido en el interior de la Argentina, en un pueblecito de la pampa. Su madre había sido cocinera en casa de una familia local, la de Juan Duarte, que la dejó cinco veces en estado° *pregnant* a pesar de ser un hombre casado y con hijos. Evita creció así pobre e ilegítima y determinada a hacerse un porvenir° fuera de aquel humillante ambiente. *future* Siendo todavía una adolescente se instaló en Buenos Aires, resuelta a seguir la carrera de actriz. De alguna manera logró sobrevivir los primeros años en la capital haciendo pequeños papeles en obras teatrales, frecuentando algunos bares y "clubes nocturnos" para poder ganar algún dinero extra. Sus habilidades como actriz no eran excepcionales pero el ambiente de la farándula° le *show business* enseñó a mejorar considerablemente su apariencia física: la frágil, delgada joven de pelo negro que aparece en sus primeras fotografías de juventud se fue transformando en la belleza rubia que para 1937 empezó a conseguir sus primeros papeles dramáticos en el cine argentino. Pero fue la radio la que la hizo una figura nacionalmente conocida, cuando consiguió hacer papeles destacados en la estación radiofónica más escuchada de la Argentina, Radio Belgrano. Su círculo de relaciones, especialmente las masculinas, se hizo ahora más amplio y selecto. El resto de su vida la perseguirían todo tipo de historias y rumores sobre la habilidad con que usó sus atractivos físicos para promover su carrera. En todo caso, parece haber tenido relaciones amorosas con más de uno de los oficiales del GOU. Perón no fue el primero de ellos, pero en él encontró Evita la definitiva consumación tanto de sus impulsos sentimentales como de la sed de éxito, reconocimiento y poder que la había consumido desde su niñez. Durante la campaña electoral que llevó a Perón a la presidencia en febrero de 1946, Evita se reveló como una presencia tan carismática como la de su nuevo marido: cada vez que subía a la tribuna pública, su cálido estilo oratorio conseguía establecer una inme-

Evita saluda a una multitud entusiasta durante su triunfal visita a Madrid en 1947.

diata identificación emocional con la gente del pueblo que predominaba en su auditorio°. No sólo fue ya la esposa del candidato presidencial, sino que empezó a brillar con luz propia en un nuevo rol: el de protectora de los desposeídos de la nación. Aquella peculiar y profunda, a veces histérica relación afectiva que se desarrolló entre Evita y sus "descamisados"[2], como llamó a aquellas masas de gentes mal vestidas que venían a adorarla, se convirtió pronto en el mayor espectáculo de la Argentina de aquellos años. La mujer argentina, en particular, fue beneficiaria del ambiente pro-feminista que promovió la popularidad de Evita, quien hizo abiertamente campaña contra el tradicional machismo de la sociedad de su país. En 1947 las mujeres obtuvieron al fin su derecho al voto, pero cuando el nombre de la benefactora de los descamisados comenzó a ser mencionado como posible candidata a la vicepresidencia de la Argentina en las próximas elecciones, se pudo comprobar cuáles eran los límites de la tolerancia del ejército en este aspecto. Perón fue prontamente notificado por sus colegas de que una Evita vicepresidenta era una perspectiva totalmente inaceptable.

El peronismo

La de Perón fue una era llena de profundas contradicciones, innegables logros y muy serios errores de cálculo. Su ardiente nacionalismo le impulsó a intentar poner fin a la considerable presencia del capital extranjero en la Argentina. Quiso también desarrollar una importante industria nacional a fin de romper el patrón económico que hacía de su país una nación exportadora de productos alimenticios e importadora de costosos productos manufacturados; dio incluso a su modelo de gobierno un nombre, "Justicialismo", presentándolo como una tercera vía entre el capitalismo y el comunismo. Su política exterior° mostró una consistente animosidad contra los Estados Unidos[3]. Su principal base de poder, la alianza entre fuerzas armadas y movimiento laboral, funcionó bien mientras la próspera situación de la Argentina en los años de la posguerra le permitió hacer todo tipo de concesiones económicas a militares y obreros, y mientras el carisma populista de Evita le ayudó a mantener su ascendiente emocional sobre las masas. Luego llegó la hora de pagar las cuentas de sus desmedidamente ambiciosos proyectos.

El celo nacionalista de Perón le hizo emprender un costoso programa de adquisición de las más visibles empresas extranjeras que operaban en la Argentina, como las compañías británicas que controlaban la mayor parte de los ferrocarriles y los tranvías urbanos; lo mismo hizo con las empresas de servicios públicos, incluyendo la norteamericana *International Telephone and Telegraph*. Pagó incluso la deuda exterior del país. La influencia del fascismo le llevó tambien a aumentar la intervención del Estado en la economía: puso, por ejemplo, los bancos de la nación, incluyendo los extranjeros, bajo el control de un banco central del gobierno. Para financiar sus ambiciosos planes industriales creó un organismo estatal que controló la compra y exportación de las carnes y los cereales argentinos, de modo que ahora los estancieros tuvieron que vender su producción directamente al gobierno, a precios fijados por éste. Al mismo tiempo se establecieron tarifas proteccionistas que favorecían los productos industriales nacionales. El éxito a corto plazo fue impresionante: las ganancias de la corporación estatal, IAPI, eran cuantiosas, pues pagaban a los productores precios muy inferiores a los del mercado. En cinco años (1943-47) la Argentina quintuplicó su producción industrial y se hizo un país semi industrializado. En el proceso, sin embargo, la agricultura y la ganadería de la nación decayeron ostensiblemente: los bajos precios que pagaba el gobierno por los productos agrícolas no eran ciertamente un estímulo para mantener la producción y ocurrió un éxodo de la población rural hacia Buenos Aires, atraída por las mejores condiciones de vida de que disfrutaba ahora la clase obrera gracias a Perón. Para 1949 la Europa que había sido devastada por la Segunda Guerra Mundial estaba en vías de recuperarse, de manera que empezaron a decaer la demanda y los precios de las carnes y los cereales argentinos en el mercado europeo. Además, los Estados Unidos se habían convertido en un competidor formidable, con sus grandes exportaciones de cereales a Europa, a precios subsidiados por los fondos del Plan Marshall. El gran aparato burocrático creado por el peronismo empezó a pesar excesivamente sobre el tesoro público. Con la nacionalización de los ferrocarriles, por ejemplo, el gobierno heredó una nómina de más de cien mil empleados que operaban un sistema ferroviario anticuado y deficitario. Sobre todo, ahora se hizo mucho más difícil continuar los costosos programas de concesiones laborales que le habían ganado a Perón el favor de los obreros, y lo mismo sucedió con los militares.

El estilo peronista

A todo eso se unía la irresponsable, a veces deshonesta administración de los fondos públicos que caracterizó al peronismo. Buen indicio de ello era el ostentoso estilo de vida que adoptaron Perón, Evita y su círculo inmediato. La colección de abrigos de pieles y joyas que poseía Evita deslumbraron incluso a la aristrocracia de las capitales europeas durante el triunfal viaje que hizo en 1947 a España, Italia, Francia y Suiza. En un típico gesto de magnanimidad, Evita le concedió a Francia un crédito de 120 millones de dólares para comprar carne y cereales argentinos. Christian Dior y otros *couturiers* franceses serían ahora sus modistos favoritos. Irónicamente, el lujo que desplegaba Evita en su persona no hizo sino aumentar la devoción casi mística que inspiraba entre la gente pobre que la rodeaba constantemente. Especialmente costosa para el Estado argentino fue la creación de la

Fundación Eva Perón, el vehículo que usó Evita para consagrarse como la gran protectora de los "descamisados". Esta organización proveyó a las masas argentinas de una red de servicios médicos e instituciones de beneficencia—clínicas, hospitales, orfanatos, dispensarios médicos, cientos de nuevas escuelas—sin precedentes en Latinoamérica. Los obreros podían ir de vacaciones a campamentos y lugares de veraneo financiados por la Fundación, comprar en tiendas que dispensaban artículos a precio de costo. El enorme presupuesto de la Fundación era sostenido por una complicada y más bien misteriosa mezcla de subsidios del gobierno y donaciones de empresas privadas y sindicatos. A medida que los gastos de la Fundación aumentaban, Evita no vaciló en acudir a todo tipo de métodos "persuasivos" para estimular las contribuciones. Un empresario que se negaba a contribuir podía recibir una visita inesperada de inspectores del gobierno capaces de encontrar suficiente número de irregularidades en el funcionamiento de la empresa como para hacérsela cerrar. Evita presidía la Fundación con una generosidad que se hizo legendaria. En las audiencias diarias que celebraba en su oficina del Ministerio del Trabajo, recibía personalmente a la gente pobre que venía a verla con sus peticiones de ayuda; a su lado, una secretaria tomaba notas de los particulares de cada caso; al final de cada entrevista, un billete de banco proveía un consuelo momentáneo. Evita parecía poseer una reserva inagotable de billetes de banco. De aquella generosidad nadie llevaba cuentas: la Fundación funcionaba, aparentemente, sin ningún sistema de contabilidad°.

La Casa Rosada, Buenos Aires, residencia de los presidentes argentinos.

El régimen peronista no fue remiso a utilizar medidas brutales cuando lo creyó indispensable, pero acudió con más frecuencia a métodos solapados° de coacción° para lograr sus objetivos: subterfugios legales, utilización de los sindicatos obreros como instrumentos de presión social y política, pura y simple demagogia. Así silenciaron la prensa independiente de la Argentina, así destituyeron a los profesores y funcionarios universitarios que elevaron voces de protesta e instalaron en su lugar a obedientes títeres académicos. Incluso los textos de los libros escolares cantaron las virtudes del peronismo. Como en los tiempos de Juan Manuel de Rosas, por quien Perón sentía bastante admiración, los intelectuales que no estuvieron conformes con el régimen tuvieron que coger el camino del exilio o aceptar el silencio. Jorge Luis Borges, el mayor

accounting

sly
cohersion

escritor argentino del siglo XX y severo crítico del fascismo, experimentó en su carne los sinuosos° métodos típicos de Perón cuando el gobierno lo destituyó de su cargo de bibliotecario de la Biblioteca Nacional y lo nombró inspector de … aves de corral°.

devious

poultry

Eclipse de Perón

Perón fue elegido dos veces presidente de la Argentina en elecciones técnicamente honestas, honestas en el sentido de que no ocurrieron irregularidades en la votación el día de los comicios°. Pero si en las de 1946 la fiebre populista que desencadenaron él y su esposa fue la principal responsable de su victoria, en las elecciones de 1951 los resultados eran ya predecibles: un Congreso servil había promulgado una nueva constitución para hacer posible que Perón aspirase a un segundo término presidencial, y con la prensa y la radio controladas por el régimen, la oposición no tuvo oportunidad de montar una legítima campaña electoral. Para entonces, sin embargo, Evita tuvo que votar desde su lecho° de enferma, aquejada de un cáncer que en pocos meses acabó con su vida. Su fallecimiento° en julio de 1952, a la edad de 33 años, produjo la mayor manifestación de luto° popular de la historia argentina. Buenos Aires se paralizó por completo durante varios días y dos millones de personas desfilaron ante el cadáver de Evita, que había sido expertamente embalsamado° por un eminente médico español. Los sindicatos elevaron una petición formal al Vaticano solicitando la canonización de la protectora de los descamisados, y aunque el Papa la denegó diplomáticamente, Eva Duarte pareció tener asegurado un pedestal de mito de la moderna Argentina.

elections

bed
death
mourning

embalmed

La ausencia de Evita, unida al deterioro de la situación económica, marcó el principio del fin del régimen de Perón, que cometió, además, el error de adoptar una actitud beligerante hacia la Iglesia Católica. Entre otras cosas, legalizó el divorcio y la prostitución, y prohibió la enseñanza religiosa en las escuelas públicas. Tales medidas antieclesiásticas, probablemente diseñadas para distraer la atención de los serios problemas que confrontaba el gobierno, provocaron una serie de protestas, manifestaciones e incidentes violentos que culminaron en la quema° de varias iglesias por partidarios de Perón y la expulsión de varios dignatarios eclesiásticos. El Vaticano reaccionó con rigor, decretando la excomunión° de Perón y su círculo inmediato. Desde aquel momento, fue sólo cuestión de estimar cuándo el ejército se decidiría a intervenir. En septiembre de 1955, una revuelta militar hizo a Perón refugiarse en un barco de guerra paraguayo que se hallaba anclado° en la bahía de Buenos Aires. Inició así un exilio que habría de durar 17 años.

the burning

excommunication

anchored

Interregno militar

Los generales que se hicieron cargo del gobierno en 1955 no consiguieron devolver ni la tranquilidad ni la prosperidad a la Argentina; fallaron cuando quisieron gobernar directamente y también cuando permitieron la instalación de gobiernos civiles. Y es que el legado del peronismo pesaba ahora muy negativamente sobre el país: un poderoso movimiento sindical poco dispuesto a abdicar las conquistas alcanzadas, una serie de improductivos monopolios estatales que alimentaban una ineficiente burocracia (segura fórmula para crear una alta inflación); el sector agrario, por su parte, se hallaba en estado de deterioro como consecuencia de los métodos peronistas de control estatal. Irónicamente, las dificultades económicas de esos años y la falta de verdadero liderazgo militar o civil, crearon en buena parte de la población argentina una creciente nostalgia por los días de prosperidad y entusiasmo ideológico del peronismo. A ello contribuía Perón mismo desde su dorado exilio en un barrio de las afueras de Madrid y, por supuesto, la memoria de Evita. El cadáver de ésta había desaparecido misteriosamente y nada se supo de él durante 16 años. En una serie de episodios dignos de una obra de ficción, los generales argentinos, temerosos del valor simbólico de aquel célebre cuerpo, lo habían enviado secretamente a Europa, donde fue al fin enterrado bajo nombre falso en un cementerio de Milán, Italia. En un inesperado cambio de política[4], los propios militares decidieron en 1971 devolverle a Perón el cadáver aún intacto de su fallecida mujer, que quedó depositado en la residencia de éste en Madrid.

Perón retorna

Increíblemente, la nostalgia del peronismo acabó por triunfar y en 1973 un Juan Domingo Perón que contaba ya 78 años era elegido una vez más presidente de la Argentina. Trajo ahora consigo a su nueva mujer, María Estela Martínez, conocida como "Isabelita"[5]. Esta vez no hubo oposición a que ésta fuera elegida vicepresidenta de la nación. El peronismo que encontró Perón a su regreso a Buenos Aires era, sin embargo, un movimiento diferente, tremendamente conflictivo y heterogéneo, pues agrupaba a sectores ideológicos bien disímiles: desde peronistas de la vieja guardia hasta jóvenes de izquierda radical, inspirados por la mística populista de Eva Duarte y por el nuevo ídolo de la izquierda de los años sesenta, Ernesto "Che" Guevara. Predeciblemente, Perón se pronunció a favor del modelo original de su movimiento y contra la izquierda radical que se había organizado en guerrillas dedicadas a la práctica del terrorismo urbano, los "montoneros". El viejo líder no tuvo tiempo, sin embargo, de intentar una resurrección del peronismo, pues la muerte lo sorprendió pocos meses después de ascender a la presidencia, en julio de 1974. Lo sucedió su viuda, que pronto demostró su ineptitud para lidiar, al mismo tiempo, con la alta inflación (350% anual), las constantes demandas salariales de los sindicatos obreros y la violencia de los grupos terroristas. Su iniciativa de traer al fin el cuerpo de Evita desde Madrid para que descansara en suelo argentino no le ganó el favor que quizás esperó. En marzo de 1976 los militares protagonizaron un fácil golpe de estado.

La guerra sucia

La nueva etapa de gobierno militar (1976-84) se caracterizó, en lo económico, por un esfuerzo sistemático por desmontar el aparato de ineficientes empresas estatales heredadas del peronismo y establecer una economía de mercado en el patrón neo-liberal; en lo político, por una estrategia de represión implacable contra las guerrillas urbanas izquierdistas. La política económica, aplicada ahora con dureza militar que incluyó la disolución de la Confederación General de Trabajadores, tuvo éxitos momentáneos pero a la larga probó ser incapaz de acabar con los elefantes blancos del peronismo y mantener indefinidamente su severo programa de austeridad fiscal y salarial. La campaña antiterrorista, en cambio, tuvo un éxito inusitado°. En un despliegue de sistemática brutalidad, el gobierno desató una persecución implacable no sólo de los sospechosos de practicar el terrorismo sino de infinidad de personas, sobre todo de jóvenes, a quienes percibía como potenciales enemigos políticos. Miles de ciudadanos fueron detenidos arbitrariamente y muchos de ellos ejecutados después de ser torturados. Quizás hasta 20.000 personas desaparecieron en esta "guerra sucia", como se la llamó. Para 1982, con el peso argentino en situación de crisis y la inflación aún a más del 100% anual, el general de turno, Leopoldo Galtieri, ideó una maniobra para despertar el celo° nacionalista de los argentinos y, de paso, distraer la atención de sus problemas políticos y económicos. En abril, una fuerza expedicionaria argentina invadió y ocupó las Islas Malvinas, que, bajo su nombre inglés, Falkland Islands, habían sido una posesión británica desde 1833. El valor económico o estratégico de este pequeño archipiélago, situado en el Atlántico sur, a unas 400 millas al noreste del Cabo de Hornos, era prácticamente inexistente, pero el hecho de que había sido una posesión española antes de que los ingleses lo capturaran había hecho a Buenos Aires reclamarlo como territorio argentino durante muchos años. Dado su escaso valor y su lejanía de Inglaterra, Galtieri calculó que era una operación militar de poco riesgo pues la Gran Bretaña no intentaría montar una campaña militar para recobrar esta posesión. Se equivocaba, por supuesto. La invasión argentina de las Falklands produjo también una explosión de fervor nacionalista en Inglaterra, liderada en aquel momento por "la dama de hierro", Margaret Thatcher. La fuerza expedicionaria que envió el gobierno inglés derrotó a las fuerzas argentinas que habían ocupado las islas;

unusual

zeal

éstas retornaron al dominio inglés y el gobierno militar de Buenos Aires quedó totalmente desacreditado. Esto preparó el camino para un regreso al sistema democrático.

Retorno a la democracia

Un miembro del viejo partido Unión Cívica Radical, Raúl Alfonsín, resultó electo en 1983 a la presidencia de la Argentina. Hombre eminentemente decente y moderado, Alfonsín tuvo que presidir un difícil período de continuada crisis económica (la inflación llegó a sobrepasar el 1.000% anual) y alta tensión política. Con el retorno a la democracia, la justicia argentina empezó a pedir cuentas a los militares por los crímenes y desapariciones de los años de la "guerra sucia", con la predecible insatisfacción del ejército. Alfonsín se las arregló para sobrevivir a tres intentos de golpe militar y a decenas de huelgas convocadas por los sindicatos, aún ardientemente pero-*weakened* nistas, pero al final su prestigio político se hallaba tan desgastado° que apenas consiguió terminar su mandato presidencial. Una vez más, los peronistas lograron ganar las próximas elecciones y en 1989 Carlos Saúl Menem ascendió a la presidencia del país.

modern Menem resultó ser un peronista de nuevo cuño° con una pintoresca per-
fondness/race cars/womanizer sonalidad. Su afición° a los automóviles de carrera°, su fama de mujeriego°, su un tanto extravagante aspecto físico, eran el lado frívolo de un carácter que pronto mostró, sin embargo, un coraje político bien fuera de lo común. Rodeándose de un competente equipo de pragmáticos economistas neoliberales—varios de ellos entrenados en Estados Unidos—no vaciló en tomar una serie de medidas que, si bien iban contra las premisas fundamentales del peronismo, eran indispensables, dado el desesperado estado en que se encontraba la economía del país. La Argentina había tenido que suspender el pago de los intereses de una deuda exterior que alcanzaba los 64 mil millones de dólares y la inflación anual ascendía ya al 1.800%. Desechando°
discarding el ardiente nacionalismo del credo peronista, Menem abrió las puertas a las
lowering/custom duties inversiones extranjeras, rebajando° al mismo tiempo los aranceles de aduanas° y otras limitaciones al libre comercio. Abandonó también la tradicional postura anti-Estados Unidos del peronismo. Por otra parte, Menem redujo espectacularmente la burocracia estatal (de 670.000 en 1990 a menos de 285.000 en 1992) y los gastos del Estado, y emprendió un serio programa de privatización de las deficitarias empresas públicas, encausando claramente a la nación argentina en la dirección de la economía de mercado.
to pardon Políticamente, tomó la muy polémica medida de amnistiar° a los militares que habían participado en las aún recientes intentonas de golpes de estado, e incluso a los que cumplían condena por delitos cometidos durante la "gue-
to start anew rra sucia"; su razonamiento: era necesario hacer borrón y cuenta nueva°,

pensar en el futuro, no en el pasado, por el bien de la nación. Aunque tales medidas antagonizaron a importantes sectores de la sociedad argentina (el mismo Menem tuvo que enfrentar una revuelta militar), se obtuvieron resultados impresionantes entre los cuales hay que destacar la estabilización del peso argentino y un dramático descenso en la inflación que hicieron de nuevo a la Argentina un país atractivo para los inversores extranjeros. Un estudio sobre la economía argentina realizado por el World Bank en 1993 se titulaba "Argentina. From Insolvency to Growth". La popularidad del presidente le permitió proponer una enmienda de la Constitución argentina que le permitiera aspirar a la reelección. La enmienda fue aprobada y en 1995 Menem fue elegido por mayoría absoluta a un segundo término presidencial.

Aun cuando Menem contravino en sus reformas varios de los más básicos dogmas del peronismo, fue sin duda su militancia en el partido de Perón lo que le permitió realizarlas con relativa impunidad. La carga emocional que todavía acarreaba en los años 90 la invocación de los nombres de Perón y Evita surtía su efecto incluso cuando, en su nombre, se adoptaban medidas que al menos a corto plazo perjudicaban al movimiento obrero y a los descamisados. Esto muestra, entre otras cosas, el poder que ha tenido el carisma personal en la historia de Latinoamérica, aun en el caso de un pueblo tan civilizado y refinado como el argentino. Pero también sugiere que más allá del fenómeno caudillista y de la indudable demagogia y enormes defectos del peronismo, Perón y Evita, situados ya al nivel del mito, generaron para las masas argentinas nuevos horizontes mentales que consiguieron sobrevivirles a ambos.

Notas

[1]El término "radical" alude aquí a una postura liberal, no propiamente radical.

[2]Aunque el término "descamisados" puede significar literalmente "personas sin camisa", se le suele interpretar como alusivo a personas pobremente vestidas.

[3]Bajo Cordell Hull, secretario de estado de F. D. Roosevelt, el gobierno de los Estados Unidos adoptó una actitud beligerante hacia los gobiernos de Ramírez y de Farrell, a los que se negó a reconocer debido a su carácter dictatorial y sus inclinaciones fascistas y pro-nazis. Con el nombramiento de Nelson Rockefeller como secretario de estado asistente para las repúblicas americanas en 1945, comenzó una actitud más conciliadora. A través de la mediación del diplomático británico Sir Andrew Noble, el gobierno de Farrell fue reconocido por los Estados Unidos y las demás repúblicas americanas a cambio de romper relaciones con los países del Eje y firmar el Acta de Chapultepec de 1945 (que afirmaba la solidaridad hemisférica). Se le permitió también a la Argentina ingresar en las Naciones Unidas como uno de los miembros fundadores de esa organización. Este momentáneo entendimiento se agrió (turned sour) pronto, sin embargo, debido a la postura agresiva del

embajador norteamericano Spruille Braden, que hizo todo tipo de manifestaciones públicas en Buenos Aires contra el gobierno militar. Como si esto no fuera poco, el Departamento de Estado norteamericano compuso un informe sobre las conexiones nazis de Perón y su círculo que fue publicado en febrero de 1946, poco antes de las elecciones presidenciales en las que Perón figuraba como candidato. Este memorándum, conocido como "el libro azul", fue interpretado por la opinión pública argentina como un intento de interferir en los asuntos internos de su país y probablemente ayudó a elegir a Perón. Aparte de estos encuentros diplomáticos, la Argentina tenía tradicionalmente una balanza de pagos bastante desfavorable con los Estados Unidos, y éstos habían establecido una serie de barreras arancelarias contra la importación de pieles y otros importantes productos argentinos. Para colmo, se prohibió también la venta de carnes argentinas en el mercado norteamericano debido a la presencia de fiebre aftosa *(foot-and-mouth disease)* en el ganado de la pampa (enfermedad endémica que nunca impidió a Inglaterra importar carnes argentinas).

[4]Según una versión, los militares argentinos temieron que las guerrillas izquierdistas, los montoneros, quisieran secuestrar el cadáver de Evita para utilizarlo como símbolo de su causa (véase John Barnes, Evita 175-179).

[5]Isabelita, una antigua cantante de club nocturno, no tenía el carisma de Evita pero al parecer ejerció una influencia poderosa sobre el ya desgastado Perón, con la ayuda de José López Rega, un enigmático individuo que decía poseer poderes para predecir el futuro a través de la astrología y llegó a ser ministro del gabinete de la viuda de Perón.

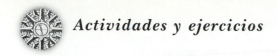

Actividades y ejercicios

A. Preguntas sobre la lectura.

1. Según Sarmiento, ¿qué elementos de la realidad argentina representaban la civilización y cuáles simbolizaban la barbarie?
2. ¿Qué diferencias separaban a federales y unitarios?
3. Rosas fue un precursor de la idea moderna del culto a la personalidad. Mencione algunos ejemplos que permiten afirmar esto.
4. ¿En qué aspecto se distinguió especialmente la presidencia de Sarmiento?
5. ¿Qué drama colectivo constituye el tema del poema gauchesco Martín Fierro?
6. ¿Por qué se le llamó a Julio Roca "el general Custer de la Argentina"?
7. Mencione dos aspectos en que la gran inmigración europea transformó a la Argentina.
8. ¿Qué consecuencias tuvo la aprobación de la ley electoral de Sáenz Peña en 1912?
9. ¿Qué tendencias ideológicas tenían muchos militares argentinos de las décadas de l930 y 1940?
10. ¿Qué aspectos novedosos tuvo el régimen de Perón en cuanto a los sectores sociales en que basó su poder?
11. ¿Cuál fue el principal rol de Evita en el régimen de Perón?
12. ¿Qué objetivos primordiales se propuso alcanzar Perón para la Argentina?
13. ¿Qué errores fundamentales cometió Perón?
14. Según el texto, la nostalgia del pueblo argentino permitió a Perón volver a la presidencia en 1973. Pero, ¿nostalgia de qué?
15. ¿Por qué ese doble nombre de Islas Malvinas y Falkland Islands?
16. ¿Por qué podemos decir que el presidente Menem resultó ser un peronista "de nuevo cuño"?

B. Encuentre los términos que completan correctamente estas oraciones.

1. Las escuelas normales son instituciones dedicadas a la educación de _____ (alumnos normales/ futuros maestros/ artesanos/ inmigrantes).

2. Xenofobia significa _____ (temor a las alturas/ miedo a ciertos animales/ un nacionalismo exagerado/ miedo a los espacios abiertos).

3. Un tirador experto es hábil en el manejo del _____ (ganado/ rifle/ caballo/ sable).

4. Entre las aves de corral se puede incluir a _____ (los cerdos/ las vacas/ los pollos/ los toros).

5. Podemos decir que una persona está de luto cuando _____ (le faltan recursos/ ha fallecido un familiar suyo/ ha cerrado una empresa/ no se adapta a su ambiente).

6. Los buques frigoríficos transportan _____ (reses enteras/ vagones de tren/ carne congelada/ cereales).

C. Explique los significados de estos términos en el contexto del presente capítulo.

1. el color rojo
2. los gobiernos de la oligarquía
3. el GOU
4. la guerra sucia
5. el Justicialismo
6. el París de Suramérica
7. los descamisados
8. los montoneros

D. Opiniones e hipótesis.

1. ¿Encuentra usted algunos paralelos entre la historia de la Argentina y la de los Estados Unidos? ¿Y diferencias?

2. El avance de la civilización puso fin a la vida libre de los gauchos de la pampa. ¿Qué opina de ese proceso?

3. Si usted hubiera sido un obrero de Buenos Aires en la década de 1940, ¿hubiera estado usted a favor de Perón? ¿Por qué?

4. La figura de Evita se ha hecho legendaria. Su vida fue incluso objeto de un musical de Broadway (¿recuerda la canción "Don't cry for me Argentina"?) y de una película protagonizada por Madonna. Después de leer la información de este capítulo, ¿está usted de acuerdo con que se la haya convertido en un mito? Comente.

E. Proyecto de clase. Investigue en la biblioteca de su universidad la situación argentina a partir de la segunda presidencia de Carlos Saúl Menem. ¿Puede hacer un comentario oral o escrito sobre este tema?

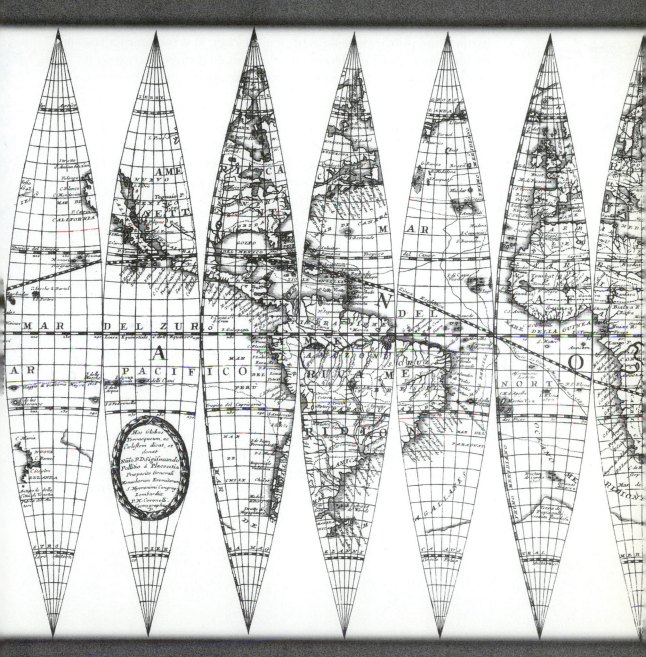

1492-1868 Cuba es descubierta por Colón en su primer viaje. La Habana fue obligado puerto de escala *(port of call)* de las flotas del monopolio comercial que
viajaban entre España y el Nuevo Mundo. El tabaco y el azúcar se desarrollaron como principales cultivos de exportación. Tras capturar La Habana
en 1762, los ingleses establecieron la libertad de comercio, creando un
precedente que ayudó luego a eliminar las restricciones del monopolio
español.

1868-1898 Los cubanos libran dos guerras de independencia contra España: la
Guerra de los Diez Años (1868-78) y la guerra de 1895, esta última bajo la
inspiración del gran patriota José Martí. Tras tres años de sangrienta guerra, los Estados Unidos intervienen y declaran la guerra a España, que
ganan fácilmente.

1898-1909 Tras la guerra de 1898 Estados Unidos ocupan la isla, pero se retiran en
1902 y Cuba se hace república independiente. Su primer presidente,
Tomás Estrada Palma, es reelegido en 1905 pero enfrenta una oposición
armada y pide la intervención de Estados Unidos, que ocupan la isla por
tres años más (1906-1909).

1909-1924 Sucesión de gobiernos civiles a menudo perturbados por enfrentamientos
armados de menor cuantía; considerable influencia de los Estados Unidos.

1924-1933 Gerardo Machado elegido presidente en 1924; se reelige ilegalmente en
1928, convirtiéndose en el primer dictador de Cuba hasta su caída en 1933.

1933-1940 Fulgencio Batista, un astuto sargento del ejército, manipula a los sectores
que habían protagonizado el derrocamiento *(overthrow)* de Machado y,
como jefe del ejército, domina la política cubana del período. Abolición
de la Enmienda Platt (1934), que daba a los Estados Unidos el derecho a
intervenir en Cuba.

1940-1952 Batista es elegido presidente. Al terminar su mandato en 1944, acepta la elección de Ramón Grau, del Partido Auténtico. Grau es sucedido por su protegido Carlos Prío Socarrás en 1948. Eduardo Chibás, fundador del Partido Ortodoxo, alcanza gran popularidad por sus denuncias contra la corrupción política, pero se suicida en 1951.

1952-1956 Fulgencio Batista da un golpe de estado en 1952 y se hace dictador de Cuba. Fidel Castro ataca el Cuartel Moncada el 26 de julio de 1953; hecho prisionero y condenado a 15 años de prisión, es indultado *(pardoned)* por Batista y se exilia en México, donde funda el "Movimiento 26 de julio".

1956-1959 Castro encabeza una expedición que desembarca en la provincia de Oriente, Cuba, a bordo del yate *(yacht)* "Granma" (1956), comenzando la lucha contra la dictadura de Batista en las montañas de la Sierra Maestra.

1959-1961 Triunfo de la revolución, que pronto empieza a derivar hacia el socialismo y más estrechas relaciones con la Unión Soviética. Cuba y EE.UU. rompen relaciones en enero de 1961; en abril, tras la fallida invasión de exiliados cubanos en la Bahía de Cochinos *(Bay of Pigs)*, Castro proclama a Cuba como un país socialista.

1962-1989 Tras la crisis de los cohetes *(missiles)* en 1962, Cuba se consolida como una dictadura comunista dependiente económicamente de la Unión Soviética; el régimen incurre en sistemáticas violaciones de los derechos humanos.

1989 El colapso de la Unión Soviética sumerge a Cuba en una grave crisis económica pero Castro se resiste a abandonar la ideología marxista.

Minibiografía de una colonia

Los niños cubanos aprenden de memoria en la escuela las palabras que pronunció Cristóbal Colón la primera vez que avistó° la isla: "Esta es la tierra más hermosa que ojos humanos vieran". Bendecida° por un clima privilegiado, tierras fértiles, magníficos puertos y playas naturales, Cuba ha sido un paraíso tropical al que la historia ha tratado bastante mal. Conquistada por España en 1511, su abundante población indígena desapareció en pocos años. Cuando el oro que podía encontrarse en el lecho de sus ríos° empezó a agotarse°, los colonos españoles de la isla tuvieron que conformarse con una vida modesta dedicada a la agricultura y a la crianza de ganado°, con la perenne amenaza de ataques de corsarios y piratas. Tras la destrucción de buena parte de La Habana por el pirata Jacques de Sores (1555), el gobierno español construyó una serie de fortificaciones en la capital de Cuba que la hicieron uno de los puertos mejor protegidos de América. Por esa época° España estableció el sistema de flotas e hizo de La Habana un obligado puerto de escala° de los galeones que viajaban entre América y Sevilla. Esto le trajo alguna prosperidad a la isla y evidenció la importancia estratégica de su posición, a la entrada del mar Caribe. Para el siglo XVIII Cuba había agregado dos importantes productos a su economía de exportación: el tabaco y el azúcar, de los que había gran demanda en Europa. La industria del azúcar trajo consigo su acostumbrada lacra°: una masiva importación de esclavos negros del Africa, que desde entonces se convirtieron en una parte substancial de la población de la isla.

En 1762, una flota inglesa consiguió capturar La Habana. La ocupación británica duró sólo 10 meses, pero transformó radicalmente la economía de la isla: las restricciones al comercio que había impuesto el gobierno español quedaron abolidas y La Habana se convirtió en un puerto abierto al comercio internacional. Esto trajo una era de bonanza económica sin precedentes, y aun cuando España recuperó La Habana en 1763, la mayoría de las restricciones al comercio no fueron reestablecidas por el gobierno del ilustrado rey Carlos III. En estos años empezaron a aumentar las relaciones comerciales de Cuba con los Estados Unidos, pues

got sight of

blessed

river beds/to run out

cattle raising

Around that time
port of call

defect

Catedral de La Habana. Siglo XVII.

España, aliada de Francia y enemiga de Inglaterra, no obstaculizó el comercio entre la isla y las colonias americanas, entonces empeñadas en independizarse de Inglaterra.

La prosperidad de Cuba se consolidó en el siglo XIX. La isla se convirtió en el primer exportador de azúcar del mundo y experimentó un considerable incremento en su producción de café. La revolución en la colonia francesa de Haití (1791) arruinó su producción azucarera y cafetalera, y Cuba se benefició del resultante aumento en la demanda de esos productos en el mercado internacional. Además, muchos colonos franceses blancos se habían refugiado en Cuba y establecieron eficientes plantaciones de café en la región oriental de la isla. Esta era la época en que las otras colonias españolas de América estaban librando, con éxito, las guerras de independencia contra España. Cuba y Puerto Rico, sin embargo, siguieron siendo colonias españolas hasta 1898. A España, en primer lugar, le fue más fácil defender estas posesiones insulares, en las que mantuvo un considerable ejército (40.000 soldados en el caso de Cuba). Había también un cierto temor entre los criollos cubanos de que la substancial población de negros esclavos de la isla—unas 300.000 personas—pudiese escenificar una sangrienta revuelta contra la población blanca, como había ocurrido en Haití. Y por estos años Cuba se convirtió en refugio de muchos españoles que huyeron de las revoluciones que ocurrían en las demás colonias, lo que resultó en un aumento de la población peninsular de la isla, lógicamente opuesta a la idea de la independencia[1].

Aun así, durante la segunda mitad del siglo XIX los criollos cubanos protagonizaron una larga y costosa lucha por la independencia. La Guerra de los Diez Años (1868-1878) terminó en derrota para los criollos y los miles de personas de color que se les habían unido, pero las hostilidades fueron reiniciadas en 1895, esta vez bajo la inspiración del cubano más importante en la historia de la isla, José Martí (1853-1895)[2], quien logró unir a todas las fuerzas pro-independentistas. La isla entera se convirtió en un campo de batalla al que España mandó más de 200.000 soldados, muchos de ellos reclutas° inexpertos que enfermaban y morían de enfermedades tropicales *recruits* como la malaria y la fiebre amarilla. Para 1898, una España exhausta tuvo que enfrentar también la oposición de los Estados Unidos, cuyos periódicos empezaron a publicar las fotos de los campos de concentración en que habían sido internadas miles de familias cubanas. La guerra de 1898, en la que España fue fácilmente derrotada por los Estados Unidos, trajo la ocupación de Cuba por tropas estadounidenses y la instalación de un gobierno militar norteamericano en la isla. Pero el Congreso de los Estados Unidos había aprobado en 1898 la llamada Enmienda Teller en que los Estados Unidos renunciaban a incorporarse el territorio de Cuba, y el 20 de mayo de 1902 la isla se convirtió en república independiente, aunque tuvo que aceptar una cláusula en su Constitución de 1901, la Enmienda Platt, que autorizaba a los Estados Unidos a intervenir en Cuba cuando éstos lo considerasen necesario.

Primeros años de vida republicana

Los primeros años de vida republicana fueron difíciles para Cuba y produjeron una segunda intervención militar de los Estados Unidos (1906-1909), pero, pasada esta dura etapa°, la isla inició una vida política que, si bien marcada por frecuentes crisis, consiguió evitar durante los próximos 20 años la aparición de dictaduras. Los Estados Unidos continuaron ejerciendo considerable influencia en la política y la economía de la isla, en la que poseían cuantiosas inversiones, tanto en la industria del azúcar como en la banca y las empresas de servicios públicos. La economía cubana, por otra parte, dependía demasiado de la industria azucarera, por lo que una caída apreciable del precio del azúcar en los mercados internacionales podía traer la ruina económica a la isla, como sucedió en 1921[3]. En la política, la mayoría de los gobiernos de esos años no consiguieron escapar a esas dos grandes lacras de la vida política latinoamericana: la corrupción de los funcionarios públicos y la tendencia al predominio de las personalidades fuertes sobre las instituciones republicanas. Aun así, si miramos a sus primeros cincuenta años de vida republicana (1902-52), no se dio en Cuba la sucesión de regímenes dictatoriales que caracterizó a otras naciones de Latinoamérica. El primer dictador que sufrió la isla, Gerardo Machado, había sido elegido presidente en las elecciones de 1924 y fue sólo al final de su mandato constitucional, en 1928, que la ambición de poder le hizo reelegirse de manera espúrea.

period

El sargento Batista

Desafortunadamente, la confusión e inestabilidad política que ocurrieron tras la caída de Machado en 1933 fueron aprovechadas por un oscuro sargento del ejército, Fulgencio Batista, para convertirse en la figura dominante de la política cubana, aunque en sus primeros años (1933-40) no gobernó directa-

Palacio Presidencial, La Habana.

mente sino a través de varios presidentes civiles. Batista fue el vocero° de las aspiraciones de los soldados, cabos° y sargentos del ejército, es decir, de los

spokesperson
corporals

sectores menos privilegiados de las fuerzas armadas, que reclamaban más ventajosas condiciones de trabajo; su movimiento tuvo así un sabor populista que él supo promocionar astutamente estableciendo una serie de programas de beneficio social que le ganaron bastante popularidad entre las clases pobres. Su popularidad, sin embargo, nunca se extendió a los sectores más educados y liberales de la sociedad cubana, que se le opusieron en su gran mayoría. Varias organizaciones revolucionarias clandestinas le ofrecieron una resistencia constante que desató a menudo el aparato represivo de las autoridades. En estos años ocurrieron cambios significativos en las relaciones de Cuba con los Estados Unidos: la irritante Enmienda Platt fue abolida bajo la conciliadora "política del buen vecino" de Franklin D. Roosevelt, y la Embajada de los Estados Unidos dejó de ser el centro en que se planeaba el futuro político de la isla. El golpe de estado del sargento Batista en 1933, por ejemplo, ocurrió sin el conocimiento previo ni la aprobación de la embajada.

Retorno a la democracia (1940-1952)

Al cabo, Batista fue lo suficientemente astuto—al menos en esta etapa de su carrera—para comprender que necesitaba legitimar su poder: presidió, primero, la convocatoria a una convención constituyente que en 1940 promulgó una de las constituciones más liberales y jurídicamente avanzadas del mundo, y ese mismo año se presentó él mismo como candidato a la presidencia frente al ex-presidente Ramón Grau San Martín, cuya caída había sido propiciada por el propio Batista en 1934. Las elecciones de 1940 fueron por la mayor parte honestas y Batista fue así elegido presidente de Cuba por un término de cuatro años. Este regreso a la legalidad democrática se consolidó cuando, al término de su mandato, Batista aceptó la derrota del candidato de su partido y traspasó el poder a su viejo rival, Grau San Martín, que esta vez logró triunfar por un amplio margen. Grau, a su vez, fue sucedido por su protegido Carlos Prío Socarrás, cuyo término presidencial debía expirar en 1952. Este período de casi doce años de regímenes constitucionales tuvo una importancia crucial para la joven generación de cubanos que luego protagonizaron la revolución de 1959: fue una generación que creció dentro de un clima de libertades y cuyos puntos de referencia ideológicos se hallaban firmemente anclados en las instituciones democráticas. Si hubo un serio problema socio-político bajo las administraciones de Grau y Prío fue el relajamiento de las costumbres y los códigos morales que aquejó a la vida pública del país, de modo que las quejas más comunes que se oían en la Cuba de Grau y Prío se referían, no a la falta de libertad sino, por lo contrario, al relajamiento excesivo de los códigos morales, el llamado "relajo".

Chibás y sus ortodoxos

broom

shooting himself

opinion polls

Fue precisamente la cuestión de la corrupción la que hizo a un honesto y carismático senador de la república, Eduardo Chibás, abandonar las filas del partido en el poder—el Partido Auténtico de Grau—y fundar en 1947 su propio partido político, el Partido del Pueblo Cubano Ortodoxo. El símbolo de los "ortodoxos"era una escoba° con la que anunciaban su propósito de barrer con la corrupción que plagaba la vida pública cubana. Desde su popular programa de radio semanal, la voz de denuncia de Chibás se hizo la más influyente de Cuba y parecía ser un candidato presidencial formidable para las elecciones de 1952. Pero un domingo de agosto de 1951, Chibás terminó su transmisión radial dándose un tiro° que a los pocos días le causó la muerte[4]. Esto produjo una conmoción popular sin precedentes en la moderna historia de Cuba. Su funeral fue el más multitudinario que había presenciado La Habana hasta entonces. El vacío dejado por Chibás fue imposible de llenar, pero el Partido Ortodoxo registró una impresionante recuperación en los meses siguientes, hasta el punto de que la mayoría de las encuestas° predecían una victoria del candidato ortodoxo, el profesor Roberto Agramonte, en las elecciones presidenciales que debían celebrarse en junio de 1952.

Batista retorna

supreme command

dejected

pent-up anger/ruminate

monumental staircase

sign

No iba a ser así. Pocos meses antes de las elecciones, en la madrugada del 10 de marzo de 1952, Fulgencio Batista protagonizó un golpe de estado que derrocó al gobierno constitucional de Prío Socarrás. La complicidad de varios oficiales del ejército permitió al antiguo sargento penetrar sin resistencia en el campamento militar de Columbia, sede del estado mayor° del ejército, y hacerse cargo de la situación sin disparar un tiro. Cuando los cubanos se levantaron a la mañana siguiente se encontraron con que su país había caído en manos de un régimen militar. La indignación del público fue general pero ya no había mucho que se pudiera hacer. Los líderes universitarios, por ejemplo, acudieron al Palacio Presidencial para dar su apoyo a Prío, que no era nada popular entre ellos, pero que en aquel momento representaba la legalidad constitucional; mas se encontraron con un presidente abatido°, abandonado por su ejército. El pueblo cubano, en general, se halló, desarmado, ante un ejército que patrullaba eficientemente las calles, sin que le llegaran instrucciones ni consigna alguna de las autoridades civiles del país. Rebelarse bajo tales circunstancias hubiera sido una reacción suicida. El país hizo por el momento todo lo que podía hacer: refugiarse en una rabia sorda° y rumiar° su momentánea impotencia. En la gran escalinata° que asciende hacia el campus de la Universidad de La Habana, los estudiantes colocaron una enorme pancarta° en que se leía: "Dentro de esta colina° sólo encontrarán cadáveres". El golpe de Batista cogió por sorpresa incluso al gobierno norteamericano y demostró que los cambios políticos de Cuba ya no requerían el apoyo previo de la Embajada de los Estados Unidos en La Habana.

hill

Fidel Castro; los años formativos

El padre de Fidel Castro, Angel, fue un humilde gallego° que vino a Cuba como soldado del ejército español durante la guerra de 1898 y luego decidió quedarse a vivir en la isla. Fue a parar a la provincia de Oriente, donde en pocos años consiguió amasar una considerable fortuna. Su principal propiedad, una extensa colonia de caña°, fue el lugar donde Angel Castro crió a su familia. De su primera mujer, una maestra de escuela cubana, tuvo dos hijos, al tiempo que mantenía relaciones íntimas con una sirvienta de la casa, Lina Ruz. Al morir la esposa, Lina se hizo cargo del hogar y Angel Castro acabó casándose con ella, legitimando de esta manera a los cinco hijos que habían tenido, Fidel y Raúl entre ellos.

(from Galicia, Spain)

sugar plantation

Fidel y sus hermanos crecieron así en el ambiente rústico de una típica casa de campo de colono próspero en la que no se observaban muchas formalidades ni refinamientos. Desde muy niño fue enviado a los mejores colegios religiosos, primero en Santiago de Cuba, luego en La Habana. Su vida en estos establecimientos educativos no fue la más feliz que pueda imaginarse. Su temperamento díscolo° soportó mal la disciplina académica y religiosa; sus rústicos modales de campesino (de "guajiro", en el habla cubana) no encajaban bien° en el círculo urbano y sofisticado de sus compañeros de colegio, sobre todo durante sus años de bachillerato° en el prestigioso y elitista Colegio de Belén, de la orden jesuita. Al cabo encontró en las actividades deportivas—el básquetbol, el béisbol—un área en la que podía descollar° sobre sus más arrogantes condiscípulos (durante sus años en Belén su cuerpo se había desarrollado hasta sobrepasar los seis pies de estatura). Se dice que una vez un scout de las Grandes Ligas de Estados Unidos vino a observar sus habilidades como *pitcher*. Como han sugerido varios de sus biógrafos, los sentimientos de ineptitud que experimentó

Paisaje rural cubano.

rebellious

didn't fit

secondary education

to stand out

Castro en esos años debido a su extracción social campesina y a su falta de refinamiento pudieron contribuir a engendrar en él algunos de los mecanismos compensatorios que iban a hacerse parte permanente de su personalidad: su obsesiva necesidad de recibir constante reconocimiento y admiración, por ejemplo, incluso su resentimiento contra las clases socialmente privilegiadas. Ya desde sus días de Belén debió pensar también en la posibilidad de sobresalir como personalidad pública. Hitler, Mussolini y el falangista español José Antonio Primo de Rivera se cuentan entre las personalidades que más atrajeron su atención. Como también se ha sugerido, su admiración por esos personajes tenía que ver menos con su ideología que con sus dotes oratorias° y su capacidad para cautivar a las multitudes°. Según su biógrafa Georgie Anne Geyer, el joven Castro llegó a grabar° varios discursos de Mussolini y se dedicaba a imitar el estilo oratorio del Duce italiano. Más de un observador ha anotado la semejanza entre las histriónicas gesticulaciones de Mussolini y las de Castro en sus discursos públicos.

Tras graduarse de bachiller en el Colegio Belén, Castro ingresó en la Universidad de La Habana como estudiante de Derecho°. Un nuevo horizonte se abrió ahora para sus ambiciones de notoriedad. La Universidad se había convertido en uno de los centros de poder de la política cubana. Los líderes de su organización estudiantil, la Federación Estudiantil Universitaria (FEU), eran regularmente consultados sobre las decisiones políticas a los más altos niveles del gobierno. Por otra parte, al amparo° de la autonomía universitaria que impedía a la policía nacional entrar en los terrenos del campus sin autorización del Rector, operaban allí varios grupos paramilitares, los llamados "grupos de acción", formados por individuos que eran estudiantes sólo porque se matriculaban° cada año en la universidad. Su verdadero propósito era llevar una vida de emociones fuertes y lucrar° con los generosos fondos que les suministraba el gobierno pusilánime y corrupto del presidente Grau San Martín; éste, para que no le causaran problemas, les daba puestos en el gobierno que eran en realidad sinecuras°. Castro pronto se hizo miembro de uno de los grupos de acción, la Unión Insurreccional Revolucionaria (UIR) y pronto adquirió reputación de hombre duro que portaba pistola como parte normal de su vestimenta. Siendo aún estudiante, se unió a una fallida expedición que intentaba derrocar al dictador dominicano Rafael Leónidas Trujillo. Al año siguiente, en 1948, lo encontramos en Bogotá, la capital de Colombia, participando con otros estudiantes cubanos en los disturbios callejeros° que siguieron a la muerte del líder colombiano Jorge Eliécer Gaitán[5]. Ese año, sin embargo, volvió a asistir a clases en la Universidad y contrajo matrimonio con una atractiva estudiante de Filosofía y Letras, Mirta Díaz Balart, de la que habría de tener un hijo al año siguiente. Su esposa era hija de un prominente abogado que

gifts as public speakers/crowds
record

law

under the protection

enrolled
to profit

sinecures

street riots

tenía entre sus clientes a la United Fruit Company y era buen amigo del futuro archienemigo de Castro, Fulgencio Batista, quien le envió un generoso regalo de boda a la nueva pareja.

Después de graduarse de abogado, Fidel y su familia permanecieron en La Habana gracias a que su padre continuó enviándole su mesada° de estudiante. La creación del Partido Ortodoxo por Eduardo Chibás se le presentó como una oportunidad ideal para entrar en la política, y aunque la negativa reputación que había adquirido en sus días universitarios le hizo difícil ser aceptado por los seguidores de Chibás, al cabo consiguió ser postulado° por el Partido Ortodoxo como candidato a Representante a la Cámara° en las elecciones de 1952.

monthly stipend

nominated
Congressman

"La historia me absolverá"

El golpe de estado de Batista en marzo de 1952 frustró esos planes. No sería la vía política sino la revolucionaria la que llevaría a Fidel Castro al poder. En la madrugada del 26 de julio de 1953, al frente de unos 150 hombres mal armados, dirigió un ataque contra la guarnición de más de mil soldados del cuartel° Moncada, situado en las afueras de Santiago de Cuba, la segunda ciudad de la isla. El ataque fue un completo fracaso° pero convirtió a Castro, de la noche a la mañana, en la personalidad más conocida y admirada de Cuba[6]. Capturado y sentenciado a quince años de prisión, hizo del juicio° en que se le condenó una oportunidad para dar a conocer su credo revolucionario, que entonces se adhería firmemente a los principios democráticos contenidos en la Constitución cubana de 1940. Actuando como su propio defensor, su discurso ante el tribunal, luego retocado y ampliado, fue impreso bajo el título de "La historia me absolverá" y se convirtió en el primer texto canónico de la causa fidelista.

army barracks
failure

trial

Castro sólo permaneció 22 meses en la cárcel. Una amnistía dictada por Batista bajo presión del público y de los medios de prensa le permitió salir en libertad en 1955. Marchó entonces a México, donde se dedicó a preparar un nuevo ataque contra la dictadura. Tras reunir los recursos más indispensables, incluyendo la compra de un yate°, el "Granma", con fondos que le había suministrado el ex-presidente Prío Socarrás, salió de México con una expedición de 82 hombres. Su desembarco en la costa sur de la provincia de Oriente en diciembre de 1956 fue un desastre. Las tropas de Batista, alertadas sobre la llegada de la expedición, montaron un ataque en el que murió la mayor parte de los expedicionarios. Sólo 16 de ellos, incluyendo a Castro, su hermano Raúl y Ernesto "Che" Guevara, escaparon con vida y se internaron en los tupidos bosques° de la Sierra Maestra, la cordillera que se alza en aquella parte de la isla. Los próximos meses fueron extremadamente difíciles para la reducida partida rebelde. Sólo la dificultad del terreno y

yacht

thick forests

la esporádica ayuda que recibieron de los escasos campesinos que vivían en aquella aislada zona impidieron a los soldados de Batista aniquilar al pequeño contingente. El gobierno llegó a afirmar que Castro y los demás supervi-

vientes de su expedición habían muerto, pero en febrero de 1957 un periodista del New York Times, Herbert Matthews, consiguió viajar de incógnito hasta la Sierra Maestra y entrevistar a Castro. La entrevista y las fotos que la acompañaban (en las que un Castro vestido de uniforme verde olivo empuñaba° un rifle de mirilla telescópica° y lucía una poblada barba) causaron un considerable impacto tanto en Cuba como en el

Bohío típico del campo cubano (typical peasant country dwelling).

held
telescopic finder

extranjero. Desde ese momento, Batista tuvo que luchar no tanto contra unos pequeños grupos de improvisados guerrilleros como contra la imagen de un mítico combatiente que burlaba° con impunidad la persecución del ejército del dictador. En las ciudades cubanas, la organización clandestina "Movimiento 26 de julio"—que Castro había fundado en México—proveyó un continuo flujo de dinero y pertrechos° que resultó vital para la supervivencia de la guerrilla. Cuando los rebeldes de la Sierra consiguieron hacerse de un transmisor de radio en febrero de 1958, su guerra de propaganda adquirió un instrumento de capital importancia. En lo adelante, las transmisiones de "Radio Rebelde", efectuadas desde "territorio libre de Cuba" lograron establecer una imagen de la situación bélica mucho más optimista que la que correspondía a la realidad. La radio de Fidel Castro describía con dramáticos tonos los movimientos de tropas rebeldes por todas partes de la Sierra y sus exitosos enfrentamientos armados con las tropas de Batista. En la mente del público cubano se creó la imagen de un formidable ejército rebelde compuesto de miles de hombres bien armados. La realidad era bien distinta. En el verano de 1957 el ejército rebelde se componía de unos 130 hombres; todavía en la primavera de 1958 Castro comandaba un contingente de no más de 450 hombres (Quirk 138; 184). La situación se les puso más difícil cuando en mayo de 1958 el ejército montó una importante ofensiva para tratar de desalojarlos° de la Sierra, pero ésta pronto perdió fuerza. El ejército de Batista, formado en su mayoría por soldados mal pagados y sin experiencia de combate, fue incapaz de sostener una prolongada campaña en el escenario adverso de la Sierra Maestra.

evaded

weapons and munitions

dislodge them

Los otros actores del drama

Castro no fue el único opositor importante a la dictadura de Batista. Los estudiantes universitarios formaron el Directorio Estudiantil Revolucionario, bajo el liderazgo del presidente de la FEU, José Antonio Echeverría, un atractivo estudiante de arquitectura que formuló su propio programa revolucionario, más preciso que el de Castro y en el que se contemplaba una coalición de las principales fuerzas políticas que se oponían a la dictadura. Echeverría, cuyo carisma personal rivalizaba con el de Castro, pudo haber sido una de las figuras claves del futuro cubano, pero estaba destinado a morir muy pronto, demasiado pronto. El 13 de marzo de 1957 el Directorio llevó a cabo una acción armada cuyo principal objetivo era matar a Batista en su despacho del Palacio Presidencial al tiempo que se anunciaba a través de la radio el final de la dictadura. El ataque a Palacio no consiguió su objetivo debido a que en el momento en que los atacantes° penetraron en el despacho° presidencial Batista había subido, contra su costumbre, al tercer piso, donde vivía con su familia. La mayoría de los asaltantes° fueron asesinados dentro del Palacio. Mientras tanto, otro grupo, encabezado por Echeverría, se había apoderado de la estación Radio Reloj, situada a poca distancia de la Universidad, y había leído ante los micrófonos el mensaje insurreccional acordado, aunque por un problema técnico éste no llegó a ser transmitido. En su retirada hacia la Universidad, el automóvil en que viajaba Echeverría tuvo un encuentro armado con un carro patrullero de la policía en el que el dirigente estudiantil resultó muerto. La fotografía de "Manzanita"—como llamaban a Echeverría por el color sonrosado° de sus mejillas°—, tendido sin vida sobre el pavimento de la calle fue la foto de primera plana° de los periódicos del día siguiente; una foto que llenó de impotente indignación a toda una generación de jóvenes. En los días que siguieron, dos sucesores de Echeverría en la presidencia de la FEU, incluyendo al valeroso Fructuoso Rodríguez, fueron asesinados por la policía de Batista. Lo mismo le ocurrió al presidente del Partido Ortodoxo, el probo° Pelayo Cuervo Navarro. Varios de los dirigentes del Directorio que sobrevivieron optaron entonces por abrir un frente guerrillero en las montañas del Escambray, en la costa sur de Las Villas, la provincia

attackers
office
attackers

rose-red
cheeks
front page

honest

Vista panorámica de La Habana (1959).

central de Cuba, aunque no consiguieron consolidar una estrategia común. Los más identificados con la FEU, como Rolando Cubelas, formaron un grupo independiente del de Eloy Gutiérrez Menoyo, hermano de uno de los combatientes muertos durante el ataque al Palacio. Estos grupos, sin embargo, no consiguieron hacerle sombra° al movimiento de Fidel Castro. En julio de 1958 las principales fuerzas políticas que se oponían a la dictadura de Batista se reunieron en la capital de Venezuela y firmaron el Pacto de Caracas, que confirió a Fidel Castro y a su movimiento el liderazgo de la lucha contra el dictador, algo que, por supuesto, poseía ya de facto.

outshine

Triunfo de la revolución

El año 1958 presenció un notable deterioro de la situación para el régimen de Batista. En marzo, los Estados Unidos habían suspendido la venta de material bélico al gobierno cubano, lo que representó un serio golpe tanto militar como psicológico para el dictador. Las actividades clandestinas del Movimiento 26 de julio se concentraron ahora en crear el caos en la economía cubana mediante una masiva quema de campos de caña de azúcar, corte de carreteras, destrucción de puentes y sabotajes a las centrales eléctricas. El tráfico comercial de la isla se vio seriamente obstaculizado y cada vez resultó más peligroso circular por las carreteras. Las tropas rebeldes consiguieron establecer varios frentes fuera ya de la Sierra Maestra y en agosto la columna comandada por el Che Guevara logró desplazarse hasta las montañas del Escambray y establecer allí un nuevo frente. La impunidad con que las aún reducidas tropas rebeldes lograron realizar estos movimientos sólo se explica por la casi increíble ineptitud del ejército de la dictadura y su creciente tendencia a adoptar una táctica exclusivamente defensiva. En las ciudades, en cambio, el propio ejército y la policía ejercían una represión cada vez más brutal contra la indefensa población civil, de modo que muchas personas optaban por escapar de las ciudades y trasladarse a las zonas del campo controladas por las fuerzas rebeldes; éstas se vieron así considerablemente aumentadas y para el otoño de 1958 sumaban ya varios miles. Una serie de importantes derrotas sufridas en noviembre y diciembre por las tropas del gobierno, culminando en la caída de Santa Clara, la capital de la provincia de Las Villas, convencieron a Batista de que el final se hallaba cerca. El 31 de diciembre celebró una fiesta de fin de año en el campamento de Columbia a la cual fueron invitados aquellos que el dictador había seleccionado para que escaparan con él al extranjero. Horas después, un avión lo conducía a él y a su familia a la República Dominicana, gobernada por el dictador Trujillo.

La entrada de Fidel Castro en La Habana el 8 de enero de 1959, rodeado de sus legendarios barbudos, fue un acontecimiento apoteósico. El entusiasmo que despertaba su apuesta° figura de joven revolucionario rayaba en° la adoración. Por aquellos días la principal revista del país, *Bohemia,* publicó un dibujo de su rostro que lo representaba con las facciones de Cristo. En miles de hogares cubanos aparecieron cartelitos que rezaban: "Esta es tu casa, Fidel". Una arrolladora° ola de buena voluntad recorrió la isla toda. Tras algunos incidentes iniciales de vandalismo—dirigidos contra propiedades de funcionarios de la dictadura—, se restableció rápidamente el orden público de manera espontánea pues la policía de Batista había desaparecido de las calles. En La Habana fueron los Boy Scouts los que estuvieron a cargo de dirigir el tráfico. Durante varios días apenas se registraron delitos comunes, como si hasta los delincuentes hubiesen decidido unirse a la causa de la revolución triunfante.

handsome/bordered on

sweeping

La composición del gobierno provisional que se nombró resultó en verdad prometedora: lo encabezaban Manuel Urrutia como presidente, un honesto jurista que había mostrado su simpatía hacia la causa revolucionaria durante el juicio por el asalto al cuartel Moncada, y José Miró Cardona como primer ministro. Miró, un distinguido abogado y profesor universitario, había sido uno de los líderes de la oposición cívica a la dictadura de Batista. La presencia del competente economista Rufo López Fresquet en el gabinete auguraba el inicio de una era de honestidad en el manejo de los dineros del Estado. Durante sus primeros meses en el poder, el nuevo gobierno dictó además una serie de medidas populistas que le ganaron popularidad: rebaja en los alquileres° y en las tarifas eléctricas y telefónicas, promulgación de una ley de reforma agraria (mayo de 1959) que expropiaba una parte substancial de las grandes fincas, mediante compensación a sus dueños, a fin de distribuirlas entre la población campesina.

rent reduction

La justicia revolucionaria

Al propio tiempo, el nuevo régimen procedió a administrar la justicia revolucionaria con particular rigor. Se crearon tribunales revolucionarios que actuaban, en la práctica, bajo la presunción de culpabilidad de los acusados, de modo que los juicios que presidían eran poco más que una formalidad: duraban normalmente unas horas al cabo de las cuales se dictaba sentencia. Las absoluciones eran pocas y las penas con frecuencia fluctuaban entre los 30 años de prisión y la pena de muerte. Los abogados defensores apenas tenían tiempo de leer el sumario de cargos° en el mismo momento del juicio y las apelaciones a las sentencias eran falladas° de inmediato: a veces se condenaba a una persona a muerte por la tarde, la apelación se decidía en las horas siguientes y el fusilamiento° tenía lugar en la madrugada. Estos

indictment
decided

execution by firing squad

métodos de la justicia revolucionaria produjeron las primeras críticas serias hacia Castro en el extranjero, especialmente en los Estados Unidos, y crearon cierto malestar° aun entre las filas del Movimiento 26 de julio (la pena de muerte nunca había existido en la Cuba republicana). Castro inició entonces una costumbre que habría de hacerse característica de su régimen: cuando tenía que enfrentar una cuestión polémica, convocaba al público a que se congregara° frente al Palacio Presidencial de La Habana y, tras pronunciar un apasionado discurso revolucionario desde sus balcones, le preguntaba a la multitud lo que debía hacer; ésta, invariablemente, le devolvía a coro° la respuesta que el líder deseaba oir. ¿Debían continuarse los fusilamientos de los criminales del régimen de Batista? La muchedumbre, con una sola voz, respondía que sí y entonaba el ominoso cántico que pronto se hizo familiar: "¡Paredón!, ¡Paredón!"°. Este ritual fue denominado "democracia directa" por el régimen.

uneasiness

to gather

in unison

to the firing squad!

El estilo personalista de Castro

ballot boxes

De la otra democracia, en cambio, de la que se practica a través de las urnas°, Castro no parecía ya interesado en hablar. La básica promesa que le había llevado al poder, la pronta convocatoria a elecciones generales bajo la Constitución de 1940, dejó de figurar en la primera página de su agenda. Prefería hablar de una agenda de cambios sociales que, en su opinión, debía ser implementada sin dilación°. Este sentir del Máximo Líder, como ya se le llamaba, era plenamente compartido por su "familia revolucionaria", el grupo original de combatientes que había participado con él en la aventura de la Sierra Maestra y que le debía una fidelidad absoluta: gente como su inseparable Celia Sánchez[7], su hermano Raúl, el Che Guevara, Camilo Cienfuegos, Juan Almeida, que era la única persona de color en el círculo íntimo de Castro. Con pocas excepciones—Raúl, el Che—éste era un grupo de individuos de origen humilde, poco educados, que consideraban a Fidel un gigante intelectual y estaban dispuestos a respaldar incondicionalmente cualquiera de sus decisiones; además, a él le debían la prominencia que habían alcanzado; un desacuerdo con el Líder podía devolverlos al anonimato del que habían salido, o incluso, como luego se vio, tener consecuencias más serias. En este grupo tendió Castro a depositar su confianza mientras se distanciaba tanto de los miembros del Movimiento 26 de julio como de los del mismo gobierno provisional. El presidente Urrutia empezó a verse en la embarazosa situación de que mientras trataba de gobernar desde el Palacio Presidencial, Castro andaba por su cuenta° dando órdenes y discutiendo los futuros planes del gobierno. Pronto se hizo claro que Fidel planeaba continuar ejerciendo el tipo de liderazgo personalista que había practicado en la Sierra, sin hacer demasiado caso al gobierno que él mismo había

without delay

on his own

nombrado. También se hizo evidente que el Máximo Líder no tenía mucha paciencia para lidiar con sus críticos ni admitía voces independientes en las filas revolucionarias.

El camino hacia el comunismo

Los comunistas de Cuba no habían sido parte de la revolución y, aun más, se habían opuesto a ella por no ajustarse a los cánones de las tácticas marxistas. Cuando se vio, sin embargo, que el triunfo de Castro era cada vez más probable, la dirección del Partido Socialista Popular—el nombre del partido comunista cubano—envió a varios de sus miembros a la Sierra. Al caer Batista, los pocos comunistas que habían estado allí bajaron de las montañas junto con los revolucionarios, exhibiendo unas barbas incipientes que fueron ridiculizadas por los propios miembros del 26 de julio. Poco a poco, sin embargo, se fueron ganando el favor del Máximo Líder. Castro sólo oía de ellos alabanzas° y el posible apoyo de la Unión Soviética era una perspectiva bastante atractiva, ya que las relaciones entre Cuba y los Estados Unidos comenzaron a deteriorarse a medida que avanzaba el año 1959[8].

praises

El giro de la revolución hacia el comunismo enfrentó al principio una firme resistencia por parte de los principales sectores que habían apoyado a Castro en la lucha contra Batista. La mayoría de ellos tenían una ideología liberal moderada y contemplaron con intranquilidad la creciente influencia de los comunistas en el círculo íntimo del Máximo Líder. Castro mismo mostró al principio una actitud ambivalente hacia los comunistas, a los que a veces criticaba, pero cuando varias voces prominentes del gobierno y de la prensa comenzaron a denunciar por su cuenta la infiltración comunista pensando que tenían el apoyo tácito de

Ciénaga de Zapata (Zapata marsh), Cuba.

Castro, se enteraron bien pronto de que no era así. Los ataques al comunismo—denunció a su vez el Máximo Líder—se estaban convirtiendo en una manera solapada de atacar a la revolución. De pronto, el atacar a los comunistas se convirtió en una actitud contra revolucionaria y sirvió de excusa a Castro para empezar a deshacerse° de los miembros de su régimen que mostraban alguna independencia. El presidente Urrutia fue reemplazado por un aquiescente funcionario y tuvo que pedir asilo en una embajada; Castro mismo había sustituido ya a Miró Cardona como primer ministro. El comandante Húber Matos, uno de los más populares oficiales del ejército, fue no sólo destituido por sus denuncias de la infiltración comunista sino acusado

to get rid of

de traición y condenado a veinte años de cárcel[9]. Estas purgas continuaron a todos los niveles de la administración y de las organizaciones sindicales, estudiantiles y revolucionarias hasta que Castro se encontró en firme e indisputado control del aparato estatal y de todos los organismos que hubieran podido presentar un reto potencial a su liderazgo. La prensa, la radio, la televisión pasaron a manos del Estado y lo mismo fue ocurriendo con la economía: las tierras, las industrias, las empresas comerciales fueron gradualmente confiscadas y convertidas al modelo colectivista típico de los regímenes marxistas. Fue a raíz de la fracasada invasión de Bahía de Cochinos°, en abril de 1961, que Castro se declaró oficialmente marxista-leninista, pero ya para entonces el modelo comunista estaba en proceso de ser implantado en Cuba. Al mismo tiempo, la isla, que había roto sus relaciones comerciales y diplomáticas con Estados Unidos en enero de ese año, se hallaba también en vías de convertirse en un país dependiente, militar y económicamente, de la Unión Soviética. El marxismo le brindaba a Castro una ideología que legitimaba su forma autoritaria de gobierno; la protección de la Unión Soviética le permitiría, además, retar a los Estados Unidos con impunidad.

See Chapter 15, p. 314

Resultados de la implantación del comunismo en Cuba

Al igual que sucedió en los países del bloque soviético y en tantos otros, la implantación del modelo comunista probó ser desastrosa para Cuba. En la agricultura, se estableció por decreto el sistema de granjas° colectivas administradas por funcionarios del gobierno, a menudo desconocedores de las técnicas agrícolas y seleccionados más por su lealtad política que por su competencia administrativa. La resistencia de los campesinos a este sistema que les privaba del control de sus tierras fue vigorosa, como lo reconoció el propio jefe de la reforma agraria, el comunista Carlos Rafael Rodríguez, y resultó en una drástica caída de la productividad; para 1962 el régimen se vio obligado a establecer el racionamiento de comida y otros artículos de primera necesidad, medida que se hizo luego permanente. Y lo mismo se hizo en las empresas comerciales e industriales de la isla. En marzo de 1968 Castro proclamó por fin la total eliminación de la empresa privada en Cuba: todos los establecimientos comerciales, desde los talleres de reparar zapatos hasta las peluquerías, serían ahora empresas estatales. En una paralela campaña de puritanismo revolucionario, se

farms

Familia campesina cubana, circa 1959.

ordenó el cierre de los bares y todos aquellos lugares en que se llevaran a cabo actividades "antisociales". Con estas medidas fueron eliminados los últimos vestigios de explotación económica eficiente que quedaban en Cuba. Los resultados, predeciblemente, fueron desastrosos. La economía cubana pudo sostenerse en lo adelante sólo gracias a la masiva ayuda que recibió de la Unión Soviética y de los países de la Europa del Este, estimada entre los 3.000 y los 6.000 millones de dólares anuales. En 1980, ante la obvia incapacidad del sistema para proveer suficientes artículos de consumo, el gobierno permitió la apertura de pequeños mercados de comestibles y artesanías° *foodstuffs and handicrafts* donde los campesinos podían vender sus productos sin control estatal. El experimento fue un éxito rotundo: una súbita abundancia de frutas, vegetales y otros productos comestibles inundó los mercados locales en tanto aparecía otra vez una clase de pequeños comerciantes e intermediarios que empezaron a prosperar económicamente. Esto último era más de lo que Castro estaba dispuesto a permitir: era obsceno, en su opinión, que uno de estos nuevos pequeños empresarios pudiera ganar más dinero que un médico o un ingeniero. Abruptamente, este modesto experimento en economía de mercado fue suprimido en 1982 y la totalidad de la economía cubana volvió a estar bajo control estatal. Pronto las tiendas y mercados estuvieron, una vez más, casi vacíos. Como en otros países comunistas, la falta de incentivos entre la población y la ineficiencia de la burocracia estatal crearon un crónico problema de baja productividad que nunca pudo ser superado.

Mientras la ayuda de los países comunistas fluyó abundadamente hacia la isla, el régimen castrista pudo jactarse° de que, aunque la dieta de la libreta *to boast* de racionamiento fuese escasa, por lo menos los cubanos no se iban con hambre a la cama, pero cuando el colapso de la Unión Soviética puso fin al sistema de subsidios, la debilidad de la economía cubana quedó expuesta del modo más dramático. El cubano promedio tuvo ahora serias dificultades para obtener los ingredientes de una sola comida al día; el transporte, en tanto, empezó a deteriorarse debido a la escasez de petróleo y piezas de repuesto, obligando a sustituir el automóvil por la bicicleta en las ciudades y el tractor por los bueyes° en el campo. El hospital más importante de La *oxen* Habana llegó a carecer de agua corriente, en tanto el público tenía que acostumbrarse a pasar varias horas al día sin electricidad. En las farmacias faltaba hasta la aspirina. El nivel de vida de la isla, en general, descendió a niveles sólo comparables con los de la vecina república de Haití, el país más pobre de Latinoamérica.

La Cuba de los años 90 ciertamente contrastaba con la que había encontrado la revolución castrista en 1959. Las estadísticas de la Cuba de entonces podían compararse con las de las naciones más desarrolladas de Latinoamérica; era, por ejemplo, el cuarto país de Latinoamérica en cuanto a ingresos per cápita (después de Venezuela, Argentina y Uruguay), en tanto ocupaba el número uno en consumo de electricidad por cápita, número de vehículos motorizados (1 por cada 40 habitantes) y de kilómetros de vías férreas por kilómetro cuadrado (en esto ocupaba el número 13 en el mundo). Superaba a Francia y a Inglaterra en número de médicos y dentistas por habitante y su tasa de mortalidad, una de las más bajas del mundo (5,8 por 1.000), era inferior a la de Estados Unidos (9,5 por 1.000). Es cierto que algunas de esas estadísticas favorables no reflejaban la desigual distribución de los recursos que ocurría en aquella sociedad, tanto entre las diferentes clases sociales como entre las zonas urbanas y las rurales, pero una serie de indicadores sugería que la distribución de la riqueza en la Cuba precastrista era mucho menos desigual que en otros países latinoamericanos: ocupaba, por ejemplo, uno de los primeros lugares en cuanto a número de teléfonos y de periódicos por habitante, y el primer puesto en número de televisores (cada persona compra generalmente un periódico, no diez o quince, y lo mismo sucede con televisores y teléfonos). El hecho de que la televisión fue el principal vehículo de comunicación entre Castro y el público cubano es dato elocuente en sí mismo. En general, las cifras económicas de la Cuba precastrista indicaban un nivel de desarrollo superior, en algunos capítulos importantes, al de varios países europeos, incluyendo a España y Portugal, e, irónicamente, a la Unión Soviética.

Educación y sanidad°

public health

Hubo dos aspectos en que Castro pudo vanagloriarse de haber conseguido resultados bastante positivos: el de la enseñanza y el de la asistencia sanitaria. Bajo su régimen se emprendió una masiva y bastante exitosa campaña de alfabetización y la gran mayoría de la población, tanto urbana como rural, consiguió acceso a la educación primaria y secundaria. Pero hay que recordar que Cuba era ya en 1959 uno de los países más alfabetizados de Latinoamérica (alrededor del 80%) y que, como observó el demógrafo Nick Eberstadt, el progreso de la alfabetización bajo Castro fue similar o inferior al experimentado por varios otros países latinoamericanos. También debe recordarse que bajo tal tipo de régimen la educación es utilizada como un instrumento de adoctrinamiento ideológico en que la retórica revolucionaria es reforzada con obsesiva constancia, sin que se permita la discusión de ideas que se aparten de ella. En lo que a la sanidad se refiere, el mayor logro de la Cuba de Castro fue proveer asistencia médica gratuita a prácticamente la totalidad de la población, aunque siguieron habiendo zonas aisladas del campo cubano no alcanzadas por los servicios médicos. Cuba consiguió en este sentido estadísticas muy favorables, como la de tener un médico por cada 300 habitantes, cifra no igualada en ningún país subdesarrollado, y se rectificó hasta cierto punto la tradicional desigualdad que existía entre las zonas urbanas y las rurales en lo que se refiere a la accesibilidad a los centros de atención médica. También aquí hay que recordar que se trataba de un sistema de atención médica financiado al estilo comunista, sin atención a costos ni a consideraciones presupuestarias°, por lo que al terminar la masiva *budgetary* asistencia económica de los soviéticos, el sistema comenzó a resquebrajarse°. *to crumble* Para principios de los años 90 se registraba una aguda escasez de los más básicos medicamentos y equipos médicos, desde jeringuillas° hasta gasa° y aspi- *syringes/gauze* rina. Como en el caso de la educación, también en el de los servicios médicos el régimen castrista no comenzó, ni mucho menos, a partir de cero. El mencionado investigador Nick Eberstad, después de examinar las estadísticas sanitarias de la Cuba precastrista, tuvo que concluir que "Far from being an especially stricken nation, pre-revolutionary Cuba was in fact one of the developing world's healthiest societies". Eberstadt, por otra parte, encontró indicios de manipulación por parte del gobierno de Castro en tales estadísticas claves como la tasa de mortalidad infantil. Aun si se le reconocen al castrismo logros importantes en el campo de la escolarización y de la asistencia sanitaria, cabe preguntar si justifican el altísimo precio que el pueblo cubano pagó por ellos. La respuesta parece obvia.

El aparato represivo del castrismo

La evolución económica hacia el comunismo fue acompañada de un progresivo endurecimiento° del aparato represivo del gobierno de Castro. *hardening* Nunca totalmente seguro de la lealtad del Ejército Rebelde que había combatido con él en la Sierra Maestra, Fidel creó una eficiente policía secreta y dos organizaciones que le aseguraron un completo control de la población civil: las milicias revolucionarias, formadas por civiles reclutados en los centros de trabajo, y los Comités de Defensa de la Revolución, grupos de personas simpatizantes del régimen que eran seleccionadas en cada manzana° *city block* de cada ciudad cubana para vigilar las actividades de sus vecinos. Las milicias llegarían a contar varios cientos de miles de miembros en tanto los miembros de los Comités de Defensa pasaban ya de los dos millones para fines de los años 60. Ya se hallara° en su trabajo o en su casa, el ciudadano *Whether he was* cubano se encontró sujeto a un sistema de vigilancia constante. La desaparición de los partidos políticos y de todo tipo de asociaciones no gubernamentales eliminó la posibilidad de organizar cualquier tipo de oposición o de disidencia. Tampoco era posible denunciar ningún exceso del régimen, puesto que todos los medios de comunicación—periódicos, radio, televisión—se hallaban en manos del gobierno. Lo mismo ocurría con el poder judicial: jueces, fiscales°, magistrados, eran todos miembros del aparato esta- *prosecutors* tal. El individuo, en suma, se hallaba solo ante el poder absoluto del Estado. Las leyes vigentes podían ser modificadas—y a menudo lo eran—en cualquier discurso televisado del Máximo Líder, ya que en sus manos estaba concentrada la totalidad del poder.

Los abusos que es posible cometer bajo tal sistema son fáciles de imaginar. Buen número de miembros del Ejército Rebelde acabaron ante el pelotón de fusilamiento°. A lo largo de los años, miles de disidentes políticos, intelectuales, estudiantes y simples ciudadanos se vieron cumpliendo condenas de veinte o treinta años, mezclados con los presos comunes en prisiones donde se vivía en condiciones infrahumanas, víctimas de frecuentes apaleaduras°, execrables condiciones sanitarias y enloquecedores° confinamientos en solitario; algunos de ellos, como el poeta Armando Valladares, vivieron para contar su historia; otros, como el líder estudiantil Pedro Luis Boitel, no tuvieron tanta suerte. El código revolucionario, por otra parte, no se limitaba a reprimir° y castigar las desviaciones ideológicas y políticas; tampoco admitía ninguna desviación de tipo religioso o sexual. Adventistas del Séptimo Día, Pentecostales y miembros de otras sectas religiosas que persistieron en mostrar su independencia quedaron así incluidos junto con los homosexuales entre los grupos perseguidos como contrarrevolucionarios. De los homosexuales se hacían redadas° frecuentes, sobre todo en La Habana, y entre 1965 y 1967 funcionaron incluso unos campos de concentración, los UMAPS, donde se les internaba sin juicio previo y se les sometía a todo tipo de vejaciones° con el pretexto de "rehabilitarlos". El buen revolucionario tenía que ser un varón viril. Por las lesbianas, en cambio, la revolución nunca mostró mucho interés.

La libertad artística e intelectual fue otra de las bajas° más tempranas del proceso revolucionario. Los comunistas, al ganar creciente influencia en el régimen de Castro, vinieron a controlar tanto los sindicatos obreros como los medios de difusión cultural, incluyendo la naciente industria cinematográfica. Fue sólo cuestión de tiempo antes de que impusieran los cánones marxistas en el mundo de la creatividad, con el respaldo de Fidel Castro[10].

Cuba y los clichés

La percepción de Cuba en el extranjero, especialmente en los Estados Unidos, ha sido tradicionalmente distorsionada por una serie de nociones erróneas y clichés difundidos por los medios de comunicación. Hollywood ayudó a crear una imagen que presentaba a Cuba como un paraíso para turistas en busca de placeres prohibidos que, además, había caído en manos de la Mafia. También se pensaba que la isla era poco más que un apéndice económico y cultural de los Estados Unidos. En lo que al crimen organizado se refiere, juzgar a toda la nación cubana con base en lo que ocurría en los casinos de tres o cuatro hoteles de lujo de La Habana es como dar una descripción de los Estados Unidos basada exclusivamente en una visita a Las Vegas. La industria del turismo le traía a Cuba unos 60 millones de dólares

firing squad

beatings

maddening

to repress

raids

humiliations

casualties

anuales, cantidad poco menos que trivial en una economía cuyos niveles de capitalización e inversiones se medían en los miles de millones de dólares. Los turistas americanos que circulaban por La Habana en busca de ciertos bares durante los años 50 eran, a lo más, una anécdota en la pujante° vida ⟶ *robust* económica y cultural de la capital cubana que, además de numerosos clubes nocturnos, contaba, entre otras cosas, con más salas teatrales que Broadway, conciertos sinfónicos con artistas invitados de la talla de Stravinski, Yehudi Menuhin o Vladimir Horowitz, y un cuerpo permanente de ballet que sólo cedía en reputación al New York City Ballet de Balanchine y al Bolshoi de Moscú. A quienes duden, por otra parte, de que Cuba tuviese una personalidad cultural propia, deberá recordárseles que la herencia afroespañola de la isla ha contribuido al arte y a la cultura de Hispanoamérica de forma desproporcionada a su pequeño tamaño. La Habana fue, en el siglo XIX, uno de los principales centros del romanticismo hispanoamericano y la cuna de los dos principales precursores de la poesía modernista de finales de siglo, Julián del Casal y José Martí. Ya en nuestro siglo, la poesía y la narrativa hispanoamericanas no serían las mismas sin las contribuciones cubanas, desde la poesía pura o la afrocubana de los años 30 hasta el "boom" narrativo de los 60. En cuanto a su arte popular, la música cubana ha sido la principal contribuyente a la "Latin music" que ha recorrido el mundo: el son, el danzón, la rumba, la conga, el mambo, el cha-cha-cha, salieron todos de Cuba, y la famosa "salsa" es en buena parte una reelaboración de los ritmos cubanos en tierra norteamericana.

En lo que a la economía se refiere, las inversiones norteamericanas representaban un 14% del estimado valor económico de los sectores agrícola, industrial y comercial de la isla (Montaner 12), pero este relativamente bajo porcentaje se hallaba en inversiones altamente visibles como servicios de electricidad, teléfonos, ferrocarriles y refinerías de petróleo. Por otra parte, como ha señalado Eric Baklanoff, desde los años 30 estaba ocurriendo una "cubanización" de sectores claves de la economía cubana, de modo que para 1958 tres de los más importantes, la industria azucarera, la banca y los seguros°, ⟶ *insurance* habían pasado mayoritariamente a manos cubanas a través de transacciones comerciales normales (28). Además, una nueva generación de empresarios cubanos se hallaba capturando de manos extranjeras otros sectores importantes de la economía, como el de la aviación, los detergentes, jabones, dentífricos y otros productos de tocador°. Se puede suponer que este proceso habría conti- ⟶ *toilette articles* nuado si la isla se hubiese mantenido dentro de una economía de mercado.

Fidel Castro, con su personalidad innegablemente carismática, su inagotable energía y sus desmedidas ambiciones de poder y de gloria, se vio a sí mismo como el Mesías destinado a convertir a Cuba en un utópico paraíso terrenal. Eligió, sin embargo, la vía del poder absoluto para conseguir sus fines y apostó la suerte de toda la isla en la implantación de un sistema que resultó ser un fracaso.

Notas

[1]Durante la primera mitad del siglo XIX un buen número de criollos cubanos fueron partidarios de la anexión de Cuba a los Estados Unidos, y varios presidentes norteamericanos—Jefferson, Polk, Pierce, Buchanan—mostraron interés en adquirir la isla.

[2]Aunque sus padres eran españoles, Martí mostró desde niño un precoz interés en la idea de una Cuba independiente de España. Siendo aún adolescente fue condenado por las autoridades españoles a seis meses de presidio. Deportado a España en 1871, adquirió allí su educación universitaria e inició una accidentada vida de casi perenne exiliado. Después de residir en Venezuela, Guatemala y México se estableció por fin en Nueva York, donde permaneció hasta el final de su vida, excepto por una corta estancia en Cuba en 1878. Sus ensayos, publicados en importantes periódicos latinoamericanos, le ganaron fama de escritor en toda la América Hispana. Sus libros de versos (*Ismaelillo, Versos sencillos, Versos libres*) trajeron un aire de frescura y renovación a la prosa española. Buena parte de su obra literaria, especialmente sus brillantes discursos *(speeches),* estuvo al servicio de la causa de la libertad de Cuba. Tras fundar el Partido Revolucionario Cubano en 1892, se dedicó totalmente, desde Nueva York, a unificar, bajo la bandera del nuevo partido, a todas las fuerzas cubanas, así como a recaudar los fondos necesarios para lanzar una invasión a Cuba. Aunque en el último momento las autoridades norteamericanas confiscaron el barco que iba a transportar las armas a la isla, Martí decidió comenzar la guerra con los pocos recursos que quedaron. Martí mismo desembarcó en Cuba en abril de 1895, y, aunque murió en batalla poco después (el 19 de mayo), el movimiento hacia la independencia era ya irreversible, gracias, en buena parte, a su genio organizador y a su carismática personalidad.

[3]Durante los años de la Primera Guerra Mundial, hubo un boom azucarero en Cuba, la llamada "danza de los millones", en la que participaron inversionistas norteamericanos que llegaron a controlar el 35% de la producción azucarera de la isla. Luego, la súbita caída de los precios del azúcar en el mercado internacional ocurrida en 1921 (que de 23 centavos bajó a menos de 4 centavos la libra) trajo la ruina a los productores cubanos. Muchos ingenios azucareros *(sugar mills)* e instituciones bancarias que habían sido propiedad de cubanos, pasaron a manos de firmas norteamericanas.

[4]Incapaz de probar unas serias acusaciones que había hecho contra un ministro del gobierno del presidente Prío, aparentemente Chibás quiso mostrar su honestidad dándose un tiro ante los micrófonos.

[5]Se conectó a Castro, entre otras cosas, con el asesinato del presidente de la FEU, Manolo Castro, aunque nunca pudo probársele nada a este respecto. Lo mismo sucedió con la muerte de un sargento de la policía universitaria, que antes de morir acusó a Castro de ser su asesino. La participación de Fidel en los graves disturbios que siguieron al asesinato de Eliécer Gaitán fue, aparentemente, producto de una coincidencia. Castro y otros estudiantes universitarios había sido enviados a Bogotá en abril de 1948 por agentes argentinos de Juan Perón con el fin de crear disturbios durante la reunión de la Conferencia de países americanos que iba a firmar la Carta de Bogotá, el documento que creó la Organización de los Estados

Americanos. Al enterarse de *(Upon learning about)* la muerte de Gaitán, Castro se unió a los grupos de seguidores de Gaitán que protestaban en las calles y, luego, a las turbas callejeras *(unruly crowds)* que sembraron el caos en la capital de Colombia.

[6]El grupo atacante estaba armado mayormente de cuchillos, escopetas de caza *(hunting rifles)* y rifles calibre 22. Ni Castro ni sus seguidores habían estado antes en el Cuartel Moncada ni estaban familiarizados con el interior de sus edificios. Varios automóviles del contingente se perdieron en las calles de Santiago de Cuba y nunca llegaron al cuartel. Castro mismo no llegó a disparar un tiro pues cuando su auto llegó a las proximidades del Moncada la situación de los primeros atacantes era ya desesperada y optó por retirarse a las colinas cercanas. Poco después fue sorprendido por el ejército en una choza *(hut)* mientras dormía en el suelo. El teniente que mandaba la patrulla, sin embargo, ordenó a sus hombres que no lo mataran. Mientras tanto, el influyente arzobispo de Santiago de Cuba, Monseñor Pérez Serantes, amigo de la familia Castro, intercedió por su vida e impidió que lo ejecutaran de inmediato, como era la intención del comandante del Cuartel Moncada.

[7]Celia Sánchez, varios años mayor que Castro, fue su compañera inseparable hasta su muerte en 1980. Esta mujer llenó las funciones de secretaria, probablemente amante y, sobre todo, figura maternal que atendía a todas las necesidades de la vida doméstica del Máximo Líder. Se hizo una figura extraordinariamente poderosa: posiblemente la única persona que podía hablarle a Castro con entera franqueza y criticarlo cuando hacía falta, pues su total devoción a él estaba fuera de toda duda.

[8]A menudo se ha sugerido que la actitud hostil que mostraron los Estados Unidos hacia Castro fue en buena medida responsable de que éste tuviera que buscar una alianza con la Unión Soviética. Es cierto que durante la primera visita oficial de Castro a los Estados Unidos en abril de 1959, la administración de Eisenhower mostró muy poco tacto con el líder cubano. Eisenhower se ausentó de Washington pretextando un torneo de golf y fue el vicepresidente Nixon el encargado de recibir a Castro. Pero también es cierto que durante esa misma visita hubo una invitación del Departamento de Estado norteamericano a los asesores económicos de Castro para que discutieran las necesidades financieras del gobierno cubano; Fidel, sin embargo, les había dado a éstos instrucciones de que no formulasen peticiones de tipo económico a las autoridades norteamericanas (Baklanoff 118).

[9]El juicio de Húber Matos fue típico del tipo de proceso que caracterizaba a la justicia revolucionaria. Nadie dudaba de que iba a ser condenado, la cuestión era si se le impondría la pena de muerte. Castro seleccionó personalmente a los miembros del tribunal, ninguno de los cuales era abogado, y a los testigos que habrían de declarar contra Matos. Fidel mismo se autonombró testigo principal. Su discurso duró siete horas y al final Matos fue condenado a veinte años de prisión. El Máximo Líder, después de todo, había decidido no hacer un mártir del popular oficial de su ejército.

[10]En su célebre discurso "Palabras a los intelectuales", pronunciado el 30 de junio de 1961, Castro fijó los parámetros de la libertad de expresión que podrían ejercer los escritores y artistas cubanos: "¿Cuáles son los derechos de los escritores y de los artistas revolucionarios o no revolucionarios? Dentro de la Revolución, todo; contra la Revolución, ningún derecho."

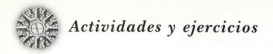

Actividades y ejercicios

A. Preguntas sobre la lectura.

1. Durante el período colonial, ¿por qué fue importante La Habana para el comercio entre América y España?

2. ¿Cuáles fueron los principales productos agrícolas de la Cuba colonial? ¿Cuál de esos productos fue el mayor responsable de la importación masiva de esclavos africanos?

3. ¿Qué cambios trajo la ocupación británica de La Habana en 1762?

4. ¿Quién fue José Martí?

5. ¿Cuál fue el resultado de la guerra de 1898?

6. ¿Quiénes fueron Gerardo Machado y Fulgencio Batista?

7. ¿Hubo represión durante las presidencias de Ramón Grau y Carlos Prío? ¿Cuál fue el principal defecto de esas dos administraciones?

8. ¿Con qué propósito fundó Eduardo Chibás el Partido Ortodoxo? ¿Cómo murió Chibás?

9. ¿Qué ocurrió en la madrugada del 10 de marzo de 1952?

10. ¿En qué tipo de ambiente creció Fidel Castro?

11. ¿Qué ocurrió el 26 de julio de 1953?

12. ¿Qué fue el "Granma"?

13. ¿Qué hizo el periodista Herbert Mathews? ¿Por qué fue esto importante para Castro?

14. ¿Qué hizo el dictador Batista el 31 de diciembre de 1958?

15. Mencione algunos cambios importantes que introdujo Castro en la economía cubana.

16. Mencione algunas medidas *(measures)* que tomó Castro para eliminar la oposición a su régimen y asumir completo control de la vida cubana.

17. ¿Qué consecuencias tuvo para Castro la desintegración de la Unión Soviética y del bloque comunista?

18. ¿En qué dos áreas consiguió bastantes progresos el régimen de Castro? Explique.

19. ¿Por qué menciona el texto al poeta Armando Valladares?

20. Mencione algunos de los clichés sobre Cuba que ha sido común oir en el extranjero y diga hasta qué punto esos clichés corresponden a la realidad.

B. Forme parejas de sinónimos.

1. ____ vejación   a. atacante
2. ____ etapa   b. robusto
3. ____ amparo   c. oficina
4. ____ vestimenta   d. ejecución
5. ____ recluta   e. período
6. ____ asaltante   f. finca
7. ____ despacho   g. soldado
8. ____ fusilamiento   h. ropa
9. ____ pujante   i. protección
10. ____ granja   j. humillación

C. Ahora, forme parejas de antónimos.

1. ____ derrota   a. animado
2. ____ abatido   b. crítica
3. ____ díscolo   c. deshonesto
4. ____ fracaso   d. triunfo
5. ____ probo   e. aumento
6. ____ rebaja   f. virtud
7. ____ lacra   g. pusilánime
8. ____ alabanza   h. victoria

D. Definiciones. Encuentre en la lista las palabras que corresponden a las siguientes definiciones.

tribuna	tupido	cabo	mesada
sinecura	urna	fiscal	vocero
cuartel	buey	encuesta	

1. _____ Cantidad de dinero que se envía mensualmente.
2. _____ Persona que acusa en nombre del Estado en un juicio.
3. _____ Persona que habla en representación de un grupo.
4. _____ Investigación sobre las opiniones del público.
5. _____ Empleo que requiere poco o ningún trabajo.
6. _____ Lugar donde se depositan los votos en las elecciones.
7. _____ Lugar donde se alojan miembros del ejército.
8. _____ Animal utilizado en la agricultura.

E. Encuentre en la lista las frases que son aplicables a las siguientes personas.

1. ____ José Antonio Echeverría.
2. ____ Manuel Urrutia
3. ____ Celia Sánchez
4. ____ Pedro Luis Boitel
5. ____ Carlos Prío
6. ____ Húber Matos
7. ____ José Miró Cardona

a. Líder estudiantil que se opuso a Batista.
b. Distinguido profesor de Derecho y primer ministro del primer gobierno revolucionario.
c. Médico argentino que se unió a Fidel Castro.
d. Primer presidente del gobierno revolucionario en 1959.
e. Líder estudiantil que murió en prisión bajo el régimen de Castro.
f. Fue la primera esposa del padre de Fidel Castro.
g. Oficial revolucionario que fue encarcelado por oponerse al comunismo.
h. Era el presidente de Cuba cuando Batista dio su golpe de estado en 1952.
j. La colaboradora más cercana a Fidel Castro.

F. Opiniones e hipótesis

1. El texto menciona algunos clichés que han existido sobre Cuba en el extranjero. ¿Ocurre algo similar respecto a otros países latinoamericanos como México, Colombia o Brasil, por ejemplo?
2. Fidel Castro ha tenido defensores que opinan que en un país subdesarrollado como Cuba era necesario resolver rápidamente sus graves problemas sociales tomando medidas drásticas que no serían posibles bajo un sistema democrático, por lo que era justificable que Castro hubiese pospuesto el establecimiento de una democracia convencional. ¿Qué le parece este argumento?
3. Bajo el régimen de Castro se daba la opción a muchos prisioneros políticos de "rehabilitarse", es decir, de declarar que habían visto la luz y aceptaban las ideas del régimen. De esta manera podían recibir mejor trato y aun reducir sus condenas. Los que no aceptaban esto se convertían en "plantados", es decir, en insumisos, y podían esperar recibir todo el rigor del sistema carcelario. Si usted hubiera estado en una situación semejante, ¿qué habría hecho? Explique por qué.

G. Proyecto de clase. ¿Han ocurrido cambios significativos en la situación política cubana con posteridad al año 1997? En caso afirmativo, haga un comentario oral o escrito sobre el tema.

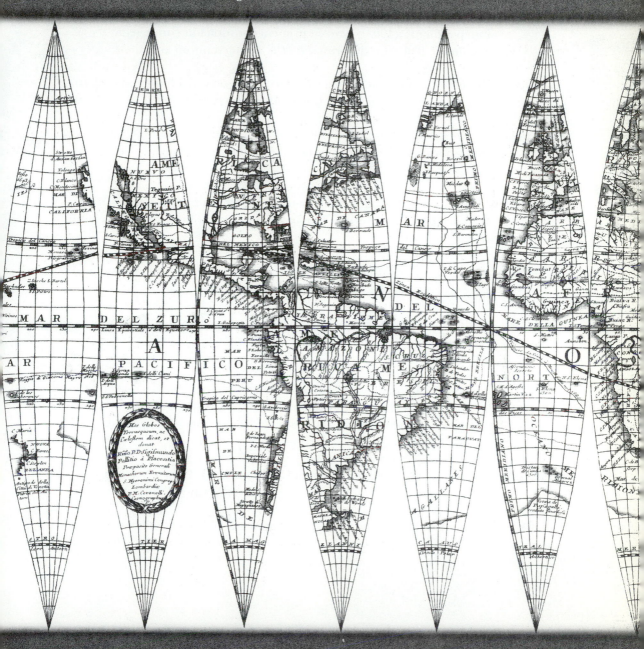

CRONOLOGÍA

1823   El presidente James Monroe enuncia la Doctrina Monroe.

1898-1902   Guerra entre *EE.UU.* y España sobre Cuba (1898). Cuba se hace república independiente (1902), pero su primera constitución contiene la Enmienda Platt, que autoriza a *EE.UU.* a intervenir en la isla.

1903   Los *EE.UU.*, interesados en la construcción de un canal transoceánico, ayudan a Panamá a separarse de Colombia y hacerse república independiente.

1904-1928   El primer "Corolario" de T. Roosevelt a la Doctrina Monroe (1904) inicia un período de intervenciones de *EE.UU.* en Centroamérica y en el área del Caribe.

1928-1939   Mayor moderación en la política norteamericana hacia Latinoamérica, comenzando con Hoover y culminando con la "política del buen vecino" de F.D. Roosevelt.

1939-1945   Segunda Guerra Mundial. Los países latinoamericanos, con la excepción de Argentina, hacen causa común con *los Estados Unidos*.

1947-1948   Creación de un sistema panamericano: Tratado de Río de Janeiro (1947) y Carta de Bogotá (1948), que crea la Organización de los Estados Americanos (OEA).

1948-1959   La contención del comunismo se hace el principal objetivo de la política estadounidense hacia Latinoamérica. En 1954 Washington da asistencia a los rebeldes que derrocan al presidente izquierdista de Guatemala, Jacobo Arbenz.

1959-1960   Triunfo de la revolución de Fidel Castro en Cuba; Castro estrecha sus relaciones con Moscú; *EE.UU.* y Cuba rompen relaciones diplomáticas.

1961   En abril, fallido desembarco de exiliados cubanos en la Bahía de Cochinos *(Bay of Pigs)*, Cuba; en marzo, Kennedy anuncia la "Alianza para el Progreso".

1962 La crisis de los cohetes *(missiles),* que lleva al mundo al borde de la guerra nuclear.

1963-1969 Tras el asesinato de Kennedy (1963) la Alianza pierde fuerza bajo Johnson. Los Estados Unidos intervienen en la República Dominicana en 1965.

1969-1977 Pocas iniciativas norteamericanas bajo Nixon y Ford. Activa oposición de Nixon al gobierno marxista de Allende en Chile (1970-1973).

1977-1981 Nuevos intentos de acercamiento a Latinoamérica bajo Jimmy Carter; énfasis en el respeto a los derechos humanos. En 1977 se firma el tratado sobre el Canal de Panamá. Los Estados Unidos retiran su apoyo a la dictadura de Somoza en Nicaragua, que cae en 1979. Tensiones con Cuba por su política expansionista en Africa.

1981-1993 Retorno a la contención del comunismo como preocupación central bajo Reagan y Bush. Bajo Reagan, tropas norteamericanas ocupan Grenada (1983) y Washington se involucra *(gets involved)* en los conflictos armados de Centroamérica. En 1989 la administración de Bush lanza una operación militar que captura al dictador de Panamá Manuel Noriega.

1993- Clima relajado bajo Clinton, tras el colapso del comunismo. Operación militar norteamericana en Haití (1994), que restaura al gobierno democrático de Aristide.

Los Estados Unidos se mantuvieron neutrales durante las guerras de independencia de Hispanoamérica ya que Washington estaba negociando con España la adquisición de la Florida y no quería enemistarse° con el gobierno español. Pero una vez adquirida la Florida en 1821, comenzó a conceder reconocimiento diplomático a las nuevas naciones latinoamericanas. Varias naciones europeas, sin embargo, mostraron tener ambiciones territoriales en el Nuevo Mundo y en 1823 el Presidente James Monroe estableció el principio—la llamada "Doctrina Monroe"—de que cualquier ataque de un país europeo contra cualquier nación de nuestro hemisferio sería considerado como un ataque contra los Estados Unidos[1]. ¿Tenían los Estados Unidos la capacidad militar necesaria para respaldar° esas palabras? Realmente, no. En 1823 el poder naval de Rusia, por ejemplo, era ocho veces superior al de los Estados Unidos (Perkins 59). La declaración de Monroe fue más que nada un pronunciamiento simbólico que no adquiriría importancia hasta muchos años después, cuando la nación norteamericana, recuperada del trauma de la guerra civil, se sintió ser un pueblo escogido por la Providencia para extender su poder y su modo de vida más allá de sus fronteras. Era la idea del "destino manifiesto", que de manera explícita o implícita guió a menudo la política exterior de los Estados Unidos. En 1895, la disputa fronteriza que había surgido entre Venezuela y la Guayana Británica proveyó una buena oportunidad para poner a prueba por primera vez el poder persuasivo de la Doctrina Monroe. Y funcionó. Bajo presión norteamericana, Inglaterra accedió a someter la disputa a arbitraje°.

to alienate

to back up

arbitration

La guerra de 1898

Este fue el año en que, por primera vez, tropas de los Estados Unidos abordaron barcos para iniciar una acción naval más allá de sus fronteras. Su lugar de destino: las costas de Cuba y de Puerto Rico; su misión: poner fin a la dominación de España en el Caribe. En Cuba, principal objeto del debate, existían cuantiosas inversiones° norteamericanas y su economía estaba siendo rápidamente destruida por la guerra que libraban los patriotas cubanos contra la dominación española. Por otra parte, la prensa norteamericana había comenzado una campaña en la que se presentaban dramáticamente los sufrimientos de la población cubana a causa de

investments

*Oficial de infantería cubano
(circa 1895).*

la guerra. Figuras hoy legendarias como Joseph Pulitzer y William Randolph Hearst incitaban a la opinión pública norteamericana desde sus periódicos. En Cuba, el capitán general español, Valeriano Weyler, había establecido su cruel política de "reconcentración", que obligaba a miles de familias cubanas a abandonar sus casas en el campo para ser recluidas en campos de concentración. El propósito era dejar vacíos los campos de Cuba para que los patriotas cubanos no pudieran recibir ninguna ayuda de la población rural. El incidente que precipitó el comienzo de la guerra ocurrió el 15 de febrero de 1898: el acorazado° "Maine" de la marina norteamericana fue volado° por una bomba mientras se hallaba anclado° en la bahía de La Habana, causando la muerte a 266 marinos estadounidenses. Nunca se ha llegado a saber exactamente quién puso la bomba, pero la opinión pública norteamericana, incitada por la llamada "prensa amarilla", culpó indignadamente al gobierno español. Poco después, en abril, comenzaron las hostilidades.

armored ship/was blown up
anchored

Fue una guerra breve, que duró poco más de tres meses, *"a splendid little war"*, según el Secretario de Estado John Hay. La armada° española, atrapada en la bahía de Santiago de Cuba, fue presa° fácil de la flota norteamericana. El legendario ataque de Teddy Roosevelt y sus *"rough riders"* en San Juan Hill es la glorificada metáfora de una Norteamérica robusta y, en este caso, arrogante, que no tenía dificultades en aplastar° el poder militar de una vieja y exhausta nación europea. Y todo ello con una gracia, un *"flair"*, no lejano de la teatralidad. Se dice que el uniforme de Teddy Roosevelt había sido diseñado por *Brooks Brothers*, la famosa sastrería de Nueva York, lo cual quizás no es cierto, pero pudo serlo. ¿Pero fue ésta realmente una *"splendid little war"*? Los puertorriqueños difícilmente habrían estado de acuerdo: su territorio quedó convertido en un protectorado norteamericano sólo un año después de haber obtenido por fin su autonomía de España tras muchos años de esfuerzos. Los patriotas cubanos, por su parte, se hallaban también en un momento crucial de su historia. La lucha contra la dominación española de la isla había sido iniciada por ellos treinta años atrás, en 1868, con una serie de rebeliones y guerras internas que culminaron en 1895. En este año comenzó el más serio movimiento armado en pro de la liberación de la isla, bajo la inspiración de José Martí, el "apóstol" de la independencia cubana. Martí fue un hombre realmente excepcional, una rara combinación de brillante hombre de letras, conspirador, perenne exiliado, maestro, hombre de acción. Sus grandes dotes de orador, su poder de persuasión, su carisma, dieron a la causa revolucionaria un impulso y una cohesión que no había tenido antes. Martí murió en batalla en 1895, poco después del comienzo de las hostilidades,

navy
prey

to crush

José Martí (1853-1895), máximo arquitecto de la independencia de Cuba.

didn't slow down — pero su muerte no frenó° el impulso de la guerra de independencia. Para 1898, las fuerzas cubanas contaban con más de 50.000 combatientes y operaban en todas las provincias de la isla en tanto las tropas españolas se hacían fuertes en las ciudades, cuyas condiciones sanitarias se deterioraban seriamente. Muchos jóvenes reclutas españoles que llegaban de la Península carentes de inmunidades para las enfermedades del trópico contraían la malaria o la temida fiebre amarilla. Es difícil decir con certeza cuál habría sido el desenlace° definitivo de la guerra de 1895 si los Estados Unidos no hubieran intervenido en Cuba, o cuánto tiempo se hubiera prolongado el conflicto, pero hay buenas razones para suponer que España, exhausta y económicamente debilitada por el conflicto cubano—al que había enviado más de 200.000 soldados—, no habría tenido los medios ni la voluntad para continuar el conflicto por un tiempo indefinido. A fines de 1897, España había accedido por fin a concederle la autonomía política a la isla, pero ya era demasiado tarde: el impulso hacia la independencia era irreversible.

outcome

Las negociaciones que pusieron fin oficial a la guerra entre Estados Unidos y España—y en las que no se permitió intervenir a los patriotas cubanos—culminaron en la firma del Tratado de París (1898). Antes del comienzo de las hostilidades el Congreso norteamericano había aprobado una resolución, la Enmienda° Teller, en la que los Estados Unidos renunciaban a ejercer una ocupación permanente de la isla; terminada la guerra, sin embargo, el propio Congreso aprobó la Enmienda Platt, que daba a los Estados Unidos el derecho a intervenir militarmente para la preservación de la independencia de

amendment

Coronel Theodore Roosevelt.

Cuba y el mantenimiento de un gobierno estable en la isla. Bajo presión del gobierno norteamericano, esta enmienda fue incorporada a la Constitución cubana de 1901. Cuba se hizo república independiente el 20 de mayo de 1902, pero la presencia de la Enmienda Platt en su Constitución limitaba en realidad su soberanía. No fue hasta 1934, bajo la presidencia de Franklin Delano Roosevelt, que esta enmienda fue finalmente derogada.

El garrote° de Teddy Roosevelt

big stick

Para la mayoría de los norteamericanos Teddy Roosevelt pertenece al panteón de los héroes nacionales. En Latinoamérica, en cambio, su nombre evoca el carácter intervencionista que adquirió la política exterior estadounidense, especialmente en el área del Caribe, durante las primeras tres décadas del siglo XX. El famoso "Corolario" a la Doctrina Monroe, formulado por Roosevelt en 1904, proclamó el derecho de los Estados Unidos a ejercer la función de un *"international police power"* en el hemisferio americano. Este fue el comienzo de la *"Big Stick"* o *"Dollar Diplomacy"*, continuada bajo las administraciones de Taft y Wilson. La inestabilidad política y económica que reinaba en países como Haití, la República Dominicana, Nicaragua, Honduras, motivó diferentes tipos de intervención norteamericana que en varios casos se convirtió en ocupación militar. Haití y la República Dominicana se convirtieron en protectorados norteamericanos. La presencia militar estadounidense en Nicaragua se prolongó de 1909 a 1933. Washington actuó en esos años bajo la premisa de que lo que ocurría en cualquier país de Centroamérica y del Caribe era de la incumbencia de los Estados Unidos° y que el gobierno norteamericano tenía la obligación de mantener la estabilidad de toda el área. La apertura del Canal de Panamá en 1914 hizo aun más obvia la importancia comercial y estratégica del área del Caribe. Como observó Dexter Perkins, la Doctrina Monroe, diseñada para evitar la intervención de los países europeos en suelo americano, servía ahora para justificar la intervención de los Estados Unidos en las naciones del Hemisferio (269).

was U.S´s business

Los tiempos cambian

En el invierno de 1928 el Departamento de Estado norteamericano le pidió a uno de sus funcionarios, Reuben Clark, que redactara un informe sobre la Doctrina Monroe y el Corolario Roosevelt. El resultado fue el *"Clark Memorandum"*, que repudió la interpretación que le había dado Roosevelt a la Doctrina. En opinión de Clark, ésta nunca se había propuesto regular las relaciones de los Estados Unidos con los países de Latinoamérica y por lo tanto no era apropiado invocar la Doctrina para justificar las intervenciones que se habían realizado en esos años. Esta opinión probablemente no habría sido aceptada diez años antes, pero ahora el rechazo° al intervencionismo norteamericano cobraba fuerza en los países latinoamericanos y fue tema de debate en varias conferencias interamericanas. La administración de Herbert Hoover vio la necesidad de efectuar un cambio de dirección, que comenzó de manera gradual y alcanzó su ápice° bajo la presidencia de Franklin Delano Roosevelt. La "Política del buen vecino" inaugurada por

rejection

height

este presidente significó un apreciable cambio de curso en la política exterior norteamericana hacia Latinoamérica. Bajo FDR se completó la retirada de los marines de Haití y de Nicaragua, la Enmienda Platt fue abolida y comenzó un período de reconciliación en que la imagen de los Estados Unidos mejoró mucho entre los latinoamericanos. En 1937 el Senado norteamericano aprobó oficialmente el principio de no intervención en los asuntos internos de otras naciones. Cuando en 1938 el gobierno de Lázaro Cárdenas nacionalizó la industria petrolera de México, parte de ella perteneciente a empresas norteamericanas, la administración de Roosevelt se negó a intervenir militarmente.

Durante la Segunda Guerra Mundial todos los países latinoamericanos, con excepción de Argentina[2], hicieron causa común con los Estados Unidos en la lucha contra los países del Eje° y varios de ellos ayudaron de manera significativa al esfuerzo bélico supliendo, por ejemplo, metales de importancia estratégica e incluso, como en el caso del Brasil, enviando a Europa fuerzas armadas de combate y permitiendo el establecimiento de bases aéreas aliadas en su territorio. Por aquellos años se celebraron varias conferencias panamericanas en las que la Doctrina Monroe fue "panamericanizada", por así decirlo, pues los Estados Unidos fueron ahora uno más de los países que se adhirieron al principio de que cualquier ataque contra cualquier país del Hemisferio sería considerado como un ataque contra todos los demás. Una de las principales preocupaciones era que Hítler, tras ocupar Holanda y Francia, quisiera establecer el poder alemán en las islas francesas y holandesas del Caribe. Quizás nunca antes las relaciones entre los Estados Unidos y sus vecinos del sur habían sido tan armónicas. Concluida la guerra, se firmó en Río de Janeiro el Tratado de Asistencia Recíproca (1947) que unió a los Estados Unidos y a Latinoamérica en un sistema de defensa común. Meses después se firmaba en la capital de Colombia la Carta de Bogotá que creó la Organización de los Estados Americanos (OEA) diseñada para solucionar por medios pacíficos las disputas entre los Estados miembros y promover la cooperación y el desarrollo económico y cultural de toda la región. Desde su sede en el hermoso edificio conocido como Panamerican Union, en Washington, D.C., la OEA se convirtió en el más importante organismo regional encargado de lidiar con° los conflictos interamericanos[3].

La Guerra Fría

La armonía que reinó en el Hemisferio durante la Segunda Guerra Mundial disminuyó considerablemente en los años siguientes. Terminado el conflicto mundial, los Estados Unidos se dedicaron a reconstruir a Europa a través del Plan Marshall (1948-52), desentendiéndose° bastante de Latinoamérica. Era irónico que las naciones latinoamericanas, que habían hecho causa

Axis (alliance of Germany, Italy and Japan)

deal with

neglecting

común con los Estados Unidos durante la guerra, fueran ahora preteridas° ignored en tanto eran favorecidos países como Alemania e Italia. Algunos países latinoamericanos experimentaron una pasajera prosperidad al final de la guerra pues exportaban grandes cantidades de mercancías a los países europeos devastados por el conflicto mundial, pero cuando Europa se recuperó, gracias en parte al Plan Marshall, varias naciones de Latinoamérica cayeron en recesión económica. Esto creó desilusión y expresiones de resentimiento a lo largo de la región.

Al mismo tiempo, el comienzo de la Guerra Fría produjo una nueva ecuación en la escena internacional: la preocupación de los Estados Unidos ante la expansión del comunismo se convirtió ahora en el principal motor de su política hacia Latinoamérica. Eran los tiempos en que el comunismo internacional parecía realmente estar en camino de establecerse en partes substanciales del globo; la Unión Soviética se había apoderado de la Europa Oriental, en China había triunfado la revolución comunista de Mao y avanzaba hacia el Tibet y Corea; los países que hoy llamamos del Tercer Mundo eran particularmente vulnerables a la subversión marxista, y Latinoamérica, naturalmente, era el área que Washington miraba con mayor preocupación. Los Estados Unidos tendieron así a reconocer a aquellos gobiernos latinoamericanos que parecían estar en condiciones de contener las actividades comunistas y el hecho de que éstos a menudo no eran regímenes democráticos ocasionó no pocas críticas contra Washington por parte de los sectores liberales de Latinoamérica. En cuanto a las fuerzas de la izquierda, siempre listas a atacar al "imperialismo yanqui", presentaron a los Estados Unidos como aliados naturales de gobiernos antidemocráticos. El caso de Guatemala en 1954 les proporcionó una *cause célèbre* cuando se descubrió que la Agencia Central de Inteligencia norteamericana (la "CIA") había apoyado clandestinamente a la fuerza militar guatemalteca que derrocó a Jacobo Arbenz, el presidente izquierdista, aunque democráticamente electo, de Guatemala[4]. En 1958, Richard Nixon, entonces vicepresidente de los Estados Unidos y famoso por su anticomunismo, realizó una "gira de buena voluntad"° por varios países latinoamericanos y no encontró exactamente la "good-will tour" recepción que esperaba. En Caracas, Venezuela, vio su vida en peligro cuando su limosina fue atacada por una multitud enfurecida. Esto conmocionó a Washington. Obviamente, aquélla ya no era la Latinoamérica amigable de los tiempos de FDR, de la que se podía esperar una lealtad casi incondicional.

Revolución en Cuba

El triunfo en Cuba de la revolución encabezada por Fidel Castro (1959) creó un nuevo foco de tensiones en el Caribe. Castro había llegado al poder como líder de una revolución nacionalista y democrática sin una orientación ideológica definida; pronto, sin embargo, empezó a orientarla hacia el socialismo y a incrementar sus contactos con los países del bloque comunista, al tiempo que aumentaba su retórica anti-yanqui. En 1960 el gobierno cubano estableció relaciones diplomáticas y comerciales con la Unión Soviética, la cual firmó un acuerdo con Cuba para comprarle parte de su producción azucarera, el sector vital de la economía cubana. Por otro lado, el gobierno castrista inició una ola de expropiaciones de propiedades y empresas norteamericanas. Cuando las refinerías de petróleo estadounidense que operaban en Cuba se negaron a procesar el petróleo ruso que Castro había empezado a importar, éste decretó su expropiación. Esto desencadenó una serie de acciones y reacciones entre los dos gobiernos que resultaron en la confiscación total de las propiedades norteamericanas en la isla, la supresión de la cuota que disfrutaba el azúcar cubano en el mercado estadounidense—al que Cuba vendía la mayor parte de su producción—y el embargo impuesto por el gobierno norteamericano sobre las exportaciones a Cuba. En enero de 1961 los dos gobiernos rompieron sus relaciones diplomáticas.

Durante esos meses todo el mundo esperaba una respuesta militar de los Estados Unidos, pero ésta nunca se produjo. Lo que se produjo fue un insuficiente y mal preparado intento por derribar al régimen de Castro utilizando una pequeña fuerza de 1.200 exiliados cubanos que fueron entrenados por la CIA en Guatemala para lanzar una invasión de la isla. Concebido durante los últimos meses de la administración de Eisenhower, el plan fue heredado por Kennedy, quien lo aprobó sin entusiasmo con la condición de que no intervinieran directamente las fuerzas navales y aéreas norteamericanas, lo cual fue un golpe de muerte para el proyecto y para muchos de los cubanos exiliados que participaron en la acción. Tras desembarcar en la Bahía de Cochinos, en la costa sureste de Cuba, los miembros de la brigada anticastrista, carentes de apoyo aéreo o naval, fueron pronto rodeados por las fuerzas de Castro, muy superiores en número, y muertos o capturados. Este hecho bochornoso° marcó el peor momento de la presidencia de Kennedy y la imagen de los Estados Unidos sufrió un daño difícil de reparar: el poderoso Goliat del norte había sido humillantemente derrotado por el pequeño David del Caribe. Naturalmente, la imagen de Castro salió engrandecida de este episodio.

shameful

La crisis de los cohetes

Esa imagen de debilidad del gobierno norteamericano y de su joven y relativamente inexperto presidente, envalentonaron° al gobierno del entonces primer ministro de la Unión Soviética, Nikita Krushchev, que primero amenazó con defender a Cuba si era atacada por los Estados Unidos y luego decidió instalar bases militares secretas en la isla, provistas de cohetes° nucleares

emboldened

missiles

programados en dirección al territorio norteamericano. Cuando en octubre de 1962 aviones de vigilancia estadounidenses tomaron fotos de dichas bases, Kennedy obtuvo una prueba incontrovertible de los planes soviéticos y acudió a la televisión norteamericana para denunciar el hecho y anunciar la reacción de su gobierno: exigió a los soviéticos que retiraran los cohetes de Cuba y declaró una "cuarentena"°, es decir, un bloqueo naval de la isla. *"quarantine"* Los buques soviéticos serían interceptados al entrar en aguas del mar Caribe y registrados° para determinar si eran portadores de equipo militar destina- *searched* do a Cuba, en cuyo caso serían forzados a volverse atrás. En una rara mues- tra de unanimidad, los países latinoamericanos, a través de la OEA, respal- daron la decisión de Kennedy e incluso varios de ellos enviaron fuerzas nava- les para apoyar el bloqueo. Durante unos días, mientras se esperaba la reac- ción de la Unión Soviética, el mundo entero contuvo la respiración: nunca la humanidad se había hallado tan cerca de la impensable guerra nuclear. Tras una serie de tensos mensajes entre Washington y Moscú, Krushchev accedió por fin a desmantelar las bases de cohetes, pero a un precio: Kennedy se comprometió a no invadir a Cuba. Desapareció así el peligro inmediato de un holocausto nuclear; por otra parte, la promesa de no inva- dir hecha por Kennedy significó una tácita abdicación de la Doctrina Monroe.

Castro, mientras tanto, había proclamado su intención de convertir a la cordillera de los Andes en la Sierra Maestra de Latinoamérica[5], es decir, de exportar su revolución a los demás países latinoamericanos. Y el líder cuba- no hablaba en serio: Cuba se convirtió en centro de entrenamiento de futu- ros guerrilleros de otros países latinoamericanos y en aprovisionadora de armas y apoyo táctico y militar a los numerosos grupos subversivos que empezaron a operar en buena parte de aquellas naciones. El dirigente cuba- *"bearded men"* no y sus "barbudos"° habían conseguido crear una especie de mística revo- lucionaria que comenzó a extenderse por el Hemisferio.

La Alianza para el Progreso

Fue en reacción a ese inquietante clima ideológico que John Kennedy anun- ció en marzo de 1961 una ambiciosa iniciativa de cooperación entre los Estados Unidos y Latinoamérica, la Alianza para el Progreso. La Alianza no intentaba ser un plan más de ayuda económica a los países latinoamericanos sino un programa de apoyo técnico y económico a proyectos que formula- ran los propios países en una serie de áreas vitales: desarrollo económico, reformas sociales, educacionales, sanitarias, etc. Estos ambiciosos proyectos serían canalizados a través de organismos internacionales como la OEA y agencias del propio gobierno norteamericano. Los Estados Unidos se com- prometieron a aportar 20.000 millones de dólares en los próximos diez años. La recepción a este grandioso proyecto fue entusiasta, ayudada por la popularidad de que gozaba el carismático presidente norteamericano en Latinoamérica. Al mismo tiempo, Washington comenzó a mostrar mayor preocupación hacia el estado de la democracia en toda la región, alentando° la instalación de regímenes democráticos. Por otro lado, inició un vigoroso programa de entrenamiento militar para asistir a aquellos gobiernos latino-americanos que tenían que hacer frente a actividades guerrilleras en sus territorios. Así se crearon los cuerpos de élite conocidos como "boinas verdes"° que luego se distinguieron en Vietnam. Un crecido número de militares lati-noamericanos fueron también a recibir entrenamiento especializado en los Estados Unidos.

encouraging

"green berets"

De Kennedy a Johnson

El asesinato de Kennedy en 1963 marcó el final de los años optimistas de la Alianza para el Progreso y del compromiso norteamericano de impulsar y contribuir substancialmente a ella . Su sucesor, Lyndon Johnson, fue un pre-sidente más orientado hacia las cuestiones domésticas norteamericanas que hacia las internacionales, y la Alianza languideció° bajo su administración. Luego, su progresiva inmersión en los problemas de la guerra de Vietnam ocuparon la mayor parte de su atención. El hecho más importante ocurrido bajo la administración de Johnson, en lo que a Latinoamérica se refiere, fue la intervención de los Estados Unidos en la República Dominicana (1965). El desembarco de más de 20.000 marines en suelo dominicano hizo revivir las críticas contra el intervencionismo norteamericano. No pocos acusaron a Johnson de haber regresado a la política agresiva de los tiempos de Teddy Roosevelt y su "Gunboat Diplomacy". El principal motivo de esta interven-ción estadounidense fue el temor de que en la República Dominicana estu-viese a punto de instalarse un régimen parecido al de Fidel Castro aprove-chando la caótica situación de guerra civil que se produjo tras el derroca-miento por el ejército del presidente Juan Bosch[6]. Johnson obtuvo el apoyo de la OEA para formar una fuerza militar interamericana que, aunque dominada numéricamente por los Estados Unidos, se puso bajo el mando de un oficial del ejército de Brasil, uno de los cinco países latinoamericanos que enviaron tropas. La OEA también se hizo cargo de conducir las negociaciones entre los bandos dominicanos en disputa, hasta que en agosto de 1965 se logró firmar un "acta de reconciliación". Las fuerzas pro-Bosch, diezmadas° ya mili-tarmente, accedieron a participar en unas elecciones democráticas. En sep-tiembre de 1965 las tropas norteamericanas y las de sus aliados se retiraron de Santo Domingo, cinco meses después de su llegada. En las elecciones pre-sidenciales, que se celebraron puntualmente en 1966, se enfrentaron Juan Bosch y Joaquín Balaguer, un candidato conservador que, aunque había

languished

decimated

sido presidente durante la era del dictador Rafael Trujillo (1930-1961), era un hombre respetado. Los Estados Unidos decidieron mantener la más estricta neutralidad, aunque no era secreto que la administración de Johnson prefería a Balaguer. Para alivio de Washington, Balaguer resultó electo por una amplia mayoría y el país inició su retorno a la normalidad.

Años de limitada actividad: las administraciones de Nixon y Ford

Durante las administraciones de Richard Nixon y Gerald Ford (1969-77) hubo pocas iniciativas económicas o diplomáticas en Latinoamérica. Esto reflejaba la orientación europea de Nixon y de Henry Kissinger, principal arquitecto de la política exterior norteamericana durante ambas administraciones. No ocurrió tampoco en ese período ninguna intervención militar estadounidense en Latinoamérica; al mismo tiempo, continuó vigente la presunción de que los conflictos políticos e ideológicos que se produjeran en esos países eran de la incumbencia de los Estados Unidos si conllevaban el peligro de la expansión comunista. Así sucedió en el caso de Chile, donde una coalición de izquierdas encabezada por el marxista Salvador Allende capturó la presidencia del país tras las elecciones de 1970. La administración de Nixon adoptó una política dual de hostigamiento° al régimen chileno: por un lado, aplicó presión económica, entorpeciendo° la concesión de préstamos° a Chile por agencias internacionales de crédito y alertando a inversores° norteamericanos sobre los riesgos de invertir en aquel país; por otro, realizó contribuciones monetarias secretas a periódicos y a los partidos políticos opositores a Allende, aunque las sumas de dinero empleadas en esto fueron bastante modestas. Estas tácticas no jugaron un papel decisivo en la caída de Allende en 1973, que se produjo más bien debido a una combinación de factores internos[7], pero los procedimientos clandestinos utilizados por Washington en ese caso produjeron una fuerte reacción congresional que resultó en un incremento apreciable de la supervisión del Congreso sobre las actividades secretas de agencias como la CIA. Igual que el caso de Santo Domingo, el de Chile renovó la polémica sobre la legitimidad de las acciones clandestinas por parte del gobierno norteamericano en los asuntos internos de los países latinoamericanos, aun cuando se realizaran en nombre de la seguridad nacional. Bajo la presidencia de Ford un breve período de acercamiento entre Washington y el gobierno de La Habana llegó a su fin cuando en 1975-1976 unas 36.000 tropas cubanas fueron enviadas a Africa por Fidel Castro en apoyo del Movimiento Popular para la Liberación de Angola.

harassment
hindering
loans
investors

Carter y los derechos humanos

La presidencia de Jimmy Carter (1977-81) trajo un giro significativo a la política exterior norteamericana. El mayor énfasis estuvo ahora en la promoción de gobiernos democráticos en el Hemisferio y en el respeto a los derechos humanos por parte de éstos. El nuevo presidente pronto creó la impresión de que Washington estaba legítimamente interesado en establecer un diálogo con los latinoamericanos. Carter envió incluso a su esposa Rosalyn en una gira por varias naciones latinoamericanas con el propósito de informarse y establecer un diálogo con esos países; también reanudó° las negociaciones sobre el Canal de Panamá, que se habían quedado estancadas° bajo la administración anterior. Por fin, en septiembre de 1977 se firmaron los acuerdos que devolverían la zona del canal a la república de Panamá a partir del 31 de diciembre de 1999. Todo esto creó un ambiente más favorable hacia los Estados Unidos a través de Latinoamérica. Lamentablemente, sin embargo, Carter tuvo que confrontar una serie de situaciones difíciles, especialmente en Centroamérica y en el área del Caribe, que crearon interrogantes sobre la validez de su política conciliadora. La retirada de su apoyo al dictador nicaragüense Anastasio Somoza, por ejemplo, contribuyó al derrocamiento del mismo (1979), lo que a la larga hizo posible que se instalaran en el poder los sandinistas[8], cuyo régimen de orientación marxista siguió el modelo cubano. En otros países de Centroamérica, especialmente en El Salvador, aparecieron importantes movimientos guerrilleros izquierdistas, en tanto en Jamaica Michael Manley emprendía una política de "socialismo democrático" llena de una ácida retórica antinorteamericana. En la pequeña isla caribeña de Grenada otro gobernante populista de izquierda, Maurice Bishop, llegaba al poder tras un exitoso golpe de estado e iniciaba contactos con el régimen de La Habana.

Detrás de esa efervescencia revolucionaria se hallaba la sombra de Fidel Castro, que vió renacer su influencia en esos años. El fracaso de la aventura guerrillera del Che Guevara en Bolivia en 1967[9] había mostrado que no era fácil repetir los éxitos de la Sierra Maestra en la lejana cordillera de los Andes; la cuenca del Caribe, en cambio, resultaba ahora un escenario más realista y accesible al formidable aparato militar que los cubanos habían adquirido del bloque comunista. Castro participó directamente, por ejemplo, en la formación del Frente Farabundo Martí para la Liberación Nacional (FMLN), la guerrilla marxista de El Salvador, y actuó como mentor militar e ideológico del gobierno sandinista de Nicaragua, donde operaban miles de cubanos que actuaban como maestros voluntarios, consejeros técnicos y militares. La administración de Carter, sin embargo, optó por ensayar un diálogo con La Habana que resultó en el reinicio de limitadas relaciones diplomáticas entre los dos países. Pero no era un diálogo fácil. Aparte de sus actividades en la América Central y en el Caribe, el gobierno cubano continuó extendiendo su área de influencia a otros países africanos además de Angola. En 1978, por ejemplo, 15.000 soldados cubanos acudieron en ayuda de Mengistu, el dictador marxista de Etiopía, que se defendía de una invasión proveniente de

Somalia. Más cerca de casa, se descubrió en 1979 la presencia en suelo cubano de una brigada de combate de soldados rusos. Ese mismo año, en La Habana, Castro actuó como presidente de la Sexta Cumbre de los Países no Alineados, importante organización de naciones mayormente del Tercer Mundo con las más variadas orientaciones ideológicas, desde la India, más bien moderada, hasta países de orientación marxista. Durante varios meses los Estados Unidos tuvieron que enfrentar la nada atractiva perspectiva de que Castro consiguiese poner a dicha organización en la órbita pro-soviética.

El equipo de Carter consiguió al cabo persuadir a varios países claves entre los no alineados para que resistieran las presiones ideológicas que les venían de La Habana, pero este innegable éxito resultó opacado° por el episodio del Mariel, el éxodo de 125.000 cubanos que en la primavera del año 1980 se hicieron a la mar desde el puerto de Mariel, Cuba, rumbo a las costas de los Estados Unidos. Carter decidió aceptar a todos los cubanos que, huyendo de la dictadura de Castro, quisiesen venir a los Estados Unidos en el puente marino de pequeñas embarcaciones que se creó, pero ese generoso gesto le trajo más críticas que parabienes° cuando el número de refugiados cubanos llegó a hacerse tan grande que aparecieron serios problemas para asimilarlos, especialmente en el estado de la Florida. El problema fue agravado por la presencia de un número de enfermos mentales y delincuentes comunes que Castro había plantado entre los refugiados con el propósito de embarazar al presidente estadounidense[10]. Los comienzos prometedores de la política de Carter hacia la América Latina se vieron así frustrados por circunstancias que a menudo estuvieron más allá del control de Washington.

obscured

congratulations

Nuevos rumbos: Reagan y Bush

La era que se abrió con las presidencias de Ronald Reagan y George Bush (1981-1993) estableció varios importantes cambios de dirección en las relaciones interamericanas. Se ha acusado frecuentemente a ambas administraciones de no haber mantenido el énfasis de Carter en el respeto a los derechos humanos, preocupándose más bien por combatir la influencia comunista en el Hemisferio, aun al precio de brindar su apoyo a gobiernos no democráticos o francamente represivos. Es difícil, sin embargo, hacer generalizaciones válidas en tales cuestiones. Si miramos, por ejemplo, a Centroamérica y al área del Caribe, las zonas más contenciosas de esos años, tanto Reagan como Bush mostraron todavía la inclinación a promover la creación de gobiernos democráticos, pero mostraron también mayor disposición que Carter a emplear los medios disuasorios° característicos del período de la Guerra Fría para impedir la expansión del marxismo en la región. En el caso de Reagan, una rápida operación militar en Grenada (octubre de 1983) puso fuera de combate a los militares que habían derrocado y asesinado

dissuasive means

al primer ministro Bishop; los *marines* también detuvieron allí la construcción de un aeropuerto que en opinión de la administración de Reagan iba

while at it

a ser usado por el gobierno de Grenada con fines estratégicos; de paso° arrestaron y devolvieron a La Habana a los soldados y obreros cubanos que construían dicho aeropuerto. En Nicaragua, el gobierno sandinista se vio sometido a la doble presión del boicot económico decretado por Washington sobre sus exportaciones a Estados Unidos y la ayuda militar prestada por la administración de Reagan a la "contra"[11], la guerrilla que se oponía a los sandinistas. En el Salvador, los guerrilleros del FMLN tuvieron que enfrentar a un gobierno reformista fortalecido por la ayuda económica de Washington y a un ejército cuya efectividad fue notablemente incrementada por las armas y el entrenamiento recibido de militares norteamericanos. Bush, por su parte, continuó, en general, la política latinoamericana de Reagan y le tocó protagonizar un episodio sui generis, la incursión militar en Panamá (diciembre de 1989) que puso fin al régimen de Manuel Noriega, quien fue capturado y llevado a Estados Unidos para ser juzgado por tráfico de drogas[12]. Fue bajo la administración de Bush que se materializaron los resultados de la política iniciada por Reagan en Centroamérica, sin duda ayudada por la desintegración de la Unión Soviética. El régimen sandinista, obligado a gastar la mitad de su presupuesto en la lucha contra la "contra" y plagado, entre otras cosas, por la ineficiencia administrativa, los efectos del boicot norteamericano y una agricultura devastada por la guerra, presidía una Nicaragua al borde del colapso. En las elecciones de 1990 los sandinistas fueron derrotados por la coalición liberal presidida por Violeta Chamorro. En El Salvador, el gobierno y la guerrilla entraron al fin en negociaciones que culminaron en un tratado de paz firmado en 1992. El régimen de Fidel Castro, enfrentado al problema de su propia supervivencia tras el colapso del bloque soviético, había tenido que retirarse de Africa y no era ya un factor importante en la escena política y militar del Caribe.

El pasado reciente y perspectivas futuras

Las relaciones entre los Estados Unidos y Latinoamérica han experimenta-

calming down

do un notable aquietamiento° desde el final de la Guerra Fría. La administración de Clinton comenzó una era ausente de actitudes beligerantes en que las preocupaciones ideológicas han sido en buena parte sustituidas por un más contemporáneo énfasis en la cooperación comercial. Extinguidas ya las perspectivas de una expansión del comunismo, es posible ahora promover sin reservas el establecimiento de gobiernos democráticos en el Hemisferio. Un signo positivo de los tiempos que corren fue el desembarco de los marines norteamericanos en Haití en 1994: esta vez venían a restaurar la democracia en la persona del legítimamente electo presidente Jean-Bertrand

Aristide y fueron recibidos como héroes por el pueblo haitiano. Esto no significa necesariamente el comienzo de una era de paz ininterrumpida. Todavía existe la mayor parte de los problemas sociales que motivaron la violencia armada en el pasado y es de esperar que ésta recurra periódicamente. También es probable que se repitan ciertos patrones: líderes educados que formulan un programa de izquierda o incluso de inspiración marxista en nombre de las masas empobrecidas que dicen representar. Así ocurrió, por ejemplo, en el ya mencionado levantamiento neozapatista que sacudió a México a principios de 1994. Al mismo tiempo, tales episodios no tendrán ya, como antes, las posibilidades de escalar hacia una confrontación Este/Oeste y ello hará improbable que los Estados Unidos los perciban como amenazas a su seguridad.

En la ya larga historia de las relaciones interamericanas, los Estados Unidos han tenido que enfrentar una y otra vez la acusación de ejercer una misión imperial en Latinoamérica motivada fundamentalmente por ambiciones económicas. Las inversiones norteamericanas en los países latinoamericanos ciertamente han sido cuantiosas[13], pero sería difícil demostrar que la política exterior de los Estados Unidos hacia Latinoamérica ha estado motivada principalmente por objetivos económicos, ni aun durante la más agresiva era de Teddy Roosevelt. Sería probablemente más correcto hablar de una compleja mezcla de intereses estratégicos, económicos y políticos, e incluso de motivaciones altruistas que se han acentuado en ciertos períodos. No ha existido, ciertamente, un "gran diseño" motivado por predeterminados objetivos fijos, pues éstos, como hemos visto, han evolucionado a través de los años, con los altibajos de la situación mundial y los diferentes intereses de las varias administraciones norteamericanas.

La influencia política y económica de los Estados Unidos en Latinoamérica ha tendido a disminuir desde los años 50, en parte porque las naciones latinoamericanas han evolucionado hacia posturas internacionales más independientes, y en parte porque otros países industrializados—Japón, Alemania, Francia, etc.—han aumentado considerablemente su presencia en el mercado latinoamericano, a expensas de la de los Estados Unidos. Por otro lado, la influencia cultural norteamericana, no hace sino aumentar cada día, y este nuevo tipo de "intervencionismo" yanqui será más difícil de rectificar que el de Teddy Roosevelt pues no se origina en la Casa Blanca ni en el Pentágono sino en Hollywood, en los estudios de grabación de Detroit o Minneapolis, en los miles de lugares de Norteamérica donde se fabrican los artefactos y símbolos del atractivo modo de vida norteamericano y de su tremenda creatividad tecnológica y artística. Es ésta quizás la mayor área conflictiva que asoma en el horizonte de las futuras relaciones entre los Estados Unidos y las naciones de Latinoamérica. No es que éstas se hallen a *caution*

punto de perder su identidad, pero la creciente penetración de la cultura estadounidense en ellas crea inevitablemente tensiones y sentimientos conflictivos
en que se mezclan la admiración, la cautela° y la desconfianza.

Los Estados Unidos, pues, parecen seguir destinados a ocupar un espacio
desproporcionado en nuestro Hemisferio aun cuando su política exterior
haya optado por la cooperación y la convivencia. El siguiente comentario del
distinguido escritor venezolano Arturo Uslar Pietri ilustra bien los sentimientos de no pocos latinoamericanos hacia Norteamérica: "Como decía
una vez un primer ministro canadiense … no es cómodo dormir al lado de
un elefante…, no porque el elefante sea maligno por naturaleza, no, pero
es demasiado grande… Estados Unidos es un país imperial por las circunstancias de su poder, pero no es un país con un designio imperial" (Sergio
Marras 255-56).

Notas

[1]Tras la derrota de Napoleón en Waterloo (1815), Rusia, Prusia y Austria formaron
la "Santa Alianza" cuyos planes incluían el retornar la situación política de Europa
a la que había existido con anterioridad a las guerras napoleónicas; ello significaba
que Hispanoamérica podría ser forzada a caer de nuevo bajo el dominio de
España. Esta nunca fue realmente una seria posibilidad pero Monroe creyó opor-
tuno hacer una vigorosa declaración al respecto.

[2]En la Argentina había muchas simpatías hacia la causa aliada pero los gobiernos
de esos años simpatizaban con los países del Eje y les permitieron a éstos conducir
campañas de propaganda pro-fascista y pro-nazi, sobre todo desde la embajada alemana en Buenos Aires. La Argentina no le declaró la guerra a los países del Eje
hasta 1944.

[3]El Consejo Permanente de la Organización es el organismo que preside las actividades normales de la OEA desde su sede en Washington, D.C.; está formado por
representantes de los países miembros con rango de embajador. En momentos de
crisis el Consejo puede convocar una reunión de consulta presidida por los ministros de Relaciones Exteriores de los países miembros. Durante los años de la
Guerra Fría la OEA se situó claramente en una postura anticomunista. La Carta de
Bogotá contenía ya una condena del comunismo internacional y de "cualquier
otra ideología totalitaria" como "incompatibles con el concepto de libertad susten-
tado en América". Frecuentemente acusada por las fuerzas de la izquierda latinoamericana de ser un servil instrumento de la política exterior de Washington, lo
cierto es que los Estados Unidos siempre han encontrado bastante dificultad en
conseguir la aprobación por la OEA de medidas de coerción diplomática o militar
contra una de las naciones miembros, pues todas ellas se inclinan a defender firmemente el principio de la no intervención. Por otra parte, se ha mostrado capaz de
adoptar sanciones diplomáticas y económicas para alentar el proceso de democratiza-
ción de varios países americanos (e.g., las sanciones adoptadas contra el dictador
dominicano Leónidas Trujillo en 1960, o contra la junta militar de Haití, más
recientemente), y ha servido de efectivo mediador en varios conflictos militares,

como sucedió en 1969 en la "guerra del fútbol" entre Honduras y El Salvador. Aparte de sus funciones diplomáticas, la compleja estructura de la OEA incluye varios organismos especializados en la promoción de objetivos concretos de carácter económico, social y cultural. La creación en 1959 del Banco Interamericano de Desarrollo representó un importante paso en la provisión de fondos y créditos para los países miembros. En la esfera cultural, destaca la meritoria labor del Museo de Arte de las Américas, también en Washington, D.C., cuyas paredes acogen a exposiciones de las más recientes corrientes del arte latinoamericano. Desde su creación, la OEA ha llenado el cargo de Secretario General con personalidades latinoamericanas de gran prestigio, como el ecuatoriano Galo Plaza o los colombianos Alberto Lleras Camargo y César Gaviria.

[4]El gobierno de Arbenz promulgó una ley de reforma agraria que iba a afectar las vastas propiedades de la United Fruit Company en el país. Por otra parte, aunque Arbenz no era personalmente comunista, permitió que los comunistas dominaran el movimiento laboral guatemalteco y se instalaran en importantes posiciones del gobierno. La compra de armas que hizo al bloque comunista sembró la alarma entre los países vecinos y en Washington. La ayuda norteamericana a la fuerza militar de exiliados guatemaltecos que invadió Guatemala desde Honduras y derrocó a Arbenz no fue considerable, pues se trataba de un "ejército" de unos pocos cientos de hombres y dos viejos aviones de la Segunda Guerra Mundial. El factor decisivo fue más bien la tensión entre Arbenz y su propio ejército, que se opuso a que se formaran milicias armadas de trabajadores procedentes de los sindicatos dominados por los comunistas para combatir a las fuerzas invasoras. Arbenz fue por fin obligado a renunciar y el ejército guatemalteco entró en negociaciones con el jefe de las fuerzas rebeldes, el coronel Carlos Castillo Armas, que ascendió a la presidencia en septiembre de 1954.

[5]Las montañas de la Sierra Maestra, en la parte oriental de Cuba, fueron el escenario de la exitosa lucha guerrillera de Fidel Castro contra la dictadura de Fulgencio Batista que culminó en la derrota de éste en 1959.

[6]Las fuerzas pro-Bosch, que combatían contra la junta civil impuesta por los militares, incluían a una mezcla de oficiales y civiles partidarios del depuesto presidente, agitadores comunistas, miembros del movimiento pro-castrista "14 de junio" y simples oportunistas que aprovechaban la caótica situación para saquear *(plunder)* tiendas y disparar *(shoot)* indiscriminadamente. La rebelión probablemente era demasiado caótica para ser dominada en aquel punto por ninguno de esos grupos pero la retórica que salía de sus filas era a menudo una copia al carbón de la de Fidel Castro. Las transmisiones de Radio Santo Domingo, capturada por los insurgentes, imitaban casi a la letra el lenguaje revolucionario de la Radio Rebelde de Castro. El más visible jefe de los rebeldes, el coronel Francisco Caamaño Deño, un oportunista oficial de los tiempos del dictador Trujillo, no era comunista pero su errática actuación en aquellos días críticos hacía difícil predecir su conducta futura.

[7]Entre otras cosas, el gobierno de Allende congeló los precios y aumentó los salarios, causando una inflación que llegó a sobrepasar el 300%. Buena parte de las empresas privadas del país fueron expropiadas por el gobierno, que mostró una obvia incapacidad para administrarlas eficientemente. Para empeorar las cosas, los elementos de la izquierda más radical presionaban al presidente para que fuera aún más lejos y con frecuencia actuaban por su cuenta, ocupando propiedades privadas sin consentimiento del gobierno. Allende, al cabo, empezó a perder el control

de la situación. Una serie casi ininterrumpida de huelgas *(strikes)* y protestas paralizaron repetidamente al país durante la primavera y el verano de 1973, protagonizadas por sectores profesionales, por pequeños comerciantes, amas de casa e incluso por sectores que normalmente habrían apoyado al gobierno, como los obreros de las minas y los camioneros *(truck drivers)*. El ejército chileno tenía una larga tradición de no intervención en la política del país pero el 11 de septiembre de 1973 un golpe de estado militar encabezado por el jefe del estado mayor, General Augusto Pinochet, derrocó al régimen de Allende, quien pereció *(died)* durante el ataque de las tropas al palacio presidencial. Durante los siguientes días, se desató una represión en la que murieron más de 5.000 personas y se inició un período de 17 años de gobierno dictatorial bajo Pinochet.

[8]Los sandinistas invocaban la herencia revolucionaria de Augusto César Sandino (1893-1934), un general nicaragüense que se opuso a la intervención de los Estados Unidos en Nicaragua en 1927 y acabó por convertirse en hábil guerrillero. Tras su asesinato a manos del futuro dictador Anastasio Somoza, Sandino se hizo una figura legendaria entre los izquierdistas latinoamericanos. No fue comunista, aunque el *Comintern* soviético lo consideraba favorablemente como un líder "progresista". Sus modernos seguidores, en cambio, sí adoptaron una orientación marxista.

[9]Ernesto "Che" Guevara (1928-1967) fue un médico argentino que se unió a Fidel Castro en México y fue uno de los protagonistas de la revolución cubana. En 1967 fue a Bolivia para tratar de iniciar allí un movimiento guerrillero al estilo cubano pero no encontró en la población rural la recepción que esperaba. Los campesinos bolivianos habían tenido ya su propia revolución, la de 1952, y aparentemente miraron al "Che"—sofisticado revolucionario internacional—como a un extranjero. Además, el ejército boliviano, bajo un popular presidente, René Barrientos, había sido entrenado por instructores norteamericanos en las tácticas de la guerra de guerrillas. Guevara fue capturado y ejecutado sin juicio *(trial)* previo en octubre de 1967.

[10]El episodio del Mariel comenzó cuando, en abril de 1980, Castro ordenó retirar a los guardias que custodiaban el acceso a la embajada del Perú en La Habana, después de un incidente en el que varios cubanos trataron de refugiarse allí. Como resultado, en los próximos dos días más de 10.000 personas entraron en la embajada pidiendo asilo político. Indignado, Castro anunció que podían marcharse de Cuba y abrió el puerto cubano del Mariel para los que quisieran salir. Al saberse la noticia, miles de personas se precipitaron al Mariel mientras los cubanos exiliados de Miami empezaban a alquilar yates y pequeños barcos para ir a buscar a sus familiares. El masivo éxodo sólo terminó cuando Castro ordenó cerrar de nuevo el mencionado puerto.

[11]La "contra" (alusión a "contrarrevolucionaria") era una fuerza guerrillera que se oponía al gobierno sandinista usando estrategias similares a las que habían empleado los propios sandinistas en su lucha contra el dictador Somoza. La componían una mezcla de ex-sandinistas desencantados, ex-soldados del depuesto régimen de Somoza y campesinos impulsados por diversas motivaciones, entre ellas el miedo a las represalias *(reprisals)* que pudieran sufrir de un bando o del otro.

[12]Noriega se había convertido en el "hombre fuerte" de Panamá en 1982, cuando la Guardia Nacional panameña capturó el poder. Individuo corrupto, sospechoso de hallarse involucrado en el tráfico de drogas (la CIA lo había utilizado como

informante en varias ocasiones), entró en un demagógico debate nacionalista con el gobierno de Estados Unidos a propósito del Canal de Panamá. En 1988 declaró inválidas las elecciones presidenciales que habían sido ganadas por su opositor Guillermo Endara. La situación se deterioró especialmente después de que los Estados Unidos declararon un embargo sobre las actividades comerciales con Panamá. Varios incidentes entre soldados del régimen y militares norteamericanos de la zona del Canal culminaron en la detención temporal de varios de éstos. A fines de diciembre de 1989 un ataque por sorpresa de tropas norteamericanas puso fin al régimen de Noriega, que fue capturado y conducido a los Estados Unidos, donde había una orden judicial de detención contra él con motivo de su participación en el tráfico de estupefacientes *(drugs)*. Juzgado *(tried)* en un tribunal de la Florida fue encontrado culpable y condenado a servir una larga condena en una prisión federal de los Estados Unidos.

[13]Los países latinoamericanos, en efecto, han sido el destino de importantes inversiones norteamericanas especialmente en tales áreas como la minería, los combustibles (petróleo, gas natural), la agricultura, la banca y los servicios públicos. Para la década de 1920 el 35% de las inversiones norteamericanas en el extranjero se realizaban en Latinoamérica. Para mediados de siglo los Estados Unidos habían sobrepasado a Gran Bretaña como principal inversor en la región. Aventurándose hacia el sur de Panamá, las empresas norteamericanas se extendieron por Venezuela, Colombia, Brasil, los países de los Andes y los del cono sur de Suramérica. Una de las tradicionales áreas de inversión norteamericana ha sido la de extracción de materias primas para el desarrollo industrial norteamericano. En Chile, por ejemplo, dos compañías norteamericanas, Anaconda y Kennecott, controlaron por muchos años la mayor parte de la producción de cobre del país. El hecho de que muchas de esas inversiones eran altamente visibles y políticamente sensitivas le trajo a los Estados Unidos frecuentes acusaciones de estar explotando indebidamente los recursos naturales de Latinoamérica.

 Actividades y ejercicios

A. Preguntas sobre la lectura.

1. ¿Por qué el presidente Monroe creyó necesario formular su famosa doctrina?
2. ¿Qué consecuencias tuvo la voladura del acorazado "Maine"?
3. ¿Qué tipo de hombre fue José Martí?
4. ¿Qué tipos de acciones emprendieron los Estados Unidos en el área del Caribe como consecuencia del Corolario Roosevelt a la Doctrina Monroe?
5. ¿Por qué fue importante el Clark memorandum?
6. ¿Qué resultados tuvo la "política del buen vecino" de Franklin D. Roosevelt?
7. ¿Qué postura adoptaron la gran mayoría de las naciones latinoamericanas durante la Segunda Guerra Mundial?

8. ¿Cuál fue la principal preocupación de los Estados Unidos respecto a Latinoamérica durante los años de la Guerra Fría?
9. ¿Qué limites puso J.F. Kennedy a su apoyo a la invasión de la Bahía de Cochinos? ¿Cuál fue el resultado?
10. ¿Qué hizo el presidente Kennedy cuando comprobó que los soviéticos habían instalado cohetes nucleares en Cuba?
11. ¿Qué tipo de programa fue la Alianza para el Progreso?
12. ¿Por qué la administración de Lyndon Johnson decidió intervenir en la República Dominicana en 1965?
13. ¿Qué problemas ocurrieron en 1980 en relación con el gran éxodo de refugiados cubanos a la Florida?
14. Mencione un punto de contraste que hubo entre la política latinoamericana de Jimmy Carter y la que siguieron Reagan y Bush.

B. Sinónimos. Encuentre las palabras de la segunda columna que son sinónimas de las de la primera.

1. ____ suma   a. bloqueo
2. ____ estancado   b. viaje
3. ____ gira   c. grande
4. ____ parabién   d. inmóvil
5. ____ arbitraje   e. felicitación
6. ____ empresa   f. negociación
7. ____ cuarentena   g. cantidad
8. ____ cuantioso   h. negocio

C. Definiciones. Escoja las palabras de la lista que corresponden a las siguientes definiciones.

deuda	ápice	compartir	préstamo
registrar	vértice	orador	derribar
derogar	desenlace	entorpecer	multitud

1. _____ Una persona que pronuncia un discurso ante una audiencia.
2. _____ El final o resolución de una situación.
3. _____ Dejar sin efecto una ley o disposición legal.
4. _____ Echar abajo un gobierno por la fuerza.
5. _____ Así se le llama al punto más alto de una cosa.
6. _____ Una concentración grande de personas.
7. _____ Examinar una cosa o lugar en busca de algo que se cree oculto.
8. _____ Obstaculizar, hacer una cosa más difícil de lo necesario.

D. Complete estas oraciones con la información que sea correcta.

1. La Doctrina Monroe se invocó por primera vez _____.
   a. en 1898, durante la guerra contra España.
   b. en 1895, en la disputa entre Inglaterra y Venezuela.
   c. en 1904, cuando T. Roosevelt formuló su famoso Corolario.
   d. en 1914, en ocasión de la apertura del Canal de Panamá.

2. La Enmienda Platt estableció que _____.
   a. los Estados Unidos renunciaban a ocupar Cuba permanentemente.
   b. Puerto Rico sería un protectorado norteamericano.
   c. los Estados Unidos tendrían el derecho de intervenir en Cuba.
   d. el Corolario Roosevelt era contrario a la Doctrina Monroe.

3. Durante la Segunda Guerra Mundial el Brasil _____.
   a. se opuso a que los Estados Unidos establecieran bases militares en su territorio.
   b. envió tropas a combatir en Europa.
   c. no le declaró la guerra a Alemania hasta 1944.
   d. no asistió a las reuniones panamericanas de esos años.

4. La Carta de Bogotá estableció _____.
   a. la Organización de los Estados Americanos.
   b. el Tratado de Asistencia Recíproca.
   c. la Panamerican Union en Washington, D.C.
   d. la extensión del Plan Marshall a la América Latina.

5. Jacobo Arbenz fue _____.
   a. el jefe militar que invadió Guatemala en 1965.
   b. el famoso guerrillero que murió en Bolivia en 1967.
   c. el presidente de Guatemala que fue derrocado en 1954.
   d. el presidente de Haití que fue restaurado en 1994.

6. El tratado de 1977 entre los Estados Unidos y Panamá acordó
   _____.
   a. la devolución del Canal a Panamá en 1999.
   b. la creación de una nueva zona del Canal a partir de 1999.
   c. confirmar el acuerdo firmado con T. Roosevelt en 1914.
   d. la inmediata devolución del Canal a la República de Panamá.

7. Durante la administración de George Bush _____.
   a. se negoció de nuevo el tratado sobre el Canal de Panamá.
   b. se instaló al general Noriega en la presidencia de Panamá.
   c. se lanzó una invasión que derrocó al general Noriega.
   d. se organizó la intervención en la República Dominicana.

8. La invasión de la isla de Grenada se realizó durante la administración de

_____.

    a. Gerald Ford
    b. Richard Nixon
    c. Ronald Reagan
    c. George Bush

9. El Frente Farabundo Martí para la Liberación Nacional era

_____.

    a. la guerrilla de Nicaragua que se opuso al dictador Somoza
    b. la guerrilla salvadoreña de orientación marxista
    c. la llamada "contra" que se opuso a los sandinistas
    d. la guerrilla que derrocó al presidente Aristide de Haití

E. Opiniones e hipótesis

1. ¿Cree usted que los Estados Unidos actuaron correctamente en 1898 cuando le declararon la guerra a España debido a la situación en Cuba?
2. Si usted hubiera sido el presidente Kennedy, ¿qué habría hecho en estos dos casos?:
   a. la invasión de la Bahía de Cochinos en 1961
   b. la crisis de los cohetes nucleares en octubre de 1962
3. Retroceda usted hasta los años 70, la época de la Guerra Fría. ¿Qué piensa de los esfuerzos de la administración de Nixon por desestabilizar la presidencia de Allende en Chile?
4. En la capital de México existen ya restaurantes norteamericanos de la cadena *Taco Bell*. ¿Qué le sugiere esto?
5. Si usted pudiera formular la política exterior de los Estados Unidos hacia Latinoamérica, ¿cuáles serían sus principales objetivos e iniciativas?

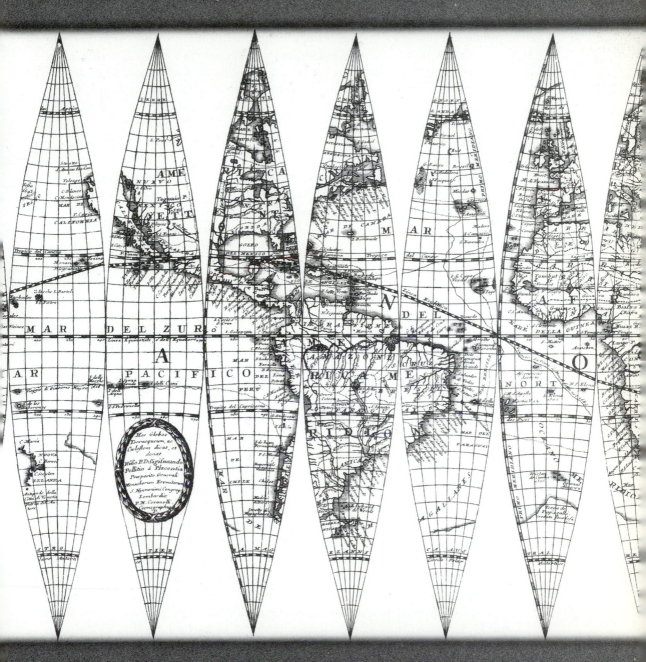

*V*irtualmente todas las naciones de Hispanoamérica están representadas en la gran comunidad hispana de los Estados Unidos, pero el 80% de ella proviene de México (60%), Puerto Rico (14%) y Cuba (6%). Comprensiblemente, los estados del suroeste norteamericano que bordean la frontera con México—California, Arizona, Nuevo México y Texas—contienen la mayor concentración de mexicano-americanos. El estado de Nueva York alberga buena parte de la población puertorriqueña, tradicionalmente atraída por las oportunidades de trabajo que ha ofrecido esa ciudad y la frecuencia y bajo costo de los vuelos San Juan-Nueva York. La Florida, a 90 millas de Cuba, ha sido el destino natural de los cubanos, especialmente desde que en 1960 se inició el gran éxodo de exiliados opuestos al régimen de Fidel Castro.

En las últimas décadas, por otra parte, ha habido una tendencia hacia la dispersión, especialmente entre la población puertorriqueña, que de sus enclaves en la ciudad de Nueva York se ha movido hacia otras ciudades del estado de Nueva York e incluso hacia otros estados, como Nueva Jersey, Connecticut e Illinois. En el área de Chicago reside ya el mayor núcleo de puertorriqueños fuera de la ciudad de Nueva York. En menor escala, los cubanos han ido constituyendo importantes comunidades fuera de la Florida, notablemente en la costa este de los Estados Unidos. El área metropolitana al oeste de la ciudad de Nueva York contiene la mayor concentración de cubano-americanos fuera del estado de la Florida; ciudades como West New York, Union City y Elizabeth—todas en Nueva Jersey—han adquirido una atmósfera distintivamente hispano-cubana. Filadelfia y Atlanta albergan también importantes comunidades de origen cubano. Los mexicano-americanos, en cambio, han mostrado menor tendencia a la dispersión. Cuatro de cada cinco de ellos viven todavía en los estados del suroeste norteamericano. Los que han emigrado más al norte han mostrado la tendencia a desplazarse hacia los estados del medio oeste, sobre todo al de Illinois.

Otro fenómeno relativamente reciente es la multiplicación de las nacionalidades representadas en la comunidad hispana de los Estados Unidos. Una importante inmigración dominicana ha estado llegando sobre todo a Nueva York desde la década de 1960, utilizando el puente aéreo Puerto Rico-Nueva York como principal vía de entrada, de modo que los dominicanos han llegado a rivalizar con los puertorriqueños como grupo hispano predominante en la ciudad de Nueva York. A partir de los años 70, la inestabilidad política de Centroamérica comenzó a producir una constante corriente de emigrantes y de refugiados políticos o económicos, especialmente desde Nicaragua, Guatemala y El Salvador. El destino preferente de ellos, en parte por razones geográficas, ha sido California (la ciudad de Los Angeles, por ejemplo, contiene la mayor concentración de salvadoreños que existe fuera de El Salvador). Los nicaragüenses, además, se han establecido en considerable número en el área de Miami.

Otro tanto han hecho los venezolanos, siguiendo la conveniente conexión aérea Caracas-Miami. La mayoría de los suramericanos, sin embargo, han mostrado tendencia a concentrarse en la costa este, sobre todo en Nueva York, donde argentinos, peruanos, ecuatorianos y colombianos forman los núcleos más importantes; estos últimos, ademas, son bastante visibles en el área de Miami. El otro estado preferido de los suramericanos, California, acomoda a una comunidad suramericana dominada por argentinos, peruanos, bolivianos y chilenos.

Los índices de lo hispano

¿Qué características distintivas permiten identificar a un individuo como "hispano"? Un criterio que, ciertamente, no debe usarse es el racial ya que no existe una "raza hispana". El hecho es, sin embargo, que los dos principales grupos que crearon la imagen de lo hispano en Estados Unidos, los mexicano-americanos y los puertorriqueños, estaban formados en parte apreciable por personas de color, lo cual creó en la mente del estadounidense la asociación de lo hispano con la categoría "not-White". Como ha apuntado Clara E. Rodríguez, refiriéndose al caso de los puertorriqueños, en los Estados Unidos *The ethnic order was subsumed into the race order. . . (based upon the White/not-White classification system). European ethnics were White, Africans and Asians were not-White. Hispanics straddled the queues or were not-White. These racial and ethnic patterns were clear to arriving Puerto Ricans—as it was also clear that these categorizations were real in their consequences"* (50-51). Las consecuencias han sido, por supuesto, las situaciones de clara o velada discriminación a que con frecuencia se ha visto sometida la población hispana de los Estados Unidos.

El Bureau del Censo de los Estados Unidos ha tratado de encontrar, a través de los años, criterios confiables que le permitan identificar a la población hispana de este país, entre ellos, la nacionalidad de origen de la persona o de sus ascendientes, el uso de la lengua española en el hogar, el hecho de tener un apellido° hispano, incluso el hecho de si la persona se identifica a sí misma como hispana. Ninguno de estos criterios es suficiente por sí mismo pero tomados en su conjunto°, pueden dar una noción bastante confiable de la pertenencia o no de la persona a la minoría hispana. ¿Pero es correcto, en realidad, hablar de una "minoría hispana" o de una "comunidad hispana" en la que se pretenda° incluir a todos los grupos hispanos de los Estados Unidos? Algunos contestan a esta pregunta de forma negativa debido a las notables diferencias económicas, étnicas y culturales que a menudo existen entre esos grupos. Un autorizado estudio sobre el tema llegaba, por ejemplo, a la siguiente conclusión: *"What is clear… is that in light of the extensive socioeconomic diversity characterizing the national origin groups, it is largely inappropriate to treat Hispanics as a single population"* (Bean & Tienda 103).

last name

as a whole

it is intended

No obstante, es posible argüir que existe una colectividad hispana en Estados Unidos con suficientes rasgos afines° para merecer tal nombre. Por encima de sus diferencias, las distintas comunidades hispanas de este país no sólo comparten los más obvios indicadores culturales—origen hispano, el español como principal referente lingüístico, el catolicismo como religión predominante, un común sistema de valores—sino también un lazo° de unión adicional y no menos importante: el hecho de que la sociedad norteamericana suele percibir a los hispanos como un grupo más o menos uniforme. Errónea o no, ésta es una percepción que el hispano tiene que enfrentar en su vida diaria, que es la que más cuenta. La pregunta "Are you Spanish?" ("Hispanic" no es parte del vocabulario habitual del norteamericano promedio) demanda una respuesta afirmativa tanto del argentino como del peruano asentado en Estados Unidos, antes de que uno y otro puedan aclarar su nacionalidad de origen. Y en el común de los casos, la mención de su particular nacionalidad tiene, para su interlocutor, menos importancia que el término "Spanish", con todo el complejo de ideas preconcebidas que evoca en la cultura angloeuropea.

similar — afines

tie — lazo

La familia y el barrio

Recordemos que el concepto hispanoamericano del término "familia" corresponde al de la llamada "familia extensa". No es sorprendente así que al trasladarse a los Estados Unidos el hispano trate de establecer en su nueva patria núcleos de convivencia familiar que incluyen a un alto número alto de personas y muestran considerable resistencia a ser fragmentados. Detrás de cada familia extensa hispana hay con frecuencia la historia de una familia nuclear que estableció una "cabeza de playa" en Norteamérica y luego fue trayendo al resto de sus familiares—hermanos, cuñados°, tíos, sobrinos, primos—, a veces con considerables sacrificios económicos. Una vez en Estados Unidos, tienden a mantener su proximidad geográfica, incluso a vivir en un mismo barrio. De ahí que los hispanos muestren menos tendencia a la movilidad geográfica que el resto de la población estadounidense. A menudo los incentivos económicos para trasladarse a otras partes del país— un empleo mejor pagado, por ejemplo—no son suficientes para hacerlos alejarse de su entorno familiar y, por extensión, del amplio círculo de amistades que genera este tipo de familia. Esto también les da a las comunidades hispanas una notable cohesión cultural y una menor disposición a ser absorbidas por la sociedad angloeuropea circundante°, a hacerse parte del "crisol", el *melting pot*, de los inmigrantes que les precedieron. ¿Se halla esto en proceso de cambio? Sin duda. En la medida en que la colectividad hispana gana acceso a la formación profesional y universitaria, como está sucediendo a un ritmo acelerado, las exigencias de la dinámica vida económica norteamericana

brothers/sisters in law — cuñados

surrounding — circundante

probablemente están destinadas a prevalecer sobre las estructuras tradicionales; como consecuencia, la tendencia a la dispersión se hace cada vez más fuerte. Pero esto no anuncia el final inminente de las estructuras mencionadas.

Más allá del círculo familiar, como extensión de él, el típico barrio hispano exhibe también características distintivas. Quien ande por él no dejará de notar una modalidad de vida volcada° hacia los espacios exteriores, aficio- *turned* nada a utilizar las calles, las plazas y otros lugares públicos como puntos no sólo de circulación sino también de encuentro y convivencia. Estos, recordemos, son signos medulares de la cultura peninsular hispana, manifestación de un espíritu gregario que hizo a los conquistadores españoles del siglo XVI fundar pueblos por toda América que tenían una plaza como centro nervioso de la comunidad. Tal tendencia, además, se acentúa en las ciudades norteamericanas debido al carácter popular que tiene la mayoría de sus barrios hispanos, en los que por razones económicas no suele haber muchas viviendas espaciosas y cómodas que inviten al aislamiento. La imagen del barrio hispano es así la de la forma de vida de las clases populares de Hispanoamérica—trabajadores manuales, pequeños tenderos°, emplea- *shopkeepers* dos de sueldos modestos, etc.—, de las cuales proviene la mayor parte de los emigrantes hispanos a Estados Unidos. Como tantos otros antes que ellos, han venido a este país en busca de una vida mejor, pero no se resignan fácilmente a perseguirla fuera del contexto familiar de sus barrios; éstos funcionan a menudo como santuarios que les ofrecen relativa seguridad respecto al ambiente más bien hostil, con frecuencia plagado de prejuicios que existe en el mundo urbano que les rodea.

La religión

Los hispanos de Estados Unidos, en su mayoría, trajeron a este país la religión católica de sus antepasados. Y si el catolicismo que practican las clases media y alta hispanas no difiere substancialmente del que predomina en los Estados Unidos (salvo los rasgos distintivos que anotamos en la Unidad X), los hispanos de extracción humilde, en cambio, se identifican a menudo con las modalidades del culto católico que suelen aparecer en los medios sociales de los que proceden. Así sucede, por ejemplo, con el sincretismo religioso, que en el Caribe mezcla las creencias cristianas con los cultos africanos, y en México y otros países hispanoamericanos inyecta las creencias indígenas en los dogmas católicos. También es frecuente ver la tendencia a incorporar al culto católico elementos del folclore y el arte autóctono de los países latinoamericanos, todo ello como parte de una experiencia estético-religiosa distintivamente hispana.

Hasta tiempos relativamente recientes la Iglesia norteamericana careció de estructuras adecuadas para atender las particulares necesidades de los feligreses hispanos; todavía a principios de los años 70 ofrecía muy pocos programas que trataran de establecer puentes culturales para los hispanohablantes. El número de sacerdotes hispanos, por ejemplo, era escasísimo: sólo un 2,5% del total. La ciudad de Chicago, con más de un millón de hispanos, contaba con sólo 29 sacerdotes de este grupo étnico (Weyr 200). Las cosas, afortunadamente, comenzaron a cambiar a mediados de los 70 y este progreso se aceleró bastante en la década de los 80. Ahora se ofrecían los servicios religiosos en español en las iglesias de los barrios hispanos, frecuentemente transmitidos por televisión, y se multiplicaban en las parroquias los programas de acercamiento cultural a sus feligreses hispanos. A partir del nombramiento en 1974 del primer arzobispo hispano, Roberto Sánchez, en Santa Fe, Nuevo México, creció notablemente el número de hispanos que accedieron a altos cargos de la Iglesia Católica de Estados Unidos. Apareció también un clima de activismo ideológico que articuló programas de reivindicación social dirigidos específicamente a los católicos hispanos. Durante unos años fue influyente incluso la "teología de la liberación"—de moda en los años 70 en Hispanoamérica—que aplicaba principios marxistas a la problemática social y organizaba a los católicos hispanos, sobre todo a los de clases humildes, en "comunidades de base" diseñadas para poner un acento de lucha social en las actividades religiosas. En general, el activismo social es recibido con simpatía en la comunidad hispana, pero debe contender a menudo con el carácter esencialmente conservador del sistema de valores de ésta, incluyendo sus nociones sobre el respeto que se debe a la institución de la familia; esto hace, por ejemplo, que muchos hispanos se opongan al aborto y miren con desconfianza a las creencias liberales o francamente de izquierda de algunos activistas que hablan en su nombre.

La música

Junto con su lengua, su sistema de valores, su religión, sus esperanzas, los hispanos han traído su música a los Estados Unidos, que no es contribución pequeña. La música moderna del mundo entero—la que lo mismo se oye en un elevador de Berlín que en un bar de Bankok—se ha nutrido principalmente de dos fuentes: la música estadounidense y la latinoamericana. Canciones como "Granada" del mexicano Agustín Lara, o "Siboney" y "Malagueña" del cubano Ernesto Lecuona, son parte de un legado musical que pertenece a toda la humanidad, aunque el 90% de sus escuchas° no hispanos ignoren los títulos de esas melodías y su nacionalidad de origen. El término "musica latina" y su traducción, *Latin music,* aluden, no realmente a un tipo de música sino a un complejo panorama musical que incluye aportes° de

listeners

contributios

diversas naciones latinoamericanas. En sus orígenes se hallan la música europea, principalmente española, secundariamente francesa, que evolucionó en el Nuevo Mundo, así como los ritmos autóctonos africanos que llegaron con los esclavos sobre todo a tierras del Brasil y del Caribe.

Es difícil exagerar la importancia que tiene la música en la vida del hispano. Su impacto trasciende las distinciones de clase y de generaciones. Si oímos a un hispano que cuenta la ocasión memorable en que asistió a un concierto de Paquito de Rivera en Nueva York, lo mismo puede tratarse de un joven dominicano de Manhattan, un obrero cubano de Nueva Jersey o un profesor puertorriqueño de Chicago. Cada nueva generación de hispanos se identifica, por supuesto, con la música de moda del momento, pero no rompe con el legado° musical de las generaciones anteriores, bien al contrario, se lo incorpora con naturalidad. Un joven hispano usualmente conoce los músicos y cantantes que estuvieron (y a menudo todavía están) de moda durante la juventud de sus padres; halla en ese acervo° común un espacio donde puede afirmar su identidad cultural; un espacio en el que, además, quedan momentáneamente soslayadas° las distinciones sociales, sobrepasadas° por la democracia del ritmo, a cuya atracción sucumben por igual el pobre y el rico, el obrero y el profesional.

La popularidad de la música hispana en los Estados Unidos se remonta° a la década de 1920, cuando la Revolución Mexicana de 1910 provocó un éxodo de emigrantes mexicanos a tierras norteamericanas; con ellos vinieron tales melodías como el jarabe tapatío y el corrido, así como las pequeñas orquestas típicas llamadas mariachis. El Hollywood de los años 20 se enamoró de los ritmos latinos, incluyendo el tango argentino, puesto de moda por Rodolfo Valentino, el ídolo romántico del cine mudo°. En los años 30 llegó a Hollywood el músico catalán nacionalizado cubano Xavier Cugat y popularizó una versión adulterada de la música latina a base de un pintoresco estilo personal respaldado por una magnífica orquesta. Por aquellos años se difundió° también la samba brasileña que la meca del cine incorporó a sus comedias musicales, haciendo de Carmen Miranda y sus espectaculares sombreros de frutas un hito de la cultura popular de la época.

En las décadas de los años 40 y los 50 el centro de acción se trasladó a la costa este de los Estados Unidos y en particular a la ciudad de Nueva York, donde ocurrió una verdadera explosión de música latina. El nuevo estilo que inició este fenómeno fue el mambo cubano, popularizado por Dámaso Pérez Prado y su orquesta; con ello comenzó una era de predominio de los ritmos afro-cubanos y otros ritmos caribeños, incluyendo el merengue dominicano y la cumbia colombiana, que en buena parte ha continuado hasta el presente. Estos eran los años en que ocurría el gran éxodo puertorriqueño a Nueva York, y los inmigrantes puertorriqueños pronto abrazaron con entusiasmo esos ritmos cuyas raíces estaban no sólo en Cuba sino también en el

legacy

(cultural) wealth

sidestepped/surpassed

goes back

silent

spread

acervo musical hispano-africano de Puerto Rico. Al éxito del mambo vino en seguida a sumarse el del cha-cha-cha, otro producto de la Cuba de los 50. Como ha apuntado el crítico Tony Evora, "eran los días de los miércoles de mambo en el Palladium [de Nueva York], donde asistían más jóvenes judíos que negros o latinoamericanos. Las orquestas de Tito Rodríguez, Machito y sus Afro-Cubans, Tito Puente y otros, lo manipularon en sus diversos estilos. Joe Loco, el pianista de Machito, hizo historia en el concierto 'Mambo USA' en Carnegie Hall". El repertorio de música latina se enriqueció aun más en los años 60 con el triunfo en los Estados Unidos del sensual, acariciante° ritmo brasileño de la *bossa nova*, sucesora de la samba; su canción emblemática, *"Garota de Ipanema"*, de Vinicius de Moraes y Antonio Carlos Jobim, fue grabada por Nat King Cole como *"The Girl from Ipanema"*, convirtiéndose en una clásico internacional.

caressing

Entre los exili ados cubanos que huyeron a Estados Unidos en los años 60 tras la subida al poder del régimen de Fidel Castro vinieron muchos músicos y artistas de primera fila que inyectaron nuevo vigor a la presencia musical cubana en suelo norteamericano: Celia Cruz, la orquesta "Sonora matancera", Paquito de Rivera, el gran Israel López, "Cachao", a quien algunos atribuyen la invención del mambo. El área de Miami, centro del exilio cubano, comenzó a competir con Nueva York como meca de la música latina. Fue en ese entorno de música predominantemente afro-cubana con contribuciones puertorriqueñas e influencias del jazz que empezó a usarse en Nueva York a mediados de los años 60 la palabra "salsa"; con ella se intentaba darle un nombre independiente a aquel fenómeno de trasplante y enriquecimiento de los ritmos caribeños en tierra norteamericana. Algunos de los más distinguidos músicos latinos, con Tito Puente e Israel López a la cabeza, han negado la existencia de la salsa, pues ven en ella sólo el desarrollo natural de la música cubana en el ambiente neoyorquino, pero es innegable que el término ha pegado° y hoy es el que más se usa en los Estados Unidos para referirse a la música de tipo caribeño, una música que ha continuado renovándose en las tres últimas décadas sin perder su individualidad. En el Miami de los años 80 apareció un conjunto° musical, "Miami Sound Machine", que ilustraba bien la capacidad de esa música para entrar en una fructífera síntesis con los ritmos pop de Norteamérica. Su número hit, "Conga", entró de lleno en la corriente central de la música norteamericana y convirtió a su cantante, la cubano-americana Gloria Estefan, en una figura de magnitud mundial. La salsa, en artistas como el panameño Rubén Blades, ha servido a menudo de marco a la protesta social.

has stuck

group

Los mexicano-americanos

Cuando en 1848 México perdió casi la mitad de su superficie a manos de los Estados Unidos, unos 100.000 mexicanos se quedaron a vivir en los territorios que pasaron a integrar el suroeste norteamericano. La emigración mexicana a Estados Unidos comenzó a aumentar a fines del siglo XIX, con la expansión de la agricultura en los estados del suroeste y la construcción de los ferrocarriles, y se aceleró a partir de los años caóticos que siguieron a la Revolución Mexicana de 1910. Para fines de la década de 1920 había un millón de mexicanos viviendo en los Estados Unidos. Los años 30, los de la Gran Depresión, crearon un ambiente hostil contra esta minoría; parte de ella fue ilegalmente repatriada y en aquel clima de general xenofobia, disminuyó dramáticamente el número de mexicanos que emigraban a suelo norteño. Al comenzar la Segunda Guerra Mundial, sin embargo, se produjo una gran escasez de mano de obra° agrícola en Estados Unidos que fue llenada por nuevas oleadas de inmigrantes mexicanos. El gobierno norteamericano estableció entonces el *"Bracero Program"*, que funcionó durante más de veinte años (1942-64) y permitía a trabajadores mexicanos entrar temporalmente en los Estados Unidos para emplearse en labores agrícolas. De este modo, hasta 400.000 de ellos eran admitidos anualmente para hacer trabajos que la mayoría de los ciudadanos norteamericanos no estaban dispuestos a hacer. Al terminar el programa de los braceros—en parte debido a la oposición de los sindicatos° norteamericanos—se produjo un espectacular aumento en el número de inmigrantes mexicanos que entraron o trataron de entrar ilegalmente en los Estados Unidos. El Servicio de Inmigración norteamericano comenzó a aprehender entre 800.000 y 1.000.000 de ilegales anualmente, la mayoría en la zona de la frontera entre México y los Estados Unidos.

Por otro lado, los mexicanos y mexicano-americanos que vivían legalmente en este país se sentían a menudo afectados por la sombra del prejuicio. Si a ello se añade el hecho de que el nivel de vida de la minoría mexicana era considerablemente inferior al del resto de la población estadounidense, se comprenderá la acogida favorable con que a menudo fueron recibidas las palabras de los líderes radicales que hicieron su aparición en los años 60, en las huellas° del movimiento en defensa de los derechos civiles de la población negra norteamericana. En Colorado, el activista radical Rodolfo "Corky" Gonzales proclamó el concepto de "la Raza", que proponía de manera desafiante la independencia de la comunidad mexicano-americana del resto de la sociedad norteamericana y una vía de confrontación para obtener sus objetivos sociales. En Nuevo Mexico, el carismático Reyes Tijerina presionaba a las autoridades para que se ventilaran en los tribunales de justicia los derechos que tenían los hispanos a las concesiones de tierras realizadas por la corona española con anterioridad a 1848. En Delano,

labor shortage

labor unions

in the footsteps

California, César Chávez, comenzaba su trabajo de organización de los trabajadores agrícolas fundando el *National Farm Workers Organizing Committee* (NFWOC); la exitosa huelga que organizó en los viñedos° de California, el boicot nacional que promovió contra los productores de vino de ese estado, mostraron la presencia de un talento organizador de primer orden, con una habilidad innata para usar efectivamente los medios de publicidad, incluyendo especialmente la televisión. Al grito de *"black power"* se unió ahora el de *"brown power"* y se popularizó el término "chicano" para referirse a los mexicano-americanos. Durante unos años la izquierda radical llevó la voz cantante° del movimiento chicano y alcanzó considerable visibilidad en conferencias y congresos que promovían "la Causa" a través de California y los estados del suroeste. No faltaron incluso los incidentes violentos, como los que protagonizó Reyes Tijerina y los seguidores de su movimiento, "la Alianza"[1]. Ese clima de confrontación disminuyó con el fin de la década de los 60. Signo de ello fue la creación de La Raza Unida como partido político a principios de los 70, que buscó adelantar la causa chicana a través de la vía de las urnas°. El líder de aquellos años que, merecidamente, conservó más prestigio fue César Chávez; su aproximación no violenta, su atractiva presencia, el fondo religioso de sus campañas en defensa de los trabajadores agrícolas, le convirtieron en una figura venerada por la comunidad mexicano-americana hasta el final de sus días, aunque sus campañas reivindicativas no volvieron a alcanzar éxitos comparables a los obtenidos en los años 60. El término "chicano" nunca ganó aceptación universal en la comunidad mexicano-americana, en parte porque buena parte de ella, de tendencia conservadora, lo identificó con un activismo radical de izquierda que no compartía.

El progreso de los mexicano-americanos—y lo mismo se podría decir del resto de los hispanos de Estados Unidos—ha sido lento aunque constante, sin grandes saltos espectaculares, conseguido a través de vías políticas y de un aprendizaje de las tácticas que funcionan mejor en los centros del poder político norteamericano, incluyendo el *lobbying* y la identificación y organización del voto hispano. La década de los 80 produjo un notable aumento en el número de mexicano-americanos elegidos a puestos públicos de importancia: Tony Anaya, por ejemplo, como gobernador de Nuevo México, Henry Cisneros, como alcalde de San Antonio, Federico Peña como alcalde de Denver. Aun así, las estadísticas de la comunidad mexicano-americana continuaban mostrando la desventaja en que se hallaba en relación con el resto de la población estadounidense. Mientras cerca del 42% de los norteamericanos nativos completaban por lo menos 12 grados de enseñanza primaria, menos del 17% de la minoría mexicana alcanzaba tal nivel (Heer 121). Todavía para 1989, de acuerdo con el Censo del año siguiente, más del 26% de esta minoría vivía por debajo de la línea de la pobreza, en comparación con

vineyards

the leadership

ballot boxes

un 13% para la población angloamericana. Y mientras ésta gozaba de un ingreso anual promedio de más de 14.000 dólares, los mexicano-americanos no llegaban a los 7.500.

El problema de la inmigración ilegal, por otra parte, ha continuado creando tensiones tanto dentro de la comunidad mexicano-americana como en las relaciones entre Estados Unidos y México. Según el Censo de 1980, 658.000 indocumentados vivían sólo en el condado° de Los Angeles (Heer 18). Para mediados de los años 90, el Servicio de Inmigración y Naturalización (INS) estimaba el número de inmigrantes ilegales en unos 400.000 para Texas y 1,6 millones para California. Las redadas° por sorpresa que ha practicado tradicionalmente el INS, "la Migra", han sido fuente de resentimiento entre la comunidad mexicana sin contribuir significativamente a la solución del problema. En la vasta frontera entre Estados Unidos y México, los agentes del INS carecen de suficientes medios de vigilancia y control para contener efectivamente el flujo ininterrumpido de mexicanos que penetran en suelo norteamericano en busca de trabajo, a menudo con la ayuda de "coyotes", guías ilegales que por una remuneración les llevan hasta los puntos de la frontera donde es más fácil pasar.

county

raids

Los puertorriqueños

Como antes hemos visto, en 1917 los Estados Unidos concedieron a los puertorriqueños un tipo especial de ciudadanía norteamericana, por lo que les ha sido posible entrar y salir de suelo estadounidense sin restricción alguna. Hasta la década de 1940, sin embargo, se trató de una emigración numéricamente modesta que, aunque iba a Estados Unidos por razones económicas, estaba compuesta en su mayoría por personas procedentes de centros urbanos, con un alto nivel de alfabetización y un oficio° que les permitía incorporarse rápidamente al mercado de trabajo estadounidense. Nueva York fue desde el principio su lugar de destino favorito y en esos años se establecieron los primeros núcleos de población boricua° en Brooklyn, East Harlem y otras áreas de Manhattan (Rodríguez 3).

trade

Puertorrican

La familia de Carlos y Carmen Ramos, familia puertorriqueña residente en Carlisle, Pennsylvania, muy activa en programas de ayuda comunitaria.

El gran éxodo comenzó en los años que siguieron al fin de la Segunda Guerra Mundial. Para 1980 más de dos millones de puertorriqueños vivían en Estados Unidos. Estos inmigrantes, por otro lado, procedían en buena parte de las áreas rurales de Puerto Rico, su nivel de alfabetización era menor que el de sus predecesores y la mayoría de ellos no poseía habilidades manuales especializadas. Ese dramático incremento en la emigración puede relacionarse con una serie de causas. En la década de los 40 se inició en Puerto Rico un ambicioso programa, la llamada "Operación Bootstrap", que buscaba conseguir la rápida industrialización de la isla mediante la concesión de importantes incentivos económicos y fiscales a empresas industriales extranjeras que se establecieran allí. El programa fue muy exitoso en cuanto a que logró aumentar apreciablemente el nivel de vida de la isla, pero no produjo la solución del problema del desempleo. Las plantas industriales que se establecieron no generaron suficiente número de empleos, mientras que la reorientación de la economía hacia la industria resultó en perjuicio de las actividades agrícolas pues la población campesina tendió a desplazarse hacia las ciudades; todo esto produjo un excedente de mano de obra que encontró una válvula de escape en la emigración hacia Estados Unidos. Aparte de esto, Estados Unidos y Nueva York ofrecían el atractivo del mito norteamericano como "tierra de promisión" y de oportunidades ilimitadas de trabajo.

Desafortunadamente, muchos puertorriqueños encontraron que "el sueño americano" no era fácil de realizar, especialmente en el entorno competitivo y a menudo hostil de una gran ciudad como Nueva York. Y la situación se les hizo aun más difícil debido a las transformaciones que experimentó la economía neoyorquina en las décadas de los 60 y los 70: en esos años Nueva York perdió una gran cantidad de puestos de trabajo en las industrias manufactureras, que eran las principales fuentes de trabajo para los puertorriqueños; por otro lado, no se crearon suficientes empleos en el área de servicios para compensar esas pérdidas. Esta tendencia empeoró° durante la década de los 80: los empleos de cuello y corbata° que constituían ahora el sector en expansión requerían conocimientos cada vez más especializados en materia de finanzas, mercados, programas informáticos°, etc, y la mayor parte de la población puertorriqueña no tuvo gran éxito en acceder a ese nuevo mercado de trabajo. Incluso los que poseían el entrenamiento apropiado y las necesarias credenciales académicas no encontraban fácil introducirse en el mundo de Wall Street y Madison Avenue. Aun en las empresas de mentalidad más abierta, los signos de identidad hispana—acento en la pronunciación del inglés, apellido hispano, etc.—actuaban a veces como sutiles barreras al acceso a los buenos puestos de trabajo.

Como consecuencia, muchos emigrantes de Puerto Rico llegaban ahora a Nueva York y no se quedaban allí sino se trasladaban a otras ciudades donde ya existían comunidades puertorriqueñas más prósperas. Incluso buena parte de los puertorriqueños de clase media empezaron a mudarse a otras comunidades fuera del área metropolitana. Nueva York misma

worsened
white-collar

computer programs

se convirtió en una ciudad que albergaba a una comunidad puertorriqueña predominantemente pobre, y que dependía en buena medida de la asistencia social° para sobrevivir. A ello vino a agregarse el problema del consumo y tráfico de drogas en los barrios, cuyos efectos han sido devastadores. Dos de las consecuencias más lamentables de ese proceso fueron, de un lado, el deterioro de las condiciones de vida en los barrios puertorriqueños, con el emblemático South Bronx a la cabeza; de otro, el daño que sufrió la tradicional estructura familiar hispana, que siempre ha sido el principal pilar de la sociedad puertorriqueña. Evidencia de ello es el alto porcentaje de niños nacidos de parejas no casadas, productos a menudo de relaciones sexuales ocasionales, y el también alto número de núcleos familiares presididos sólo por mujeres. Una conocida obra del gran dramaturgo puertorriqueño René Marqués, *La carreta* (1953), presenta la experiencia traumática de una familia puertorriqueña rural que se traslada primero a San Juan, luego a Nueva York, sólo para regresar, al cabo, al campo de Puerto Rico en busca de recuperar sus perdidas raíces culturales. *social welfare*

No todo en ese cuadro es negativo, sin embargo. Como ha destacado Clara Rodríguez, la comunidad puertorriqueña de Nueva York ha conseguido mantener una vida cultural poco visible para el observador externo pero que subsiste y se expresa en multitud de manifestaciones artísticas. Estudios y talleres° diseminados por los barrios han producido valiosas expresiones pictóricas propias que han hallado espacio en El Museo del Barrio, de la Quinta Avenida y en el *Bronx Museum of the Arts* (158-59). Joseph P. Fitzpatrick, por su parte, ha anotado la presencia del Ballet Hispánico de Nueva York y del *Puerto Rican Traveling Theatre* que, bajo la dirección de Miriam Colón, llevó a la escena la problemática puertorriqueña de los barrios, así como la productividad artística que ha demostrado esa comunidad en el campo del teatro y el cine: de allí salieron, en efecto, actores y actrices de la talla° de José Ferrer, ganador del Oscar por su actuación en Cyrano de Bergerac, Héctor Elizondo, Raúl Juliá, Chita Rivera, Rita Moreno … (60-61). El propio Fitzpatrick ha llamado la atención sobre importantes características de la idiosincrasia puertorriqueña que han logrado sobrevivir en suelo norteamericano aun en las condiciones más adversas: la distintiva manera, por ejemplo, en que los puertorriqueños, ya sean de piel blanca o de piel morena, pueden confraternizar en reuniones y celebraciones, o la capacidad de las familias puertorriqueñas para lidiar de manera ecuánime° con los reveses° más serios de sus vidas diarias gracias a la fortaleza que, a pesar de todo, mantienen los lazos familiares en esta cultura (112; 90). *workshops* *stature* *calm* *setbacks*

Por último, cuando los puertorriqueños no han tenido que enfrentar condiciones tan adversas como las de la ciudad de Nueva York, han sido muy capaces de crear comunidades prósperas, según ha sucedido en otros enclaves boricuas del estado de Nueva York, la Nueva Inglaterra, el medio oeste norteamericano y el área de San Francisco en California, por no hablar del alto nivel de vida que han alcanzado en el propio Puerto Rico. Allí, en su isla, han conseguido mantener una identidad cultural hispana de asombroso vigor que es puesta a dura prueba pero consigue sobrevivir cuando emigran a Estados Unidos. Es difícil encontrar otro grupo hispano que, aunque en tierra extraña, muestre mayor identificación emocional con las cosas de su tierra de origen: con su comida, su música, su sentido comunitario basado en la supremacía de la amistad y de los lazos familiares, con el escenario de su bella isla que evocan las notas del "himno nacional" puertorriqueño: "Mi viejo San Juan".

Los cubanos

El tercer gran grupo de hispanos asentados en Estados Unidos se diferencia de los otros en varios aspectos. La mayor parte de la emigración cubana que vino a Estados Unidos durante los años 60 lo hizo por razones ideológicas más bien que económicas. Se trataba, además, de emigrantes pertenecientes en su mayoría a la raza blanca y con un nivel de educación bastante superior al de casi todos los demás grupos hispanos. Los cubanos se han distinguido también por su baja tasa de fertilidad y por su tendencia a residir fuera del centro de las ciudades, en barrios residenciales. Económicamente, disfrutan de un nivel de ingresos sólo ligeramente inferior al de la población angloamericana.

Esas características tienen que ver con el hecho de que, sobre todo en el período 1959-63, los exiliados procedían en buena parte de la clase media y alta de la sociedad cubana. Hasta cierto punto, esos primeros contingentes de *set the behavioral rules* refugiados sentaron las pautas de comportamiento° para los que vinieron después. El impresionante éxito que han tenido en adaptarse a la vida de su nuevo país y prosperar en ella es una historia que ha sido contada muchas veces. Cuando llegaron a Miami, el principal centro del exilio cubano, ésta era una ciudad en decadencia, con pocas plantas industriales y una industria turística *languished* que languidecía°. Pocos años después, y gracias en buena medida a la dinámica presencia de los exiliados cubanos, Miami se había convertido en una próspera metrópoli y en el principal centro financiero de los negocios entre los Estados Unidos y Latinoamérica. La presencia cubana actuó también como incentivo para que otros núcleos de población hispana vinieran a establecerse en la Florida. Miami ha llegado a ser llamada "la capital de Latinoamérica".

La explicación de ese éxito no reside únicamente en la abundancia de personas de la clase media y alta entre los exiliados cubanos. Aun en el período inicial, 1959-63, más del 50% de los exiliados eran empleados y obreros especializados o semiespecializados, y esta representación de la clase obrera fue aumentando en los años siguientes, a medida que las leyes y disposiciones del gobierno comunista de Castro fueron afectando a sectores cada vez más amplios de la población cubana. Para 1967 sólo el 18% de los exiliados

eran profesionales o ejecutivos (Fagen 115). Esto quiere decir que "el milagro cubano" ocurrido en las décadas de los 60 y los 70 fue producido por una
comunidad cubana cuya composición social se acercaba a la de la sociedad
que había dejado atrás en mayor medida de lo que usualmente se piensa
(Boswell & Curtis 45). Los exiliados, por otro lado, se hallaban altamente
motivados para abrirse paso° en la sociedad norteamericana porque tenían   *to succeed*
algo que probar. El trato abusivo que habían recibido de las autoridades del
régimen de Castro, que los tachaban de° "gusanos"° y les auguraban un futuro   *branded them as/worms*
de humillante penuria en los Estados Unidos, actuó sin duda como estimu-
lante para incitarlos a la acción en su nuevo país. A esto habría que agregar
el acentuado espíritu empresarial° que caracterizaba a amplios sectores de la   *enterprising spirit*
población cubana de los años 50.[2]

Sus primeros tiempos no fueron fáciles, sin embargo. Los refugiados llega-
ban a Miami con tres mudas de ropa° en las maletas y ningún dinero, ya que el   *changes of clothes*
gobierno cubano, después de confiscar todas sus propiedades y pertenencias°   *belongings*
personales, les hacía "donar" a la Revolución el dinero efectivo° que les que-   *cash*
daba en el momento de tomar el avión en el aeropuerto de La Habana. El
número de refugiados se hizo tan grande (más de 250.000 entraron por el
aeropuerto de Miami entre 1959 y 1963) que al cabo requirió la creación de
un programa oficial de ayuda. En 1961, la administración de Kennedy estableció el *Cuban Refugee Program* que brindaba asistencia inicial a los refugiados, los proveía de un modesto cheque mensual y algunas provisiones de
comida, y les daba la oportunidad de relocalizarse° en otros estados del país.   *relocate*
Más de 400.000 refugiados optaron por relocalizarse, lo que les llevó a reco-
menzar sus vidas en los rincones más apartados de Estados Unidos, desde
New Hampshire hasta el estado de Washington. Muchos de ellos realizaron
una exitosa adaptación a esos climas y paisajes, tan
diferentes a los de Cuba, pero otros terminaron
por volver al área de Miami, atraídos irresistible-
mente por su clima y su ambiente cubano. Para la
década de los 80 la red familiar cubana de la
Florida había crecido lo suficiente como para ofrecer un sólido sistema de apoyo tanto a los nuevos
refugiados que llegaban como a los que decidían
regresar a Miami después de haber sido relocaliza-
dos en otras partes de los Estados Unidos. Existía
ahora allí un importante mercado de trabajo compuesto por industrias, cientos de restaurantes,
tiendas, supermercados y bancos cuyos empleados
y ejecutivos cubanos estaban dispuestos a conceder financiación de viviendas, créditos comerciales, etc. a los compatriotas que los necesitaban.

*Tres generaciones de cubano-americanos en
Miami: Oscar y Lourdes León, sus hijos y nieta.*

El episodio del Mariel en 1980, cuando en sólo cinco meses arribaron 125.000 nuevos refugiados cubanos a las costas de la Florida, creó una momentánea crisis en el proceso del exilio. No sólo fue extremadamente difícil asimilar de un golpe a tan gran número de refugiados sino que la minoría de delincuentes comunes y enfermos mentales enviados por el *hurt* gobierno cubano entre aquel grupo dañó° temporalmente la positiva imagen que los cubanos se habían ganado en los Estados Unidos. Durante los *rebellious* meses que siguieron a su llegada, el sector más díscolo° de los "marielitos" protagonizó una serie de incidentes delictivos o de protesta contra sus condiciones de vida en Miami que hicieron temer un difícil período de adaptación al medio norteamericano. Con el tiempo, los refugiados de Mariel fueron asimilados, en parte a través de un programa especial de relocalización, excepto por un grupo de ellos que fueron considerados delincuentes peligrosos y fueron encarcelados indefinidamente por el gobierno norteamericano; éstos quedaron así en una situación penosamente indefinida pues ni se les ponía en libertad por temor a que continuaran cometiendo delitos ni se les juzgaba ya que no había cargos contra ellos en territorio norteamericano. Los cubano-americanos de hoy viven aún con el penoso recuerdo de aquellos difíciles días.

La presencia cubana ha transformado radicalmente el ambiente cultural de las áreas urbanas en que se ha concentrado. El próspero "Little Havana" es sólo el barrio cubano más famoso de un Miami que se ha convertido en una metrópolis predominantemente hispana donde los comerciantes que deseen atraer a clientela no latina tienen que colgar en sus escaparates cartelitos que aclaren: "English spoken". El hispano que vive en esa área puede usar la lengua española en todas las actividades de su vida, desde comprar en los supermercados, comer en restaurantes y cortarse el pelo hasta leer el periódico, ver la televisión y consultar a su médico. El inglés, en verdad, suena como una lengua extranjera en la mayor parte de la ciudad. Miami es así mismo un importante centro artístico y literario en el que existe una notable concentración de salas de arte, teatros, salas de conciertos, librerías, bibliotecas y casas editoras que promocionan las producciones hispanas, con fuerte énfasis en las cubanas.

Políticamente, los cubanos son más conservadores que el resto de los hispanos. Mientras éstos se han alineado tradicionalmente con el partido Demócrata, los cubanos tienden a apoyar a los Republicanos. El episodio de Bahía de Cochinos (1961), en el que una administración Demócrata, la de Kennedy, desembarcó a una brigada de exiliados cubanos en una playa de la isla y luego no les prestó apoyo naval ni aéreo, dejó una profunda huella de resentimiento en la comunidad cubana que no se ha borrado todavía. Los Republicanos han sido tradicionalmente percibidos como más decididos y efectivos opositores del régimen de Fidel Castro.

Bilingüismo y asimilación cultural

Más allá de las diferencias que los separan, los grupos hispanos de Estados Unidos comparten un fundamental rasgo común: el uso de la lengua española como medio de comunicación que les da su principal sentido de identidad pero que, a la vez, les plantea el problema de insertarse adecuadamente en una sociedad dominada por la lengua inglesa. La tradición norteamericana, la del llamado *"melting pot"*, ha requerido que los inmigrantes aprendan el inglés y se incorporen lo más rápidamente posible a la corriente central de la cultura norteamericana, subordinando a ésta sus diferencias culturales y lingüísticas. Quienes ven este rasgo del "experimento americano" como algo positivo destacan el hecho de que ha permitido forjar un país fuerte, dotado de un carácter común, sin perder un distintivo sello° de diversidad que *imprint* permite a sus diferentes grupos étnicos manifestar su individualidad y el orgullo que sienten por sus culturas de origen. Los críticos de esa posición alegan, en cambio, que a los inmigrantes se les ha hecho ver sus respectivas culturas como "diferentes", es decir, como desviaciones de la norma, engendrando en ellos un nocivo sentido de inferioridad cultural. El niño italiano veía que la lengua que hablaban sus padres era considerada indeseable en la escuela y sacaba de ello sus propias conclusiones, aunque luego, sobre todo en tiempos de elecciones, vinieran los políticos a elogiar las virtudes de la herencia étnica italiana. Tuvieron así que vivir en un mundo dual, simbolizado por el guión° que los definía como "Italian-Americans", "Irish- *hyphen* Americans", etc.

El caso de los hispanos es todavía más complicado y difícil. Los métodos de asimilación lingüística que funcionaron con efectividad (aunque al precio arriba mencionado) para las etnias europeas no son necesariamente eficaces para las minorías hispanas. La cultura española, en primer lugar, ha probado tener una robustez° que le permite sobrevivir relativamente intacta *strength* los intentos de penetración de otras culturas, incluso cuando se la trasplanta a otros entornos. A Puerto Rico, por ejemplo, un siglo de dominación estadounidense no le ha hecho perder su lengua ni su cultura hispana, y en los Estados Unidos las minorías hispanas han sido probablemente las que han mostrado mayor resistencia a ser asimiladas por la cultura circundante. Pero la robustez de la cultura hispana ha sido sólo uno de los factores de la ecuación. El hecho de que la mayor parte de los inmigrantes hispanos han venido de las clases más pobres y menos educadas de sus respectivas naciones ha dificultado también su inserción en la cultura de su nuevo país de una manera plena y, sobre todo, exitosa desde el punto de vista económico. A ello habría que añadir la tendencia hispana a concentrarse en enclaves urbanos en los que el uso de la lengua española es el más importante vínculo° *tie* de unión comunitaria. En esos entornos, la utilización de la lengua materna es incluso un mecanismo de autodefensa, sobre todo entre adultos que, sintiéndose incapaces de aprender el inglés, imponen el español en el ambiente familiar. No es sorprendente así que en la ciudad de Nueva York, por ejemplo, aproximadamente el 90% de los puertorriqueños y de los cubanos hablen español en casa (Rodríguez 30).

Los escolares hispanos han sido singularmente afectados por esas circunstancias. Hasta la década de los 60, sobre todo en los estados del suroeste, no era raro someterlos a reprimendas y castigos si usaban el español en clase. El testimonio de una estudiante de secundaria de los años 60 es bien elocuente:

> *Sometime during the process of receiving my education I became a Mexican-American. Perhaps it was during my primary years when a teacher with blue eyes told me "Wash your hands… you people always manage to be filthy…" or maybe it was the teacher who told me "We don't want to hear you speaking that language again"…. Somewhere along the road I learned that "you people" meant Mexican-Americans and that "that language" meant Spanish…* (Stoddard 205).

mentally retarded

Las dificultades que experimentaban muchos niños hispanos debido a su poco conocimiento del inglés hacía que sus maestros les colocaran a veces en las mismas clases que a los retrasados mentales°. La década de los 60 trajo una mayor sensitividad hacia el problema y se crearon los primeros programas encaminados a compensar las desventajas que padecían muchos escolares hispanos. Uno de los eventos que hizo ver la necesidad de hacer algo al respecto fue la llegada masiva de niños exiliados cubanos a la Florida en esos años. *El Coral Way Elementary School*, en particular, se encontró con que la mitad de los escolares de sus primeros grados eran niños cubanos que no hablaban inglés y se hizo necesario establecer urgentemente un programa bilingüe de enseñanza, uno de los primeros que se creó en la nación (Weyr 53-54). En los años siguientes la enseñanza bilingüe se extendió por todo el país, se dictaron leyes y disposiciones administrativas para regularla y se proveyeron fondos para su implementación, aunque éstos siempre resultaban insuficientes dada la enorme tarea que se proponía. Pues si al principio estos programas fueron creados fundamentalmente para niños hispanos, luego el concepto se extendió a otras minorías. El Tribunal Supremo de los Estados Unidos, en particular, dictaminó en 1974 que negarles a los escolares el derecho a recibir asistencia lingüística constituía una violación de sus derechos civiles.

La enseñanza bilingüe se anotó sus más importantes avances en el período que terminó a principios de los 80, cuando, durante la recesión económica de aquellos años, empezó a cuestionarse la validez de las premisas que había ocasionado la introducción de los programas bilingües y la efectividad de los métodos que empleaban para conseguir sus objetivos. En lo que a las minorías hispanas se refiere, dos posiciones pedagógicas e ideológicas han dominado el debate desde el principio: una es partidaria de que se le ofrezca al niño asistencia en el aprendizaje y/o perfeccionamiento de la lengua inglesa, como objetivo principal; la otra insiste en que, además de enseñársele inglés, se ayude al niño hispano a conservar su competencia en español, e incluso se le permita estudiar en esta lengua las asignaturas básicas del programa—matemáticas, ciencias, historia, etc.—, con énfasis en la historia y la cultura de los pueblos hispanos. Durante los años "dorados" de la enseñanza bilingüe, este último enfoque° gozó de bastante favor. Hoy la tendencia es a ser flexible en cuanto al formato que resulta más efectivo en cada caso, dependiendo de las circunstancias que existan en cada distrito escolar y los recursos económicos de que disponga.

approach

Notas

[1]En junio de 1967 Tijerina y sus seguidores trataron de arrestar al fiscal del distrito de Río Arriba, Nuevo México. "La Alianza" había proclamado la creación de una ciudad-estado mexicana, el "Pueblo de San Joaquín", en tierras que habían sido parte de una concesión de la corona española pero que ahora eran tierras públicas administradas por el U.S. Forest Service.

[2]La gran emigración española que vino a establecerse en Cuba durante las primeras décadas del siglo XX estaba formada en buena parte por laboriosos peninsulares que, al abrir comercios *(business)* en la isla y prosperar en ellos, dieron un aura de dignidad a las actividades comerciales, usualmente despreciadas por el código de valores hispanoamericano. Una parte considerable de la clase media cubana estaba formada por los familiares de esos inmigrantes españoles, cuyos hijos crecieron respirando esa atmósfera empresarial. Por otro lado, la presencia en Cuba de multitud de compañías y empresas estadounidenses ofreció una importante escuela de entrenamiento para toda una generación de cubanos, al adoptar muchas de esas compañías la política de emplearlos en cargos ejecutivos. En los años 50, los cubanos ocupaban el 75% de los puestos técnicos y ejecutivos de las subsidiarias norteamericanas en Cuba (Baklanoff 25). Cuba tuvo incluso la suerte de contar con una importante inmigración siria y libanesa compuesta mayormente por pequeños comerciantes que contribuyeron también a cimentar *(consolidate)* el mencionado espíritu empresarial. Todo ese valioso "capital humano" quedó desplazado cuando el gobierno de Castro expropió tanto las compañías extranjeras como todas las industrias y empresas comerciales cubanas y sustituyó a su personal por empleados afectos *(loyal)* al régimen. La filas del exilio cubano se enriquecieron así con el aporte de una generación joven, apta y emprendedora *(enterprising)*.

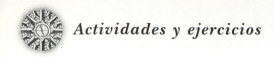

Actividades y ejercicios

A. Preguntas sobre la lectura.

1. Dice el texto que en décadas recientes algunas minorías hispanas han mostrado una tendencia hacia la dispersión. ¿Qué se quiere decir con esto?
2. ¿Por qué ha habido la tendencia en los Estados Unidos a clasificar a los hispanos como "no blancos"?
3. Mencione tres criterios que ha usado el Bureau del Censo estadounidense para identificar a una persona como hispana.
4. El barrio ha sido una parte muy importante de la vida hispana en los Estados Unidos. ¿Por qué?
5. ¿Ha respondido la Iglesia Católica estadounidense a la necesidad de incorporar a los católicos hispanos a sus filas? Dé dos ejemplos.
6. ¿Qué significa el término "música latina"?
7. ¿Qué tipo de música es la "salsa"?
8. ¿Por qué la revolución de Fidel Castro tuvo un importante impacto en la música hispana de los Estados Unidos?
9. ¿En qué consistía el *"Bracero Program"*?
10. ¿Qué ocurrió en la comunidad mexicano-americana durante la activista década de los 60?
11. ¿Qué problemas tuvieron muchos puertorriqueños que llegaron al área de Nueva York?
12. ¿Qué aspectos importantes de su cultura han logrado preservar aun los puertorriqueños más pobres en los Estados Unidos?
13 Mencione dos razones por las que la minoría cubana ha sido bastante exitosa en los Estados Unidos.
14. ¿Por qué creó problemas la llegada de los refugiados cubanos del Mariel a la Florida en 1980?
15. ¿Qué objetivos principales han tenido los programas bilingües?

B. Sinónimos. Encuentre parejas de palabras sinónimas en las dos columnas.

1. ____ aporte   a. estatura
2. ____ oficio   b. muro
3. ____ exigencia   c. ocupación
4. ____ valla   d. propiedad
5. ____ talla   e. negocio
6. ____ vínculo   f. lazo
7. ____ comercio   g. requerimiento
8. ____ pertenencia   h. contribución

C. Definiciones. Encuentre en la lista las palabras que correspondan a las siguientes definiciones.

boricua	cuñado	ecuánime	plantilla
primo	redada	retrasado	sindicato
sobrino	sobrino	urbe	viñedo

1. _____ Así se le llama al esposo de una hermana.
2. _____ Asociación de obreros.
3. _____ Un campo sembrado de plantas de cuyas frutas se extrae el vino.
4. _____ Calificativo referente a las cosas y personas de Puerto Rico.
5. _____ Lista de obreros y empleados de una empresa.
6. _____ Así se le llama al hijo de un hermano.
7. _____ Otro nombre que se le da a una ciudad muy populosa.
8. _____ Dícese de la persona que se comporta con serenidad en momentos de crisis.
9. _____ Dícese de la persona que no posee un nivel de inteligencia promedio.
10. _____ Asalto por sorpresa de la policía para arrestar a un grupo de personas.

D. Ahora, dé una definición de los siguientes términos:

1. coyotes
2. chicano
3. la Migra
4. marielitos
5. Little Havana

E. Complete las siguientes oraciones.

1. El _____ de Pedro es Rodríguez.
2. Rodolfo Valentino fue un ídolo del cine _____.
3. Buena parte de la población de Union City, Nueva Jersey, es de origen _____.
4. "Mi viejo San Juan" es una canción muy querida por los _____.
5. Muchos dominicanos que emigran a Estados Unidos van a vivir en _____.
6. Granada es una ciudad española pero la canción "Granada" es de Agustín Lara, un eminente compositor que era de nacionalidad _____.
7. Algunos atribuyen a Israel López, "Cachao", la invención del _____.
8. Rubén Blades es un conocido cantante _____.

F. Indique a qué países de la lista pertenecen los siguientes tipos de canciones.

bossa nova	cha-cha-cha	conga	corrido
cumbia	mambo	merengue	rumba
samba	tango		

1. _____ Argentina
2. _____ Brasil
3. _____ Colombia
4. _____ Cuba
5. _____ República Dominicana
6. _____ México

G. Opiniones

1. Dice el texto que muchos jóvenes hispanos conocen no sólo la música de su generación sino también la que estaba de moda en tiempos de sus padres y hasta de sus abuelos. ¿Es este el caso de la mayoría de los jóvenes norteamericanos? Comente.

   Vamos a hacer una pequeña prueba. Trate de dar la ocupación exacta de las siguientes figuras del mundo del entretenimiento:

   actor   actriz   bailarín   bailarina
   cantante   comediante   compositor   trompetista
   pianista   director de orquesta

   1. _____ Buster Keaton   9. _____ María Callas
   2. _____ Glenn Miller   10. _____ Tyrone Power
   3. _____ Joan Fontaine   11. _____ Jackie Gleason
   4. _____ Oscar Hammerstein   12. _____ Diana Durbin
   5. _____ Gene Kelly   13. _____ Dean Martin
   6. _____ Cole Porter   14. _____ Ronald Colman
   7. _____ Harry James   15. _____ Eddy Duchin
   8. _____ Margot Fontaine

2. La primera "comedia de situación" que triunfó en la televisión norteamericana, *I Love Lucy*, popularizó a Ricky Ricardo (Desi Arnaz) como prototipo del hombre hispano. ¿Puede describirlo? ¿Cree que se trataba de un estereotipo? ¿Por qué?

3. Hay unos cuantos enclaves de población hispana en los Estados Unidos—por ejemplo, la población cubana del área de Miami—donde es posible vivir una vida normal sin hablar una palabra de inglés. ¿Qué opina usted de esto? ¿Piensa que esos hispanos hacen bien en mantener su identidad cultural, o que deberían mezclarse más con la población de habla inglesa y su cultura?

4. ¿Cree que debe ofrecerse asistencia médica y servicios educacionales a los hijos de los inmigrantes ilegales? ¿Por qué?

5. ¿Qué piensa, en general, de la idea de ofrecer enseñanza bilingüe en las escuelas norteamericanas? De los varios sistemas de enseñanza bilingüe que se han ensayado en este país, ¿cuál le parece mejor y cuál indeseable?

6. ¿Ha tenido usted contactos con una o más minorías étnicas? ¿Con cuáles? Explique las circunstancias de esos contactos.

7. ¿Cree usted que todavía hoy en los Estados Unidos existe discriminación contra las minorías hispanas en el mercado de trabajo? ¿Qué ocurre, en particular, en el mundo académico? ¿en el mundo corporativo de Madison Avenue? ¿en la industria del cine y de la televisión?

Bibliografía

Capítulo 1. Europa en la época del descubrimiento de América

Arciniegas, Germán. *América es otra cosa*. Santa Fe de Bogotá: Intermedio Editores, Círculo de Lectores, 1992.

Brandon, William. *New Worlds for old: Reports from the New World and Their Effect on the Development of Social Thought in Europe*, 1500-1800. Athens, Ohio: Ohio UP, 1986.

Colón, Fernando. *The Life of Admiral Christopher Columbus by His Son* Ferdinand. Trans. and ed. by Benjamin Keen. New Brunswick: Rutgers UP, 1959.

Columbus, Christopher. *Diario*. English and Spanish. *The Diario of Christopher Columbus's First Voyage to America, 1492-1493*. Oliver Dunn and James E. Kelley, eds. Norman: Oklahoma UP, 1989.

Dor-Ner, Zvi. *Columbus and the Age of Discovery*. New York: Morrow, 1991. [Companion volume to the PBS television series of the same title]

Elliott, John Huxtable. *The Old World and the New*, 1492-1650. Cambridge [Eng.]: Cambridge UP, 1970.

Flint, Valerie I. *The Imaginative Landscape of Christopher Columbus*. Princeton: Princeton UP, 1992.

Gillespie, James Edward. *A History of Geographical Discovery*, 1400-1800. New York: H. Holt, 1933.

Grafton, Anthony et al. New Worlds, *Ancient Texts: The Power of Tradition and the Shock of Discovery*. Cambridge, Mass.: Belhap Press of the Harvard UP, 1992.

Greenblatt, Stepen J. *Marvelous Possessions: The Wonder of the New World*. Chicago: Chicago UP, 1991.

Jara, René and Nicholas Spadaccini, eds. *Amerindian Images and the Legacy of Columbus*. Minneapolis: Minnesota UP, 1992.

Kristeller, Paul Oskar. *Renaissance Thought and its Sources*. Ed. Michael Mooney. New York: Columbia UP, 1979.

Morison, Samuel Eliot. *Admiral of the Ocean Sea, a Life of Christopher Columbus*. Boston: Little, Brown, 1942.

Capítulo 2. Las grandes civilizaciones precolombinas (I)
Capítulo 3. Las grandes civilizaciones precolombinas (II)

Adams, Richard E. W. *Prehistoric Mesoamérica*. Boston: Little Brown, 1977.

Benson, Elizabeth P., ed. *Mesoamerican Writing Systems*. Washington, D.C.: Dumbarton Oaks Research Library, 1973.

Bernal, Ignacio. *Mexico Before Cortez: Art, History and Legend*. Trans. Willis Barnstone. Garden City, NY: Dolphin Books, Doubleday, 1968.

Bingham, Hiram. *Lost City of the Incas: The Story of Machu Picchu and its Builders*. New York: Atheneum, 1979.

Chán, Román Piña. *El Estado de México antes de la conquista*. Mexico: Universidad Nacional Autónoma de México, 1987.

Coe, Michael D. *America's First Civilization* [ensayo sobre la cultura olmeca]. Eau Claire, Wisconsin: American Heritage Publishing Co., 1968.

—*Mexico*. New York: Praeger, 1962.

—*The Maya*. New York: Praeger, 1966.

Graham, John A. *Ancient Mesoamerica*. Palo Alto, CA" Peek Publications, 1966.

Haas, Jonathan et al, eds. *The Origins and Development of the Andean State*. Cambridge, Mass.: Cambridge UP, 1987.

Labbé, Armand J. *Colombia before Columbus: People, Culture and Ceramic Art of Prehispanic Colombia*. New York: Rizzoli International Publications, 1986.

La Fay, Howard. "The Maya, Children of Time." *National Geographic* December 1975: 729-811.

Lehmann, Henri. *Las culturas precolombinas*. Buenos Aires: Editorial Universitaria de BA, 1960.

León Portilla, Miguel, ed. *Aztec Thought and Culture: A Study of the Ancient Nahuatl Mind*. Trans. Jack Emory Davis. Norman: Oklahoma UP, 1963.

—*The Broken Spears: The Aztec Account of the Conquest of Mexico*. Boston: Beacon Press, 1992.

—*Tiempo y realidad en el pensamiento maya: ensayo de acercamiento*. México: Instituto de Investigaciones históricas, Universidad Nacional Autónoma de México, 1968.

McDowell, Bart. "Mexico's Window on the Past." *National Geographic* October 1968: 492-521.

McIntyre, Loren. "The Lost Empire of the Incas." *National Geographic* December 1973: 729-786.

—"Mystery of the Ancient Nazca Lines." *National Geographic* May 1975: 716-728.

Pomar, Felipe Cossío del. *El mundo de los incas*. México: Fondo de Cultura Económica, 1969.

Sanders, William T. and Barbara J. Price. *Mesoamerica: The Evolution of a Civilization*. New York: Random House, 1968.

Séjourné, Laurette. *América Latina: antiguas culturas precolombinas*. Vol. 1: Historia Universal Siglo Veintiuno, 1971.

Thompson, J. Eric S., intro. *Maya Hieroglyphic Writing*. 3rd edition. Norman: Oklahoma UP, 1971.

Von Hagen, Victor W. *World of the Maya*. New York: Mentor Books, 1960.

—*The Aztec: Man and Tribe*. New York: Mentor Books, 1960.

—*Realm of the Incas*. Revised edition. New York: Mentor Books, 1961.

Wilkerson, S. Jeffrey K. "Man's Eighty Centuries in Veracruz." *National Geographic* August 1980: 203-231.

Willey, Gordon R. and Jeremy A. Sabloff, intro. *Pre-Columbian Archaeology*. San Francisco: W.H. Freeman, 1980.

Capítulo 4. La conquista de la América Hispana

Cortés, Hernán. *Cartas de relación*. Séptima edición. México: Porrúa, 1973.

Descola, Jean. *The Conquistadors*. Trans. Malcolm Barnes. New York: A. Kelley, 1970.

Díaz del Castillo, Bernal. *Historia de la conquista de la Nueva España*. Cuarta edición. México: Porrúa, 1966.

Eyzaguirre, Jaime. *Ventura de Pedro de Valdivia*. Tercera edición. Madrid: Espasa-Calpe, 1967.

Faron, Louis C. *The Mapuche Indians of Chile*. New York: Holt, 1968.

Gibson, Charles, ed. *The Black Legend*. New York: Knopf, 1971.

—, ed. *The Spanish Tradition in America*. New York: Harper & Row, 1968.

—*Spain in America*. New York: Harper and Row, 1967.

Hanke, Lewis. *The Spanish Struggle for Justice in the Conquest of America*. Boston: Little, Brown, 1965.

—, ed. *History of Latin American Civilization*. 2 vols. Boston: Little, Brown, 1973.

Kirkpatrick, F.A. *The Spanish Conquistadores*. Cleveland & New York: World Publishing Co., 1967.

León Portilla, Miguel, ed. *Visión de los vencidos*. Sexta edición. México: UNAM, 1972.

Madariaga, Salvador de. *The Rise of the Spanish American Empire*. New York: The Free Press, 1965.

Moreno Cebrián, Alfredo. *Túpac Amaru*. Madrid: Anaya, 1988.

Morison, Samuel Eliot. *The European Discovery of America. The Southern Voyages*. New York: Oxford UP, 1974.

Pereyra, Carlos. *Hernán Cortés*. Séptima edición. Madrid: Austral, 1969.

Piossek Prebisch, Teresa. *Las conquistadoras. Presencia de la mujer española en América durante el siglo XVI*. Buenos Aires, 1989.

Prescott, William H. *Conquest of Mexico*. New York: The Book League of America, 1934.

—. History of the *Conquest of Peru*. New York: Harper & Row, 1847.

Capítulo 5. El sistema colonial

Bennassar, Bartolome. La América Española y la América Portuguesa. *Siglos XVI-XVIII*. Trans. Carmen Artal. Madrid: Akal, 1980.

Burkholder, Mark & Lyman L. Johnson. *Colonial Latin America*. New York: Oxford UP, 1990.

Casas, Bartolomé de las. *Brevísima relación de la destrucción de las Indias*. Buenos Aires: Editorial Universitaria, 1966.

Curtin, Philip D. *The Atlantic Slave Trade. A Census*. Madison: Wisconsin UP, 1969.

Davidson, Basil. *The African Slave Trade*. Boston: Little Brown, 1961.

Gibson, Charles. *Spain in America*. New York: Harper & Row, 1966.

—. *The Spanish Tradition in America*. New York: Harper and Row, 1968.

Hanke, Lewis, ed. *History of Latin American Civilization*. 2 vols. Boston: Little Brown, 1973.

Haring, C. H. *The Spanish Empire in America.* New York: Harcourt Brace, 1963.

Leonard, Irving. *Baroque Times in Old Mexico.* Ann Arbor: Michigan UP, 1966.

Konetzke, Richard. *América Latina. La época colonial.* Trans. Pedro Scaron. Decimosexta edición. Volumen 22 de Historia Universal Siglo veintiuno. Madrid: Siglo veintiuno, 1984.

Lockhart, James & Stuart B. Schwartz. *Early Latin America.* New York: Cambridge UP, 1983.

Madariaga, Salvador de. *The Rise of the Spanish American Empire.* New York: The Free Press, 1965.

Mannix, Daniel P. & M. Cowley. *Historia de la trata de negros.* Trans. Eduardo Bolívar Rodríguez. Madrid: Alianza Editorial, 1968.

Parry, J. H. *The Spanish Seaborne Empire.* New York: Alfred Knopf, 1966.

Price, Richard, ed. Maroon Societies. *Rebel Slave Communities in the Americas.* 2nd ed. Baltimore: John Hopkins UP, 1979.

Ricard, Robert. *The Spiritual Conquest of Mexico.* Berkeley: California UP, 1966.

Ybot León, Antonio. *La Iglesia y los eclesiásticos españoles en la empresa de Indias.* Barcelona: Salvat, 1954.

Zavala, Silvio. *New Viewpoints on the Spanish Colonization of America.* Philadelphia: Pennsylvania UP, 1943.

Capítulo 6. Sociedad, vida y cultura en el mundo colonial

Anderson-Imbert, Enrique. *Historia de la literatura hispanoamericana.* 2 vols. Cuarta edición. México: Fondo de Cultura, 1962.

Castedo, Leopoldo. *A History of Latin American Art and Architecture.* Ed. and Trans. by Phyllis Freeman. New York: Praeger, 1969.

Cortés, Hernán. *Cartas de relación.* Séptima edición. México: Porrúa, 1973.

Crow, John A. *The Epic of Latin America.* New York: Doubleday, 1946.

Díaz del Castillo, Bernal. *Historia de la conquista de la Nueva España.* Cuarta edición. México, Porrúa, 1966.

Elliott, J. H. *El viejo mundo y el nuevo. 1492-1650.* Trans. Rafael Sánchez Mantero. Madrid: Alianza Editorial, 1970.

Gage, Thomas. *A New Survey of the West Indies, 1648.* Ed. A. P. Newton. New York: Robert McBride, 1929.

Haring, C. H. *The Spanish Empire in America.* New York: Harcourt Brace,1963.

Henríquez-Ureña, Pedro. *Literary Currents in Hispanic America.* Cambridge: Harvard UP, 1945.

Juan, Jorge y Antonio de Ulloa. *Noticias secretas de América.* Parte II. Londres: David Barry, 1826.

——, *Discourse and Political Reflections on the Kingdoms of Peru* [traducción inglesa de Noticias secretas de América]. Ed. John J. Tepaske. Trans. John J. Tepaske and Besse A. Clement. Norman: Oklahoma UP, 1978.

Juana Inés de la Cruz, Sister. *Obras completas.* Segunda Edición. México D.F.: Editorial Porrúa, 1972.

——. Respuesta a Sor Filotea de la Cruz. *A Woman of Genius: The Intellectual Autobiography of Sor Juana Inés de la Cruz.* Trans. and Introd. by Margaret Sayers Peden. Salisbury, Conn.: Lime Rock Press, 1982.

Kelemen, Pál. *Baroque and Rococo in Latin America.* 2 vols. 2nd ed. New York: Dover, 1967.

——, *Art of the Americas. Ancient and Hispanic.* New York: Thomas Crowell, 1969.

Lanning, John Tate. "The Reception of the Enlightenment in Latin America" in *Latin America and the Enlightenment.* Ed. Arthur P. Whitaker. 2nd ed. New York: Cornell UP, 1961.

Leonard, Irving A. *Baroque Times in Old Mexico.* Ann Arbor: Michigan UP, 1966.

Merrim, Stephanie, ed. *Feminist Perspectives on Sor Juana Inés de la Cruz.* Detroit: Wayne State Univ., 1991.

Paz, Octavio. *Sor Juana Inés de la Cruz, o Las trampas de la fe.* México: Fondo de Cultura Económica, 1988.

Schell Hoberman, Louisa and Susan Migden Socolow, eds. *Cities and Society in Colonial Latin America.* Alburquerque: New Mexico UP, 1986.

Stoetzer, Carlos O. *The Scholastic Roots of the Spanish American Revolution.* New York: Fordham UP, 1979.

Capítulo 7. El siglo XIX. La independencia y sus consecuencias

Bernstein, Harry. *Modern and Contemporary Latin America.* New York: Lippincott, 1952.

Bushnell, David and Neill Macaulay. *The Emergence of Latin America in the Nineteenth Century.* New York/Oxford: Oxford UP, 1988.

Domínguez, Jorge I. *Insurrection or Loyalty: The Breakdown of the Spanish American Empire.* Cambridge, Mass.: Harvard UP, 1980.

Fisher, Lillian E. *The Last Inca Revolt, 1780-1783.* Norman: Oklahoma UP, 1966.

Griffin, Charles C. "Economic and Social Aspects of the Era of Spanish-American Independence." *Hispanic American Historical Review* 29 (1949): 170-187.

Herr, Richard. *The Eighteen-Century Revolution in Spain.* Princeton: Princeton UP, 1958.

Humphreys, R.A. and John Lynch, eds. *The Origins of Latin American Revolutions, 1808-1826.* New York: A. Knopf, 1965.

Metford, J. C. J. *San Martín the Liberator.* London: Longmans, 1950.

Masur, Gerhard. *Simón Bolívar.* Alburquerque: New Mexico UP, 1969.

Woodward, Jr., Ralph Lee, ed. *Positivism in Latin America, 1850-1900.* Lexinton, Mass.: D.C. Heath, 1971.

Lynch, John. *The Spanish American Revolutions, 1808-1826.* New York: W.W. Norton, 1973.

Capítulo 8. Latinoamérica a vista de pájaro

Burns, E. Bradford. *Latin America: A Concise Interpretive History*. 3rd. ed. Englewoood Cliffs, N.J.: Prentice Hall, 1982.

Cowell, Adrian. *The Decade of Destruction. The Cruzade to Save the Amazon Rain Forest*. New York: Henry Holt, 1990.

Davidson, William V. and James J. Parsons, eds. *Historical Geography of Latin America*. Baton Rouge: Louisiana UP, 1980.

Dickinson, Robert E., ed. *The Geophysiology of Amazonia*. New York: John Wiley, 1987.

García, Rigoberto, et all, eds. *Economía y geografía del desarrollo en América Latina*. México: Fondo de Cultura Económica, 1987.

Herring, Hubert. *A History of Latin America*. 2nd ed. New York: Knopf, 1961.

Keen, Benjamin, ed.. *Latin American Civilization: History and Society, 1492 to the Present*. 4th ed., rev. Boulder: Westview Press, 1986.

Meyer, Michael C. and William L. Sherman. *The Course of Mexican History*. 5th edition. New York: Oxford UP, 1995.

Pendle, George. *A History of Latin America*. Revised Edition. London: Penguin, 1976.

Robinson, Harry. *Latin America. A Geographical Survey*. Revised Edition. New York: Praeger, 1967.

Schurz, William L. *This New World. The Civilization of Latin America*. New York: Dutton, 1964.

Skidmore, Thomas E. and Peter H. Smith. *Modern Latin America*. 3rd. edition. New York: Oxford UP, 1992.

Waldmann, Peter. *América Latina: síntesis histórica, política, económica y cultural*. Barcelona: Editorial Herder, 1984.

Williamson, Edwin. *The Penguin History of Latin America*. London: Penguin, 1992.

Capítulo 9. El siglo XX. Panorama latinoamericano

Balassa, Bela et al. *Towards Renewed Economic Growth in Latin America*.Washington D.C.: Institute for International Economics, 1986.

Bonner, Raymond. "A Reporter at Large. Peru's War." *The New Yorker* (January 4, 1988): 31-58 [excelente descripción de la historia y actividades de la guerrilla "Sendero Luminoso"]

Business Week. "The Big Move to Free Markets." (June 15, 1992) 50-62.

Collet, Merrill. *The Cocaine Connection. Drug Trafficking and Inter American Relations*. New York: Foreign Policy Association, 1989.

Gillin, John P. "Some Signposts for Policy," in *Social Change in LatinAmerica* Today. Council on Foreign Relations, ed. New York: Vintage Books, 1960 [contiene un buen análisis del sistema de valores tradicional en Latinoamérica]

Gwyne, Robert N. "Modern Manufacturing Growth in Latin America," in *Latin American Development: Geographical Perspectives*. David Preston, ed. New York: John Wiley, 1987 102-140 [este volumen contiene otros excelentes artículos y bibliografía sobre el panorama económico de la región]

Kelley, Jonathan and Herbert S. Klein, *Revolution and the Rebirth of Inequality. A Theory Applied to the National Revolution in Bolivia.* Berkeley: California UP, 1981.

Krauss, Clifford. Inside *Central America: Its People, Politics and History.* New York: Touchstone/ Simon & Shuster, 1992.

Lipset, Seymour Martin. "Values, Education and Entrepreneurship," in *Elites in Latin America*, Seymour Martin Lipset and Aldo Solari, eds.New York: Oxford UP, 1967 [a pesar del tiempo transcurrido desde su publicación, este riguroso análisis mantiene su valor, siempre que se recuerden los importantes cambios ocurridos en la sociedad latinoamericana en años recientes].

Miller, Francesca. *Latin American Women and the Search for Social Justice.* Hanover,NH: New England UP, 1991.

Oxford Analytica. *Latin America in Perspective. Boston:* Houghton Mifflin, 1991.

Ruhl, J. Mark. "Agrarian Structure and Political Stability in Honduras," *Journal of Inter-American Studies and World Affairs.* 26 (Feb.): 33-68.

Skidmore, Thomas and Peter H. Smith. *Modern Latin America.* 3rd. ed.Oxford UP, 1992.

Stromquist, Nelly P., ed. *Women and Education in Latin America.* Boulder, Colorado:Lynne Ryder Publishers, 1992.

Strong, Simon. "Where the Shining Path Leads," *The New York Times Magazine.* (May 24, 1992): 12-17; 35.

Wickam-Crowley, Timothy P. *Exploring Revolution. Essays on Latin American Insurgency and Revolutionary* Theory. Armonk, New York: M.E. Sharpe, 1991.

Woodward, Jr., Ralph Lee. *Central America. A Nation Divided.* New York: Oxford UP, 1976.

Capítulo 10. La escena cultural hasta la Segunda Guerra Mundial
Capítulo 11. La escena cultural desde la Segunda Guerra Mundial

Alazraki, Jaime, ed. *Jorge Luis Borges.* Madrid: Taurus, 1987.

Alegría, Fernando. *Historia de la novela hispanoamericana.* Tercera ed. México, 1966.

Alonso, Amado. *Poesía y estilo de Pablo Neruda.* Buenos Aires: Sudamericana, 1951.

Argan, Giulio Carlo. *El arte moderno. Del iluminismo a los movimientos contemporáneos.* Trad. Gloria Cué. Madrid: Akal, 1991.

Bajarlía, Juan Jacobo. *El vanguardismo poético en América y España.* Buenos Aires: Nuevo Mundo, 1957.

Barrenechea, Ana María. *La expresión de la irrealidad en la obra de Jorge Luis Borges.* México: El Colegio de México, 1957.

Bayón, Adrián, ed. *Arte moderno en América latina.* Madrid: Taurus, 1985.

Bellini, Giuseppe. *Historia de la literatura hispanoamericana.* Madrid: Castalia, 1985

Casal, Lourdes, ed. *El caso Padilla; literatura y revolución en Cuba: documentos.* Miami: Ediciones Universal, 1971.

Canaday, John. Metropolitan Seminars in Art. Portfolio 8. New York, 1958.

Caracciolo Trejo, E. *La poesía de Vicente Huidobro y la vanguardia.* Madrid: Gredos, 1974.

Castedo, Leopoldo. *A History of Latin American Art and Architecture*. Ed. and Trans. By Phyllis Freeman. New York: Praeger, 1969.

Chang-Rodríguez, Eugenio. *La literatura política de González Prada, Mariátegui y Haya de la Torre*. México, 1957.

Charlot, Jean. *The Mexican Mural Renaissance (1920-1925)* New Haven, 1967

Chase, Gilbert. *Contemporary Art in Latin America*. New York: Macmillan, 1970

—, "The Artist". *Continuity and Change in Latin America*. Ed. John J. Johnson. Stanford: Stanford UP, 1964. Rpt. 1967. 101-135.

Chilvers, Ian, Harold Osborne y Dennis Farr. *Diccionario de arte*. Versión española de Alberto Adell et al. Madrid: Alianza Editorial, 1992.

Cline, Howard. *Mexico, Revolution to Evolution (1940-1960)* New York, 1962

Comas, Juan. *Ensayos sobre indigenismo*. Prólogo de Manuel Gamio. México, 1953.

Collazos, Oscar, compilador. *Los vanguardismos en América Latina*. Barcelona: Península, 1977.

Debicki, Andrew P. *Poetas hispanoamericanos contemporáneos*. Madrid: Gredos, 1976.

Donoso, José. *Historia personal del "boom"*. 1972. Barcelona: Seix Barral, 1983.

Fernández, Teodosio. *La poesía hispanoamericana en el siglo XX*. Madrid: Taurus, 1987.

—, "Sobre la última narrativa hispanoamericana: una aproximación provisional", en Victorino Polo, ed. *Hispanoamérica. La sangre del espíritu*. Murcia: Univ. de Murcia, 1992.

Ferrari, Américo. *El universo poético de César Vallejo*. Caracas: Monte Avila, 1974

—, coordinador. *César Vallejo. Obra poética, edición crítica simultánea*. París: Univ. Paris X & Madrid, 1988.

Flores, Angel. "Magical Realism in Spanish American Fiction." *Hispania* vol. XXX-VIII

(1955) 187-201.

—, compilador. *Aproximaciones a César Vallejo*. 2 vols. New York: Las Américas Publishing Co., 1971.

Fouchet, Max Pol. *Wifredo Lam*. Prólogo de Pierre Gaudibert. Barcelona: Ediciones Polígrafa, 1989.

Fox, Arturo A. "Realismo mágico: algunas consideraciones formales sobre su concepto", en *Otros mundos, otros fuegos. Fantasía y realismo mágico en Iberoamérica*. Michigan: Michigan State UP, 1975.

Franco, Jean. *Historia de la literatura hispanoamericana*. Trad. Carlos Pujol. Octava edición. Barcelona: Ariel, 1990.

—, *The Modern Culture of Latin America*. 1967. Revised Edition. Baltimore: Penguin, 1970. Traducida como *La cultura moderna en América Latina*. Trad. Sergio Pitol. México: Joaquín Mortiz, 1971.

Gallagher, David. *Modern Latin American Literature*. Oxford: Oxford Univ. P., 1973.

Gálvez, Marina. *La novela hispanoamericana contemporánea*. Madrid: Taurus, 1987.

Gimferrer, Pere, ed. *Octavio Paz*. Madrid: Taurus, 1982.

Goldman, Shifra M. *Contemporary Mexican Painting in a Time of Change*. Austin, Texas UP, 1981

González Prada, Manuel. *Horas de lucha*. Buenos Aires, 1946.

Harss, Luis. *Los nuestros*. Buenos Aires: Suramericana, 1966. Publicada en inglés con el título de *Into the Mainstream*. Trans. L. Harss and Barbara Dohmann. New York: Harper & Row, 1967.

Jiménez, José Olivio, ed. *Antología de la poesía hispanoamericana contemporánea: 1914-1987*. Tercera Edición. Madrid: Alianza Editorial, 1988.

Kantor, Harry. *Ideología y programa del movimiento aprista*. México, 1955.

Marcos, J.M. *De García Márquez al postboom*. Madrid: Orígenes, 1986.

Mariátegui, José Carlos. *Siete ensayos de interpretación de la realidad peruana*. Segunda edición. Lima: Amauta, 1942.

Marras, Sergio. *América latina, marca registrada*. Buenos Aires: Zeta, 1992.

Meyer, Michael and William L. Sherman. *The Course of Mexican History*. Fifth edition. New York: Oxford UP, 1995.

Morton, F. Rand. *Los novelistas de la revolución mexicana*. México: Editorial Cultura, 1949.

Pacheco, José Emilio. *Alta traición: antología poética*. Selección y prólogo de José María Guelbenzu. Madrid: Alianza, 1985.

Paz, Octavio. *Poems. Selections*. Trans. G. Aroul et al. Ed. Eliot Weinberger. New York: New Directions, 1984.

——. *Corriente alterna*. 17a ed. México: Siglo Veintiuno, 1986

——. *El arco y la lira*. 3a ed. México: Fondo de Cultura Económica, 1973.

——. *El laberinto de la soledad*. 2da ed. México: Fondo de Cultura Económica, 1973.

——. *The Labyrinth of Solitude, The Other Mexico, Return to the Labyrinth of Solitude, Mexico and the United States, The Philanthropic Ogre*. Trans. Lysander Kemp et al. New York: Grove Press, 1985.

Rodríguez Monegal, Emir. *El viajero inmóvil. Introducción a Pablo Neruda*. Buenos Aires: Losada, 1966.

——, *El desterrado, vida y obra de Horacio Quiroga*. Buenos Aires: Losada, 1968.

Shaw, D. L. *Nueva narrativa hispanoamericana*. Madrid: Cátedra, 1981.

Sommers, Joseph. *After the Storm, Landmarks of the Modern Mexican Novel*. New Mexico: New Mexico Univ. Press, 1968.

Tibol, Raquel. *Frida Kahlo: una vida abierta*. México: Editorial Oasis, 1983. English translation: *Frida Kahlo: An Open Life*. Trans. Elinor Randall. Albuquerque: New Mexico UP, 1993.

Townsend, William C. *Lázaro Cárdenas, Mexican Democrat*. Ann Arbor: Univ. of Michigan P, 1952.

Vizcaíno, Fernando. *Biografía política de Octavio Paz*. Málaga: Algazara, 1993.

Weyl, Nathaniel. *The Reconquest of Mexico, the Years of Lázaro Cárdenas*. New York, 1939.

Williamson, Edwin. *The Penguin History of Latin America*. New York: Penguin, 1992.

Yurkievich, Saúl. *Fundadores de la nueva poesía hispanoamericana*. 1971. Barcelona: Ariel, 1984.

Zamora, Martha. *Frida Kahlo: The Brush of Anguish*. Abridged and trans. by Marilyn Sode. San Francisco: Chronicle Books, 1990.

Capítulo 12. México y su Revolución

Aguilar Camín, Héctorand Lorenzo Meyer. *In the Shadow of the Mexican Revolution: Contemporalry Mexican History, 1910-1989.* Trans. of *A la sombra de la Revolución Mexicana.* Trans. Luis Alberto Fierro. Austin: Texas UP, 1993.

Avila Carrillo, Enrique. *El Cardenismo (1934-1940)* México, D. F.: Ediciones Quinto Sol, 1987.

Cline, Howard F. *Mexico, Revolution to Evolution:1940-1960.* New York:Oxford U.P., 1963

Guillén Romo, Héctor. *Orígenes de la crisis en México. Inflación y endeudamiento externo (1940-1982)* México D.F.: Ediciones Era, 1984.

El Colegio de México. *Historia general de México.* Segunda edición. 4 Vols.: 3 y 4. México, 1977.

Krauze, Enrique. *Biografía del poder.* 8 vols. México: Fondo de Cultura Económica, 1987. Vol 1: Porfirio Díaz; 2: Emiliano Zapata; 4: Francisco Villa; 5: Venustiano Carranza; 6: Alvaro Obregón; 7: Plutarco Elías Calles; 8: Lázaro Cárdenas.

Meyer, Michael C. and William L. Sherman. *The Course of Mexican History.* Fifth edition. New York: Oxford UP, 1995.

Miller, Robert Ryal. *Mexico: a History.* Norman: Oklahoma UP, 1985.

Oppenheimer, Andrés. *México: en la frontera del caos.* Trans. Isabel Vericat. México: Vergara Editores, 1996 (publicado originalmente con el título de *Bordering on Chaos* by Little, Brown & Company).

Rodríguez, Victoria E. and Peter Ward, eds. *Opposition Government in Mexico.* Alburquerque: New Mexico UP, 1995.

Ross, Stanley R. *Francisco Madero, Apostle of Mexican Democracy.* New York: AMS Press, 1970.

Skidmore, Thomas E. and Peter H. Smith. *Modern Latin America.* 3rd. edition. New York: Oxford UP, 1992.

Townsand, William C. *Lázaro Cárdenas, Mexican Democrat.* Waxhaw, North Carolina: International Friendship, 1979.

Weyl, Nathaniel . *The Reconquest of Mexico; The Years of Lázaro Cárdenas.* London, New York: Oxford UP, 1939.

Wilkie, James W. and Albert L. Michaels, eds. *Revolution in México: Years of Upheaval, 1910-1940.* New York: Knopf, 1969.

Womack, Jr., John. *Zapata and the Mexican Revolution.* New York: Vintage Books, 1968.

Capítulo 13. La Argentina y el mito de Perón y Evita

Alemann, Roberto T. *Breve historia de la política económica argentina 1500-1989.* Buenos Aires: Editorial Claridad, 1989.

Alexander, Robert J. *The Perón Era.* New York: Columbia UP, 1951.

——. *Juan Domingo Perón: A History.* Boulder, Colorado: Westview Press, 1979.

Balze, Felipe A. *Remaking of the Argentine Economy.* New York: Council of Foreign Relations Press, 1994.

Barnes, John. *Evita, First Lady: A Biography of Eva Perón.* New York: Grove Press, 1978.

Borroni, Otelo y Roberto Vacca. *La vida de Eva Perón.* Buenos Aires: Editorial Galerna, 1971.

Ciria, Alberto. *Política y cultura popular: la Argentina peronista, 1946-1955.* Buenos Aires: Ediciones de la Flor, 1983.

Goldwert, Marvin. *Democracy, Militarism and Nationalism in Argentina, 1930-1966.* Austin: Texas UP, 1972.

James, Daniel. *Resistance and Integration: Peronism and the Argentine Working Class, 1946-1976.* Cambridge, Mass.: Cambridge UP, 1988.

Jordán, Alberto R. *El proceso: 1976-1983.* Buenos Aires: Emecé Editores, 1993.

Hodges, Donald Clark. *Argentina's "Dirty War": An Intellectual Biography.* Austin: Texas UP, 1991.

Labourdette, Sergio Daniel. *El menemismo y el poder.* Capital Federal, Argentina: Editorial Quirón, 1991.

Lynch, John. *Argentine Dictator: Juan Manuel Rosas.* Oxford: Oxford UP, 1981.

Martínez Estrada, Ezequiel. *Radiografía de la pampa.* 2nda edición. Buenos Aires: Losada, 1957.

Newton, Ronald C. *The "Nazi Menace" in Argentina, 1931-1947.* Stanford: Stanford UP, 1992.

Page, Joseph A. *Perón, a Biography.* New York: Random House, 1983.

Potash, Roberto A., ed. *Perón y el G.O.U.: los documentos de una logia secreta.* Buenos Aires: Editorial Suramericana, 1984.

Simpson, John and Jana Bennett. *The disappeared and the Mothers of the Plaza.* New York: St. Martin's Press, 1985.

Taylor, Julie M. *Eva Perón, the Myths of a Woman.* Chicago UP, 1979.

Torres-Ríoseco, Arturo. "La literatura gauchesca", Capítulo IV de *Nueva historia de la gran literatura iberoamericana.* Buenos Aires: Emecé Editores, 1960.

Ward, Catherine E. "La epopeya del gaucho." **Américas.** XVII. Nº 12 (diciembre 1965): 8-15/

Wynia, Gary W. *Argentina: Illusions and realities.* New York: Holmes & Miers, 1986.

Capítulo 14. Revolución en Cuba

Baklanoff, Eric N. *Expropriation of U.S. Investments in Cuba, México and Chile.* New York: Praeger, 1975.

Bethell, Leslie, ed. *Cuba: A Short History.* New York: Cambridge UP, 1993.

Bonsal, Philip W. *Cuba, Castro and the United States.* London: Henry M. Snyder & Co, n.d. Reprint: Pittsburgh: Pittsburgh UP, 1971.

Draper, Theodore. *Castroism, Theory and Practice.* New York: Praeger, 1965.

Castro, Fidel. *Palabras a los intelectuales.* La Habana: Ediciones del Consejo Nacional de
Cultura, 1961.

Domínguez, Jorge I. *Cuba: Order and Revolution.* Cambridge, Mass.: Harvard UP, 1978.

Geyer, Georgie Anne. *Guerrilla Prince: The Untold Story of Fidel Castro.* Boston: Little Brown, 1991.

Eberstadt, Nick. "Literacy and Health: The Cuban Model." *The Wall Street Journal,* December 10, 1984.

González, Edward. *Cuba under Castro: The Limits of Charisma.* Boston: Houghton Mifflin, 1974.

Mesa-Lago, Carmelo, ed. *Revolutionary Change in Cuba.* Pittsburgh: Pittsburgh UP, 1971.

——. *The Economy of Socialist Cuba: A Two-Decade Appraisal.* Alburquerque: New Mexico

UP, 1981.

——. *Cuba After the Cold War.* Pittsburgh: Pittsburgh UP, 1993.

Montaner, Carlos Alberto. *Víspera del final: Fidel Castro y la revolución cubana.* Madrid: Globus, 1994.

Pérez, Louis A. Cuba. *Between Reform and Revolution.* New York: Oxford, 1988.

Quirk, Robert E. *Fidel Castro.* New York: W.W. Norton, 1993.

Ripoll, Carlos. *Harnessing the Intellectuals: Censoring Writers and Artists in Today's Cuba.* New York: Freedom House, 1985.

Szulc, Tad. *Fidel: A Critical Portrait.* New York: William Morrow, 1986.

Thomas, Hugh. *Cuba: The Pursuit of Freedom.* London: Eyre & Spottiswoode, 1971.

Capítulo 15. Las relaciones entre los Estados Unidos y Latinoamérica

Farer, Tom J. *The Grand Strategy of the United States in Latin America.* New Brunswick: Transaction Books, 1988.

Leonard, Thomas M. *Central America & United States Policies, 1820s - 1980s.* Claremont California: Regina Books, 1985

Martz, John D., ed. *The United States Policy in Latin America (1961-1986).* Lincoln: Nebraska UP, 1988.

Mallin, Jay. *Caribbean Crisis. Subversion Fails in the Dominican Republic.* New York: Doubleday, 1965.

Marras, Sergio. *América Latina. Marca registrada.* Barcelona: Grupo Editorial Zeta, 1992

Perkins, Dexter. *A History of the Monroe Doctrine.* Rev. ed. Boston: Little Brown, 1963

Rappaport, Armin, ed. *The Monroe Doctrine.* New York: Holt, Rinehart, 1964.

Rojas Aravena, Francisco & Luis Guillermo Solís Rivera. *¿Súbditos o aliados? La política exterior de Estados Unidos y Centroamérica.* San José, Costa Rica: Editorial Porvenir, 1988.

Schneider, Ronald M. *Communism in Guatemala.* New York: Praeger, 1958.

Skidmore, Thomas E. & Peter H. Smith. *Modern Latin America.* 3rd ed. New York: Oxford UP,

1992.

Wood, Bryce. *The Dismantling of the Good Neighbor Policy.* Austin: Texas UP, 1985

Capítulo 16. Los hispanos en los Estados Unidos

Bean, Frank D. & Marta Tienda. *The Hispanic Population of the United States*. New York: Russel Sage Foundation, 1990.

Boswell, Thomas D. & James R. Curtis. *The Cuban-American Experience.* Jersey: Rowman & Allanheld, 1984.

Evora, Tony. "Playa, ron y salsa". *Cambio 16.* Madrid, 23 agosto 1993, XXXV.

Fagen, Richard R. et al. *Cubans in Exile: Disaffection and the Revolution.* Standford, Calif.: Standford UP, 1968.

Fitzpatrick, Joseph P. *Puerto Rican Americans. The Meaning of Migration to the Mainland.* 2nd ed. Englewood Cliffs, NJ: Prentice Hall, 1987.

Heer, David. *Undocumented Mexicans in the United States.* Cambridge: Cambridge UP, 1990.

Rodríguez, Clara E. *Puerto Ricans: Born in the U.S.A.* Boston: Unwin Hayman, 1989.

Stoddard, Ellwyn R. *Mexican Americans.* New York: Random House, 1973. Rpt. by Univ. Press of America.

Weyr, Thomas. *Hispanic U.S.A. Breaking the Melting Pot.* New York: Harper & Row, 1988.

Vocabulario

The following types of words have been omitted from this vocabulary: identical cognates and some close cognates whose meaning is clear; conjugated verb forms; personal pronouns and possessive and demonstrative adjectives and pronouns unless they have a special meaning in the text; easily recognizable adverbs that end in **-mente,** as well as common diminutives (**-ito, -ita**) and superlatives (**-ísimo, -ísima**); numerals; days of the week and months of the year; and simple words found in elementary texts.

Adjectives ending in **-o** in the masculine and **-a** in the feminine, are given in the masculine form only.

Gender is not indicated for masculine nouns ending in **-o** and feminine nouns ending in **-a.**

Reflexive verbs are indicated by the reflexive pronoun **se**, attached to the infinitive, or by the abbreviation vr when they appear in the text as both reflexive and transitive or intransitive verbs.

Abreviaturas:

adj	adjective	*m*	masculine noun
adv	adverb	*n*	noun
Angl	Anglicism	*pl*	plural
f	feminine noun	*vr*	reflexive verb
inf	infinitive	*vt*	transitive verb

A

abanico fan
abastecer to supply, provision
abastecimiento provisioning; —*s* provisions
abatido dejected
abatir to strike down
abigarrado motley
abogacía legal profession
abogado lawyer
abolir to abolish
abonar to pay
abordar to board
aborrecer to abhor, detest
aborto abortion
abrazo embrace, hug
abrigo warm clothing (e.g., sweater, overcoat); — **de pieles** fur coat
absentista absentee

absolución *f* absolution, acquittal
abstemio abstemious, temperate
aburrido boring
acabar to finish; to end up; — **de** to have just
acampar to camp
acaparar to monopolize
acariciante *adj* caressing
acarrear to carry; to cause
acaudalado wealthy
acceder to accede, gain access; to agree
accidentado irregular, rough
acendrado pure
acequia ditch
acercamiento approach
acercar to place near, approach; *vr* to approach
acero steel

acervo cultural wealth
aclarar: — **el día** to dawn
acoger to welcome, receive; — **se** to seek the protection, take advantage
acogida reception
acometer to undertake
aconsejar to advise
acontecimiento event
acoplar to fit together
acorazado armored ship
acordar to agree
acorde in tune
acoso harassment
acostar to put to bed; *vr* to go to bed
acostumbrado usual
acostumbrarse: — **a** to get used to
acreedor *m* creditor

actriz f actress
actual present-day
actuar to act
acuario aquarium
acudir to come in, go or come to the rescue; to attend; — **a** to resort to
acuerdo agreement, accord; **ponerse de** — to reach an agreement
acuñar to coin
adelante: en lo — henceforth, in the future
adelanto advance, achievement
ademanes m manners
adentrarse to penetrate
adhesión f attachment, adherence, support
adepto follower
adinerado wealthy
adivinar to guess
adobe m sun-dried brick
adolecer to suffer
aduana custom-house
advertir to warn
afabilidad f affability
afán m desire
afectivo emotional
afecto affection, love; *adj* loyal
afeminamiento effeminacy
aferrarse to cling
afición f fondness
aficionado amateur; — **a** fond of
afín similar, common
afincado rooted
aflorar to emerge
afluente m affluent, tributary of a river
afueras: las — the outskirts
agotado exhausted
agotador exhausting
agotarse to become exhausted
agradable pleasant
agregar to add
agriarse to turn sour
agrícola agricultural
agricultor farmer
agrupado grouped
agua: — **dulce** fresh water

aguacate m avocado
agudo acute, sharp
águila f eagle
aguja needle; hand of a clock
ahí there; **de** — hence
ahijado godchild
ahorrar to save (in an economic sense)
airado angry
aislado isolated
aislamiento isolation
ajeno another's
ajuar m trousseau
ajustar to adjust
ajusticiar to execute, put to death
ala wing
alabanza praise
alambrada barbed-wire barrier
alambre m wire; **cerca de** — barbed-wire fence
alarmarse to become alarmed
albedrío: libre — free will
albergar to harbor, accommodate
alcaldía office of the mayor
alcance m scope, range
alcantarillado sewage
alcanzar to reach; to overtake, catch up
aldea village
aledaño adjacent
alegar to adduce, claim
alegría happiness
alejado distant
Alejandría Alexandria
alejarse to move away
alentador encouraging
alentar to encourage
algodón m cotton
alienación f alienation
aliento encouragement
alimentos foodstuffs
algo something; somewhat
algodón m cotton
aliarse to form an alliance
alimentar to feed; to encourage
alimenticio pertaining to food
alimento food
alistar to get ready

alivio relief
allegado (emotionally) close
alma f soul
almirante m admiral
almohadón m large pillow
alquiler m rent
alrededor around
altibajos variations, ups and downs
altura altitude, height; **estar a la** — to live up to
allá: más — beyond
alojar to lodge
altiplano high plateau
alucinatorio hallucinatory
alzar to raise; *vr* to rise up
amable kind
amaestrar to tame
amamantar to breast feed, nurse
amanecer to dawn
amante mf lover
amañado rigged, dishonest
amargo bitter
amargura bitterness
amarrado tied
amasar to amass (a fortune)
ambiental environmental
ambiente m environment
ámbito realm, circle
ambos both
ambulante ambulatory, roving
amenaza threat
amenazar to threaten
amigable friendly
amo master
amortiguar to soften, cushion
amparo protection
ampliar to enlarge
amplitud f amplitude, breadth
analfabetismo illiteracy
anarquismo anarchism
ancho wide
anchura width
anclar to anchor
andadas: volver a las — to revert to one's old ways
andaluz Andalusian
andamio scaffold
andino Andean

anglo Anglo-American

angustia anguish

ánima *f* soul

animal: — de tiro draught animal

ánimo: dar — to encourage

anonimato anonymity

ansia longing

antepasado ancestor

anticipación: de, con — in advance

anticonceptivo contraceptive device

antigüedad *f* antiquity

antiguo ancient; former

anular to annul

añadir to add

apaleadura beating

aparato apparatus, device

aparcero sharecropper

aparecer to appear

apariencia: — física physical appearance

apelación *f* appeal

apellido last name

apenas scarcely, hardly

apertura opening, openness

apiadarse to take pity

ápice *m* apex, height

apilar to pile up

aplacar to placate

aplanar to flatten

aplastante crushing

aplastar to crush

apodar to nickname

apoderarse to take possession of, capture

apogeo apogee

aportar to contribute

aporte *m* contribution

apostar to bet, to opt for

apóstol *m* apostle

apoteósico epoch-making

apoyar to support; *vr* — **en** to be based upon , to depend on

apoyo support

aprendiz apprentice

apresurado hasty

apretón: — de manos hand-shake

aprovechar to take advantage of

aprovisionador supplier

apto able, fit

apuesto handsome

apuntar to point out

apuro difficulty

aquejado afflicted by

aquejar to afflict

aquel he who, the one that

aquietamiento relaxation, calming down

Aquiles: talón de — Achilles' heel, weakness

arado plow

arancel *m* tariff, (customs) duty

arancelario pertaining to custom duties

araña spider

arar to plow

aras: en — de for the sake of

arbitraje *m* arbitration

árbol *m* tree

arca *f* vault; — **de Noé** Noah's Ark

arcabuz *m* harquebus (16th century shotgun)

archivo archives

arco arch

arcoiris *m* rainbow

argüir (y) to argue

argumento plot

armada navy

armar to assemble

aro ring

arqueólogo archaeologist

arquetipo archetype

arrancar to tear

arrastrar to drag along

arreglar to fix; to arrange; **arreglárselas** to manage the best one can

arreglo arrangement

arrestar to arrest, detain

arribar to arrive

arriesgado daring, risky

arrojar to throw

arrollador sweeping

arroyo brook, small stream

arroz *m* rice

arte *m:* — **orfebre** goldsmith work

artes f : bellas — fine arts

artesanías arts and crafts

artículo article; — **de consumo** commodity, merchandise; — **de primera necesidad** essential consumer good

artesanías handicrafts

arzobispo archbishop

asa handle (of a vase or cup)

asaltante *mf* attacker

ascendencia ancestry

ascender to ascend; to be promoted

ascendiente *m* ancestor; influence

asediar to besiege

asegurar to secure, consolidate

asentamiento settlement

asentarse to rest, be based upon; to settle

aserto assertion

asesor adviser

así so; thus

asiático Asiatic

asiento seat; place of settlement

asilo old people's home; (political) asylum

asistencia: — sanitaria medical care

asomar to loom, begin to appear, to be revealed

asombrar to astonish

asombro astonishment

asombroso astonishing

áspero harsh

astilleros shipyards

astro star

astrónomo astronomer

astucia cunning

asumir to assume; to accept, take responsibility

asunto matter, business, affair

asustar to frighten

atacante *mf* attacker

atacar to attack

atadura tie, bond

atañer to concern, appertain

ataque *m* attack

atar to tie down

atemperar to temper, mollify ; *vr* to cool

atentado aggression, attack

aterrante frightening

atractivo *adj* attractive, appealing; *pl* attractive features

atraer to attract

atrapar to trap

atrasado backward

atravesar to cross; to go through

atreverse to dare

atrevido daring

audaz daring

audiencia tribunal

auditorio audience

auge *m* highest point

augurar to augur, predict, anticipate

aumentar to augment, increase

aumento increase

aun even

aún still; yet

aunarse to coalesce

ausencia absence, lack

ausentarse to absent oneself

autocrático autocratic, dictatorial

autóctono aboriginal, indigenous

autoridad *f* authority, expert

autorizado respectable

autorretrato self-portrait

avalar to support

avance *m* advance

ave *f* bird; — de corral poultry

avejentado aging

avenida avenue

avenirse to be in accord, agree

aventurado ventured

avergonzarse to be ashamed, to feel shame

avidez *f* eagerness

avión *m* airplane

aviso warning

avistar to descry at a distance

ayuda help

azar *m* chance; al — at random

azotar to scourge; to lash

azote *m* scourge

azúcar *m* sugar

B

bachiller *mf* bachelor (academic degree)

bachillerato secondary education

bagaje *m*: — intelectual intellectual weigh

bahía bay

bailar to dance

baja casualty

bajorrelieve *m* bas-relief

balanza: inclinar la — to tip the scale

balcón *m* balcony

ballena whale

ballesta crossbow

baloncesto basketball

banca banking

bandera flag, banner

bando faction

bandolero highwayman

banquero banker

baratija trinket

barba beard

barbarie *f* savagery, incivility

bárbaro barbarous, uncivilized

barbudo bearded man

barco ship; — de vapor steamship; — negrero slave-carrying ship

barra bar

barracón *m* large hut

barrer to sweep

barrera barrier

barriada poor city district

barro clay

barroco Baroque

bastante quite, rather; a great deal

bastión *f* stronghold

batalla battle

batracio batrachian, amphibian, frog- or salamander-like animal

bautismo baptism

bautizar to baptize

beber to drink

bedel *m* custodian

bélico war-like; material — military equipment

belicoso quarrelsome

bellas: — artes fine arts

belleza beauty

bembón thick-lipped

biblioteca library

bien *m* good, merchandise; property; **más —** rather; irle — **a uno** to do well; **estar a —** to be in good terms

bienestar *m* welfare; **estado de —** welfare state; well-being

bifurcarse to fork

bigote *m* mustache

bisonte *m* bison

bizco crossed-eyed

blanco target

blando soft

bloque *m* city block

bloquear to block

bochornoso shameful

boda wedding

bodega ship hold

boga: en — fashionable

boina beret

bola ball

bolsa bag; — de valores stock-exchange

bolsillo pocket

bondadoso kind, generous

borde *m*: al — on the verge

boricua Puertorrican

borrachera drunkenness

borrar to erase

bosque *m* wood, forest

bota boot

botín *m* booty

brasileño Brazilian

bravo angry

brazo arm

breñal *m* brambled ground

brillar to shine

brindar to offer

brisa breeze

brujería witchcraft

brújula compass

bucanero buccaneer

buey *m* ox

búho owl

buque *m* ship; — **frigorífico** refrigerated ship

burgués n & *adj* bourgeois

burguesía bourgeoisie

burla mockery

burlar to evade; *vr* to make fun of

burlón mocking

busca: en — de in search of

búsqueda search

C

caballería cavalry; **novela de —** chivalry novel

caballero gentleman

caballete *m* easel

caballo horse

cabecilla *m* chieftain, head of a revolt

caber to fit; **cabe preguntar** one may ask

cabida: dar — to find room, e.g., for an idea

cabildo municipal council

cabo cape; corporal; **al —** in the end, finally

cabra goat

cacique *m* Indian chief; political boss

cadena chain

cafetal *m* coffee plantation

caída fall

calabaza pumpkin, squash

calavera skull

calcetín *m* sock

calculador shrewd, sly

calcular to calculate, estimate

cálculo calculation, estimate

calendario calendar

calentamiento heating

calidad *f* quality

cálido warm, hot

californiano from California

cáliz *m* chalice

calvo bald

callado quiet, reserved

callejera: turba — unruly street crowd

calzada roadway, causeway

camarilla clique

camarón *m* shrimp

cambiar to change

cambio change; **en —** on the other hand

camello camel

camino road

camión m. truck

campamento camp; — **de veraneo** summer camp

campana bell

campaña campaign

campesino peasant

camuflar to camouflage

canalizar to channel

campo field; countryside

canela cinnamon

canjear to exchange

canoa canoe

canónico canonical

cantante *mf* singer

cantera quarry

cántico chant

cantidad *f* quantity, amount

caña: — de azúcar sugar cane

cañón *m* cannon

caos *m* chaos

capa echelon

capataz *m* overseer

capaz capable

capitanear to head, have the command

capítulo chapter

capricho whim

caprichoso whimsical

captar to attract, win

cara face; **de — a** as it faces

carabela caravel

cárcel *f* jail

cardenista pertaining to Mexico's president Lázaro Cárdenas

carecer to lack

carente lacking

cargamento shipment

carga load, burden; charge

cargar to charge

cargo position; **a — de** in charge of; **hacerse —** to take charge, take over

caribeño *adj* Caribbean

carne *f* meat; flesh

carrera career, profession; race

carretera highway

carro: — patrullero patrol car

carta letter; charter

cartel *m* sign

cartera portfolio

casa: — propia one's own household

casamiento marriage

casarse to get married; — **con** to marry

casco helmet

caso: darse el — to happen

casta caste

castidad *f* chastity

castigar to punish

castigo punishment

casto chaste

castrense *adj* military

castrismo Castroism

casualidad *f* coincidence, chance

catecismo catechism

cátedra professorship

catequista *mf* catechist

caucásico Caucasian

cauce *m* river-bed, channel

caucho rubber

caudillismo tradition of caudillo-ruled government

caudillo strong leader with charismatic appeal

cautela caution

cautivador *adj* captivating

cautivar to charm

cautiverio captivity

caza hunting

cebolla onion

ceder to yield

ceja eyebrow

celda cell

celebrar to hold an event

célebre famous

celeridad *f* celerity, velocity

celo zeal

celoso jealous

censura censorship
centenar hundred
central *f*: — **eléctrica** generating plant
ceñir to gird
cera wax
cerca fence; — **de alambre** barbed-wire fence
cercanías vicinity
cercano nearby
cerco: poner — to lay siege
cerdo pig
cernirse to hover
cero zero
certamen *m* literary contest
certeza certainty, certitude
cerveza beer
cesar to cease
césped *m* lawn
charco pond
charretera epaulet
checo Czech
chile *m* chilli, American red pepper
chinche *f* bed bug
chino Chinese
chispa spark
chiste *m* joke
chocante shocking
chocar to collide, clash; to be upset (by an event)
choza hut
cicatrizar to heal
ciclo cycle; — **sinódico** synodic cycle
ciclón *m* hurricane
ciencia: a — **cierta** for certain
cierto true
cifra number, figure
cima top
cimentar to strengthen, consolidate
cincel *m* chisel
cintura waist
cinturón *m* belt
circundante *adj* surrounding
cisma *m* schism
cisne *m* swan
claro of course

clase *f* :— **obrera** working class
clasista class-oriented
clave *adj* key
clavo clove
clero clergy
coacción *f* coercion
cobrar to charge; to collect
cobre *m* copper
cobro collection
cocinero cook
códice *m* codex
código code
codicia greed
codiciar to covet
coercitivo coercive
coetáneamente simultaneously
cofradía brotherhood
coger to catch; to get; to take; — **desprevenido** to surprise, catch by surprise
cohete *m* missile
cola tail
colega colleague
colina hill
colmo: para — to make matters worse
colocar to place
colombiano Colombian
colonia colony; — **de caña** sugar plantation
colonizador colonizer
colono colonist
comarca region
comerciante *mf* merchant
comicios elections
comida food; meal
comienzo beginning
comitiva retinue
como how, in what way; because, since, inasmuch as
comodidad *f* comfort
compartir to share
competencia competition; competence, aptitude
complacer to please; *vr* to take pleasure in
complejidad *f* complexity
complejo complex
componerse: — **de** to consist of

comportamiento behavior
comportar to entail; *vr* to behave
comprobación *f* checking, comparison
comprobar to verify
concha shell
concilio council
concurso contest, competition; — **de oposición** academic competition for a professorship
condado county
condena condemnation
condiscípulo fellow-student
confección *f* manufacture
confiable reliable
confianza trust
confiar to trust
confiscar to confiscate
confluir to coalesce
conforme satisfied
congelado frozen
congelar *vt & vr* to freeze
congregarse to gather
conjunto: en — as a whole
conllevar to entail
conmovedor *adj* moving
conmover to move (emotionally)
conocimiento knowledge
conquistar to conquer
conseguir to get, obtain; — + *inf* to succeed in
consejero adviser, councelor
consejo advice; council
constar: — **de** to consist of
consumo consumption; **artículo de** — commodity, merchandise
contabilidad *f* accounting
contienda war, fight
contención containment
contorno contour
contradecir to contradict
contraer: — **matrimonio** to marry
contrahecho deformed
contrapartida: countermeasure
contrapesar to counterbalance, compensate
contraproducente counter-productive

Contrarreforma Counter-refor-
mation
contrarrestar to counteract
contratar to hire
contrato contract
contundencia: con — bluntly
contundente forceful
convenir to suit, to be suitable
converso: judío — a Jew con-
verted to Christianity
convivencia living together;
companionship
convocar to convoke, convene
convocatoria calling
coraje *m* courage
corazón *m* heart
corbata necktie
corcovado hunchback
coro: a — in unison
corona crown
coronel *m* colonel
corredor runner
correos post
corrida: — de toros bullfight
corsario corsair, privateer
cortapisa impediment
cortar to cut
corte *f* court; *m* cutting blow;
cut; blocking; style
cortejar to court
cortés courteous, polite
cortesano courtier
corteza tree bark
cortina curtain
corto short
costarricense Costa Rican
costear to finance; **poder —**
to be able to afford
costo cost
costoso costly
costumbre *f* custom, habit
coterráneo compatriot
cotidianamente daily
cotidiano *adj* every-day
cotización *f* contribution
cráneo skull
creados: intereses — vested
interests
crecer to grow (in size)
creciente *adj* growing
crecimiento growth

credo creed
crédulo credulous, naïve
creencia belief
creyente *mf* believer
criado servant
crianza breeding
criar to breed; to raise
crónica chronicle
cronista *mf* chronicler
cruce *m* crossing
cuadrante *m* quadrant
cuarentena quarantine
cuantioso abundant, rich
cuartel *m* army barracks
cuarzo quartz
cubo cube
cuchillo knife
cuello neck
cuenca (river) basin
cuenta account; bill; **por —
propia** self-employed; **por
— de uno** on one's own
account
cuentista *mf* short-story writer
cuento short story
cuerda string
cuero hide, leather
cuerpo body; **— de policía**
police force
cuestión *f* matter
cuidadoso careful
culpa guilt
culpar to blame
cultivo crop; cultivation
cumpleaños *m* birthday
cumplir to fulfill; to honor (a
commitment)
cuna cradle
cuñado brother-in-law; *pl*
brothers and sisters-in-law
cúpula dome, vault
cura *m* priest
cúspide *f* apex, tip, top
cutis *m* skin of the human face

D

dama lady; **— de compañía**
lady-in-waiting
dantesco dantesque, terrifying
danza dance

dañar to harm
dañino harmful
daño harm
darwinista Darwinist
datar to date, begin from
deambular to roam, stroll
debatirse to agonize (between
two alternatives)
debajo under, below
debidamente duly
débil weak
debilidad *f* weakness
debilitado weakened
década decade
decenio decennium, decade
decepcionante disappointing
décima: — parte one tenth
decretar to decree, determine
decreto decree
dedo finger
deficitario deficit-ridden, deficit-based
degenerar to degenerate
degollar to cut the throat of a
person or animal
deidad *f* deity, god
dejar: — *de + inf* to stop or
cease + -ing
delantal *m* apron
delgado thin
delictivo *adj* of an illegal nature
delito crime, illegal act
demagogia demagogy
demás: los, las — the others
denominar to name
deponer to depose
deporte *m* sport
depredador predator-like
depurado polished
derecho right; straight; law
derretir to melt
derribar to throw (to the
ground)
derrocamiento overthrow
derrocar to overthrow
derrotar to defeat
derrumbarse to crumble,
collapse
desacuerdo disagreement
desafío defiance
desalentado disheartened

desalentar to discourage
desalojar to dislodge
desanimado discouraged
desanimar to discourage
desaparecer to disappear
desarrollarse to develop
desatar to unleash
desbordar to overflow; surpass
descalzo barefooted
descansar to rest
descanso rest, leisure
descargar to discharge, release
descarnado unadorned, harshly realistic
descollar to stand out
desconfiado distrustful
desconocedor: — de not familiar with
desconocer to ignore
desconocido: lo — the unknown
descuartizar to quarter
descubridor discoverer
descubrimiento discovery
descubrir to discover; to uncover, unmask
desdichado unhappy
desechar to lay aside, discard
desembarco landing
desembocadura mouth of a river
desembocar to flow into, empty into (e.g., the sea)
desempeñar to discharge (an office or duty); — **un papel** to play a role
desempleo unemployment
desencadenar to unchain, unleash
desencantado disappointed
desengaño disappointment
desenlace *m* outcome, dénouement
desentenderse to neglect
desertar to desert
desértico desert-like
desfilar to march
desgastar to weaken
desgracia misfortune
deshacerse: — de to get rid of

desheredado underprivileged
desierto desert
desigual uneven
deslealtad *f* disloyalty
deslumbrante glaring; dazzling
deslumbrar to dazzle
desmantelar to dismantle
desmayo dismay
desmedidamente excessively
desmontado cleared of trees
desmontar to dismount; to dismantle
desnudar to undress
desnudo naked
desolado desolate
despacho office
despectivo derogatory
despedida farewell
despedir to dismiss, fire
despegue *m* take-off
despejar to clear
despertar to awaken
desplazar to displace; *vr* to move
despliegue *m* display
desplome *m* collapse
desplomarse to collapse
desposeídos: los — the poor
despreciable insignificant
despreciar to despise
desprecio contempt
desprestigio loss of prestige
desprevenido off guard
destacado important, outstanding
destacar to excel, stand out
destituir (y) to dismiss from office
destrozado ruined, torn to pieces
destrozar to cut to pieces, annihilate
desviación *f* deviation
desviar to divert
deterioro deterioration
deuda debt
devorar to devour
devoto devotee
diablo devil

diario journal, diary; *adv* daily, every day
dibujante drawer, draughtsman
dibujo drawing
dictador *m* dictator
dictadura dictatorship
dictamen *m* opinion, judgment
diente *m* tooth
dieta diet
diezmar to decimate
diezmo tithe
difundir to disseminate
digno worthy, dignified
dilación *f* delay
dilapidar to dilapidate, squander
diluir to dilute
diminuto small, minute
dinastía dynasty
dinero money; — **efectivo** cash
dios *m* god
dirigente *mf* leader
dirigir to direct; *vr* to head for, go towards
díscolo rebellious
discurso speech
discutir to discuss
diseñar to design
diseño design
disfrazado disguised
disfrute *m* enjoyment
disímil dissimilar
disimular to conceal
disipado dissolute, licentious
disminuir to diminish, decrease
disolver to dissolve, break up
disparar to shoot, fire; *vr* to increase very rapidly
dispensar to dispense; to sell
disponible available
disponer to have at one's disposal
disposición *f* directive
dispuesto willing
distinto distinct, different; in a different way
disturbio riot
disuasorio dissuasive
doblar to fold, bend

doblegar to humble
doctrinar [adoctrinar] to indoctrinate
dolencia ailment
dolor *m* pain, suffering
dolorido *adj* aching
domador: — de caballos horse-breaker
dominicano Dominican
don *m* gift, talent
donar to donate
doncella young woman, maiden
dorado golden
dotado endowed
dotar to endow
dote *f* gift, talent
dramaturgo playwright
dueño owner
dulce sweet; **agua —** fresh water
duque *m* duke
duramente harshly
durar to last
dureza harshness
duro hard, tough

E

echar to throw; **— hacia atrás** to turn back
eco echo
ecuánime calm, level-headed
ecuador *m* equator
edad *f* age; era; **persona de —** elder person
editar to publish
editora publisher, publishing house
editorial *f* publisher
efectivamente really, actually
eficaz efficacious
efímero ephemeral, short-lived
Eje *m* Axis (alliance of Germany, Italy and Japan during World War II)
ejecutar to execute
ejecutor *m* executioner
ejemplar *m* copy (of a book or magazine); *adj* exemplary
ejercer to exert; to exercise
ejercicio exercise, practice; **hacer —** to exercise

ejercitar to exercise
ejército army, armed forces
elegido chosen
elogiar to praise
elogioso laudatory
embajada embassy
embajador ambassador
embalsamar to embalm
embarazada pregnant
embarazar to embarrass; to hinder
embarazoso embarrassing
embarcación *f* vessel, ship
embarcarse to embark
embargo: sin — however
emboscada ambush
embriagarse to get drunk
embrollo tangle
emotivo emotional
empeorar to worsen
emperador *m* emperor
empero however
empleador employer
emplear to employ, use
empleo employment
emprendedor enterprising
emprender to undertake
empresa enterprise, business
empresario entrepreneur
empujar to push
empuñar to grip
enamorarse to fall in love
enano dwarf
enardecido excited
encabezar to head, lead
encajar to fit
encaje *m* lace
encaminar to direct,
encantador charming
encanto charm
encarar to face
encarecer to increase in price
encarcelamiento incarceration
encarcelar to jail
encendido fiery
encerrarse to lock oneself up
enclavado rooted
encomiable worthy, praiseworthy

encontrar to find; **— se con** to run across
encuentro encounter, meeting
encuesta opinion poll
enderezar to aim
endurecer to harden
enemistad *f* enmity
enemistarse to become an enemy of
enfermar to fall ill
enfermería nursing
enfermo sick person
enfilar to direct the course
enfoque *m* approach
enfrascarse to become involved
enfrentamiento encounter
enfrentar to face
enfriamiento chill
enfriar to cool
enfurecido angry
engañar to deceive
engañoso deceitful, deceptive
engrandecido magnified
engrosar to augment
enjuiciar to bring to trial, impeach
enlazar to tie, bind
enmienda amendment
enraizado rooted
ensayar to try
ensayista *mf* essayist
ensayo essay
enseñanza teaching; education
ensuciarse to get dirty; **— las manos**; to dirty one's hands
entendimiento understanding
enterarse: — de to find out, learn about
enterrar to bury
entidad *f* entity, firm, company
entonces then; **de —** of that period
entorno environment
entorpecer to hinder
entrada: de — to start with, at the outset
entrañas core; entrails
entredicho: poner en — entredicho to put in doubt
entregar to hand over; *vr* **— a** to engage in

entrenado trained
entrenamiento training
entrenar to train
entretanto meanwhile
entretenimiento amusement, entertainment
entrever to foresee, catch a glimpse
entrevista interview
entrevistar to interview
envalentonar to embolden
envejecido aged
enviar to send
época epoch, period
equipar to fit, equip
equipo team; equipment, gear
equitativo equitable
equivocarse to be wrong, make a mistake
erguido *m* erect
erudito scholar
esbozo outline
escala stopping place; scale
escalinata monumental staircase
escalofriante chilling
escalofrío chill
escalón *m* step of a stair
escasear to become scarce
escasez *f* scarcity, shortage
escaso scarce
escenificar to stage
escisión *f* split
esclavitud *f* slavery
esclavizar to enslave
esclavo slave
escoba broom
escoger to choose
escolar school child
escolarización schooling
escolasticismo Scholasticism
escoltar to escort
escopeta shot-gun
escritor writer
escritura writing
escudero squire
escudo shield
escudriñar to search, scrutinize
esculpir to sculpture
esfera sphere, circle
Esfinge *f* Sphinx
esforzarse to try hard

esfuerzo effort
esfumarse to vanish
esgrima fencing
esmaltado enameled
espada sword
especia spice
especie *f* species; kind, type
espectro spectrum
espejo mirror
espera wait
esperanza hope
esperanzado hopeful
espía *mf* spy
espina thorn; fish-bone
esquema *m* scheme, model
estación *f* season
estacionario stationary
estadista *mf* statesman
estadísticas statistics
estado state; **en** — pregnant
estalinista Stalin-like
estallar to break out; to explode
estallido outburst
estancado stagnant
estancamiento stagnation
estancia hacienda, large farm; stay, sojourn
estanciero hacienda owner
estaño tin
estatal belonging to the State, State-run
estela stele, upright slab of carved stone
estilo style
estimado estimate
estorbo hindrance
estrecho narrow; strait
estrellarse to crash
estribo stirrup
estropear to spoil, damage
estuario estuary
estudiantado student population
estupefaciente *m* drug, narcotic
etapa period
etiqueta label
étnico ethnic
extremeño a native of Estremadura
europeizado europeanized
europeo European
evadir to evade, elude

evitar to avoid
exaltar to extol, praise
excedente *m* surplus
excomunión *f* excommunication
exención *f* exemption
exigencia demand
exigir to demand
exiguo exiguous, small
éxito success; **con** — successfully
exitoso successful
expediente *m* dossier
experimentado experienced
experimentar to experience
exposición *f* exposé; exhibit, exhibition
expuesto exposed
expulsar to expel
exterminio extermination
extraer to extract, pull out
extranjero *n* foreigner; *adj* foreign; **en el** — abroad
extrañar: no es de — (it) is not surprising
extraño strange

F

fábrica factory; marca de — trade-mark
fabricar to manufacture
facción *f* feature; faction
faceta facet, aspect
fachada façade
factible feasible, practicable
facultad *f* school within a university
faja strip
falda skirt
fallar to pass judgment, to decide; to fail
fallecimiento death
fallido failed
falsedad *f* falsehood
falta lack
faltar to lack, be missing
farándula show business
fase *f* phase
fastuoso lavish
fatiga fatigue, lassitude
fazendeiro large plantation owner in Brazil

fe *f* faith; **dar** — to attest;
profesión de — calling,
commitment

fecha date

fechoría misdeed

feligrés parishioner

felino feline

férreo iron-like

ferrocarril *m* railroad

festejo festivity

fidedigno reliable

fidelidad *f* loyalty

fidelista pertaining to Fidel
Castro

fiel loyal, faithful

fieles *m* parishioners, churchgoers

fiera wild beast

figurilla figurine

fijeza steadfastness

fila rank

fin m end, ending; objective; a
— de in order to; a fines
de towards the end of

financiero financial

finca farm

firmante signatory

firmar to sign

fiscal prosecutor, district
attorney

fisco national treasury; **evadir
el** — to evade paying taxes

Flandes Flanders

flanquear to flank

flor *f* flower; — de lis. flower-
de-luce, heraldic lily

florecer to flower, blossom; to
prosper

Florencia Florence

florido flowery

flota fleet

flotar to float on a liquid or in
the air

flote: a — afloat

fluir (y) to flow

flujo influx

foco center, hot point

fomentar to foment, encourage

fondo bottom; fund

foráneo foreign, alien

forja forging

forjar to forge, build

fortalecer strengthen

fortaleza strength

forzar (ue) to force

fracasar to fail

fracaso failure

fraile *m* friar

franco frank

franja strip

franqueza frankness

freir to fry

frenar to slow down; to apply
the brakes

frente *f* forehead; *m* front;
adv in front ; **al** — at the
command

fresco fresh; method of painting on a wall or ceiling

frescura freshness

freudiano Freudian

frigorífica: planta — meat
packing plant

frijol *m* bean

frondoso bushy

frontera border

fructífero fruitful

fruta fruit

fruto produce, product, e.g.,
of one's efforts

fuego fire

fuerza force, strength; a la —
by force

fuga flight

función *f* function; show

funcionar to function, to work
out satisfactorily

funcionario official

fundador founder

fundar to found

fusil *m* rifle

fusilamiento execution by
firing squad; pelotón de —
firing squad

fútil futile

G

gabinete *m* cabinet

gallego Galician

gallina hen

galón *m* stripe worn on a military uniform

gamín street urchin

ganadero *adj* cattle

ganadería cattle-raising

ganado cattle

ganancia profit

ganar to win; —**se la vida** to
make a living

garante *m* guarantor

garantía warranty, guaranty

garrote *m* garrote (device used
to strangle as a means of execution); club, big stick

gasa gauze

gastar to spend (money)

gato cat

gauchesco that which pertains
to the gauchos

gaucho the plains man of the
Argentine and Uruguayan
pampas

Génova Genoa (Italy)

genovés Genovese

germen *m* trace, source

gestar to develop

gestión *f* action or step in a legal
or bureaucratic procedure

gesto gesture; mannerism

gigante *m* giant

gigantesco gigantic

gira tour

girar to revolve, rotate

giro turn

glifo glyph

Gobernación: Secretario de —
Home Office Minister

gobernador governor

gobernante *m* ruler

gobernar to govern, rule

golpe *m* blow, stroke; — de
estado coup d'état

gordura fatness, corpulence

gozar to enjoy

grabado engraving

grabar to engrave; to record

grácil graceful
grado rank; degree
grande (Spanish) grandee
grandeza grandeur, greatness
granja farm
gremio: —— de comerciantes
  merchants guild
griego Greek
gritar to shout, scream
grito shout, scream
grueso thick; **el ——** most of,
  the majority
guardar to keep
guarnición f garrison
guayaba guava
guerra war
guerrero warrior; adj war-like
guión m hyphen
guisar to cook
gusano worm

H

haber: hay que one must; ——
  de must
habitar to inhabit
hacendado   hacienda owner
hacer to do, make; vr to
  become; **—— de** to acquire
hacha ax
hada fairy
hallazgo discovery, finding
harina flour
harinero: molino —— flour mill
hazaña exploit
hechicero witch, wizard
hecho fact; **—— consumado** fait
  accompli, accomplished fact
hectárea hectare (2.471 acres)
heredar to inherit
heredero heir
hereje m heretic
herencia heritage; inheritance
herida wound
herir to wound
herradura horseshoe
herramienta tool
hervir to boil
hielo ice
hierba grass
hierro iron

hígado liver
hilar to spin
hilo wire
hincapié: hacer —— to emphasize
hiperrealismo photo-like realism
hipotecar to mortgage
hirviente adj boiling
hito milestone
hogar m home
hoguera bonfire; morir en la
  —— to die at the stake
hoja leaf
holandés Dutch
homenaje m tribute
horno oven; alto —— blast fur-
  nace
horrorizado horrified
hospicio hospice, orphanage
hostigamiento harassment
huelga workers' strike
huella track, footstep
huérfano orphan
huevo egg
huída flight, escape
huir (y) to flee
humanidad f mankind, human-
  kind
humilde humble
hundir to sink

I

ibérico Iberian
iconoclasta iconoclast, non-
  conformist
idear to come up with an idea
idilio love affair
idoneidad f suitability
igual same; —— **que** just as
iluminismo Enlightenment
ilustrado enlightened
imagen f image, statue, effigy
imparable unstoppable
impedir to impede, prevent
impensable unthinkable
imperar to prevail
imperio empire
implantar to establish, implant
imponente imposing
imponer to impose; vr to prevail
impregnar to fill

imprenta printing press
impreso printed
imprevisible unpredictable
imprevisto unforeseen
impuesto tax
inalcanzable unattainable
incansable tireless
incapaz incapable; incompetent
incendio fire
incertidumbre f uncertainty
incluso even; including
incómodamente uncomfortably
incómodo uncomfortable
inconexo unconnected
inconfundible unmistakable
incontables countless
incontenible unstoppable
inculcado inculcated, stamped,
  impressed upon
incumbencia: ser de la —— to
  be someone's business or
  concern
incumplir to fail to comply
indagación f inquiry
independizarse to become
  independent
indeseable undesirable
indiano from the Indies (the
  New World)
Indice m Index (catalogue of
  books prohibited by the
  Catholic Church)
indicio clue
indígena mf indigenous person; adj indigenous
indiscutible unquestionable
indisponer to indispose
indiviso undivided
inédito new
ineficaz (-ces) ineffectual
inesperado unexpected
infame infamous, despicable
infiel infidel
infligir to inflict
influyente influential
informático: programa ——
  computer program
infortunio misfortune
ingeniero engineer

ingenio   creative nature or faculty

ingenioso   ingenious, clever

ingenuo   naïve

ingerir   to ingest

inglés   English citizen

ingrata: — tarea   thankless task

ingresar   to enter; to join, become a member

ingreso(s)   income

inicio   beginning

inmiscuirse   to meddle

innegable   undeniable

inpensable   unthinkable

inquietante   unnerving

inquieto   restless

insólito   unusual

integrado: — por   made out of, composed of

intento   attempt

intercambiar   to exchange

interceder   to intercede, mediate

intereses: — creados   vested interests

internarse   to go deeply into

interregno   interregnum

interrogante *f*   question

intestino *adj*   internal

intrascendente   unimportant, irrelevant

inundación *f*   flood, flooding

inundar   to inundate, flood

inusitado   unusual, exceptional

invasor   invader

invernadero: efecto —   greenhouse effect

inversión *f*   investment

inversionista *mf*   investor

inversor   investor

investigador   researcher

invertir   to invest

involucrar   to involve someone in an affair

ira   ire, anger

irlandés   Irish

irrisorio   ridiculous

isla   island

istmo   isthmus

itinerante; vivir —   roving life

J

jactarse   to boast

jardín *m*   garden

jardinero   gardener

jarra   pitcher, jar

jefe   boss

jerarquía   hierarchy

jeringuilla   syringe

jeroglífico   hieroglyph; *adj* hieroglyphic

jinete *m*   horseman

jornada   work day

jornal *m*   daily wage

joya   jewel

joyería   jeweller's shop; jeweler's type of work

judío *adj* Jewish; n   Jew

juego   game; gambling

juerga   drinking party

juez *m*   judge

jugador *m*   player; gambler

jugar   to play; to gamble

juicio   judgment; opinion; trial

jungla   jungle

juntos   together

jurar   to swear, make an oath

jurista   jurist

justo *adj* just; *n*   a just person

juventud *f*   youth; the young

juzgar   to judge; to try (in a judicial court)

L

labios   lips

labores: — domésticas   house chores

labrar   to till; to do needlework, embroider, spin; to carve

lacra   fault, vice

ladera   slope

lado   side; **de un —**   on the one hand; **de otro —**   on the other hand

ladrón   thief

lago   lake

laguna   lagoon

laico   lay

lamentablemente   unfortunately

lana   wool

languidecer   to languish

lanzarse   to rush upon

larga: a la —   in the long run

largo   long; **a lo — de**   along

látigo   whip

lavar   to wash; **— oro**   to pan for gold

lazo   tie, bond

leal   loyal

lealtad *f*   loyalty

leche *f*   milk

lecho   bed; river bed

lectura   reading

legado   legacy

legitimar   to legitimate

lejanía   distance, remoteness

lejano   distant

lema *m*   motto

lento   slow

lepra   leprosy

leprosario   leprosarium

letra   letter of the alphabet

levantamiento   uprising

levantar   to build; to raise

ley *f*   law

libanés   Lebanese, from Lebanon

libertario   libertarian (ref. to the advocacy of civil liberties)

libertinaje m   licentiousness, excessive degree of freedom

libra   pound

librar   to free; to fight (a battle, a war)

librería   bookstore

librero   bookseller

libreta: — de racionamiento   ration card book

licencia: — de conducir   driver's license

líder Angl *mf* leader

liderar   to lead

liderazgo   leadership

lidiar: — con   to deal with

lienzo   canvass

ligar   to tie

ligero   light

limpieza   cleanliness

linaje *m*   lineage

lindo   pretty

línea   line
lineal   linear
lingote *m*   ingot
lino   linen
Lisboa   Lisbon
listo   ready
litro   liter
llama   flame
llamamiento   call
llanero   plains man, cowboy
llano   flat
llanura   plain, prairie
llevar   to take; to wear
llorar   to cry; **echarse a —** to burst into tears
lluvia   rain
lluvioso   rainy
lobo   wolf
luchador m.   wrestler
locura   madness
logro   achievement
lomo   back (of an animal)
longitud *f*   length
lote *m*   lot
lucha   fight, struggle
luchador   wrestler
lucir   to display
lucrar   to profit
lugarteniente   deputy
lujo   luxury
luna   moon; **— de miel** honeymoon
lusitano   Portuguese
lustrar   to shine
luto   mourning

M

macizo   solid
madera   wood
madrugada   dawn
madurar   to mature
maestría   mastery
maestro   teacher
magisterio   magisterial or teaching career
magistrado   court of appeal's judge
magistral   masterly
majestuoso   majestic
malamente   hardly

malanga   Caribbean edible root
maldición *f*   curse
malestar   uneasiness
maleta   suitcase
maligno *adj*   wicked, evil
maltrato   ill-treatment
manchar   to tarnish
mandato   (presidential) term
mandar   to command
manejar   to manipulate
manejo   management, handling
maní *m*   peanut
manido   trite
manifestación *f*   demonstration; **— estudiantil** student demonstration
maniobra   maneuver
manipular   to manipulate
mano *f*   hand; **— de obra** labor; **a — llenas** liberally
manojo   bunch, bundle
manta   blanket
mantener   to keep; to maintain, support
manzana   apple; city block
maquillaje *m*   makeup
maquinaria   machinery
mar: hacerse a la **—**   to set sail; **en alta —** on the high seas
marca   mark; brand; **— de fábrica** trade-mark
marcha: ponerse en **—**   to set out
marchar   to move; to parade; *vr* to leave; **— a la zaga** to lag behind
marco   frame; backdrop
marfil *m*   ivory
margen *f*   shore; **al —** on the fringes, unmindful
marginado   neglected
marido   husband
marina   navy
marinero   sailor
marino   seaman
mariposa   butterfly
marqués *m*   marquis
masas   masses
máscara   mask
masón *m*   freemason

masónica: logia **—**   freemason lodge
masticar   to chew
matadero   slaughterhouse
matador   killer
matanza   slaughter, massacre
matar   to kill
materia   matter; material; **— prima** raw material
matización *f*   distinction of shade or degree
mayor   greater; larger; older; elder
mazorca: **— de maíz**   ear of corn
meca   Mecca, most important center of an activity
mecanismo   mechanism
Media: Edad **—**   Middle Ages
mediados: a **— de**   in or about the middle of
mediante   through
mediar   to mediate
medicamento   medication, medicine
medida   measure; **a — que** as; **en buena —** to a good extent
medio   middle, center; means; **— ambiente** environment; medium
medir   to measure
médula   essence, backbone
mejilla   cheek
mejorar   to improve
mejoría   improvement
memoria   memoir; memory
mendicidad *f*   beggary
mendigo   beggar
menor   smaller; younger; lesser
mensaje *m*   message
mensajero   messenger
mentalidad *f*   mentality
mente *f*   mind
mercado   market
mercancía   merchandise
mercante: barco **—**   merchant ship
merecer   to deserve
meridional   southern

mermar to diminish, decrease
merodear to maraud
mesada monthly stipend
meseta plateau
meta goal, objective
meter to put in, insert; *vr* to get into
método method
metro meter
mezcla mixture
miedo fear
milagro miracle
milagrosamente miraculously
milicia militia
militar to be a member or advocate of a party or ideology
milla mile
mina mine
mineiro *adj* from Minas Gerais, Brazil
minero miner; *adj* mining
ministerio ministry
minuciosidad thoroughness
minueto minuets
mirada gaze, glance
mirilla: — telescópica rifle scope
misa mass
miserable *n* miserable, wretched person
mismo same; himself
mitad *f* half
mítico mythical
mito myth
mitología mythology
moda fashion; **ponerse de** — to become fashionable
modales *m* manners
modisto clothes designer
modo way
molestar to bother
molido *adj* ground
molino mill; — **harinero** flour mill
moneda coin; currency
monja nun
monje *m* monk
mono monkey
monolito monolith, stone column

montaje *m* act of mounting, setting up
montar to get on
monte *m* wood, forest; mountain
moreno dark skinned
moro Moor
Moscú Moscow
mosquete *m* musket (16th century predecessor of the modern rifle)
mostrar to show
motivo cause, motivation
muchedumbre *f* crowd
muda: — **de ropa** change of clothes
mudarse to move (a household)
mudo silent, mute
muerte *f* death
muestra sample; sign
mujeriego womanizer
mula mule
multa fine
multitud *f* crowd
multitudinario attended by large crowds
muerto dead body; **ser** — to be killed
muestra sample
multitud *f* crowd
muñón *m* stump of an amputated arm or leg
muralla wall, rampart
muro wall
músico musician
musulmán Muslim
mutuo mutual

N

nacer to be born
nacimiento birth
nadar to swim
naipe *m* playing-card
naranja orange
narrador narrator
natalidad *f* birthrate
nativismo trend that emphasizes the native traits of a national culture

nativista *adj* related to native cultures
natural *m* native (of a country or region)
naufragar to be shipwrecked
naufragio shipwreck
náufrago shipwrecked person
nave *f* ship
navegar to navigate
navegante *mf* navigator
necio ignorante, stupid
negar to deny
negocio business
neoyorquino *adj* related to New York
nevado snow-covered
nicho niche, suitable position
nihilismo nihilism, extreme for of disbelief
niñez *f* childhood
nitrato nitrate
nivel *m* level
noble *m* nobleman, **noble; los** —**s** the nobility
nobleza nobility
noche *f.* **de la** — **a la mañana** overnight
nocivo harmful
nombramiento appointment
nombrar to name; to appoint
nombre: — **propio** Christian name
nómina pay-roll
nopal *m* prickly pear tree
normal: escuela — teachers' training schools
norteño Northern
notar to note, notice
noticia news item, piece of news; —*s* news
novedoso innovative
nudo knot

Ñ

ñame *m* tropical edible root

O

obispo bishop
obligado obligatory
obra work; **mano de —** labor
obrero worker
occidental adj; western; *mf* westerner
ocultar to hide, conceal
odiar to hate
oferta offer; supply
oficial *m* army officer
oficialidad *f* officer corps
oficio occupation, trade
ofrenda offering
oído ear
ojeada glance, look
ola wave
oleada surge, wave
oligarquía oligarchy
Olimpo Olympus
olivo olive tree
oloroso fragrant
olvido oblivion; forgetfulness, neglect
ominoso ominous
onceno eleventh
ondina nymph
onírico dream-related
opacar to obscure
oponerse to oppose
opositor opponent
opresor *adj* oppressive
oprimido oppressed
optar to choose
orador *m* public speaker
ordenar to order
orfanato orphanage
organismo organism, organization
orgullo pride
orgulloso proud
orilla bank (of a body of water)
oro gold
oscuro dark
otorgar to grant, bestow
oveja female sheep

P

padecer to suffer
padrino godfather; *pl* godparents
paga salary
pagano pagan
pago payment
país *m* country, nation
paisaje *m* landscape
paja speck
pájaro bird
palacete *m* mansion
paliativo mitigating circumstance
palillo toothpick
palo stick; **— de brasil** Brazil wood
pancarta sign
pantanoso swampy
panteón *m* pantheon
pañal *m* diaper
papa potato; *m* pope
papel *m* role; **jugar un —** play a role; **— moneda** paper currency
parabién *m* congratulation
paradisíaco paradisiacal
paradoja paradox
paraíso paradise
parar to stop; ir a **—** to end up
parcela lot of land
pardo brown
paraguayo Paraguayan
parecer to seem; **al —** apparently
parecido *adj* similar
pareja couple
parentesco (family) relationship, kinship
paridad *f* parity
pariente *m* relative; **— sanguíneo** blood relative
parodia parody
parra vine
párroco parish priest
particular: persona — private individual
partida band, party of soldiers; **punto de —** point of departure

partidario advocate, partisan; **ser — de** to be in favor of
partido party
partir: a — beginning
parto childbirth
pasaje *m* passage
pasajero passenger; *adj* temporary, short-lived
pasamontañas m. ski mask
pasar to spend (time); to pass; *vr* to switch sides
paso step; pass, passage; pace; **de —** in the process, while at it; **a su —** in his/her path
pastar to graze
pastoril: novela — pastoral novel (a novel that portrays the life of idealized shepherds)
pastoreo shepherding
patilla whisker
patria fatherland
patrocinar to sponsor, finance
patrocinio sponsorship; **— governmental** government's support
patrón m pattern
patronato patronage
patrulla patrol
patrullar to patrol
paulista *adj* from São Paulo, Brazil
pavimentar to pave
pavimento pavement
pecado sin
pecho chest, breast
pedazo piece, portion; **—s de juncos** pieces of rush
pedestre vulgar
pedir to ask for, request; **— prestado** to borrow
peldaño step (of a flight of stairs)
pelea fight; **— de gallos** cockfight
pelear to fight
película film
peligro danger
peligroso dangerous
pelo hair

pelota ball

pelotón m : — **de fusilamiento** firing squad

peluca wig

peluquería hairdresser's establishment

pena penalty

penalidad f hardship

penoso painful

pensamiento thought, mind

pensionado pensioner

penuria penury, poverty

peón m laborer, esp. in an hacienda

peor worse

perdedor loser

perder to lose; vr to get lost

perecer to die

peregrino pilgrim

perenne perennial

perfil m profile

pericia expertise

periodístico journalistic

periódico newspaper

perjudicial harmful

permanecer to remain

permear to permeate

permutar to permute, exchange

peronismo movement inspired by Argentina's Juan Perón

perplejidad f perplexity

perro dog

perseguir to pursue

personaje m character (e.g., in a novel or play)

pertenecer to belong

perteneciente adj belonging

pertenencias f belongings

pertrechos weapons and munitions

peruano Peruvian

pesadilla nightmare

pesado heavy

pesar to weigh; **a — de** despite

pesca fishing

pescado fish

pescador m fisherman

peste f bubonic plague

pétreo stone-like

pez m fish

picaresca: novela — picaresque novel (type of Spanish novel with a rogue for hero)

pico peak

pie m foot; **al — de la letra** literally; **dar —** to give cause; **en —** standing

piedra stone

piel f skin

pieza piece; **— de repuesto** spare part

pilotear to pilot

pimienta pepper

pintor painter

pintoresco picturesque, flamboyant

pintura paint; painting

piña pineapple

pirámide f pyramid

pistola pistol; **— al cinto** packing a pistol

placa plaque; plate

placer m pleasure

plagar to plague

planeamiento planning

plana: primera — front page

plano flat

plantear to pose, e.g., an enigma; vr to present itself

plantilla staff, personnel

plata silver

plateresco (architecture) plateresque

platero silversmith

plato plate, dish; course (of a meal)

playa beach

plaza square

plazo term

plebeyo plebeian

plenamente fully

plenitud: a — fully

pluma feather

población f population; town

poblado populated; thick

poblano from the city of Puebla, México

pobreza poverty

poder m power; **por —** by proxy

poderío power, might

poderoso powerful

podrido rotten

poesía poem; poetry

política policy; politics

político political; politician

polo pole

polvo dust

poner to put; vr to become

porcentaje m percentage

portador m carrier

portar to carry

portátil portable

porte m air, appearance

porteño an inhabitant of Buenos Aires

porvenir m future

posado perched

poseer to possess, own

positivista mf Positivist, a follower of Positivism; adj pertaining to Positivism

postular to postulate; **postularse para** to run for (public office)

potencia power (nation)

practicante m churchgoer

pradera prairie

prebenda sinecure

preciado valued, priced

precio price

precolombino pre-Columbian

preconizar to advocate

predecible predictable

predecir to predict, forecast

prédica preaching

predicar to preach

predominio predominance

prejuicio prejudice

prelado prelate, official of the Church

premio prize

prensar to press

preñado pregnant, full; charged

preocupante troubling

prepotencia arrogant display of power

presa prey
presagio omen
presenciar to witness
presente *m* present, gift
préstamo loan
prestar to lend; — atención to pay attention
presunto presumed, alleged
presupuestario budgetary
presupuesto budget
pretender to intend
preterir to neglect, ignore
prevalecer to prevail
primo cousin; pl male and female cousins; — hermano first cousin
príncipe prince
princesa princess
principio principle
prisa haste; tener — to be in a hurry
privado private
privar to deprive, take away
probar to test; to try; to prove; — suerte to try one's luck
probo honest
procurarse to obtain, secure
prójimo fellow-human being
proletariado proletariat, lower classes
promedio average
prometedor promising
promover to promote, advance
promulgar to promulgate, pass a law
pronto soon; speedy; de — suddenly; tan — as soon as
propenso prone, disposed
propicio favorable
propio + noun itself, himself, herself; the same
proponer to propose
propósito purpose, objective; a — on purpose
propuesta proposal
propugnar to advocate
prosista prose writer
protegido protégé
provecho profit, benefit

proveer (y) to provide
proveniente proceeding
próximo next
psiquis *f* psyche, mind
publicar to publish
pudiente wealthy
pueblo people; town
puente *m* bridge
puerco pig, pork
puerto port
puesto post, position
pugna rivalry
pujante robust, powerful
pulgada inch
pulmón *m* lung
punto point; dot; — de vista point of view; a — de on the verge of, about to
pupila pupil of the eye
pupitre *m* school desk
pureza purity
purga purge
purificar to purify
pusilánime pusillanimous, faint-hearted

Q

quedar to be left; *vr* to stay, remain
quehacer *m* task; craft
queja complaint
quejarse to complain
quema n burning
quemar to burn
quid *m* crux, crucial point
quintuplicar to quintuple
quitar to take, take away; *vr* to take off; —se de en medio to remove oneself, get out of the way

R

rabia anger
racionamiento rationing
radicado located
raíz *f* root; a — de immediately after

rama branch
rana frog
rango rank
rasgo feature, characteristic
rastro trail
rayar to border on
raza race
reacio reluctant
real royal
reanudar to resume
reavivar to revive
rebaja reduction
rebajar to lower, reduce
rebaño herd
rebasar to go beyond, surpass
rebatir to refute
rebelde *m* rebel; *adj* rebel, rebellious
recaudación *f* collection, e.g., of taxes
recaudar to collect rents or taxes
recelar to be suspicious
recelo suspicion
receloso suspicious
rechazar to reject
rechazo rejection
rechoncho chubby
recibo receipt
recién: — llegado newly-arrived
reclamar to claim
recluir to intern, shut up
reclutar to recruit
recoger to gather
recompensa reward
recompensar to reward
reconocer to recognize
recorrer to travel
recreo recreation
recto straight; — sentido true meaning
rector *m* university president
recurso resource
red *f* net, net-work
redactar to write
redada raid
redentor redeemer
redondilla quatrain
redondo round
reducción *f* Indian community

established under the supervision of a religious order
reducto stronghold
refinado refined, polished
reflejar to reflect
reflejo reflection, image
refugiarse to take refuge
refugiado refugee
regalar to give as a gift
regalo gift
regar to water
regatear to haggle
regateo haggling
regencia regency
regir to rule, govern
regidor *m* town councilman
registrar to search
reglamentar to regulate
regodearse to enjoy, find pleasure in
regreso return; **de — en** back in
rehén *m* hostage
reina queen
reinado reign
reino kingdom
relajar to relax
relato narration, narrative
relevos relays
relocalizarse to relocate
relojero watchmaker
rellenar to fill; to refill
remedar to emulate
remedio remedy; to **tener más — ** to have no choice but
remontar: — la corriente to navigate upstream; *vr* to date back, go back
Renacimiento Renaissance
renuente reluctant
renacentista relating to the Renaissance
rendirse to surrender
renglón *m* item
rentable profitable
renuencia reluctance
renuncia resignation
renunciar to renounce; to resign
reparación *f* repair
reparar: — en to notice
repartir to distribute
repleto replete, very full
represalia reprisal
representante m*f* representative; player, actor; **— a la Cámara** Congressman/woman
reprimir to repress
repudio rejection
repujar to emboss
requerir to require
res *f* head of cattle
rescatar to rescue
rescate *m* ransom; rescue
resentido resentful
reseña book review
residir to reside
respaldar to back, back up
respetuoso respectful
respuesta answer, response
resquebrajarse to crumble
restaurar to restore
restos remains
restringido limited
resucitar to resurrect
resuelto resolved
resultado result
resumen *m* summary, extract
resumir to sum up
retablo altarpiece
retar to challenge
retener to retain; to keep
retirada retreat
retirar to retire; to withdraw
reto challenge
retocar to revise, touch up
retrasar to delay
retrato portrait
revelar to reveal, show
reventar to burst
reverenciado revered
revés *m* setback
revista magazine
revuelta revolt
rey *m* king
reyes kings; king and queen
reyezuelo kinglet
rezar to pray; to read
rico rich
riego irrigation
riendas reins
riesgo risk
riqueza wealth; *pl* riches
rivalidad *f* rivalry
rivalizar to rival, compete
robo robbery
robustez *f* strength
rodar to film, shoot a picture; to roll; to ride
rodear to surround
rodilla knee
rodillo roller
rojizo reddish
rol Angl *m* role
rollizo plump
romance: lengua — romance language
rompecabezas *m* jigsaw puzzle
romper to break
ropa clothes, clothing
rostro face
rubicundo rubicund, rosy
rubio blond
ruborizarse to blush
rueda wheel
ruinas ruins
rumano Rumanian
rumbo course
rumiar to ruminate
ruptura rupture, break
ruta route
rutinario *adj* routine

S

saber *m* knowledge
sabiduría wisdom
sabor *m* flavor
sabotear to sabotage
sacar to take out
sacerdote *m* priest
sacralizar to make sacred
sagrado sacred

salinidad *f* saltiness

saltinbanqui acrobat

saludable healthy

salvador savior

salvaje *mf* savage; *adj* savage, wild

samba type of music and dance from Brazil

sanear to sanitize

sangrante *adj* bleeding

sangre *f* blood

sangriento bloody

sanguinario bloodthirsty

sanidad *f* public health

santo saint

saquear to plunder

sarampión *m* measles

sartreano influenced by J.P. Sartre, the existentialist French philosopher

sastrería tailor's shop

satélite *m* satellite

sátira satire

seco dry

secuestrar to kidnap

secuestro kidnapping

sed *f* thirst

seda silk

sede *f* seat of an organization, headquarters

seguidor follower

seguro safe; insurance

sello stamp; seal; imprint

selva jungle

sembrar to sow

semejante similar; such

semejanza similarity

semilla seed; **— de cacao** cacao bean

senador senator

sencillez *f* simplicity

sencillo simple

sendero path

seno bosom

sensible sensitive

sentar to set (a precedent, an example)

sentido sense, meaning

sentir to feel; *nm* feeling, way of feeling

señalarto signal; to set, dictate

señorito aristocratic young man

ser: — humano human being

serpiente *f* serpent; **— emplumada** plumed, feathered serpent; **— de cascabel** rattle-snake

servidumbre *f* servitude

siderúrgico pertaining to the iron and steel industry

siervo serf

siglo century

significado meaning

significativo significant

sílaba syllable

simpatizante sympathizer

sindical: líder — trade-union leader

sindicalismo trade unionism

sindicalista pertaining to trade unions

sindicato trade union

sinódico synodical

síntoma *m* symptom, syndrome

sintoniza: — bien goes well, is in tune with

sinuoso devious

sirio Syrian

sirviente *m* servant

sitio place; siege

soberanía sovereignty

soberbio superb

sobornar to bribe

sobrecogedor *adj* bloodcurdling, chilling

sobrenombre nickname

sobrepasar to go beyond, surpass, exceed

sobresalir to stand out

sobrevivir to survive

sobrino nephew; *pl* nephews and nieces

sofocar to put down

soja: frijol de — soybean

solapado sly

soldado soldier

soleado sunny

soledad *f* solitude, loneliness

soler (ue): **—** pres.& pres. perf. tenses + *inf* usually; imperfect + *inf* used to

solo *adj* single, alone

sólo a*dv* only

soltar to release

soltero single

sombra shadow; **hacer —** to outshine

someter to subdue; to submit

son *m* sound, music

soneto sonnet

sonido sound

sonreir to smile

sonrisa smile

sonrosado rose-red

sopa soup

soportar to bear, endure

sorprender to surprise, catch by surprise

sosegado peaceful

soslayar to sidestep

sospechar to suspect

sospechoso suspected

sostener to sustain, maintain

sostenimiento financial support

suavizar to soften

subdesarrollado underdeveloped

subdesarrollo underdevelopment

súbito sudden

subrayar to underline

subyacente *adj* underlying

suceder to happen

suceso event

sud *m* south

sudor *m* sweat

suegro father-in-law; *pl* parents-in-law

sueldo salary

suelo ground, soil, floor

sueño dream

suerte *f* luck; **tener —** to be lucky; **una — de** a sort of

sufrir to suffer

sugerencia suggestion

sugerir to suggest

suicidarse to commit suicide
Suiza Switzerland
suizo Swiss
sujetar to hold
sujeto subject
sumar to amount to
sumario: —— de cargos indictment
suministrar to supply
suministro supply
suntuoso sumptuous, luxurious
superar to surpass; to overcome
superponer to superpose
supervivencia survival
suponer: cabe —— one can assume, imagine
suprimir to suppress
supuesto: por —— of course
surgir to appear, come out
suscitar to stir up, produce, raise
sustentar to support, sustain
sutil subtle

T

tabla board
tabú *m* taboo
tachar to accuse
taimado sly
tajante sharp, acute
tal such
talentoso talented
taller m shop, workshop; —— de sastrería tailor's shop
talón *m* heel; —— de Aquiles Achilles' heel, weakness
tamaño size
tanque *m* tank
tanto: en —— in the meantime
tapadera front, cover
tarea task, toil
tarjeta card
tartamudear to stutter
tasa rate
técnico *adj* technical; *n* technician
tejer to weave
tela fabric, canvas
televisor *m* television set

temblar to tremble
temer to fear
temeroso fearful
temible awe inspiring
temor *m* fear
templado temperate
templo temple
temporada season; vacation, holiday time
tener: —— que ver con to have to do with
tender to tend, be inclined to
tendero shopkeeper
tendido: —— sin vida lying dead
teniente *m* lieutenant
tentador tempting
tentar to tempt
teñir to dye
teología theology
terciopelo velvet
tergiversar to distort
ternura tenderness
terrateniente *m* landowner
terremoto earthquake
terreno terrain, ground
tesoro treasure; treasury
testarudo stubborn
testigo witness
tierno tender
tierra land; earth
tifus *m* typhus, typhoid fever
tinte *m* dye
tintero inkstand
tío uncle; *pl* uncles and aunts
tira strip
tirano tyrant
tirador marksman
tiro gunshot
títere *m* puppet
titubear to hesitate
título title
tocar to touch; to knock
tomo tome, volume
tonelada ton
tono tone; **a —— con** compatible with
torcer to twist
torneo tournament
torno: en —— a around, in the vicinity of

torre *f* tower; —— **de marfil** ivory tower
trabajador *m* worker
trabajo work, labor; task; job
traducir to translate
traficar to trade
traicionar to betray
tras after
trascendente: lo —— that which transcends the material universe (e.g., God, the Absolute)
trasladar to move, remove, transport; to transfer; *vr* to move one's household (one's household)
traspasar to hand over, transfer
trastorno disruption
trata slave trade
tratado treaty
tratamiento treatment
tratarse: —— de to be a matter of, to be
trato treatment
travesía sea or river crossing
trazar to draw
tregua truce
tribu *f* tribe
tribuna rostrum
tributo tribute, contribution
trigo wheat
trinchera trench
tripulación *m* crew
triste sad
trompo spinning top (toy)
trono throne
tropa armed band; drove of cattle or horses; *pl* troops
tropezar to stumble
tropiezo difficulty
tuberosa tuberose
tumba tomb
tupido thick
turba mob, unruly crowd
turco Turk
turnarse to take turns
turno turn
Turquía Turkey
tutela tutelage

U

ubicación *f* location
ubicuo ubiquitous
ultramarino *adj* overseas
único only; unique
unir to unite; *vr* to join
urbe *f* large city
urgir to urge
urna ballot-box
útil useful
utilidad *f* profit
uva grape

V

vaca cow
vacilante irresolute
vacilar to hesitate
vacío vacuum; *adj* empty
vacuno: ganado — cattle
vagón *m* railway coach
vaivén *m* fluctuation
valentía gallantry
valeroso courageous
valerse to manage
validez *f* validity
valioso valuable
valla fence
valle *m* valley
valor *m* valor, courage; value;
   cosas de — valuable things
vapulear to beat
varilla staff, small rod, stick
varita short stick
varón *m* male
vasallo vassal
vástago descendent
vaticinar to predict
vecino neighbor; *adj*
   neighboring
vejación *f* humiliation
vela sail; **— latina** lateen sail
velado veiled
velamen *m* sails
vena vain
vencedor victor
vencer to defeat
vencido defeated
vendedor *m* retailer, salesman
Venecia Venice

venezolano Venezuelan
ventaja advantage
ventajoso advantageous
ver: tener que — con to have
   to do with
veraneo summer recreation
verdad *f* truth; **en —** indeed,
   certainly
vernáculo vernacular, native
verso verse; line of poetry
vestido dress; dressed
vestigio vestige, trace
vestir to dress
vestimenta clothes
vez *f* time, occasion; **en — de**
   instead of
vía way; **— férrea** railway
vías: en — de in the process of
viajero traveler
vicio vice, bad habit
vid *f* grape-vine
viento wind
vientre *m* abdomen
vigente in force
vigilar to watch, keep a watch
vigilia state of being awake
vil vile, worthless
villa town
villista *mf* follower of Pancho
   Villa
vincular to unite, bond
vínculo tie, bond
viñedo vineyard
violeta violet
virreinal pertaining to the viceroy
virreinato viceroyalty
virrey *m* viceroy
virtud *f* virtue
viruelas smallpox
vista: perder de — to lose sight
   of; **punto de —** point of
   view
vitalicio for life, life-long
   (appointment)
¡viva! long live!
vivienda lodging
vocero spokesperson
volar to fly; to blow up
voluntad *f* will
volverse to turn

vorágine *f* vortex, whirlpool
voto vow; vote
voz *f* (*pl* **voces**) voice; **en —
   alta** out loud
vuelta: dar la — to go around

Y

yacer to be situated
yacimiento bed or deposit of a
   mineral
yate *m* (*Angl*) yacht
yerba grass
yodo iodine
yuca yucca

Z

zaga: a la — behind
zapatista *mf* follower of
   Emiliano Zapata
zapato shoe

Indice